21世纪全国高等院校财经管理系列实用规划教材

国际商法

主　编　丁孟春　赵忠良
副主编　盛志君　肖　晶

北京大学出版社
PEKING UNIVERSITY PRESS

内容简介

国际商法是调整国际商事主体在从事国际商事交易活动中所形成的各种关系的法律规范的总和。它涉及参加国际商事活动的国际组织、不同国家的公司、企业和个人及其之间的商事关系。

本书系统地介绍了国际商事活动中重要的法律规则。本书共分12章，主要内容包括国际商法概论、国际商事组织法、国际商事合同法、国际货物买卖法、代理法、国际货物运输法、国际货物保险法、国际技术贸易法、产品责任法、票据法、世界贸易组织法、国际商事仲裁法。在注重国际商法基本规则的前提下，本书在内容设计上结合国际商务类专业教学的实际需要，给出大量案例解释规则。

本书可作为高等院校国际商务类专业学生的专业课教材，同时也可供从事国际商务工作人员及法律工作者学习参考。

图书在版编目(CIP)数据

国际商法/丁孟春，赵忠良主编. —北京：北京大学出版社，2012.1
(21世纪全国高等院校财经管理系列实用规划教材)
ISBN 978-7-301-20071-1

Ⅰ.①国… Ⅱ.①丁…②赵… Ⅲ.①国际商法—高等学校—教材 Ⅳ.①D996.1

中国版本图书馆CIP数据核字(2012)第006995号

书　　名：国际商法
著作责任者：丁孟春　赵忠良　主编
策 划 编 辑：李　虎　王显超
责 任 编 辑：翟　源
标 准 书 号：ISBN 978-7-301-20071-1/F·3028
出　版　者：北京大学出版社
地　　址：北京市海淀区成府路205号　邮编：100871
网　　址：http：//www.pup.cn　http：//www.pup6.cn
电　　话：邮购部62752015　发行部62750672　编辑部62750667　出版部62754962
电 子 邮 箱：pup_6@163.com
印　刷　者：北京京华虎彩印刷有限公司
发　行　者：北京大学出版社
经　销　者：新华书店
787mm×1092mm　16开本　19.5印张　445千字
2012年1月第1版　2016年8月第3次印刷
定　　价：37.00元

前　　言

随着国际经济一体化的发展，作为调整国际经济交往的国际商法日益受到人们的重视，国际商事法律规范的表现形式出现了多样化、复杂化的发展趋势。国际商法课程是高等院校国际经济、国际贸易、国际企业管理和国际会计等专业学生的一门必修课程。该课程要求学生对国际商事交往中的国际条约、国际惯例及主要发达国家的商事法规有比较清楚的了解，要求学生通过学习对现实生活中发生的国际商事纠纷能够做出正确的判断，从而提高分析和解决国际商事纠纷的实践能力。

与此相适应，目前已公开出版的各类国际商法教材和专著也大量涌现。但在多年的国际商法教学中，我们感到好教材难求，能抓住这门课的本质，条理清晰、内容精炼、信息量大，能够引入国际商法的最新规则和国内国际商法研究的最新成果，并配有富有启发性的思考题和案例分析题的好教材更难求。

本书汲取了近年来教材建设和教学实践中总结出来的新知识、新内容和新体系，针对大学应用型本科经管类专业的教学特点和人才培养目标，在借鉴、吸收国际商法最新研究成果和国际经贸实践的基础上编写而成。本书有如下几个特点。

(1) 以国际商事法为主，并辅以中国商法，注重大陆法和英美法的比较，使国际商法的国际性特点得以体现，且便于理解。

(2) 条理清晰，重新构建国际商法学科体系。公法和私法并重，构成新的体系框架。

(3) 努力吸收国内外国际商法的最新研究成果，系统地介绍了涉外类专业的学生必须具备的国际商法的最基本内容。

(4) 重视理论与实践相结合，充分体现了应用型人才培养对国际商法知识与技能的要求，既阐述了国际商法的基本理论，又特别注重实务知识与操作技能的训练，在每个章节中安排了案例分析、思考与练习题。

(5) 精选导入案例和应用实例。导入案例有利于学生对该章内容要点的理解与把握，应用实例能引导学生更深入地学习、思考和进行课外的深层次的学习与研究。

本书由丁孟春、赵忠良担任主编，盛志君、肖晶担任副主编。本书共分 12 章，由丁孟春构思提纲，最后统稿。在实际编写中，各章的编者又根据自己的研究成果和所收集到的资料做了调整，具体分工如下：第 1、2、3 章由赵忠良编写，第 4、8、11 章由盛志君编写，第 5、9、12 章由丁孟春编写，第 6、7、10 章由肖晶编写。

本书在编写过程中得到了长春理工大学经济管理学院和教材科的大力支持，在此表示衷心的感谢！本书在编写过程中，参考了中外学者的大量研究成果，有些难于一一列明出处，在此向这些注明和未注明的研究成果的作者表示深深的感谢！

由于编者水平有限，书中疏漏之处在所难免，恳请广大读者提出批评和建议，以便再版时完善。

编　者

2011 年 8 月

前言

[illegible]

目　录

第1章 国际商法概论

本章教学要点

知识要点	掌握程度	相关知识
商法的概念与特征	重点掌握	了解关于商法的学说，加深对“商事”的理解
国际商法的含义与特点，国际商法的渊源	掌握	关于国际商法的理论与国内法渊源之比较
西方两大法系	了解	两大法系的不同点及其对中国的影响

导入案例

1. 张三是一个农民，他在自家的后院中种植蔬菜。夏季蔬菜丰收时，张三便采摘一些拿到集市上卖。

2. 李四也是个农民，因自家地少，在镇上注册了一家专门经营农药和化肥的商店。

请同学们在学完本章的第一节内容之后，尝试比较张三与李四的“做买卖”的行为存在哪些异同？谁的行为属于商业行为？为什么？

万事皆有其源也皆有其本，学习国际商法，首先要了解商法的一般知识，而了解商法的一般知识就不得不从“商”及“商事”这些基本概念说起。

1.1 商法的一般知识

1.1.1 商的含义

日常生活中的商指的就是人们所说的经商，做买卖，即商品交换活动。这在我国历史上的一些典籍中早有记载并一直沿用至今。例如，《汉书》：“通财鬻货曰商”；《白虎通义》：“商其远近，度其有无，通四方之物谓之商”。

随着经济的发展，社会的进步，商及商事的含义也日益丰富，可以从经济学和法学意义两个角度来加以认识。

经济学意义上的商是对经济活动即一定的社会生产、交换、分配和消费等一系列环节，以及交换环节的理论概括，也就是通常所说的商品流通行为，其直接连接商品的生产与消费，调剂供需，并从中获取利润。

法学意义上的商的概念远比经济学意义上的商含义广泛，甚至包括经济活动中的生产活动。人们通常将经济学意义上的商也就是商品流通行为称为"固有商"。除此之外，还包括范围更广的"非固有商"。这里所说的"非固有商"大体上可以分为以下3类。

(1)"辅助商"，也称"第二种商"，指的是帮助"固有商"实现其目的并从中营利的行为。比如，卖方要将货物运送到买方所在地需要运输，于是以营利为目的专门从事运输活动的承运人(运输商)就出现了，这里的运输商就属于"辅助商"的一种，其他如仓储商、代理商、行纪商等均属于辅助商。

(2)"第三种商"，主要为"固有商"和"辅助商"的经营提供便利条件并从中获取利润，如银行、信托、承揽、出版、印刷、摄影等。其实，"第三种商"就是上述两种商的"辅助商"。

(3)"第四种商"，指仅与上述"第二种商"或"第三种商"有业务联系、从事营利性活动的人，如广告宣传、商事保险、旅游服务、信息咨询等。

不难看出，固有商与非固有商的共性在于：都是以营利为目的持续性地经营某一项事业的活动。因此，商法上所称的商就是指人们以营利为目的所从事的一切营业活动和事业的总称，也称"商事"。

1.1.2 商法的概念

商法，亦称"商事法"或"商人法"，是调整商事组织关系和商事行为关系的法律规范的总称。简言之，商法就是规范商事关系的法律。所谓商事关系就是商事主体之间因从事商事行为而形成的权利义务关系。商事关系是一种特殊的私法关系，其不同于一般社会关系的特点在于：①商事关系具有平等性。商事关系是发生在商事主体之间的社会经济关系。商事主体即商人，他们彼此地位平等，相互之间不存在隶属关系。②商事关系具有营利性。商事关系是商人之间基于营利的目的而产生的，即商人之间所发生的商事关系的动机在于通过与对方的交易来实现自身经济利益的最大化。更重要的是，这里的营利还包含着将所获得的利润分配给投资者的终极目的。因此，商法中的营利性具有双重目的，既包括商事主体，如合伙企业、公司本身通过经营获取利润最大化，还包括合伙企业、公司将所获取的利润按照事先达成的协议或者法律的规定分配给合伙人或者公司的股东。③商事关系具有营业的持续性。在经济社会中，人们所从事的营利性的活动是多种多样的，有长期持续开展的，也有间或而为的。商事关系的主体是商人，专门从事商事活动是其追求营利目的所决定的，因此，商事关系大多表现为持续性，即以营利为目的持续性地开展营业活动。基于这三个方面的特点，商法自然就包括商事主体和商事行为两大重要组成部分。其中旨在规范商事主体的法律称为商事主体法，也称商事组织法，反映的是商人以何种组织形式进行经营的问题，包括公司法、合伙企业法、个人独资企业法等；旨在规范商事行为的法律称为商事行为法，反映的是商人所进行的经营活动的方式、范围、特点等，包括买卖、居间、保险、票据、海商、投资等。商法所反映的是商品交换的一般法律规则，是商品经济规律在法律上的体现。因此，商法是市场经济国家法律体系中不可或缺的重要组成部分。正如法国著名的商法学家伊夫·居荣所言：“商法调整着生产、销售和服务的诸多领域。

根据上述对商法概念及特征的分析，我们很容易能够对“导入案例”中所涉及的问题做出回答：张三的“买卖行为”属于一般的民事法律行为，应当受民法的规范；而李四的“买卖行为”则属于商事行为，与张三的行为不同之处主要在于李四的买卖不但具有营利性，更重要的是李四的买卖行为具有经营的持续性，为此还得申领营业执照。

商法可以分为形式意义上的商法和实质意义上的商法。形式意义上的商法就是指与民法并驾齐驱专门制定的以“商法”命名的成文法典。实质意义上的商法，则指所有以商事关系为规范对象而制定的法律规范的总称，它不限于商法典，还包括商事单行法、商事习惯法、商事判例法，甚至也体现在宪法、经济法、行政法等部门法中。但是，值得注意的是，即使是实行民商合一的国家和英美法系国家也都存在实质意义上的商法。

商法还可以划分为传统意义的商法和现代意义的商法。商法起源于中世纪时期意大利地中海沿岸的商人习惯法。那时该地区凭借其优良的港湾，便利的航海条件，逐渐成为连接东西方贸易的枢纽。各国商人聚集于此商谈贸易事宜，久而久之在这些商人之间就形成了一些不成文的交易习惯。同时，在发生纠纷后，由商人们自发组织的“法院”依据这些早已被商人们接收的习惯规则判明是非，定纷止争，这些习惯就是商法的雏形。受当时经济发展水平的限制，商法的范围大体上包括买卖法、海商法、保险法、票据法、破产法等，这些被称为传统意义上的商法。随着社会经济的发展，商法的范围逐渐扩大，不仅仅限于传统意义的商法，还产生了与经济发展相适应的新的商法，如公司法、证券法、信托法、投资基金法等。

商法又可以分为国内商法和国际商法。国内商法，指的是一国制定的调整本国商人之间商事关系的法律规范，其适用范围一般只限于国内。而国际商法是指调整跨国的商事关系的法律规范，其适用的对象往往是不同国家的商人。国内商法一般表现为制定法、判例法或者习惯法。国际商法最主要的表现形式是国际公约和国际惯例。

1.1.3 商法的属性

1. 商法基本上属于私法

在大陆法系国家，其全部法律首先划分为公法与私法两大部分。这种做法源于古罗马。古罗马五大法学家之一的乌尔比安将古罗马的法律分为公法和私法。按照乌氏的观点，公法是涉及国家利益的法，私法是关于私人利益的法。尽管公私法的划分标准还有很多争议，但是商法属于私法的范畴已是不争的事实。私法的最大特征是主体平等、意思自治，即私人之间法律地位平等，他们之间所发生的涉及其自身利益的法律关系完全由个人自主决定，国家不得擅自干预。商法所调整的是商人之间的商事关系，这种商事关系大多是由商人基于自己的判断，为实现利益最大化的目的自主决定的。因此，商法在性质上属于私法。当然，国家出于维护经济秩序的目的，对商事关系进行适当干预也成为20世纪以来私法发展的一大亮点，此种现象被人们称为“私法的公法化”。但是，这种国家干预的色彩并不能掩盖商法的私法属性，它只是国家出于维护社会经济秩序的考虑，对商法的一些内容予以修正，使其更加顺应当代经济的发展需要，实现法的公平与正义。

2. 商法是权利法

商法属于私法，私法是一种奉行“权利本位”的法，即所谓的“私权神圣”，与公法所奉行的“公权有限”遥相呼应。“私权神圣”的说法起源于自然法学说，该理论认为人生来就享有一些天然的不被褫夺的权利，如人身权、财产权。除了私人自主决定处分自己的权利以外，包括国家在内的任何人只能予以尊重，不得侵犯。诚如西方法谚所云：穷人的茅舍，风能进，雨能进，只有国王不能进。所以，私法领域讲究的就是“法不禁止即自由”原则。而公法是国家基于维护社会的整体利益，对社会生活进行适当干预、管理的法，是国家公权力运行的体现。“公权有限”就是要求对公权力予以限制，不能对社会的方方面面及个人的权利擅自干预，更不能随意剥夺个人的权利、自由，除非有法律的明文规定。所以在公法领域自然就奉行“法无明文即非法”的原则。刑法当中所谓的“法无明文规定不为罪，法无明文规定不处罚”的“罪刑法定原则”就是其著例。商法调整的是商人之间的商事关系，是通过赋予商人以商事权利和商事义务来协调商人之间的利益关系。作为一种特殊的私人，商人也与一般的私人一样享有多种多样的私权，比如物权、商号权、营业自由权、债权、知识产权等。国家制定商法的目的一方面在于规制商人的商事行为，以维护社会经济秩序，保护交易的安全；另一方面赋予和保护商人的商事权利，激发其创造财富的积极性，推动经济的发展和社会的进步。特别是赋予和保护商事权利已然成为商法的主要内容。因此，商法是权利法。

3. 商法是技术法

法律有伦理法和技术法之分。伦理法体现了法律对人们行为真善美、假恶丑的判断，具有鲜明的伦理道德色彩。比如，杀人偿命、欠债还钱，即使是对法律一无所知的人基于其道德观念也能判断出此种行为是违法的。技术法则与伦理道德没有关联，体现了法律对具体操作规程、步骤的技术设计的要求，违背技术法也并不表明当事人道德品行有问题。由于商法以实现经济效用为主要目的，为维护交易的便捷、公平与安全，其规定更加明显地具有技术性，与作为一般私法的民法偏重于伦理规范有着明显的不同。比如，公司法中有限责任公司股东上限的规定，公司法定最低资本额的规定；票据法中关于票据的无因性、文义性的规定等，无不体现商法所具有的技术性色彩。

1.2 国际商法概述

1.2.1 国际商法的概念

国际商法，也称为国际商事法，是调整跨国的商品交换关系和商事组织关系的法律规范的总称。对国际商法的概念，应当从以下几个方面加以理解和掌握。

(1) 国际商法中的“国际”一词并非国家与国家之间的意思，而是跨越国界的意思。这是因为商品交换活动跨出一国界限就产生了跨国的商品交换，也就是通常所说的国际贸易。从事国际商品交易的商事主体通常是私法主体，包括个人和企业。国家作为公法主体是不从事这种贸易活动的，即便从事此种跨国的商品交易活动一般也是由国家所设立的公司等企业完成的。

(2) 国际商法调整的对象是跨国的商品交换关系和商事组织关系，即国际商事关系。国际商事关系是指国际商事组织在进行国际货物贸易、国际技术贸易、国际服务贸易过程中所产生的各种关系。传统意义上的商品交换一般指的是有形商品的贸易，即货物的买卖，以及由此产生的运输、保险、结算等交易行为。但是，随着生产力发展水平的提高、世界经济全球化进程的加快，跨国的商品交换的范围也越来越广泛。除传统意义上的货物买卖外，还包括服务、技术、知识产权等领域的贸易，甚至已经延伸至投资、融资、工程承包等领域。人们通常将涉及服务、技术、知识产权等交易称为无形商品贸易，而把传统的货物贸易称为有形商品贸易。国际商法就是对上述关系进行调整而形成的共通性法律规则。此外，国际商事组织是参与国际商事活动的主体，主要包括法人组织和非法人组织，法人组织通常包括各类公司企业，非法人组织主要包括合伙企业和个人企业。国际商法也要对各种商事组织加以规范、调整。

(3) 国际商法主要是由各种实体法律规范组成的。国际性法律规范通常包括实体性规范、程序性规范和冲突规范。国际商法虽名曰“国际”但它不是由哪一个凌驾于国家之上的超国家的国际组织制定的法律，而是由国家之间通过协商缔结的条约或者由商人在长期的贸易实践中自发形成的商事惯例组成的。由于这些国际商事条约和国际商事惯例直接规范国际商事组织关系和商事交易关系，反映的是商事主体实体性的权利义务关系，因此，国际商法主要是实体法。

(4) 国际商法主要是私法规范。国际商法规范的是跨国的私人之间的商品交换关系，其本身带有明显的私法的痕迹，大多由任意性规范所组成。而不像国际公法那样，涉及的是国家之间的政治、军事、经济关系，基本上是由强行性规范构成。所谓任意性规范是指法律允许当事人双方合意改变法律规范的内容，其权利性的色彩更浓厚；而强行性规范则不允许当事人加以变通，只能服从、遵守，其义务性更强。

1.2.2 国际商法的产生和发展

按照英国著名的国际贸易法专家施米托夫教授的观点，国际商法大体上经历了3个重要的发展阶段。

第一阶段为中世纪的商人习惯法，即旧的商人习惯法。欧洲中世纪时期，政治上实行封建专制统治，经济上实行自给自足的自然经济，文化上基督教神权思想占据统治地位，人们的思想受到禁锢。这一时期被人们称为“黑暗时期”。但是，正如水泥地面的缝隙里也会长出小草一样，在这一时期，位于地中海沿岸地区的一些地方，如意大利的热那亚、佛罗伦萨，葡萄牙的里斯本等地，利用其得天独厚的航海条件和地理环境，逐步发展成为沟通东西方贸易的商品集散地。大批来自东西方各国的商人云集于此洽谈贸易事宜。尽管交流的语言不同，但是有一点是相同的，商品交换的需要促使商人逐渐自发地总结出一些有关商品交换的共通规则。这些规则不是体现在书面文字上，而是以习惯的方式存在，但商人却将其奉为圭臬。这些习惯日久经年，逐渐成为习惯法规则。因此，当时的商法也被称为“商人习惯法”，即流行于商人之间的通常以习惯的形式存在的法。这一时期商法的特点：①适用对象的专门性，即专门适用于商人阶层；②国际性，任何国家的商人都要遵循；③独立性，与当时欧洲各国国内流行的教会法、采邑法不同，自成一派。

第二阶段为商人习惯法被纳入国内法时期。18～19世纪，受格劳修斯、博丹等人的国家主权思想的影响，民族国家开始兴起。各国为实践法制的统一，纷纷将原有的商人习惯法以制定法的形式颁布施行，统一适用于国内。法国大革命胜利以后，在拿破仑主持下于1807年颁布了《法国商法典》，德国统一后在1897年也制定了通行全国的《德国商法典》，其他国家均纷纷效仿。特别是自19世纪下半叶以来，出于商业便利的需要，属于英美法系的英、美等国一改其判例法的传统还制定了一系列商事方面的单行法规，如1893年英国的《货物买卖法》，1906年美国的《统一买卖法》。随着商人习惯法演变成为国内法，其国际性也就此黯然失色。但是值得注意的是，没有任何一个国家将商人习惯法完全纳入国内法，商法的国际性痕迹依然存在，这为日后新的商人习惯法的产生打开了一扇小窗。

第三阶段为新的商人法，即旧的商人习惯法的国际主义的复归。进入20世纪，特别是第二次世界大战以后，随着生产力的提高和知识经济的发展，各国之间的经济联系日益密切，经济全球化趋势锐不可当。国际经济的这种新发展内在要求建立统一的国际商法，以避免或者减少由于各国民商法之间的差别而造成法律适用上的冲突和不便。由此商法进入了一个新的发展阶段，即恢复商法的国际性和统一性，学者称之为旧的商人习惯法的国际主义的复归。为此，国际社会进行了不懈的努力。一些国家和国际组织率先发起了国际商事统一法运动，其中最有影响的当属联合国国际贸易法委员会、国际商会以及罗马统一私法协会等国际组织。由联合国国际贸易法委员会负责起草的国际贸易统一法的文件有1974年的《国际货物买卖时效公约》，1978年的《联合国海上货物运输公约》（汉堡规则），1980年的《联合国国际货物销售合同公约》等。国际商会在统一国际商业惯例方面也发挥了重要的作用，由其负责整理、编纂的国际贸易惯例有1930年的《跟单信用证统一惯例》、1936年的《国际贸易术语解释通则》和1958年的《托收统一规则》等。目前，国际上已经形成了以国际条约、国际惯例、国际商事判例等为核心的国际商法体系，为国际社会从事商业活动的当事人所普遍遵循。这些具有法律性质的国际公约和国际惯例在协调国际商事关系，消弭各国私法方面的冲突，促进国际经济的健康发展方面都起到了极其重要的作用。值得注意的是上述国际惯例时至今日已多次进行了修订，如《国际贸易术语解释通则》就已经修订了六次，最近的一次修订是在2010年7月，修订后的《国际贸易术语解释通则2010》已经于2011年1月1日生效。

恩格斯有一句名言：“民法(商法)是将经济关系直接翻译为法律的语言。”国际商法曲折发展的历史告诉我们：经济基础决定上层建筑。尽管各国的经济发展水平不同，政治制度和文化背景各异，但是商品经济的客观发展规律是统一的。作为上层建筑重要组成部分的法律只能顺应并促进经济的发展，而不能成为经济交往与发展的桎梏。国际商法正是顺应国际经济的发展，体现了国际经济发展的规律，并将国际经济关系翻译为“法律的语言”——国际贸易规则。

1.2.3 国际商法的主要内容

国际商法作为调整跨国的商事关系的法律规范，其所涉及的范围十分广泛，已经远远超出传统商法的内容。针对本书的使用对象是大学本科非法律专业，尤其是国际贸易专业或者管理专业的特点，本书在有限的课时内只能向学生介绍如下内容：①国际商事组织法，主要介绍个人独资企业法、合伙企业法、公司法；②国际商事合同法及国际货物买卖法；③国际货物运输与保险法；④代理法；⑤国际技术贸易法；⑥产品责任法；⑦票据法；⑧世界贸易组织法；⑨国际商事仲裁法。不难看出，本节主要以通常的国际贸易流程为主线，从不同国家的商人开始洽谈贸易事宜签订合同开始，然后顺次履行合同，办理运输、保险、支付货款等直至合同履行完毕，对其中所涉及的主要法律问题向读者一一交代。同时，在合同订立、履行过程中产生纠纷后人们采取的争端解决方式——国际商事仲裁制度介绍给读者。让读者在将来的实践中知晓应当怎么做才是合法的，遇有争议时又该如何解决，以此防范国际贸易中的法律风险，以避免或者减少不必要的经济损失。

时至今日，理论界对于国际私法、国际经济法、国际贸易法、国际商法的区分还存在争议，但是有一点许多学者已达成共识：国际商法的调整对象是跨国的商事关系，即不同国家的商人之间因从事商品交易行为而产生的法律关系。因此，国际商法在性质上属于私法。

1.3 国际商法的渊源

按照学界的通说，所谓法的渊源指的是法的表现形式，即作为法院或者仲裁机构据以做出判决的依据的表现方式或者来源。法的渊源通常分国内法渊源和国际法渊源。国内法渊源主要是制定法、习惯法和判例法。但是，国际法的渊源却与此不同，其渊源主要包括国际公约(国际条约)与国际惯例，这是由国际法的国际性特点所决定的。至于国内法能否成为国际法的渊源，理论界大多认为在私法领域可以成为法的渊源。由于国际商法具有国际性和私法性的特点，因此国际商法的渊源就是国际商法的表现形式，既包括国际法渊源也包括国内法渊源。前者体现为国际商事公约和国际商事惯例，后者表现为国内制定法或者判例法。

1. 国际商事条约

1969年《维也纳条约法公约》第二条规定：“条约者，谓国家之间所缔结的而以国际法为准的国际书面协定，不论其载于一项单独文书或者两项以上单独文书内，也不论其特定名称为何。”所以，国际商事条约是指两个以上的主权国家或者国际组织所缔结或者参加的有关国际商事的书面协议。根据“条约必须信守”的国际法原则，国际商事条约对缔约国及缔约国的当事人具有普遍的法律约束力。条约分为双边条约和多边条约，双边条约是在两个国家之间缔结的；多边条约的缔结方则是3个以上的国家或者国际组织。目前，国际商事条约尤其是多边商事条约已经成为国际商法的重要渊源。世界各国先后订立了一系列关于国际商事活动的条约，主要包括以下几类。

1）有关国际货物买卖的国际商事条约

有关国际货物买卖的国际商事条约主要有1964年的《关于国际货物买卖合同成立的统一法公约》和《关于国际货物买卖的统一法公约》，1974年的《国际货物买卖时效公约》，1980年的《联合国国际货物销售合同公约》，1985年的《国际货物买卖合同适用法律公约》和《国际货物买卖适用法律公约》等。其中尤以1980年的《联合国国际货物销售合同公约》在实践中的应用最为广泛。

2）有关国际货物运输的国际商事条约

国际货物运输方式主要包括海运、航空运输、公路运输和多式联运。有关国际海上货物运输的国际商事条约主要包括1924年的《统一提单的若干法律规定的国际公约》（海牙规则），1968年的《关于修改海牙规则的议定书》（维斯比规则），1978年的《联合国海上货物运输公约》（汉堡规则）；有关国际航空货物运输的国际商事条约主要包括1929年的《统一国际航空运输某些规则的公约》（华沙公约），1963年的《修改华沙公约的议定书》（海牙议定书），1964年的《统一非缔约承运人所办国际航空运输某些规则以补充华沙公约的公约》（瓜达拉哈拉公约）；有关国际铁路运输的国际商事条约主要包括1890年的《关于国际铁路货物运送规则的伯尔尼公约》（国际货约），1951年的《国际铁路货物联运协定》（国际货协）；有关国际货物多式联运的国际商事条约主要是1980年的《联合国国际货物多式联运公约》。

3）有关国际贸易结算的国际商事条约

有关国际贸易结算的国际商事条约主要包括1930年的《关于本票和汇票统一法的日内瓦公约》和《关于统一票据和本票的日内瓦公约》，1931年的《关于支票的日内瓦公约》、《关于解决支票的若干法律冲突的日内瓦公约》，1987年的联合国《关于汇票和本票公约》等。

4）有关国际民事诉讼和国际商事仲裁的国际商事条约

有关国际民事诉讼和国际商事仲裁的国际商事条约主要有1958年的《关于承认和执行外国仲裁裁决公约》（纽约公约），1965年的《民事及商事司法文件和非司法文件在国外送达与通知的公约》，1976年的《联合国国际贸易法委员会仲裁规则》等。

值得注意的是上述条约有些已生效，对缔约国具有法律效力，但有的尚未生效。

对于国际商事条约应当注意以下几个问题。

(1) 国际商事条约具有私法属性，大多由任意性规范组成。当事人可以约定不适用条约或者不适用条约中的某一个条款，也可以变更条约中的某一条款。但是如果当事人没有就条约声明舍弃或者变更，则条约就对当事人具有约束力。当然这还要看条约本身是否包含这样的规定。典型的案例是1980年的《联合国国际货物销售合同公约》，其第六条规定："双方当事人可以不适用本公约，或在第十二条的条件下，减损本公约的任何规定或改变其效力。"这是私法领域奉行的"意思自治"原则的体现。

(2) 条约保留的问题。所谓条约保留指的是一国在缔结或者加入条约时声明其中的某些条款对该国不具有法律约束力。如果一国对某一个条款提出保留，那也就意味着该国的当事人可以不遵守该条款。例如，我国在加入《联合国国际货物销售合同公约》时对公约的第1条第2款(b)项和第11条提出了保留。公约的第11条规定当事人订立国际货物买卖合同既可以采用书面形式也可以采用包括口头在内的其他形式。而我国当时的《涉外经济合同法》规定：当事人订立涉外经济合同必须采用书面形式。因此就我国的商人而言，与公约其他成员国的商人签订合同必须是书面的。

需要说明的是，1999年我国制定了《中华人民共和国合同法》，废止了原来存在的《经济合同法》、《技术经济合同法》和《涉外经济合同法》三部法律。《合同法》第10条规定："当事人订立合同，有书面形式、口头形式和其他形式"，显然，我国对《联合国国际货物销售合同公约》第11条关于涉外经济合同必须采用书面形式的保留已经没有意义了。因此，许多学者建议全国人民代表大会常务委员会应当撤销该项保留。但是时至今日，全国人大常委会尚未做出撤销保留的决议。该问题如何解决也成为饶有趣味的话题。

2. 国际商事惯例

国际商事惯例是指在国际商事活动中，经过长期的反复实践与运用，逐步被世界各国商事主体所接受的商事习惯规则。国际商事惯例不同于国际商事条约，它不具有普遍的法律约束力。但是，当国际商事主体约定采用某种惯例来调整和规范他们之间的权利和义务关系时，该惯例对当事人就具有法律约束力。国际商事惯例的特点如下：①任意性，只有在当事人约定采用惯例时，该惯例才能对其产生相当于法律的效力。②普遍性，能够作为法律为人所遵循的惯例必须被人们广为接受，单纯地流行于某一地区的尚不能为人所广泛认可的习惯一般不能成为惯例。③公正性，一些地区流行的有失公正的所谓的恶习是不能作为法律的。④惯常性，是人们反复多次经常性地同一行为。⑤内心接受性，人们从内心将惯例视为具有相当于法律效力的规则。

国际商事惯例是各国商人在长期的贸易实践中自发形成的习惯性做法，最能体现商人的意志，是商人智慧的结晶。最初商事惯例是以不成文的习惯的形式出现的。然而，随着国际商事惯例的不断丰富，国际商事惯例在国际商事活动中的作用越来越突出，为方便人们理解、掌握和运用这些不成文的惯例，一些国际民间组织或商业团体就将某些重要的国际商事惯例加以整理、编撰成文，方便人们选择使用。目前已经编写成文的重要的国际商事惯例主要包括国际法协会于1932年制定的《华沙—牛津规则》，国际商会1930年拟定并于1933年公布的《商业跟单信用证统一惯例》、1936年制定的《国际贸易术语解释通则》、1958年草拟并于1967年公布的《商业单据托收统一规则》，以及国际统一私法协会1994年制定2004年修订的《国际商事合同通则》等。

3. 国际商法的国内法渊源

尽管国际商事条约或国际商事惯例是国际商法的重要渊源，但是在许多领域，各国尚未就某些问题达成共识，还不能以条约的形式对这些问题加以规范，这就需要借助于各国的国内法解决。毕竟，国际商贸关系具有多样性和复杂性，当事人对本国的法律则一目了然，这就会促使其选择本国的法律作为其行为的准则和解决争端的依据。加之，各国的政治、经济、文化等诸多领域存在差异，各国往往基于本国的一己之利不愿意缔结或者参加有关的条约。例如，世界上有二百多个国家，而加入《联合国国际货物销售合同公约》的国家时至2010年2月也只有76个。因此，国内法自然就成为国际商法渊源的重要补充。国内法能够成为国际商法的渊源必须经由两个途径：一是当事人同意选择某个国家的国内法作为其未来争端解决的依据；二是借助法院地国家冲突规范的指引，最终适用某个具体国家的国内法规范进行解决。

1.4 西方国家的两大法系

1.4.1 西方国家两大法系概述

法系，不能理解为“法律的体系”，因为此概念的内涵是特有所指的。法系，英文的表达是“legal family”，按照汉语的理解就是法的家族、谱系的意思，因此也有学者称其为“法族”。它是指依据法律的历史渊源和传统以及由此形成的不同存在样式和运行方式，而对现存的和历史上存在过的各种法律制度所做的分类。凡是具有相同的历史渊源和传统，具有相同或相近的存在样式和运行方式的法律制度便被视为属于同一个法律家族，即法系。历史上曾经存在五大法系，即大陆法系、英美法系、印度法系、伊斯兰法系和中华法系。但是随着资本主义殖民扩张，各国对先进法律制度的借鉴吸收，原有的印度法系、中华法系已经不复存在了，至少不具有典型意义了。只有伊斯兰法系受宗教因素的影响还保留一些痕迹，但是也已经与大陆法系融合，变成一种“混合物”了。因此，学术界的通说认为当今世界主要存在两大法系，即大陆法系和英美法系。

大陆法系和英美法系对各国法律制度的建立尤其是对国际商法的形成、发展影响巨大。特别是英美法系中美国的法律制度，基于其在当今世界政治、经济、文化中的霸主地位对各国的法律影响更大。

1.4.2 大陆法系

大陆法系因其源自于欧洲大陆而得名。由于大陆法系的历史渊源来自于古代罗马法，因此也称罗马法系。又由于19世纪初的法国和19世纪末的德国以古罗马法为蓝本，吸收了罗马法的精髓制定、颁布了《法国民法典》和《德国民法典》，并且这两个国家的民法对欧洲大陆其他国家法律制度的创立影响深刻，所以也称为民法法系。此外，大陆法系国家法律的表现形式是成文的法典，因此也叫法典法系或者成文法系。法国和德国的法律制度虽同是源自于罗马法，但是两国法律特别是民法的体例、结构、个别概念又各不相同，由此，大陆法系又分为法国支系和德国支系。

大陆法系分布甚广，除法国、德国、比利时、奥地利、荷兰、瑞士、意大利、西班牙、葡萄牙等大部分欧洲大陆国家外，中美洲、南美洲、亚洲、非洲的许多曾作为法国、德国、荷兰等国殖民地和附属国的国家和地区，也属于大陆法系；甚至一些普通法系国家的个别地区，如美国的路易斯安那州、加拿大的魁北克省、英国的苏格兰地区等也属于大陆法系；另外，亚洲的中国、日本、韩国也在大陆法系之列。这一方面是由于法国、德国、西班牙等国进行殖民扩张，将其法律制度带入殖民地并在那里落地生根；另一方面也是由于有些国家主动吸收、借鉴先进的法律制度，变法图强所致。

大陆法系的主要特点主要体现在以下几个方面。

(1) 大陆法系国家法律的表现形式主要是成文法，尤其重视法典化。法国从法国大革命之后就先后制定了民法典、商法典、刑法典以及民事诉讼法典、刑事诉讼法典等，德国也是如此。法典的观念在大陆法系国家可谓根深蒂固。这主要是受当时流行的理性主义哲学思潮的影响。法官审理案件只能在法典中寻找判决的依据。但是，随着社会的发展，理性主义哲学的缺陷暴露无遗，法典的滞后性越发显现。有一些大陆法系国家，如德国、瑞士等国家，在司法实践中越来越重视判例的作用，并发展起一些判例规则，构成了这些国家的法律渊源。但是，这些做法并没有从根本上改变大陆法系国家成文法的地位，判例实际上只具有补充成文法不足的意义。

(2) 大陆法系国家从整体上将全部法律区分为公法与私法两大部分。这主要是受罗马法的影响所致。早在古罗马时期，法学家乌尔比安就将罗马的法律分为公法和私法两大部分，公法是关乎国家利益的法律，私法是涉及个人利益的法律。大陆法系国家在继承罗马法的过程中也将这一做法全盘吸收。尽管关于公、私法划分的标准各异，但是总的来讲公法主要包括宪法、刑法、行政法等，而私法则包括民法、商法等。公法体现的是国家权力的运作，奉行“权力有限”的原则；私法则体现的是对私权的维护，奉行“私法自治”的原则。

(3) 大陆法系在法律的历史渊源方面几乎完全继承罗马法。大陆法系不仅继承了罗马法成文法典的传统，而且采纳了罗马法的体系、概念和术语。

(4) 与成文法相吻合，大陆法系通行演绎逻辑的法律推理方式。法官在案件的审理过程中，待认定事实完毕之后，再去查找成文法中与之相应的规定，然后根据法律的规定作出判决。在这一过程中，法院和法官充当的就是法律的执行者，而不是立法者。因此，法官的自由裁量权相对较小。

(5) 大陆法系有重实体轻程序的倾向。

1.4.3 英美法系

英美法系指的是英国自中世纪以来形成的，以普通法为核心，以衡平法为补充而发展起来的并深受其影响的，包括其他国家法律在内的一系列法律制度的总称。由于它主要以英国中世纪开始出现的“普通法”为代表，故得名普通法法系；又由于该法系以英国和美国为代表，故被称为“英美法系”；同时，英美法系国家法律渊源主要体现为判例，所以也被称为“判例法系”。随着17世纪英国开始对外进行殖民扩张，英国法也随之被带到英国殖民地的一些国家，英国法就此向国外传播。属于英美法系的国家和地区，除英国和美国之外，主要包括美洲的加拿大、大洋洲的澳大利亚和新西兰以及亚洲的印度、巴基斯坦、马来西亚、新加坡、缅甸等。我国的香港地区由于众所周知的原因，也属于英美法系。

英美法系的主要特点体现在以下几个方面。

(1) 英美法系的法律渊源表现为判例法。所谓判例法就是由上级法院的判决而形成的具有法律效力的判定，这种判定对下级法院具有法律规范效力，能够作为法院判案的法律依据。遵循先例原则是英美法系主要的特征之一。由于这种判例不体现为大陆法系那样的书面文字形式，因此也称为不成文法。

(2) 与大陆法系不同，英美法系的法律没有公私法的划分，体系性、系统化不强。其法律往往表现为单行法的形式。如今的法律体系在结构上主要是在单行制定法和判例法的基础上建立、发展起来的。

(3) 英美法系的法官在适用法律上往往奉行归纳逻辑的推理方式。法官在认定基础之上，不是像大陆法系国家法官那样到成文的法典之中寻找判决的依据，而是将上级法院的诸多判决拿来相比较、对照，最后再根据自己的判断作出判决。而且与大陆法系的法官相比较，英美法系的法官自由裁量权较大，所以"法官造法"是英美法系国家比较鲜明的特点。

(4) 在诉讼程序方面，英美法系法官消极性较强，诉讼进程由当事人主导，当事人的对抗色彩浓郁。相对而言，大陆法系国家的法官主导诉讼进程，职权干预主义较强。此外，英美法系特别重视程序的正当性，奉行程序正义优于实体正义的原则。

两大法系各具特色，优劣相当，难分伯仲。因此，19 世纪末 20 世纪初以来，两大法系相互借鉴、相互吸收的趋势日益明显：英美法系国家越来越重视制定法，由立法机关陆续制定出许多的成文法。这主要是因为制定法具有稳定性、明确性以及国民的可预见性强的特点，而这一点恰恰是判例法的软肋。同时，大陆法系的一些国家，如德国、瑞士等也日益重视判例法，突出法官的能动性，以适应不断变化的社会发展的步伐。这是因为制定法虽然具有稳定性的一面，但是社会的发展却是日新月异的，而法律又不能朝令夕改，因此为适应社会发展的需要，授权法官造法，就此判例法的优势得以彰显。

本章小结

商法是伴随着商品经济的产生而逐渐发展起来的一门学科，是商品交换规则的法律化。商法所调整的社会关系质的规定性是商事主体之间的交易关系，也称"商事关系"。营利性是其本质属性。

国际商法是调整跨国的商事关系的法律规范的总称，它是商事行为超越国界所产生的必然结果，确立了国际商品交换的基本规则，也为法院或者商事仲裁机构裁判国际经贸纠纷提供了重要依据。在性质上它属于私法范畴。私法自治的精神在国际商法中体现得淋漓尽致。国际商法的渊源主要包括国际公约和国际惯例，但也并不排斥部分国内法成为渊源的可能性。因此，了解西方两大法系对于掌握法律渊源也至关重要。

关键术语

商法　商事关系　国际商法　私法　国际公约　国际惯例　大陆法系　英美法系

思考与练习题

一、思考题

1. 如何理解国际商法所调整的国际商事关系？
2. 国际商法的法律渊源有哪些？
3. 什么是法系？两大法系之间的主要区别是什么？
4. 国际商法与相近法律有什么关系？
5. 为什么说国际商法具有私法的属性？主要表现是什么？

二、案例分析

中国甲公司(卖方)与英国乙公司(买方)签订了一份买卖合同，使用了“FOB上海”贸易术语。现在双方就履行合同问题发生争议而诉诸法院。甲公司认为应当适用中国合同法解决争议，因为合同的签订地在上海；乙公司则主张适用英国的法律，因为受诉法院在英国。

问：(1) 双方所签订的合同具有“国际性”吗？为什么？

(2) 假如你是审理本案的法官，你认为对于双方的争议该适用什么法律？为什么？

第2章 国际商事组织法

本章教学要点

知识要点	掌握程度	相关知识
公司的概念与特征、股份有限公司	重点掌握	结合商事的属性掌握国际商事组织的特征，两大法系关于公司的定义的异同
合伙企业的概念及特征，公司治理结构	掌握	共同出资、共同经营、共享收益、共担风险，无限连带责任，公司及其意义
合伙企业财产性质	熟悉	共同共有、按份共有
国际商事组织的含义、特征，合伙企业的入伙与退伙	了解	合伙人之间的信任关系，与有限公司的比较凸显其特色

导入案例

原告是经销商，被告是农场主。原告和被告通过电话协商决定由被告向原告出售1万蒲式耳谷物，价格为每蒲式耳2美元。根据商业习惯，原告将电话协议写成备忘录转给被告，以确认此买卖。不久，谷物价格猛涨，被告以没有书面合同为由拒绝履行。原告认为被告毁约，诉诸法院，请求赔偿损失。根据美国《统一商法典》的规定，价格在500美元以上的买卖必须订立书面合同。法典又规定商人之间的买卖只要有类似备忘录的文件就算成立，不必要当事人签字。如不是商人则要有正式的书面合同。

请问：

1. 什么是商人？为什么会存在商人制度？
2. 本案争议如何处理？

2.1 国际商事组织法概述

2.1.1 商事主体的概念

在传统商法中，商事主体称为“商人”。商人这个概念，在不同的情况下有不同的含义。在现实生活中主要是指从事特定职业的人。在经济生活中，商人主要是指从事货物交易的人。在法律上，商人主要是指从事商业经营或为商事法律行为的主体。一般来说，商人中的“商”是指它的职业属性；“人”是指从事商事活动的权利的主体。同时，这里的“人”，不单是指生物意义上的自然人，而且还包括合伙企业和商法人。尤其在现代社会条件下，主要是指各种商法人(企业主)。商人不仅是一个职业概念，而且是一个法律概念。它是一个独立的人格体。所以，许多国家都用法律对商人这一概念作出专门规定。不过由于各国确定商人的标准不同，逻辑起点不同，价值取向不同，所以各国商法典对商人的定义也不同。

2.1.2 国际商事组织

1. 商事组织的概念及特征

商事组织，也称“商事企业”，指的是依法成立的以自己的名义对内进行经营管理，对外从事营利性活动的经济组织。与其他社会组织相比，商事企业具有以下特点。

(1) 商事企业具有营利性。营利性是商事企业最重要的特征，追求利润最大化是一切商事企业的终极目标。这里的营利性不仅仅是企业本身将营利作为其追求的目标，而更重要的是企业的投资人(如个人独资企业的投资人、合伙企业的合伙人、公司的股东)要通过企业的经营获得收益，并将企业所获得的收益分配给投资人。这一特点也是商事企业与非营利性组织的重要区别之所在。因此，实际上企业不过是投资人的营利工具而已。

(2) 商事企业具有社会性。企业是经济社会的一个细胞，是经济社会中最重要的经营主体。商事企业虽然以营利为目的，是企业投资人赚钱的工具，但是，毕竟商事企业是社会的一个组成部分，不可能脱离社会其他成员而独立存在。商事企业在追求自身利益最大化的同时，也要考虑社会其他成员的利益，如劳动者、消费者、潜在的利益相关者等，不能通过损害社会其他成员的利益来使自身利益获得最大化。“诚信经营，不害他人”是商事企业最起码的道德准则。近年来，国际社会倡导的“企业的社会责任”就是基于企业的社会性对企业提出的法律要求。

(3) 商事企业具有法定性。尽管各国国情不同，但是就企业的组织形式而言，各国无不以立法的形式予以规范。企业的形式，设立企业需具备的条件，企业设立的程序等，各国都结合本国的具体国情从法律上进行制定。换句话说，人们不能自由地创设法律规定之外的企业组织形式，也不能不遵循法律规定的创立程序随意设立企业，如不经过工商部门的核准登记就开展营业就属于非法经营。

2. 国际商事组织的含义与主要类别

国际商事组织也就是国际商事企业，是指从事跨国经营的商事企业。随着经济全球化的发展，特别是各国逐渐放松对企业国际化经营的管制，国内商事企业与国际商事企业划分的意义已然不大，多数国家都允许本国的企业既可以从事国内经营也可以从事国际商事活动。我国自加入世界贸易组织后，为履行义务，也放松了对企业从事涉外经营的管制。例如，原来企业要想从事涉外经营须经外贸主管部门的批准获得外贸经营权方可，如今，企业进行涉外经营只需向外贸主管部门备案即可。

就国际商事企业的组织形式而言，西方国家主要有3种形式：个人独资企业、合伙企业和公司企业。不同的企业形式在资金筹措、管理方式、经营风险、税收征缴、经营范围、设立程序等诸多方面存在差异。因此，投资人具体采用何种企业组织形式要结合多种因素做出恰当的抉择。

2.1.3 国际商事组织法的含义及内容

顾名思义，国际商事组织法就是调整国际商事组织形式的法律规范的总称。与买卖、运输、保险等具体的国际商事行为法不同的是，国际商事组织法还没有统一的法律规范，也就是说目前国际上还没有国际性的条约或者惯例专门对国际商事组织予以规范。联合国虽然制定了《跨国公司行动守则》，但是时至今日也尚未生效。此外，《跨国公司行动守则》就其基本内容而言也很难说它是一部典型的国际商事组织法。因为跨国公司本身也不是企业的一种组织形式，从整体上来说称其为企业的一种特殊的经营方式更准确些。因此，国际商事组织法主要体现为国内法，或者说国内法是国际商事组织法的主要渊源。在大陆法系国家有关商事企业组织形式的法律规范主要体现为制定法，如各国的商法典主要是单行法；英美法系国家的企业法的渊源主要是判例法和单行法。

由于各国的经济发展水平不同，政治体制存在差异，各国对外开放的程度是不一样的。开放程度较低的国家，是否允许企业从事外贸经营，允许什么样的企业从事外贸经营往往都有法律上的限制，一般都是通过发放外贸经营许可证的方式授予企业外贸经营权。没有外贸经营权的企业当然不允许从事国际商事活动。这一点对于将来有志从事国际贸易工作的学生而言十分重要。一旦与没有外贸经营资格的企业签订合同，很可能因对方资格瑕疵而导致合同无法得到履行，这方面的法律风险是值得重视的。

2.2 个人独资企业法

2.2.1 个人独资企业的含义与特征

个人独资企业是企业中十分常见的组织形式，在各国企业中的数量也比较可观。但是由于它集资能力有限、风险较大，一般只适用于规模较小的企业。

个人独资企业就是由一个自然人出资设立的，企业的全部财产归出资人一人所有，并由出资人就企业的债务承担无限责任的企业组织形式。

个人独资企业与合伙企业、公司相比较，具有以下特征。

(1) 投资主体的单一性。个人独资企业的投资人只能是一个人，且一般情况下只能是自然人。

(2) 企业财产的私有性。个人独资企业的财产来源于投资人，归属于投资人个人所有，企业盈利所得也属于投资人。

(3) 主体资格的非法人性。个人独资企业具有相对独立的主体资格，主要体现为个人独资企业有属于自己的名称，以独资企业的名义开展经营活动、起诉或者应诉。但是毕竟其财产为投资人个人所有，责任由投资人以其个人财产承担，因此，个人独资企业不具有法人资格。

(4) 投资人承担责任的无限性。个人独资企业如果经营管理不善产生亏损，应当先将企业的财产用于清偿债务，不足部分由投资人以其个人财产承担无限责任。

2.2.2 个人独资企业的设立

1. 个人独资企业设立的条件

各国对个人独资企业的设立一般都规定一定的条件，符合条件才予以注册成立。

(1) 人的条件。一般只允许一个自然人投资设立个人独资企业，且该自然人应当具有完全民事行为能力。同时，法律禁止从事营利性活动的人一般不能成为个人独资企业的投资人。例如，按照我国有关法律的规定，警察、法官、国家公务员等不得投资设立个人独资企业，其他国家也有类似的规定。其主要目的在于防止“官商一体”，维护公平竞争的经济秩序。

(2) 物的条件。设立个人独资企业需要由投资人申报出资额，这既是企业经营的物质基础，也是其承担责任的经济保障。

(3) 名称、住所。个人独资企业应当有自己的名称和住所，以便对外开展经营活动。

2. 个人独资企业设立的程序

与公司设立相比较，个人独资企业的设立较为简单，主要包括申请设立、审核批准两个步骤。

2.2.3 个人独资企业的经营管理

个人独资企业的经营管理既可以由投资人亲自经营也可以由投资人聘请职业经理人代理经营。如果投资人聘任职业经理人经营管理企业应当签订书面的聘任合同，在合同中约定双方的权利与义务。值得注意的是，如果投资人在聘任合同中对其所聘任的职业经理人的权限有所限制，该权限限制不得对抗善意第三人，这主要是保护善意第三人的信赖利益。例如，甲聘任乙担任经理，聘任合同中明确约定对外签订1万元以上的买卖合同须经甲的同意。假如乙未经甲同意与善意的丙签订了一份价款2万元的合同，该合同就是有效的，换言之，甲不能以未经自己同意而主张合同无效。这里的“善意”就是不知情的意思，也就是说，丙不知道甲乙之间的有关权限限制的约定。

个人独资企业所聘任的职业经理人应当恪守诚信、勤勉、敬业、忠诚义务，不得为谋取一己之私而损害企业及投资人的利益，如利用职务上的便利索取或者收受贿赂，挪用企业的资金归个人使用或者借贷给他人，未经投资人同意从事与本企业相竞争的业务，未经投资人同意同本企业订立合同或者进行交易，泄露本企业的商业秘密等，否则应当承担相应的民事赔偿责任甚至刑事责任。

2.2.4 个人独资企业的解散与清算

个人独资企业的解散就是个人独资企业基于某种原因而消灭。一般来讲，在投资人死亡或者宣告死亡且无继承人，或者继承人放弃继承以及投资人决定解散的情形，均可导致个人独资企业消灭。企业解散之前应当进行清算，即清理涉及个人独资企业的债权债务。清算既可以由投资人自行清算也可以由债权人申请法院指定有关机构予以清算。由于个人独资企业不能独立承担民商事责任，其经营中所欠债务最终由个人独资企业的投资人以其个人财产承担。

清算完毕之后，投资人应当向主管机关提出注销申请，经主管机关注销登记，个人独资企业才正式消灭。

2.3 合伙企业法

2.3.1 合伙企业的含义与特征

1. 合伙企业的含义

合伙企业是由两个以上的合伙人通过签订合伙协议，依法设立的共同出资、共同经营、共享收益、共担风险并由合伙人承担无限连带责任的企业组织形式。合伙是一种古老的法律制度，早在古希腊、古罗马时期合伙就已经相当发达，而且公司制度的产生、发展也与合伙有着千丝万缕的联系。时至今日，合伙仍然是一种重要的企业组织形式，与公司比肩而立，足见其生命力之强劲。在一些实行民商分立的大陆法系国家，合伙被区分为民事合伙与商事合伙，二者的区别主要在于：①适用的法律不同，前者主要适用民法典，后者主要适用商法典。②民事合伙一般情况下具有临时性，且也不尽然以营利为目的，一般不以企业的形式存在，因此无须进行营业登记；而商事合伙则具有营业的持续性，而且通常是以营利为目的，属于企业组织形式的一种，故而须依法进行营业登记。这里所讲的合伙是商事合伙，也就是合伙企业。

2. 合伙企业的特征

(1) 合伙企业必须由两个以上的人(合伙人)组成。合伙人既可以是自然人也可以是法人或者其他组织，但是必须具有权利能力和行为能力。此点正是其与个人独资企业的不同之处。

(2) 合伙企业的成立必须以合伙契约(合伙协议)为基础。合伙契约是由全体合伙人签订的规定合伙人权利与义务的协议，对全体合伙人具有法律约束力，主要规范合伙人之间的关系，是联系全体合伙人的纽带。此点与既规范公司内部关系又规范公司外部关系的公司章程有显著不同。

(3) 合伙企业是一种“人的联合”，所谓人的联合是指在一般情况下，合伙人之间通常是基于人身信任关系而联合在一起，共同出资、共同经营、共享收益、共担风险，其中一个合伙人的死亡、退出、破产或者诚信缺失，都可能导致合伙解散，直接影响合伙企业的生存。这一点与具有法人资格的公司不同，公司的投资人即股东的退出、死亡并不影响公司的生存。因此，在许多国家，合伙企业往往是家族企业、朋友企业。

(4) 合伙人对合伙企业债务须承担无限连带责任。如果合伙企业经营管理不善欠下债务，先由合伙企业的财产偿还，合伙企业财产不足以清偿的，就应当由合伙人以自己个人的财产清偿，直至清偿完毕满足债权人的要求方能结束，这就是所谓的无限责任。同时，每一个合伙人都有义务清偿合伙企业的全部债务，并不仅仅以自己在合伙企业的份额为限。比如，甲、乙、丙三人分别按照30%、30%和40%的份额出资设立合伙企业，现在合伙企业有债务20万元，合伙企业的财产只有10万元。如果债权人要求清偿全部债务，先用合伙的财产10万元清偿，余下的10万元，如果债权人要求甲偿还，那么甲就有义务全部清偿，而不能主张仅清偿3万元。也就是说合伙人中的任何一人都有可能替其他合伙人承担理应由其他合伙人承担的份额，这就是所谓的连带责任。

(5) 合伙企业一般不具有法人资格。合伙企业的财产归全体合伙人共有，合伙人须对合伙企业的债务承担无限连带责任，每一个合伙人都可以代表合伙企业对外从事经营活动，合伙人的死亡、退出直接影响合伙企业的生存，因此，合伙企业不像公司那样具有独立的法人资格。但是，合伙企业有自己的名称或商号，可以以自己的名称或者商号对外签订合同，开展经营活动，起诉和应诉。值得注意的是，在一些国家诸如法国、荷兰等国立法上承认合伙企业具有法人资格，只不过合伙人仍旧承担无限连带责任。但是，包括我国在内的多数国家立法上仍旧恪守传统做法不承认合伙企业具有法人资格。

2.3.2 各国有关合伙企业的法律制度

西方资本主义国家存在两大法系，即大陆法系和英美法系。两大法系有关合伙的规定有很大不同。实行民商分立的大陆法系国家，合伙制度一般规定在商法典中。例如，《法国商法典》原来第三编第四章规定了"商事合伙"，后来在1966年制定了《商事企业法第66—537号》，在第一编第一、二章规定了商事合伙制度，取代了商法典的内容；德国区分商事合伙与民事合伙，商事合伙规定在《德国商法典》中，民事合伙则规定在《德国民法典》中。我国至今没有统一的民法典和商法典，有关合伙的内容主要规定在1986年的《民法通则》第二章第五节和1996年制定、2007年修订的《合伙企业法》中，《民法通则》规定的主要是民事合伙，《合伙企业法》规定的则属于商事合伙。英美法系法的渊源主要是判例法，自19世纪末以来，制定法逐渐占有一席之地。因此，有关合伙的法律制度主要体现为判例规则和制定法。例如，英国在1890年制定了《合伙法》，1907年又制定了《有限合伙法》，两部法律至今仍然有效，同时原有的判例规则也是合伙法的重要组成部分。美国的情况与英国相似，判例法仍是合伙法的主要渊源。与英国稍有不同的是，美国属于联邦制国家，根据美国宪法的规定，有关合伙法律制度的立法权属于各州。为了消除州与州之间的法律冲突，美国统一州法委员会在1914年起草了《统一合伙法》。目前这部法律已经被美国绝大多数州采用。

2.3.3 合伙协议

1. 合伙协议的概念

合伙协议也称为"合伙契约"或"合伙合同"，是指两个以上的合伙人为设立合伙企业而达成的约定共同出资、共同经营、共担风险以及彼此权利义务关系的协议。合伙协议的法律意义在于：①合伙协议是合伙企业设立的基础。多数国家规定设立合伙企业必须有合伙协议，无论是书面的还是口头的；②合伙协议是合伙人资格的确定依据。合伙人要想证明自己具有合伙人身份最重要的依据就是合伙协议；③合伙协议属于合同的一种，根据合同相对性的规则，合伙协议对全体合伙人具有法律约束力，体现的是合伙人之间的权利义务关系。如果合伙人之间发生争议首先要依据合伙协议的规定。例如，A、B、C三人各自按照50%、25%、25%的比例出资设立合伙企业，合伙协议约定平均分配盈利。后来，合伙企业赚钱了，A感觉自己吃亏了，要求按照出资比例分配盈利，这样做可以吗？答案是不可以，除非三人一致同意修改合伙协议。

2. 合伙协议的主要内容

合伙协议应当包括哪些内容，有的国家立法上有具体规定，有的国家则没有，完全由合伙人根据具体情况自行约定。但是，合伙协议一般情况下应当包含以下几项内容。

(1) 合伙企业的名称。合伙企业的名称是合伙企业与其他企业相区分的主要标志，合伙企业对外开展经营一般使用的就是自己的名称而不是合伙人的名字(名称)。同时，合伙企业对自己的名称享有企业名称权，其他企业或者个人未经合伙企业允许不得擅自使用。在西方国家，很多合伙企业的名称多以合伙人的姓氏命名，在合伙人的姓氏之后加上“商行”或者“企业”字样。

(2) 合伙人的姓名或者名称。姓名是针对自然人而言的，名称则是对企业而言的。由此可以看出合伙人既可以是自然人也可以是企业。该项内容对于确定合伙人的身份至关重要。

(3) 合伙企业的经营范围。有些国家对合伙企业的经营范围有所限制，如我国合伙企业不能从事银行、保险、证券等金融业务。而有些国家则没有限制，即使有所限制也只是人数方面的，如英国法律规定合伙企业经营银行业务，合伙人不得超过10人。

(4) 合伙企业的经营期限。有些国家立法上限制合伙企业的经营期限，如法国规定合伙的经营期限不得超过99年，而有些国家则没有期限限制。事实上，合伙人如果全部是自然人，规定经营期限也没有必要。毕竟人生有涯，合伙人死亡很可能导致合伙企业消亡。

(5) 利润分配、损失承担的方法。

(6) 合伙人的出资。合伙人的出资包括出资的方式、出资的数额以及出资的期限等。合伙人既可以用实物、知识产权、专有技术出资，也可以用劳务、商誉出资。与公司股东出资方式相比较，出资的方式更加灵活、多样。

(7) 合伙事务的执行方式。合伙企业既可以约定共同经营也可以约定由合伙人中的一人或者几人代表合伙企业对合伙事务进行经营管理。

(8) 入伙与退伙以及合伙人认为应当载入的其他事项。

3. 合伙协议的形式

对于合伙协议的形式，不同国家立法对其要求不同。有的国家要求合伙协议应当采用书面形式，如我国《合伙企业法》第四条规定：“合伙协议依法由全体合伙人协商一致以书面形式订立。”而有的国家则没有限制，既可以采用书面形式也可以采用口头形式或者其他形式，如默示的形式。但是，如果采用口头形式订立合伙协议会产生如何确定合伙人身份的问题，或者说如何确定合伙关系的问题。英美法系国家一般采用如下规则来处理：①合伙人是否分享利润和分担损失。②合伙的财产是否由合伙人共同享有。③合伙人在经营管理中是否享有同样的权利。

2.3.4 合伙企业的设立

1. 合伙企业的设立条件

对于设立合伙企业应当具备的条件，有些国家并不做出具体的规定，而有的国家则在立法上明确予以规定。总的来说，设立合伙企业至少应当具备如下条件。

(1) 人的因素：合伙人应当是两个以上，既可以是自然人也可以是法人或者其他组织。合伙人是自然人的应当具有完全行为能力。外国人也可以和本国人合伙，但是在特定条件下则不被允许。比如，英国法律规定，如果因战争爆发使其所属国成为英国的敌国，则该合伙关系宣告解除。

(2) 物的因素：设立合伙企业必须具备一定的财产，这既是合伙企业开展经营的物质条件也是合伙企业承担责任的法律保障。但是，与公司相比较而言，法律对设立合伙企业没有最低财产数额的要求，这是因为合伙企业的财产与和合伙人个人的财产尚未完全剥离，即使合伙企业身无分文，合伙企业的债务最终也要由合伙人以其个人的财产予以清偿。

(3) 合伙企业名称：合伙企业要有自己的名称，这既是为了与其他企业相区别也是为了方便合伙企业的经营与诉讼。

(4) 合伙协议：合伙协议是确定合伙人之间权利义务关系的法律文件，合伙企业许多重要的事项都要通过合伙协议来体现，发生争议后也往往依据协议进行处理。

(5) 合伙企业的经营场所和经营条件。

2. 合伙企业的设立登记

设立合伙企业是否需要到有关的国家机关办理登记手续，各国立法略有不同。大陆法系国家一般要求合伙人向主管机关提出申请，由主管机关办理登记手续，颁发经营执照方能设立合伙企业。而英美法系国家对此并不严格要求，只是对一些特殊的合伙如律师事务所、会计师事务所要求到相关的部门申请执照。比如按照美国统一合伙法的规定，只要有合伙协议且目的合法，无须向政府办理登记手续。

我国《合伙企业法》第9条规定：“申请设立合伙企业，应当向企业登记机关提交登记申请书、合伙协议书、合伙人身份证明等文件。”第11条规定：“合伙企业的营业执照签发日期，为合伙企业成立日期。”根据我国法律的规定，合伙企业的登记机关是工商行政管理部门。

2.3.5 合伙企业的内部关系

合伙企业的内部关系指的是合伙人之间的关系。由于合伙企业是合伙人通过订立合伙协议而设立的，合伙人之间的关系往往是通过合伙协议来体现。合伙协议所反映的其实就是合伙人之间的权利义务关系。

1. 合伙人的权利

(1) 利润分配权。合伙人设立合伙企业的目的十分明确，就是通过经营合伙企业事务获得盈利并将盈利按照合伙协议的约定分配给全体合伙人。至于如何分配利润，各国的规定稍有差异。按照合伙协议的约定进行分配各国没有差异，但是如果合伙协议没有约定或者约定不明确的该如何处理，英、美、德等国家主张平均分配，而法国则规定按照出资比例分配。前者关注的是实质的公平，后者考虑的是形式的公平。而我国合伙法采取的则是一种混合的做法。《合伙企业法》第 33 条规定："合伙企业的利润分配、亏损分担，按照合伙协议的约定办理；合伙协议未约定或者约定不明确的，由合伙人协商决定；协商不成的，由合伙人按照实缴出资比例分配、分担；无法确定出资比例的，由合伙人平均分配、分担。"

(2) 合伙事务执行权。除非合伙协议另有约定，每一个合伙人都有权参与合伙企业事务的经营与管理，都有权对外代表合伙企业开展经营活动，这就是合伙人相互代理规则。后有详论，此不赘述。

(3) 监督权与知情权。每一个合伙人都有权了解合伙企业的经营状况，查阅合伙企业的账簿，负责合伙事务的合伙人不得拒绝。同时，合伙事务的执行人有义务向其他合伙人报告企业的经营情况，尤其是涉及合伙企业经营的重大事项。对于一些疑问事项，合伙人有权提出质询。但是，有些国家考虑到合伙企业的顺利经营，对合伙人查阅账簿的权利加以限制，如法国法律规定，不参与日常管理的合伙人一年内查阅合伙账目一般不得超过两次。

2. 合伙人的义务

(1) 缴纳出资的义务。合伙企业的财产来自于合伙人的出资，合伙人应当按照协议规定的数额、期限完成出资。否则，因此给其他合伙人造成损失的应当承担违约责任。

(2) 勤勉敬业的义务。执行合伙企业事务的合伙人应当按照诚实信用的原则，合理谨慎地处理合伙事务。如果因失职给合伙企业和其他合伙人造成损失的应当承担赔偿责任。

(3) 忠诚的义务。合伙人不得自营或者同他人合作经营与本合伙企业相竞争的业务，此义务称为"竞业禁止义务"；合伙人不得利用合伙企业的财产为自己谋取利益；除合伙协议另有约定或者经全体合伙人一致同意外，合伙人不得同本合伙企业进行交易，此义务也称为"禁止自我交易"。如果合伙人违反了上述义务给合伙企业造成损害的应当承担赔偿责任。同时，因违反上述义务获得收益的应当将所获收益归还给合伙企业，这在法律上称为"合伙企业的归入权"。

2.3.6 合伙企业的外部关系

如果说合伙企业的内部关系是合伙人之间的权利义务关系，那么，合伙企业的外部关系则是合伙企业与第三人之间的关系。合伙企业与第三人的关系主要体现在以下几个方面。

1. 相互代理原则

所谓相互代理原则指的是在合伙企业中，每个合伙人在企业所从事的业务范围内，都有权作为合伙企业或者其他合伙人的代理人。也就是说每一个合伙人都可以代表合伙企业或者其他合伙人对外与第三人订立合同，即使该合伙人依据合伙协议并不享有代表权。例如，甲、乙、丙三人出资设立一家合伙企业，根据合伙协议，甲是合伙企业的负责人，对外代表合伙企业订立合同，开展经营管理。而乙、丙不参与合伙事务的执行。现在乙以合伙企业的名义与丁签订了一份雇佣合同，该合同是否有效呢？回答是有效的。这就是合伙人的相互代理原则的体现。这是因为合伙协议是一种内部的约定，只对合伙人有约束力，对第三人则没有影响。否则，甲以乙不是合伙企业事务执行人无权代表合伙企业与第三人签订合同而主张该雇佣合同无效，这对于第三人来说是很不公平的。但是，值得注意的是，相互代理原则只能针对善意的第三人有效。这里的善意是指第三人不知情，如果第三人知情，就不能适用相互代理原则。就上例来说，假如丁在与乙订立雇佣合同时，知道乙并不享有合伙事务执行权，也就是说对外不能代表合伙企业签订合同，那么该雇佣合同就是无效的。

2. 合伙协议中对某一个合伙人权力的限制不得对抗善意第三人

合伙企业事务的执行既可以由全体合伙人共同负责也可以由某一个或者某些合伙人负责，甚至也可以聘请合伙人以外的第三人负责，这完全由合伙人视企业的规模、经营状况以及个人的才智不同在合伙协议中约定。在实践中，为了防止执行合伙事务的合伙人权利滥用损害合伙利益，合伙人往往会对执行合伙事务的权利予以限制。比如超过一定数额的合同要由全体合伙人共同决定。但是，此种限制只对该合伙人有效，对善意的第三人不具有约束力。例如，合伙协议约定合伙事务执行人只能订立1万美元的合同，现在该执行人与第三人订立了一份价款为2万美元的合同，该合同是否有效？答案是第三人如果是善意的，合同有效；若第三人明明知道执行人没有该项权力而签订合同，合同就无效。这种规定保护了善意第三人的利益，维护了交易安全，同时也是合同效力的体现。

3. 雇主替代责任原则

如果由合伙人或者合伙企业雇佣的人代表合伙企业从事合伙经营范围内的行为给第三人造成损害的，应当由合伙企业承担责任。

4. 第三人加入合伙的问题

合伙是一种人的组合，是合伙人之间人身信任关系的体现。两个彼此陌生的人组成合伙是不可能的。基于合伙人之间的信任关系，第三人加入合伙必须取得全体合伙人的同意。因此，许多国家法律规定，除非合伙协议另有约定，未经全体合伙人一致同意第三人不能加入合伙。另外，第三人加入合伙后，对他加入之前的债务是否承担责任，各国的做法并不一致。有些国家规定新入伙的合伙人对其入伙之前的债务与其他合伙人一样承担无限连带责任；而有一些国家的规定刚好相反。我国的《合伙企业法》采取了一种折中的办法，即原则上新入伙的合伙人对入伙之前的债务承担责任，但是，合伙协议另有约定的除外。值得注意的是，此种约定仍然不能对抗善意第三人。比如，A、B、C三人组成合伙，D征得三人同意之后加入合伙，合伙协议约定D对其入伙之前的债务不承担责任。现在债权人甲要求合伙企业清偿D入伙之前的债务，如果合伙企业财产不足以全部清偿，甲可否向新入伙的D主张债权呢？答案是可以的。那么D只能在清偿完毕之后按照合伙协议的约定再向其他三人追偿。

2.3.7 合伙企业的解散

合伙企业的解散就是基于一定的理由使合伙关系消灭，合伙企业不复存在。一般来讲，合伙解散分为自愿解散和法定解散。前者是合伙人协商一致使合伙关系消灭；后者是指因为法律上的原因消灭合伙关系。对于自愿解散在理解上没有异议。而对于法定解散各国立法的规定不尽相同。综合来讲，主要包括以下几点。

(1) 合伙人死亡、破产、丧失偿债能力，合伙难以维系的。

(2) 合伙协议规定了经营期限，期限届满合伙人不愿继续经营的。

(3) 合伙企业从事违法行为被有关机构撤销的。

(4) 因爆发战争，合伙人所属国家成为敌国的。

(5) 合伙人丧失行为能力无法代表合伙企业经营，其他合伙人向法院提出解散申请的。

(6) 合伙企业经营管理不善，资不抵债，合伙人申请破产的。

合伙企业解散应当进行清算，即清理债权债务。如果合伙企业清算完毕，尚余有剩余财产的，由合伙人依照合伙协议进行分配。合伙企业财产不足以清偿的，由全体合伙人承担无限连带责任。

应用实例

A、B、C三人于2009年6月达成合伙协议，共同设立合伙企业。其中A出资4万元，B出资4万元，C出资5万元，合伙合同约定按出资比例分享赢利、共担风险。

2010年1月，A退伙。年终结算，合伙企业亏损严重。B、C决定解散合伙企业，双方各分得价值1.5万元的商品，但对合伙企业债务未做清算。2010年初，债权人D公司获悉合伙企业解散的消息，要求A清偿合伙企业2009年10月所欠货款4万元。A认为自己早已退出合伙企业，对合伙债务不应负责。D公司找到B，B认为其只能按照协议承担债务的相应比例。D公司又找到C，C认为还债三人都有份。为此，D公司向法院起诉。

问题：对于D公司的债务，A、B、C应如何承担法律责任？为什么？

评析：根据法律规定，合伙企业解散时，必须进行清算。在还清合伙企业债务之前，不得分配财产。因此，B、C在解散合伙企业时，未经清算就分走的价值3万元的合伙企业财产应当退还，用于清偿合伙企业所欠D公司的4万元债务。对合伙企业财产不足清偿的1万元债务，A、B、C作为合伙人均应承担无限连带责任。A虽已退伙，但该项债务发生在其退伙之前，根据法律规定，退伙人对其退伙前发生的债务也要承担无限连带责任。在合伙人内部，由A、B、C三人按照合伙协议约定，依其出资比例分担责任。合伙人对超过承担自己份额的清偿部分，有权向其他未足额清偿的合伙人追偿。

2.3.8 合伙制度的利弊分析

趋利避害是人的本性。究竟是否采用合伙的形式从事商品经济活动，人们应当在了解合伙制度的基础上综合各种因素做出恰当的选择。合伙制度早在古希腊、古罗马时期就已经存在。时至今日，合伙仍然是人们从事商事活动所采用的重要的企业组织形式。通过分析合伙制度的利弊，不难发现合伙企业制度的旺盛生命力，特别是与个人独资企业和公司企业相比较。

1. 合伙企业的优势

(1) 集资方面的优势。"众人拾柴火焰高"，与个人企业相比较，显然合伙能够汇集大量的资金。

(2) 集智方面的优势。"三个臭皮匠，赛过诸葛亮"，合伙人可以集思广益，避免或者减少因个人能力的欠缺而导致企业经营陷入困境。

(3) 纳税方面的优势。合伙企业不是法人，合伙企业无需缴纳企业所得税，合伙人只缴纳个人所得税即可，不像公司与公司的股东存在双重纳税问题。

(4) 管制方面的优势。各国通常对合伙企业不加以严格管制，不要求合伙企业的账目向社会公开。

(5) 设立方面的优势。相比较公司而言，合伙企业设立手续简单，有些国家甚至无需登记即可设立。

2. 合伙企业的弊端

(1) 合伙企业不具有法人资格，合伙人对合伙企业的债务需要承担无限连带责任，与公司相比，其风险大，责任重。一旦经营失败就有可能使合伙人负债累累，甚至血本无归，倾家荡产。

(2) 合伙企业具有人合性，合伙人的数量一般不会很多，因此，与公司相比较难以筹集大量的资金。

(3) 合伙人的死亡、破产都有可能导致合伙企业难以维系，不像公司那样可以"长生不老"。

(4) 每一个合伙人都可以参与合伙事务的经营，都有权代表合伙企业，有时难免"公说公有理，婆说婆有理"，使企业经营管理权分散，不利于企业的发展。

2.3.9 有限合伙

前述的合伙企业制度一般称为"普通合伙"，与之相对而言的就是有限合伙，它是一种特殊的合伙。

1. 有限合伙的概念

有限合伙是指合伙人有两个以上，其中至少有一人对合伙企业的债务承担无限连带责任，同时也允许至少有一个合伙人仅以自己的出资为限对合伙企业的债务承担责任的合伙组织形式。承担无限连带责任的合伙人是普通合伙人，承担有限责任的合伙人称为有限合伙人。可见，有限合伙是一种普通合伙人与有限合伙人的组合。

有限合伙制度起源于欧洲中世纪地中海地区兴起的一种叫“康孟达”的契约形式。人们知道，在当时的航海条件下，从事海上贸易的商人所冒的风险是极大的。一旦遭遇海上风险就可能血本无归，债台高筑。为了消除普通商人的顾虑，从事海上贸易的商人就与普通商人签订契约规定：由普通商人提供资金，由从事海上贸易的商人负责驾驶船舶到海外贩卖货物。如果遭遇风险，普通商人仅以其提供的资金为限承担责任，其他责任由从事海上贸易的商人承担，这种契约称为“康孟达”。它是现代有限合伙企业的雏形。法国在1807年制定《法国商法典》的时候首次规定了有限合伙制度。由于它在某种程度上可以降低普通合伙的投资风险，有利于促进人们投资兴业的积极性，后来为许多国家所效仿。例如，英国在1907年制定了单行的《有限合伙法》；美国于1916年由“统一州法委员会”制定了《统一有限合伙法》，目前已为多数州所采用；2007年我国在修订《合伙企业法》时也引入了这一制度。

2. 有限合伙的特点

有限合伙是由普通合伙人与有限合伙人组合在一起的。与普通合伙人相比较，有限合伙人在权利、义务方面有许多特殊的地方。主要表现在以下几个方面。

(1) 有限合伙人对合伙企业的债务承担有限责任，即仅以自己出资于合伙企业的财产为限承担责任，这一点与有限公司的股东是一样的。因此，相对而言，风险小，责任轻。

(2) 有限合伙人不参与企业的经营管理，对外也不能代表合伙企业进行商事活动。企业的经营均由普通合伙人负责。有限合伙人虽然不负责经营管理合伙企业，但是享有知情权，可以查阅合伙企业的账目。

(3) 有限合伙人的死亡、破产不影响合伙企业的存续，与普通合伙人也不必存在人身信任关系，其“人合性”的色彩比较淡薄。

(4) 有限合伙人出资的转让相对自由，未经普通合伙人一致同意，也可以将自己在合伙企业的份额转让给其他人，除非合伙协议另有约定。

(5) 有限合伙人无权解散合伙企业。

(6) 有限合伙的设立程序相对比较复杂，多数国家都要求有限合伙需要到有关部门办理注册登记手续。

此外，目前在国际上还兴起一种更特殊的合伙——有限责任合伙。在我国《合伙企业法》中它被称为“特殊的普通合伙企业”。有限责任合伙起源于美国，它与有限合伙并非一个概念。有限责任合伙是指在普通合伙企业中一个合伙人或者数个合伙人在执业活动中因故意或者重大过失造成合伙企业债务的，应当承担无限责任或者无限连带责任，其他合伙人以其在合伙企业中的财产份额为限承担责任。也就是说有限责任合伙本质上仍属于普通合伙，只是在特定情形下，没有过错的合伙人对合伙企业的债务承担有限责任而已。这种合伙一般只适用于以专门的技能和知识为客户提供服务的合伙企业，如律师事务所、会计师事务所等。

2.4 公 司 法

2.4.1 公司法概述

1. 公司的概念和特征

人们常说，现代企业制度就是公司制度。这句话包含着两种含义：一是指公司不同于个人企业、合伙企业等传统的企业组织形式；二是指在当今世界的经济社会中公司是最主要的、最活跃的企业组织形式。从1600年英国建立起第一家公司——东印度公司算起，公司制度不过四百余年的历史，但是它对各国以及世界经济的发展所发挥的作用是极其重大的。以美国为例，据1995年的统计：个人独资企业的营业额为7 370亿美元，合伙企业的营业额为462亿美元，而公司的营业额高达99 656亿美元，是前二者总和的12.7倍。为此，美国著名法学家、哥伦比亚大学前校长巴特勒先生对公司制度给予了高度评价："有限责任公司是现代社会最伟大的独一无二的发现。就连蒸汽机和电都无法与之媲美，而且假若没有有限责任公司，蒸汽机和电的重要性更会相应地萎缩"。

对于公司的概念，各国立法均有规定，只是定义的方法不同而已。一般认为，公司是指依法成立的以营利为目的的法人组织。

与个人独资企业、合伙企业等传统企业相比较，公司具有如下特征。

(1) 公司具有法人性。所谓法人指的是依法设立的具有民事权利能力和民事行为能力，能够独立享有民事权利、承担民事义务的社会组织。各国立法都承认公司具有法人资格。这主要包括如下几个方面的内容：①公司拥有独立的人格。公司与自然人一样都是民商事法律主体。这一点与个人独资企业和合伙企业截然不同，多数国家均不承认二者具有法人资格。公司有自己的名称，对外以自己的名义开展经营活动，可以用自己的名义起诉、应诉。公司的人格独立于公司的股东的人格是法人与非法人组织最主要的区别。②公司具有独立的财产。公司的财产最初来源于股东的投资，股东一旦将财产出资与公司就丧失了财产权，公司则单独地获得了财产权。股东从公司那里获得的是对公司的股权。换句话说，公司与公司股东个人的财产是分离的。公司拥有属于自己的独立的财产是公司开展经营的物质基础，也是公司独立承担法律责任的保障。③公司独立承担责任。公司拥有属于自己所有的财产，这是承担责任的物质基础。公司经营管理不善，对外负债也只能以公司的财产承担责任，与公司股东无关。股东仅仅以出资与公司的财产为限承担责任，这就是股东有限责任的本来含义。

(2) 公司具有营利性。公司作为企业的一种类型，营利性是其天然的属性。公司通过开展持续性的经营活动，以最小的投入获得最大的产出，实现利润最大化是公司不懈的追求。更为重要的是，公司的营利性还意味着公司的终极目标是将所获盈利分配给股东。也就是说，公司只不过是股东投资的工具而已。这也是公司作为社团法人与财团法人的区别之处。值得注意的是：虽然西方国家有一些非营利性的组织也以公司的面目出现，但是它们不属于本书所指称的公司。

(3) 公司具有法定性。出于维护经济秩序和保护交易安全的需要，各国立法都不同程度地对公司的设立条件、设立程序、类型以及经营的限制等做出明文规定，这些规定多半属于强制性规范，若有违反就构成违法行为。

2. 公司的分类

公司的分类就是按照一定的标准将公司划分为不同的类别，以便从微观层面进一步认识公司。公司的类别有很多，这里只介绍几种重要的分类方法。

1) 有限公司、股份有限公司、无限公司、两合公司和股份两合公司

这是按照公司股东承担责任的方式不同所进行的划分，这主要是大陆法系国家的基本做法。

有限公司也称有限责任公司，就是股东仅仅以自己认缴的出资额为限对公司的债务承担责任，公司以自己的全部资产对外承担责任的公司。

股份有限公司也称股份有限责任公司，即公司的全部资本划分为等额的股份，股东仅以认购的股份为限对公司承担责任，公司以自己的全部资产对外承担责任的公司。

无限公司就是由两个以上的股东组成的，股东不仅以自己对公司的出资为限对公司承担责任，而且在公司资不抵债时还要以个人的全部财产对公司的债务承担无限连带责任的公司。无限公司与合伙极为相近，因此有的国家干脆以合伙取而代之。无限公司在大陆法系国家和英国较为常见。

两合公司是指公司的股东由两部分组成，一部分股东承担有限责任，一部分股东承担无限责任的公司。

股份两合公司就是由有限责任股东和无限责任股东组成的股份有限公司。这种公司在大陆法系国家较为常见。

在上述各种公司中，由于无限公司、两合公司及股份两合公司股东的责任重、风险大，目前已经日趋消亡，有些国家近几年进行公司改革，这些类别的公司已经被取消。因此，在世界各国中，最典型的公司就是有限公司和股份有限公司。后面将做详细介绍。

2) 母公司和子公司

这是根据公司之间投资所形成的控制关系不同所进行的分类。

母公司，通过向其他公司投资并对其所投资的公司形成了股权控制，这样的公司就是母公司。反之，子公司就是接受其他公司投资并在股权上受该公司控制的公司。

此种分类的意义在于：①母公司与子公司都是法人，在人格、财产、组织机构、法律责任等方面都是各自独立的。②子公司的经营往往受母公司的控制。母公司毕竟是子公司的大股东，子公司的经营计划、投资方案等不可能不受母公司的影响。③母公司与子公司之间的交易称为关联交易，在特殊情况下基于对第三人利益的维护，关联交易行为会受到法律的限制。

母公司相对于子公司来讲就是控股公司。控股公司又可以分为“纯粹控股公司”和“非纯粹控股公司”。纯粹控股公司就是专心于股权控制，不做其他经营的公司。非纯粹控股公司就是在对其他公司实行股权控制的同时还经营其他项目的公司。

子公司如果全部股权被母公司控制，此时的子公司就是全资子公司。由于此时的子公

司的股东只有一人，在承认一人公司的国家就是一人公司。

此外，母公司与子公司还可相互投资，有时会发生位置的颠倒，即母公司变成子公司，子公司反而成为母公司。

3）总公司与分公司

此种分类的标准是公司之间依附关系的不同。

分公司是总公司的附属机构，在人、财、物等方面依附于总公司。与子公司相比较，分公司不具有法人资格，其经营管理、人事安排、财产划拨完全取决于总公司，其法律责任也由总公司承担。只是在诉讼上，各国一般赋予分公司当事人的资格，即分公司可以以分公司的名义起诉、应诉。

4）人合公司、资合公司与人合兼资合公司

此种分类的标准是公司的信用基础不同。

人合公司指的是公司的信用取决于股东个人的信用而非公司资本的公司。当第三人与公司交易时往往考虑的是对股东个人的信任程度，因为公司的债务最终要由股东以个人的财产承担。此外，人合公司中股东之间也是基于信任关系而投资设立公司的。人合公司最典型的就是无限公司。

资合公司就是指以公司的资本作为信用基础的公司，而股东的信用则不加考虑。股份有限公司是最典型的资合公司。它是纯粹的资本的联合，股东之间是否存在信任关系无关紧要。

人合兼资合公司指的是公司的信用既取决于股东个人之间的信任关系又兼顾公司的资本多少。它既是人的联合又是资本的联合。股份两合公司、有限公司就具有这种属性。

5）公营公司和民营公司

此种分类的依据是公司资本的构成是否含有国家的因素。

公营公司就是由国家(通常通过政府来代表国家)独资经营或者国家资本占50%以上的公司。反之，纯粹由私人投资或者私人与国家共同投资的私人占50%以上股份的公司就是民营公司，也称私营公司。

此种划分的意义在于：国家的一些涉及国计民生的具有战略意义的领域往往由公营公司垄断经营。民营公司一般是不允许涉足的。另外，公营公司的股东是国家，在出口方面可能会存在补贴、垄断等问题，在进口管制方面各国会有针对性地采取一些措施。为协调这方面的问题，世界贸易组织制定了专门的《国营贸易协定》。

6）本国公司、外国公司和跨国公司

这是根据公司国籍的不同所划分的。

目前，就公司国籍的标准而言，各国的规定不尽一致，大体上有“准据法说”、“设立登记地说”、“住所地说”、“设立人国籍说”、“公司控制人国籍说”，以及“综合说”。多数国家采纳的是“综合说”，即以公司的住所地和登记地相结合确定公司的国籍。

本国公司就是依据本国法律登记注册并在本国有住所地的公司。

外国公司则是依据外国法律登记注册，住所地在外国的公司。

跨国公司，是指以一国为基地，通过在其他国家设立子公司、分公司从事一体化经营的公司。它实际上是一种跨越国界进行经营的公司集团，是世界经济一体化的产物，与公司的国籍没有太大的关系。

这种划分的意义主要体现在行政管理方面。

7）封闭式公司和开放式公司

这是英美法系国家公司法主要的分类方法。其依据是公司的股份是否可以自由转让。

封闭式公司股东的股份(股权)须征得其他股东的同意或者依照公司章程的规定方能转让。而开放式公司股东的股份无须征得其他股东的同意即可自由转让。封闭式公司与大陆法系国家的有限公司十分近似，而开放式公司则与股份有限公司中的上市公司基本相同。

3. 公司法概述

公司法是规定各种公司设立、组织、运营和解散以及公司对内对外关系的法律规范的总称。公司法既是组织法也是行为法。

目前，世界上公司立法模式主要有两种：一是单行法模式；二是混合模式。所谓单行法模式指的是国家为某一类公司专门制定单行的法律。绝大多数国家都采用这种立法模式。而混合模式是指公司法的内容一部分规定在民法典或者商法典中，一部分规定在单行法中。

1）西方主要国家的公司法

(1) 英国公司法。世界上第一家股份公司诞生于英国，即1600年在英国设立的东印度公司。但是那毕竟是特权的产物。真正从立法上规范公司制度并且对世界的公司立法具有影响的是英国1844年的《合股公司法》，它第一次允许私人以注册的方式设立公司。1855年英国颁布实施了《有限公司法》，首次确立了股东的有限责任原则，解除了投资人的后顾之忧，降低了投资风险，极大地促进了资本主义经济的飞速发展。1856年英国重新修订了《合股公司法》，奠定了现代公司法的基础。以后，英国对公司法又进行了频繁的修正，直到1948年英国将上述公司法整合为《1948年公司法》，期间又数次修订，一直沿用至今。该法目前已成为英国最重要的公司法。此外，由于英国属于典型的判例法国家，有关公司的判例也是公司法比较重要的法律渊源。值得一提的是，英国现在已经是欧盟成员国，英国公司法还有一个重要的法律渊源是欧盟统一公司立法。1972年欧共体国家通过的《欧洲共同体法案》，构成了对英国公司法重要的补充和修正。

(2) 美国公司法。美国是联邦制国家，根据联邦宪法关于联邦与各州分权的规定，有关公司的立法权属于各州议会的权限，国会没有公司法的立法权。因此，在美国就有50部有关公司的法律。这种分散的立法体制的后果就是法制极不统一，严重阻碍了州与州之间的商事贸易活动。因此，为了消除各州之间的立法分歧，美国的民间组织美国律师协会在1950年起草了《标准商事公司法》，供各州参考适用。截至目前，大多数州的公司法都采纳了《标准商事公司法》的主要规则。这对于美国公司法的统一具有深远的意义。美国的公司法的立法体系基本上分为三大部分：商事公司法、非营利性公司法和有限责任公司法。此外，美国与英国一样同属于判例法国家，判例法仍然是公司法的重要渊源。

(3) 法国公司法。法国早在1673年就制定了有关商事法的《商事条例》，该条例关于公司的规定是世界上最早规范公司的成文法。特别是其中关于无限公司的规定对西方国家公司立法有很大的影响。法国资产阶级革命胜利之后，拿破仑在1807年主持颁布了《法国商法典》，在该法典的第1编第3章就有关于公司的规定。后来，随着资本主义商品经济的快速发展，法国对涉及公司法的内容多次修改，1867年正式颁布了《公司法》，以单行法的形式对公司制度作了专门系统的规定。法国的公司种类齐全，内容繁多，既有商事公司又有民事公司。商事公司还有合股公司、两合公司、有限责任公司、股份有限公司和股份两合公司的划分。1966年制定颁布的《商事公司法》统一了原有的公司法，适用于各种类型的公司。

2) 我国的公司法

新中国成立以后直到改革开放之前，受制于当时的计划经济体制，公司法立法基本上属于荒芜状态。为适应建立社会主义市场经济体制的要求，1993年12月29日第八届全国人民代表大会常务委员会第五次会议通过了《中华人民共和国公司法》，该法对公司组织和行为做出了比较系统的规定。该法又分别于1999年、2004年和2005年进行了三次修订。特别是2005年的修订，可以说是重新制定了一部体现公司的发展、具有现代意义的公司法。

2.4.2 公司的设立

公司的设立是指公司的发起人为使公司得以成立而从事的一系列法律行为，如签订发起人协议、订立公司章程、募集缴纳公司资本、办理登记事宜等。与其他企业相比较，公司的设立要复杂得多。各国立法都对公司设立的条件、程序等予以严格规范。

1. 公司设立的原则

公司设立的原则是指国家在立法上对公司设立所采取的基本态度。实际上它所反映的是国家对公司设立的干预程度。从历史上看，各国公司设立的原则大体经历了自由设立主义、特许设立主义、核准设立主义、准则设立主义等几个阶段。

1) 自由设立主义

自由设立主义又称放任主义。它是指公司的设立完全取决于设立人的自由，法律不加以任何干涉。公司的设立没有任何的法定条件和程序，公司一经成立便具有法律上的人格，无需注册登记。自由设立公司极易导致公司泛滥，诱发投机行为，不利于交易安全。目前这一原则已经成为历史。

2) 特许设立主义

特许设立主义是指公司必须经国王或立法机关通过专门的法律予以特别许可才能设立。特许主义最早产生于17世纪的英国、荷兰等国家，英国的东印度公司、BBC公司就是这一设立原则的产物。特许主义体现了封建特权思想，极易导致垄断行为的产生，也与资产阶级倡导的公平、自由竞争的理念背道而驰。所以，特许主义也已经被世界各国的公司立法所抛弃。

3）核准设立主义

核准设立主义是指公司的设立除必须具备法律规定的条件和法定程序之外，还必须经政府行政主管机关的审查和批准方能设立。核准主义与准则主义相比较，公司登记机关须进行实质审查，是否核准取决于登记机关的态度。核准主义最早创设于1673年法国制定的《陆上商事条例》，后为欧洲许多国家所采纳。核准主义虽较特许主义进步，设立手续相对简化，但是该原则过于严格，行政机关对公司设立进行实质性审查，其实施逐渐构成了公司发展的障碍，在现代各国除有限地予以保留外，现已逐渐被准则主义所取代。

4）准则设立主义

准则设立主义是指由法律对公司设立的条件作出规定，凡是符合法定条件的，公司即可成立，而不必经过政府行政主管机关批准。1862年英国公司立法率先采取了这一原则。准则主义简化了公司设立程序，使公司的设立较为宽松，但也容易造成公司滥设的不良后果。因此，许多国家采取严格准则主义，即在法律上严格规定设立公司的条件，并加重设立人的责任，同时强化司法机关和行政机关对公司的监督。因此，严格准则主义无非就是对准则主义的改良而已。现代大多数国家公司立法大多采用严格准则主义。

2. 公司设立的方式

公司设立的方式主要有两种：发起设立和募集设立。值得注意的是，公司设立的方式只在大陆法系国家有意义。英美法系国家一般只要履行登记手续即可成立公司，公司成立之后才可以向社会公开发行股票，在此之前无需募集股份。因此，在英美法系国家发起设立与募集设立的说法是不存在的。

1）发起设立

发起设立是指发起人认购公司发行的全部股份而设立公司的一种方式。与募集设立相比，通过发起设立方式设立的公司其股份只能向公司的发起人发行，对社会影响小，具有封闭性的特点。通常具有人合属性的公司如无限公司、有限公司等采取发起设立的方式。

2）募集设立

募集设立是指由公司的发起人认购公司所发行的一部分股份，其余的股份向社会公开发行，从而使公司得以成立的方式。募集就是向社会公众集资的意思。依据募集对象的不同，又有社会募集和定向募集两种方式。社会募集的对象没有限制，而定向募集一般只针对特定的机构投资者或者公司的职工。募集设立的公司对社会影响较大，因此各国的公司立法都规定了比较严格的条件。为防止发起人“借鸡生蛋”，依赖他人资本设立公司，法律通常要求发起人必须认购最低比例的股份。

3. 公司设立的条件

各国对公司设立的条件的规定大同小异。一般来讲，设立公司应当具备以下几个方面的条件。

1）人的条件

人的条件是对公司的发起人或者股东提出的要求。发起人，顾名思义就是提议并发起设立公司的人，是公司的原始股东。各国通常对公司的股东人数的上限与下限作出规定。对于有限责任公司而言，发起人人数的下限一般不少于两人。但是，德国、法国、美国等国家已经承认了一人公司的存在，因此发起人的下限也就意味着突破两人的束缚了，股东也可以是一人。股份有限公司的发起人人数要求较为严格，有的国家规定至少为5人或者7人，而且要求半数以上的发起人在本国有固定的居所(住所)。而有限责任公司的上限各国立法要求也不同。例如，韩国、日本、法国等国家规定不超过50人，而有的国家(如卢森堡)规定股东不得超过40人。我国修订之后的《公司法》规定：有限责任公司的股东为50人以下；股份有限公司的发起人为2人以上，且半数以上的发起人在中国境内有住所。发起人还应当具有完全民事行为能力，有的国家对股东身份也有限制，如具有国家公务员、法官身份的人是不能成为公司股东的。

2）物的条件

公司能够以自己的名义开展经营活动，对外承担法律责任离不开物质条件。实际上就是公司的资本条件，即要求股东设立公司必须向公司投入一定数额的资本。大陆法系国家一般都强制性要求股东向公司投资达到法定的最低限额。英美法系一些国家对开放式公司也有最低限额的要求。而美国、加拿大等国则对公司的设立没有法定资本限额的要求。

3）组织、经营条件

设立公司时应当制定公司章程，处理公司的内外部关系；建立符合《公司法》所要求的公司机关，代表公司开展经营活动；同时，还应当有经营场所和经营设备等条件。

4）程序条件

设立公司应当符合法律所规定的设立程序。一般来讲，公司的设立程序包括以下几项：①发起人签订发起人协议；②制定公司的章程；③股东出资；④验资；⑤股份公司召开创立大会；⑥办理公司设立登记。公司只有办理完注册登记手续方能成立，才具有法人资格，才能以公司的名义开展经营。

应用实例

2005年10月，中国的A、B、C三家企业与公民D协商，决定共同投资设立一个以批发商品为主的有限责任公司，三家企业各出资10万元，D以劳务出资，公司注册资本为40万元，四方对公司债务承担无限责任，公司还设置股东会、董事会和监事会并以董事会为公司的最高权力机构，公司还准备在批准设立后向当地公开发行股票，各方委托A企业于同年11月向当地政府部门办理报批手续。

问题：该公司能否成立？其在设立过程中有哪些违法事项？说明理由。

评析：根据中国《公司法》的规定，有限责任公司的股东不能以劳务出资，D以劳务出资违反公司法的规定；公司的资本必须达到法定最低资本额，中国《公司法》规定从事生产经营、商品批发的公司最低资本额为50万元人民币，40万元不能满足最低资本的要求；股东会为有限责任公司的最高权力机构，不能以董事会为最高权力机构；有限责任公司不能对外公开募集资本，所以不能发行股票。基于以上几点，该公司不能成立。

4. 公司章程

公司章程，就是由股东或者公司的发起人共同制定的调整公司的内部与外部关系，对公司、股东以及高管人员具有法律约束力的自治规则性法律文件。公司章程是公司设立及存续时必备的法律文件。如果将公司比喻成国家，那么公司章程就是国家的根本大法——宪法。它不但对公司本身具有法律约束力而且对公司的股东、董事、监事以及公司的高级管理人员等也具有法律约束力。

1）公司章程的特征

（1）章程的法定性。多数国家的公司立法都要求公司章程的制定必须采取书面形式；章程的内容必须符合法律的规定，齐备法定的记载事项；章程是公司必备的法律文件，相当于公司的宪章；章程的制定、修改必须遵循法定的程序，并办理相应的登记。

（2）章程的公开性。章程的公开性就是要求公司章程不但向公司的股东公开，而且还要求向社会公开，以便于人们了解公司的概况，谨慎交易、保障安全。

（3）章程的自治性。公司的章程作为公司必备的法律文件，是由股东或者发起人共同制定的，对公司、股东、高管人员具有相当于法律的效力，性质上属于自治规则。这是因为事关公司的一切事务，法律无法做出安排，只能依赖公司股东制订。因此，公司章程就成为股东为公司事项进行安排的自治性法律文件。

2）公司章程的内容

公司章程的内容一般可分为绝对必要记载事项、相对必要记载事项和任意记载事项。

（1）绝对必要记载事项是指根据法律规定必须记载于公司章程中的条款。如果缺少绝对必要记载事项，公司章程就无效，公司也就不能依法成立。一般来说，公司的名称、住所、注册资本、组织机构等事项属于绝对必要记载事项。

（2）相对必要记载事项是指法律规定的由公司发起人自主决定是否将之载入公司章程的事项，如果不予记载，公司章程仍然有效，但是不发生该事项规定的效力，而由法律予以补充。例如，按照德国公司法的规定，公司章程相对必要记载事项一般包括有关现物出资的事项、设立费用的计算、发起人的报酬等。

（3）任意记载事项是指在不违反法律的强制性规定、公共秩序和善良风俗的前提下，由公司发起人根据实际情况自行决定是否记载的事项。这些事项一旦被记载入公司的章程，便产生与其他事项同样的法律效力。公司法不可能为股东安排好所有的内容，很多涉及股东利益的事项还是大多通过任意记载事项来完成的。因此，它也为实践公司自治提供了广阔的空间。

2.4.3 公司资本制度

公司资本又称公司的发行资本，是公司的股东出资于公司财产数额的总称。公司的资本其实就是公司的股东出资于公司并借助于公司的经营获取盈利的本钱。公司资本是公司生存的基础，公司没有资本就像人没有血液一样。同时，公司信用也往往赖于公司资本，公司的资本越雄厚，公司的信用就越强大。

1. 公司资本的基本原则

从实质上讲，公司不过是股东营利的工具而已。特别是公司股东的有限责任原则，在消弭股东投资风险的同时，更容易诱发人的自私自利，使得股东出于自己的一己之私，利用公司进行欺诈和投机行为。因此，为保护交易安全，各国公司法在总结历史经验教训的基础上，确立了有关公司资本的三项基本原则，即资本确定原则、资本维持原则和资本不变原则。

1）资本确定原则

资本确定原则是指股东在设立公司时，必须在章程中对公司的资本总额做出明确规定，同时由股东全部认足或者缴足，否则公司不能成立。

2）资本维持原则

资本维持原则也称资本充实原则，是指公司在经营过程中，应当保持与章程所规定的公司资本总额相当的财产。各国公司法为实践这一原则，往往要求公司必须做到以下几点：①盈利先补亏，即公司必须先将税后利润用于弥补公司的亏损，未经补亏不得分红。②股东不得抽回出资，即股东一旦出资与公司就不能抽回出资，否则就视为侵犯公司的财产权，应当依法承担返还财产或者赔偿损失的责任。③债务不得抵消。公司的债务人不得以其对于股东个人的债权，主张与其所欠公司的债务相抵消。

3）资本不变原则

资本不变原则是指公司的资本非经法定程序不得随意改变。公司成立后，在经营过程中，因各种原因都可能导致公司资本的增加或减少。因此，公司资本不变，并非绝对不能改变，而是指不得随意改变，其目的主要是防止资本减少而损害债权人的利益，以维护交易的安全。

2. 公司资本制度

根据西方国家法律规定，公司资本制度主要有如下三种。

1）法定资本制

法定资本制为多数大陆法系国家所采用。它是指公司章程中所载明的公司资本额，在公司设立时必须全部由股东认购完毕，否则公司不得成立。如果公司增加或者减少资本必须由股东会修改公司章程。法定资本制有利于保证公司资本的充实性，有利于交易安全，防止公司的滥设行为。但是，法定资本制对于资本充足的要求过于严厉，不利于公司的尽快成立，也容易导致资本的闲置与浪费。

2）授权资本制

授权资本制是指在设立公司时将公司资本记载于公司章程，但只发行部分资本，具体发行的比例和最低发行数额法律也不做限制，其余的资本留待董事会结合公司的具体情况随时发行或者募集的一种资本制度。该制度源于英美法系国家，目前也为一些大陆法系国家所借鉴。授权资本制使公司在集资方面具有一定的灵活性，有利于公司迅速成立。但是该制度极易导致投机行为，使滥设公司的现象滋生，不利于维护交易安全。

3）折中资本制

折中资本制是在法定资本制和授权资本制的基础上，以其中一种公司资本制为基础，兼采另一种资本制的优点，创建出的一种新的公司资本制。它是指公司设立时，股东不必将全部资本认足，但是法律对首次发行资本数额和比例有最低限额的要求，其余的资本可以分一次或者几次再发行，但其发行数额不得超过资本总额的一定比例。例如，《韩国商法典》第289条规定，设立公司所发行的股份总数，不得低于公司拟发行的股份总数的1/4。折中资本制既有利于公司迅速成立，又可以避免公司资本的闲置或浪费，还能有效地控制欺诈行为。

2.4.4 公司的治理结构

所谓公司的治理结构指的是为维护股东、公司债权人以及社会公共利益，保证公司正常有效的运营，由法律和公司章程规定的有关公司组织机构之间的权力分配和制衡的制度体系。由此可见，公司的治理结构探讨的核心是公司的机关设置和权力配置问题，其不仅仅是公司利益的体现，而且还涉及公司债权人和其他利益相关方的利益，甚至对整个社会生活都有巨大影响。

1. 公司治理结构的模式

综合各个国家公司立法的规定，有关公司治理结构可以划分为两种主要模式：英美法模式和大陆法模式。

英美法模式是以英国、美国为代表，特别是美国的做法尤为典型。英美法模式实行单层委员会制，股东会是公司的最高权力机关，下设由股东会推选出的董事组成董事会负责公司的经营事务，董事会由股东会选举产生并向股东会汇报工作，对股东会负责。董事会下设经理部门，负责公司的日常经营事务。公司不设监事会等监督机构。此外，公司雇员不参与公司的经营，与公司之间只是单纯的雇佣关系。

大陆法模式实行的是双层委员会制。该制度又可以细分为两种典型的模式。一种是以德国为代表的单纯的双层委员会制，即公司分为具有上下级关系的股东会、监事会和董事会。股东会是公司的最高权力机关，股东会选举产生监事会，负责公司的监督事宜。监事会推选董事组成董事会负责公司的经营事务。该制度的最大亮点在于公司的雇员也可以参与公司的经营，雇员可以被选为监事会或者董事会成员。另一种是以日本和我国台湾地区为代表的双层委员会下的并列制，即股东会仍然是公司的最高权力机关，股东会下设董事会和监事会两大平行并列的机构分别行使经营权和监督权。当然，与德国模式一样，公司的雇员也可以被吸收为董事会或者监事会的成员参与公司的经营管理。这点与奉行“股东会中心主义”的英美模式显著不同。

2. 公司治理的机构

1）股东会

无论是大陆法模式还是英美法模式都承认股东会是公司的最高权力机关和最高决策机关。股东会由全体股东组成，任何股东都有参加股东会的权利。股东权平等原则在参加股东会方面体现得最为突出。股东会是法定的非常设机构，其主要职责就是通过召开股东会会议就公司经营发展中的重大问题做出决议，交付董事会执行并选举更换董事会或者监事会成员。股东会议分为定期会议和临时会议，定期会议通常由公司章程规定，一年召开一次或几次。临时会议一般是在特定情形下，由特定的机关或者特定股东申请临时召开。股东会会议一般由董事会召集。股东会会议分为一般决议事项和特别决议事项。特别决议事项通常由公司章程作出规定。股东对特别决议事项进行表决要获得绝对多数方能通过。股东行使表决权是股东权的重要内容。股东行使表决权的原则一般是“一股一票”和“资本多数决”。当然，对于有限责任公司，基于其所具有的人合属性，也可以通过章程规定实行“一人一票”的原则。

2）董事会

董事会是由股东会选举产生的董事组成的常设性的业务执行机关，也是公司的核心领导机关。董事会的职权可以概括为对内进行经营管理和对外代表公司开展业务经营。董事会一般实行委员会制，按照少数服从多数的原则形成董事会意思，董事会的意思一般就是公司的意思，因此，董事会其实就是公司的“喉舌”。董事会是由股东会选举产生的董事组成的，原则上董事应当是自然人。但是也有些国家允许法人担任董事，但是必须由一名自然人担当其代表人。董事的任职资格各国多有限制性规定，有些国家的限制还很严格。一般情况下，董事应当具有完全民事行为能力。有些国家对董事的年龄也有限制性规定，如法国法律规定70岁以上的董事不能超过董事会的1/3，董事长不能超过65岁。瑞士、丹麦等国对董事的国籍或者住所地还有特定的要求。董事会是通过召开会议的方式来实行集体领导的。董事会会议分为定期会议和临时会议两种。定期会议一般由公司章程规定，一年两次或者几次，临时会议通常由一定数量的公司股东或者董事会、监事会提议召开。董事会会议的表决实行一人一票的原则。对于一般决议事项简单多数即可通过，对于特别决议事项往往需要绝对多数方能通过。至于哪些事项属于特别决议事项一般由公司章程规定。董事会通常设董事长一名，副董事长若干名。董事长一般就是公司的法定代表人。

在英美法系国家特别是以美国为代表的国家，还实行所谓的独立董事制度。独立董事指的是不在公司担任除董事外的其他职务，并与所受聘的公司及其主要股东不存在可能妨碍其进行客观判断的重要关系的董事。判断独立董事的标准主要包括如下几个方面：与公司不存在雇佣关系；与公司的股东不存在亲属关系；与公司没有交易关系；与公司也不存在股权关系等。独立董事制度起源于美国，它是为防止董事会权力过大可能有损公司及股东利益的情况下，弥补单层委员会治理结构的不足而产生发展起来的，与大陆法国家的监事会制度有异曲同工之妙。

3）监事会

监事会是由股东会选举产生的监事和一定数量的公司雇员组成的法定的监督机关。大陆法国家通常多有监事会，而英美法国家受制于其治理结构模式，是没有监事会的。在德国监事会虽然产生于股东会，但是监事会又产生董事会，其权力往往大于董事会。而在日本、韩国等国家，监事会与董事会一样均产生于股东会，只不过监事会的职责就在于监督与其并列的董事会。监事通常是由股东会选举产生，有些国家允许雇员参与公司的治理，雇员也可以被工会推选为监事。和董事一样，法律也往往对监事的任职资格进行限制。监事会也是通过会议的方式来行使权力。监事会会议分为定期会议和临时会议两种。监事会决议应当经半数以上的监事通过。

3. 公司董事、监事及高级管理人员的义务

公司的高级管理人员指的是与公司存在雇佣关系，在董事会领导下经营公司日常事务的人员，一般指的是公司的经理人员。他们与公司的董事、监事一样是公司的核心人物，其一举一动关乎公司的命运。为防止董事、监事和公司的高级管理人员滥用权力损害公司及社会其他成员的利益，法律对其行为多有限制，即董事、监事和高级管理人员的义务。综合各国的法律规定和司法判例，其义务主要包括以下几方面。

(1) 不得利用职权非法获利。

(2) 竞业禁止义务。

(3) 不得与公司进行自我交易。

(4) 保密义务。

(5) 勤勉敬业义务等。

应用实例

A为甲服装有限公司董事。A与非A公司人员B设立乙制衣有限责任公司，其产品与甲公司产品相同。为设立该公司，A以甲有限公司的资产为C个人的债务进行担保。在该有限责任公司经营期间，A共得收入20万元。

问题：A的行为在哪些方面违反了《公司法》？应如何处理？

评析：A身为公司董事，与他人共同设立有限责任公司，生产与本公司相同产品的行为违反了《公司法》上述有关竞业禁止的规定。以公司的资产为C个人债务进行担保的行为违反了《公司法》的上述有关不得用公司资金为他人个人债务提供担保的规定。对A违法行为的处理：对A作为公司董事，自营或者为他人经营与其所任职公司同类业务的行为，甲有限公司可以要求将他从事上述营业或者活动的收入即20万元，收归公司所有。对A利用公司董事身份，以公司的资产为C个人债务进行担保的行为，可以请求法院宣告担保行为无效。另外，根据A违法行为的性质和影响，甲有限公司可以给予他相应的处分，包括解除董事职务，如给公司造成经济损害，还应当追究他的赔偿责任。

(案例来源：王玲，郑敏．国际商法．北京：清华大学出版社，2004.)

2.4.5 股东、股权、股份和股票

1. 股东与股权

1) 股东的含义

股东是公司之中的人的要素，是指基于对公司的投资或者其他合法事由而持有公司资本的份额并享有股东权利承担股东义务的人。股东通常分为原始股东和继受股东。前者是参与公司设立或者认购公司首次发行的股份的股东，后者是在公司成立以后因转让、继承、赠与等原因而取得股东身份的。股东与公司的发起人并非等同。股东未必是发起人，如公司成立以后受让其他股东的份额而成为股东的就不是发起人。发起人通常在公司成立以后就成为股东的，也就是公司的原始股东。不管何种类型的公司，股东都是公司的必备要素，没有股东就没有公司。

各国对股东资格一般都不同程度上予以限制。无论是自然人还是法人都可以成为公司

的股东。但是作为发起人的股东应当具有民事权利能力和民事行为能力。比如，根据英国公司法的规定，未成年人认购股份可导致合同被撤销。有的国家对发起人的国籍和住所地也有特定的要求，根据我国《公司法》的规定，股份有限公司的发起人需半数以上在中国境内有住所。此外，具有某种特定身份的人是不能成为股东的，如公务员、法官、检察官等。

2）股东的权利

股东的权利简称“股权”，它是股东基于对公司的出资而对公司主张的权利。股东的权利极为丰富，主要有以下几项典型的权利。

(1) 出席股东会的权利。股东既可以亲自参加股东会，也可以依法委托代理人出席股东会。无论出资多少，股东都有权参加股东会。股权平等原则在此体现得尤为突出。

(2) 表决权。出席股东会的股东对会议的决议事项有权进行表决。股东的表决权受制于股东出资的多少。因为股东会表决的方法往往按照出资比例行使表决权。

(3) 选举权与被选举权。股东会的主要职责之一就是选举董事和监事，符合条件的股东均有机会被选举为董事或者监事。当然股东也有权选举其他股东作为公司的董事或者监事。

(4) 股权转让权。股东有权将自己的出资份额或者所持有的股份转让他人。特别是在股份公司中，股东买卖股票的行为其实就是股权转让的行为。

(5) 知情权。股东有权了解、掌握有关公司的信息以便为决策做好准备。许多国家的公司法都规定股东有查阅公司账簿、公司章程、股东会会议记录等的权利。

(6) 股息、红利分配请求权。股东之所以出资与公司就在于通过公司的经营获取盈利。因此，当公司盈利时，股东有权请求公司按照出资比例分配公司的盈利所得。从某种程度上讲，这是股东最为青睐的权利。

(7) 质询权、提案权。股东有权向公司提出建议以便改善公司的经营管理，对公司的董事、高管人员的行为存有疑问时有权提出质询。股东还可以向股东会提出议案。

(8) 剩余财产分配请求权。公司清算完毕之后，公司财产仍有剩余的，股东有权要求按照出资比例或者章程的规定取得剩余财产。

3）股东的义务

在法律上，权利与义务是相互对应的，没有权利也就没有义务。股东在享有权利的同时也应当依法承担一定的义务。否则股东的权利也成了“水中月、镜中花”。股东的义务主要包括以下几方面。

(1) 履行出资的义务。股东认购出资或股份后，有义务向公司及时缴纳出资。没有股东向公司实际缴纳出资，公司就不会有资本，也就无法进行经营。股东不履行出资义务给公司造成损失的，应当承担赔偿责任。

(2) 遵守法律和公司章程的义务。公司章程就是公司的宪章，每一个股东都应当遵循，严格按照章程办事。

(3) 不得抽回出资的义务。公司成立以后，股东不得抽回出资，否则就构成对公司的侵权行为，应当依法承担法律责任。

(4) 忠诚的义务。股东应当恪守诚信原则，不得为谋一己之私而损及公司或者其他股东的合法权益。

2. 股份与股票

1）股份

股份是股份有限公司特有的概念。实践中人们往往将股份与有限公司的出资相等同，这是不对的。我国《公司法》第 126 条规定，股份有限公司的资本划分为股份，每一股的金额相等。因此，股份是指股份有限公司的股东持有的，公司资本的基本构成单位。它是均分公司资本结果。

股份是股份公司资本构成的最小单位，具有不可拆分性。

股份具有等额性，即每一股股份的金额都是相等的。根据同股同权的原则，股东的权利相应也是平等的。即股东地位的平等性，在股份面前股东权利人人平等。

可转让性。股份可自由转让，这是由股份有限公司的资合性决定的。

2）股票

股份的表现形式是股票。股票是公司签发给股东的证明其所持股份的凭证。股票的特征：①股票是一种有价证券，属于有价证券中的证权证券，即用来证明股东资格并可以依法转让的证券；②股票是一种要式证券，即股票的制作和记载的事项具有法定性，即须经董事长和公司签章后才能生效；③股票是一种流通证券，股票是可以公开发行并依法可以自由转让的，还可以流通和抵押。

3）股票的种类

根据股票上是否记载姓名，可分为记名股票和不记名股票。前者是股票上应记载股东的姓名或名称的股票，这种股票的转让往往受到限制。后者是股票上不记载股东的姓名或名称的股票，这种股票的转让相对来讲比较自由。

根据股票上是否载明金额，可分为额面股和无额面股。前者是在股票上标明一定金额的股票，其面额和每一股股金的数额必须一致。许多国家公司法都对股票的最低面值做了规定，如法国公司法规定，股份公司的股票面值最低额为 100 法国法郎。后者又叫份额股，是在股票上不标明一定金额，只表明每一股的价值占公司资本总额的一定比例的股票。由于股票所代表的金额时常处于不确定状态，其份额在转让或交易时难度较大，这种股票只被日本、美国等少数国家所采用。

根据股东所享有的权益与承担风险的大小，可分为普通股票和优先股票。前者是公司发行的标准股，无固定股利，其股利的分派应在优先股之后，风险较大，但股东对公司有选举权和被选举权；后者是其股权中的股息分配请求权优于普通股的股东，股息相对固定，但股东对公司没有选举权和被选举权。

4）股份转让的方式

股份转让的方式因股票的不同而不同，主要有以下几种方式。

(1) 记名股的转让。顾名思义，记名股就是记载股东姓名或者名称的股票。记名股的股票应当由股东以背书的方式进行转让。

(2) 无记名股的转让。此种股票具备只需交付即可发生转让的效力。

(3) 上市公司股票的转让。上市公司是股份有限公司的一种，是指其所发行的股票可以在证券交易所集中竞价交易的公司。上市公司的股票转让通常按照证券交易所的交易规则来进行，一般无需背书。特别是随着电子计算机技术的发展，股票交易无纸化已蔚然成风。

2.4.6 公司的合并、分立、解散与清算

1. 公司合并

公司合并是指两个或两个以上的公司根据契约或法律合并为一个公司的行为。公司合并有两种方式：吸收合并与新设合并。吸收合并是指两个以上的公司合并后，其中一个公司(吸收方)存续，而其他公司(被吸收方)解散。新设合并是指两个或两个以上的公司合并后，合并各方解散，另外创设一个新公司。由于公司合并对合并之前的公司债权人利益影响较大，一般应当由同意合并的各公司在达成合并协议并由股东大会在做出决议后，公告或者通知债权人，债权人可以在规定的期限内提出异议。公司合并后，还应在法律规定的期限内向公司登记机关办理相应的登记手续。

有些国家的法律对有限责任公司的合并有所限制，如《日本有限公司法》要求有限责任公司之间合并后的公司，应当采取有限责任公司的形式；而德国法律不允许有限责任公司吸收合并股份有限公司。

2. 公司分立

公司分立是指一家公司分成两个或者两个以上的公司。公司分立分为新设分立和存续分立。新设分立是一家公司分成两个以上的公司，原来的公司解散。存续分立是指一家公司分成两个以上的公司，原来的公司仍然继续存在。

公司分立以后，分立之前公司的债务由分立之后的公司承担连带责任。但是，公司分立之前与债权人已经就债务达成协议的除外。例如，A公司打算分立成B、C两家公司，分立之前与公司的债权人D公司达成协议，D公司的债权由分立以后的B公司承担。那么，公司分立之后，D公司就只能向B公司主张债权，与C公司无关；相反，如果没有此项协议，B、C公司都有义务清偿分立之前的债务。

3. 公司解散

公司解散是指公司因法律或章程规定的解散事由出现而停止营业活动并逐渐终止其法人资格的行为。解散与清算的关系，各国公司法的规定并不一致。一种是“先算后散”的做法，如英国。另一种是“先散后算”的做法，大陆法系国家通常实行此制度。公司的解散涉及诸多方面的问题，如清理债权债务、变卖公司资产、支付各类费用、缴清税款等。值得注意的是，公司解散并不导致其法人人格消灭，但只能为其清算范围内的事情。

公司解散的原因可以分为任意解散和强制解散两种。

(1) 任意解散，也称为自愿解散，是指公司股东大会做出决议决定解散。任意解散通常是由公司章程规定的存续期限届满、股东大会决议解散、公司的分立与合并等原因引起的。

(2) 强行解散，是指因主管机关决定或者法院判决导致的解散。例如，公司因违反国

家法律法规被依法撤销。法院判决解散一般是指公司陷入僵局时，法院应股东的请求判决公司解散。

公司解散的后果是公司进入清算程序，成立清算组织，并停止一切经营性的活动，只能依法为清算范围内的事情。

4. 公司清算

所谓公司清算是指为终结公司法人资格所进行的清理公司债权债务的一系列活动。公司清算分为破产清算和解散清算，这里所讲的清算指的是后者而不包括破产清算。破产清算一般由破产法予以规范。

公司清算要确定清算人。清算人就是执行公司清算事务的人。各国对公司清算人的确定主要有三种做法：①由公司的董事担任；②根据公司章程的规定由股东会或者股东大会选任；③由法院指定清算人。

公司清算人的主要职责有如下几项：①清理公司的财产；②负责通知或者公告债权人；③负责处理公司尚未了结的事务；④清理债权债务；⑤代表公司参与诉讼活动等。

公司的清算人应当忠于职守，尽职尽责，依法履行清算义务。如果在清算过程中因故意或者重大过失，或者有徇私舞弊行为，给公司或者债权人造成损失的应当承担赔偿责任，构成犯罪的还应当依法承担刑事责任。

公司财产能够清偿公司债务的，在支付完清算费用、税款以及其他债务以后，剩余的财产由股东按照出资比例或者持有的股份比例进行分配。未清偿公司债务之前，不得将财产向股东分配。公司的财产不能清偿公司债务的，应当立即向法院申请破产。

公司清算完毕之后，清算组(人)应当制作清算报告，报股东会或者股东大会确认，并报公司登记机关，申请注销登记。公司登记机关作出注销登记以后，公司的法人资格也就此消灭。

2.4.7 有限责任公司

1. 有限责任公司的概念和特征

有限责任公司，简称有限公司，是指由一定数量的股东共同出资，股东以其认缴的出资额为限对公司承担责任，公司以其全部资产对其债务承担责任的企业法人。

有限责任公司是大陆法系国家的称谓，在英美法系国家与之相对应的公司称为封闭式公司。

与其他类型的公司相比较，有限公司具有以下几个特征。

1) 股东人数法定性

许多国家的公司法对有限责任公司的股东人数都有上限和下限的规定。例如，法国规定股东人数为2人以上50人以下。日本的《有限公司法》规定，股东的人数为50人以下，这主要是因为日本承认一人公司的缘故。我国修订之后的《公司法》规定有限责任公司的股东为50人以下，与日本公司法的规定相同。之所以对有限责任公司股东人数加以限制，主要是由这类公司的性质所决定的。有限责任公司是一种人合兼资合的公司，股东之间基于人身信任关系才组织到一起设立公司的，股东人数一般不会太多。因此，有人将其称为“朋友公司”、“亲戚公司”不无道理。

2）股东责任的有限性

有限责任公司的股东承担的是有限责任，即仅以其出资额为限对公司的债务负责，公司的债权人不得就公司的债务直接向股东主张。股东也没有替公司偿债的义务。因为，股东与公司毕竟属于两个不同的人格，彼此不能相互替代。

3）公司设立程序简便，组织机构简单

有限责任公司的设立程序简便，只有发起设立的方式。同时，有限责任公司的组织机构也比较简单、灵活，有些国家规定，有限责任公司可以不设立董事会和监事会，而只设立执行董事和监事即可，但各国对股份有限责任公司则要求必须设立董事会和监事会。

4）具有封闭性

有限责任公司的封闭性主要体现在以下几个方面：①不允许发行股票。有限责任公司发给股东的证明股东已出资的文件称为出资证明书，也称为股单，而不是股票，股单不能在证券市场上自由转让。②不要求公布财务状况及公司的重大事项。③股权转让受到限制。有限公司股东要将自己的出资份额转让他人一般要经过其他股东的同意方可进行。这是由有限公司的人合性决定的。

5）人合性兼资合性

有限公司的人合性主要表现在以下几方面：①股东人数有一定的限制；②公司的资本只能由全体股东认缴而不能向社会公开募集；③股东的出资证明书不能像股票那样流通转让；④股权的转让须取得其他股东的同意；⑤公司的经营事务和财务账目也不向社会公开等。

有限公司的资合性主要体现在以下几方面：①股东对公司债务只承担有限责任；②在资本制度上，设立公司有最低资本额的要求；③股东出资的形式受法律限制，信用及劳务不能用于出资等。

2. 有限责任公司的设立条件

(1) 股东符合法定人数。公司股东是公司设立条件中不可或缺的人的要素，从某种程度上讲，没有股东就不会有公司。绝大多数国家对有限公司股东的人数都有规定，特别是股东人数的上限。有些国家规定股东不能超过50人，如中国、法国等多数国家。有些国家和地区则规定股东的上限不能超过21人。股东下限的规定取决于各国是否承认一人公司。不承认一人公司的国家股东的下限当然就是2人，承认一人公司的国家股东的下限为1人。正如前面所述，有限公司的人合性决定了股东的人数一般不能太多。

(2) 股东出资达到法定资本最低限额。各国对股东出资的限额均有规定，这主要体现在股东出资最低额的要求方面。例如，德国规定设立有限责任公司的最低注册资本额为2万德国马克；法国为2万法国法郎。我国公司法规定，有限公司股东的最低出资额为人民币3万元。

(3) 股东共同制定公司章程。各国公司法都要求设立有限责任公司时必须订立公司章程。公司章程是规范股东权利与义务的宪章，也是公司经营活动的准则。不制定公司章程公司是不能设立的。同时，公司章程也是公司实践自治的工具。许多事项法律无法一一规定，均交由股东通过章程来实现。章程被称为是公司的法典。

(4) 有公司名称，建立符合有限责任公司要求的组织机构。公司名称是公司组成的一部分，是公司特定化的标志。更重要的是，公司的名称本身就是公司的无形资产，是公司商誉的载体。有限公司应当依法建立股东会、董事会、监事会及经理等机关，为公司进行产业经营提供组织条件。

(5) 有固定的生产经营场所和必要的生产经营条件。

3. 设立有限责任公司的程序

1) 发起人签订发起人协议

有限责任公司的设立只能采用发起设立的方式。发起人既可以是自然人，也可以是法人。自然人应当具有完全民事行为能力，法人作为发起人也应委托具有完全民事行为能力的人代表其参与公司设立事宜。发起人应当签订发起人协议，就设立公司事宜作出安排。

2) 制定公司章程

有限责任公司章程需由全体股东共同制定。公司的章程一般应包括公司的名称，公司的经营范围，股东的姓名、住所或居所，公司的资本总额和各股东的出资额或股份，公司的注册地址，公司的具体形式，公司组织的构成及权限，公司章程的修改规则，公司的解散事由与清算办法等。公司章程对公司以及公司的股东、董事、监事、高管人员具有法律约束力。

3) 出资、验资

有限责任公司章程订立后，股东即应履行出资义务。有限公司股东出资方式灵活多样，既可以是货币、实物、土地使用权，也可以是工业产权、非专利技术等。但是，法律规定不能作为出资方式的，如信用、劳务等应当遵守法律的规定。股东出资以后应当聘请法定的验资机构进行验资，以核实股东以非货币财产出资的是否充实。

4) 办理设立登记手续并领取营业执照

股东的出资经检验合格后，则应由全体股东所指定的代表或者其共同委托的代理人向公司登记机关申请设立登记，并提交相关的法律文件。公司登记机关对于公司设立登记的申请应进行审查，符合法定条件时予以登记并发给营业执照；不符合法定条件时则不予以登记。

2.4.8 股份有限公司

1. 股份有限公司的概念和特征

股份有限公司简称股份公司，是指全部资本划分为等额股份，股东以其所持有的股份为限对公司承担责任，公司以其全部法人资产对公司债务承担责任的企业法人。

马克思对股份有限公司在资本主义发展进程中所发挥的作用给予了极高的评价：“假如必须等待积累去使某些单个资本增长到能够修建铁路的程度，那么恐怕直到今天世界上还没有铁路，但是，集中通过股份公司转瞬之间就把这件事完成了。”目前，《财富》世界

500强企业多数都是股份公司。有的股份公司经过长期的发展壮大，时至今日已富可敌国。

与其他公司相比较，股份有限公司具有以下法律特征。

(1) 股东人数的广泛性。与有限责任公司股东的限制性不同，股份有限公司的股东人数具有广泛性，世界各国公司法对股东数额均仅规定最低限额，没有规定最高限额。

(2) 股东责任的有限性。与有限责任公司相同，股份有限公司的股东承担的是有限责任，即仅以其所认购的股份为限对公司的债务负责。因此，公司的债权人不能就公司的债务向公司的股东主张。

(3) 股东出资的股份性。股份有限公司的全部资本分成等额的股份，股份是就公司的资本进行拆分的结果，是构成公司资本的最小单位。每一股股份完全相等，股东以其认购的股份对公司享有权利承担义务。

(4) 公司信用基础的资合性。与人合性公司不同，股份有限公司的信用基础在于其资本，与公司成员的信用无关，因此公司发行的股份越多，公司的资本也就越多，公司的信用基础也就越夯实。

(5) 股份发行、转让的公开性、自由性。股份有限公司股份的发行向社会公开，任何人只要有足够的钱财就可以购买公司发行的股份。而且股份还可以自由转让，不必征得其他股东的同意。这点与有限责任公司截然不同。

(6) 经营状况公开性。由于股份有限公司股份发行、转让具有公开性，对社会公众的利益影响至关重要。这使得股份有限公司的经营状况不仅要向股东公开还要向社会公开，以便于人们作出正确的判断来决定是否认购股份。特别是对股份有限公司中的上市公司而言，信息公开是其重要的行为准则。

2. 股份有限公司的设立

股份有限公司的设立方式有募集设立和发起设立两种。募集设立是股份有限公司最主要的设立方式。发起设立与有限责任公司设立方式基本相同。募集设立是指除发起人认购公司所发行的一部分股份以外，其余的股份向社会公开募集资本的设立方式。各国对发起人认购部分与向公众募股部分的比例都作了限制规定。例如，我国规定，采取募集设立的股份有限公司，发起人认购的股份不得少于公司股本总额的35%。通过募集方式设立的股份有限公司具有规模大、股东人数多的特点，故其设立条件要求严格，程序也比较复杂。其设立程序一般包括以下几个步骤：①签订发起人协议；②制订公司章程；③发起人认购股份和缴纳出资；④向社会公开募集股份；⑤召开创立大会，通过公司章程等事宜；⑥申请设立登记等。

1) 股份公司的发起人

发起人是股份有限公司的积极筹办人。各国法律对发起人的最低人数均有具体规定，如英国、法国、日本规定为7人，德国规定为5人，美国规定为3人以上。有些国家对发起人的资格有限制性规定，如有的国家只允许本国人担任发起人或要求有过半数以上的发起人在该国居住2年以上。我国《公司法》则要求发起人为2人以上200人以下，其中半数以上须在中国境内有住所。公司成立，发起人即转为公司股东。如果公司未能有效成立，发起人要承担公司设立失败的责任。

2）公司章程

公司章程是公司设立和活动的行为规范，是规定公司的宗旨、资本、组织和活动原则、经营管理等重大事项的法律文件。公司章程由发起人起草，提交创立大会修改和通过。

3）设立登记

公司成立的法定程序是设立登记。发起设立的，发起人缴足全部出资后，选举产生董事会和监事会，由董事会向登记机关申请设立登记；募集设立的，应在创立大会后的一定期限内，由创立大会选出的董事会向登记机关申请设立登记。各国法律对申请应报送的文件都作了具体规定。经审核批准后，登记机关给予登记注册，并发放营业执照。公司自此取得法人资格、成为独立的民事主体。

3. 股份有限公司的优劣比较

(1) 与其他公司相比较，股份有限公司的优越之处。

① 有利于集资。股份有限公司通过向社会公开发行股份可以在短时间内迅速集中大量的资金。

② 有利于分散风险。股份金额小使个人拥有的股份只占公司所发行总资本的一小部分，相对而言，股东的投资风险较小。

③ 公众性强，利于社会监督。股东可以随时投票，通过抛售股票的方式撤回投资。

④ 便于科学管理。由于股东人数众多且股权分散，使得股份有限公司的所有权与经营权分离，公司的经营权完全掌握在公司董事会及经理人员手中，这种管理的专门化有利于提高公司的管理水平。

(2) 股份有限公司的不足之处。

① 股权分散易于为少数股东操控。

② 股份流动性强，使得股东并不关心公司的经营与发展。

③ 股票自由买卖容易使投机行为滋生。

④ 相比较而言，股份有限公司设立程序复杂，责任重大，不向其他公司那样灵活。

本章小结

国际商事组织也就是国际商事企业，是从事跨国商品交换行为的商事组织，包括个人独资企业、合伙企业和公司。合伙企业是商事组织的一种，它是合伙人基于合伙协议，共同出资、共同经营、共享收益、共担风险，每一个合伙人对合伙企业的债务承担无限连带责任的企业组织形式。一般来讲，合伙企业不具有法人资格，不能独立承担法律责任。合伙企业建立的基础是合伙协议，合伙人之间权利义务关系以及合伙企业的行为都应当以合伙协议为依据。这充分体现了“私法自治”的精神。合伙企业的财产归全体合伙人共有，处分合伙财产应当以合伙协议为准则。合伙的经营不一定由全体合伙人亲力亲为，可以由部分合伙人负责合伙事务，甚至还可以聘请第三人担任负责人。但是，合伙企业对负责经营事务的合伙人或者第三人所进行的权力限制不能对抗善意的交易相对人。合伙虽然是一种古老的企业形式，但是随着社会的发展，合伙企业也与时俱进，出现了有限合伙。这不但降低了合伙人投资的风险，也为日后公司的出现奠定了理论与实践的基础。现代企业制度就是公司制度。尽管两大法系关于公司的见解不尽一致，但公司股东有限责任与公司法人资格属性则是人们的共识。公司就是依法成立的以营利为目的的企业法人。公司的财产主要来源于股东的投资，股东一旦将自己的财产出资与公司就丧失了该财产的所有权，作为对价换来的是股权，股东可以借助于股权对公司进行管理、获取收益。公司的法定种类很多，最重要的是有限责任公司和股份有限公司。公司毕竟是法律上“拟制的人”，公司的意思都需经过其机关如股东会、董事会、监事会等来表达。因此，公司作为商事主体从事经营活动是通过公司机关完成的，相应的责任也由公司自己承担。股东和公司之间是两个不同的法律主体，股东对公司享有权利的同时也承担相应的责任。公司的运营并非随意而为，要依据公司章程。公司章程就是公司活动的宪章，对公司、股东、董事、监事以及公司所聘任的高级管理人员都有约束力。由此，公司章程也成为这些人行为得当与否的标杆。公司章程具有自治性，只要不与法律相悖，可以由股东任意规定。公司资本犹如公司的血液，及时出资是股东的义务，为保障交易安全，公司资本制度就应运而生。公司的种类很多，本书主要讨论有限责任公司和股份有限公司，二者各有利弊，但都是现代经济社会中的主力军。

关键术语

国际商事组织　合伙企业　合伙协议　合伙财产　无限连带责任　有限合伙　公司　有限责任　法人资格　股东　股权　公司治理　有限责任公司　股份有限公司

思考与练习题

一、选择题

1. 王东、李南、张西约定共同开办一家餐馆，王东出资20万元并负责日常经营，李南出资10万元，张西提供家传菜肴配方，但李南和张西均只参与盈余分配而不参与日常经营。开业两年后，餐馆亏损严重，李南撤回了出资，并要求王东和张西出具“餐馆经营亏损与李南无关”的字据。下列选项正确的是(　　)。

A. 王东、李南为合伙人，张西不是合伙人
B. 王东、张西为合伙人，李南不是合伙人
C. 王东、李南、张西均为合伙人
D. 王东和张西所出具的字据无效

2. 甲、乙、丙3人拟共同设立一个有限合伙企业，下列表述错误的是(　　)。

A. 该有限合伙企业至少应当有一个普通合伙人

B. 经合伙协议约定，有限合伙人可以是货币、实物、劳务、知识产权或其他财产作价出资

C. 经合伙协议约定，有限合伙人可以执行部分合伙事务

D. 如有限合伙人转为普通合伙人，则对其作为有限合伙人期间企业的债务不承担连带责任

3. 2007年1月，甲、乙、丙共同设立了一个普通合伙企业。2008年2月，甲与戊结婚。2008年7月，甲因车祸去世。甲除戊外没有其他亲人，合伙协议对合伙人资格取得或丧失未作约定。下列选项正确的是(　　)。

A. 合伙企业中甲的财产份额属于夫妻共同财产

B. 戊依法自动取得合伙人地位

C. 经乙、丙一致同意，戊取得合伙人资格

D. 只能由合伙企业向戊退还甲在合伙企业中的财产份额

4. 甲、乙、丙、丁4人组成一个运输有限合伙企业，合伙协议规定甲、乙为普通合伙人，丙、丁为有限合伙人。某日，丁为合伙企业运送石材，路遇法院拍卖房屋，丁想替合伙企业竞买该房，于是以合伙企业的名义将石材质押给徐某，借得20万元，竞买了房子。徐某的债权若得不到实现，应当向(　　)主张权利。

A. 应当要求丁承担清偿责任

B. 应当要求甲、乙、丙、丁承担连带清偿责任

C. 应当要求甲、乙承担连带清偿责任

D. 应当要求甲、乙、丁承担连带清偿责任

5. 甲、乙、丙3人协商拟共同投资设立一合伙企业从事贸易业务。下列说法错误的是(　　)。

A. 甲以自己的信誉出资

B. 乙不能以劳务作为出资方式

C. 三方在合伙协议中约定不按出资比例分配盈利是违法的

D. 三方可以约定不经全体合伙人一致同意而吸收新的合伙人

6. 王某在长春注册了一家个人独资企业，经营东北特产。聘请李某担任该企业的负责人，二人签订了书面聘任合同，在合同中有一项条款：“买卖2万元以上的货物须经王某的许可。”下列说法正确的是(　　)。

A. 假如企业经营不善所欠债务应当由王某承担无限连带责任

B. 李某是该企业的经营负责人，有权代表企业签订买卖合同

C. 假如李某未经王某同意与他人签订了一份标的额5万元的合同，该合同就是无效的

D. 王某与李某的约定只在二人之间具有法律效力，不能对抗任何人

7. 甲公司分立为乙、丙两公司，约定由乙公司承担甲公司全部债务的清偿责任，丙

公司继受甲公司全部债权。关于该协议的效力，下列正确的是(　　)。

A. 该协议仅对乙、丙两公司具有约束力，对甲公司的债权人并非当然有效

B. 该协议无效，应当由乙、丙两公司对甲公司的债务承担连带清偿责任

C. 该协议有效，甲公司的债权人只能请求乙公司对甲公司的债务承担清偿责任

D. 该协议效力待定，应当由甲公司的债权人选择分立后的公司清偿债务

8. 甲、乙、丙为某有限责任公司股东，现甲欲对外转让其股份，下列判断正确的是(　　)。

A. 甲必须就此事书面通知乙、丙并征求其意见

B. 在任何情况下，乙、丙均享有优先购买权

C. 在符合对外转让条件的情况下，受让人应当将股权转让款支付给公司

D. 未经工商变更登记，受让人不能取得公司股东资格

9. 甲公司欠乙公司货款100万元和丙公司货款50万元。2009年9月，甲公司与丁公司达成意向，拟由丁公司兼并甲公司。乙公司原欠丁公司租金80万元。下列表述是正确的是(　　)。

A. 甲公司与丁公司合并后，两个公司的法人主体资格同时归于消灭

B. 甲公司与丁公司合并后，丁公司可以向乙公司主张债务抵消

C. 甲公司与丁公司合并时，丙公司可以要求甲公司或丁公司提供履行债务的担保

D. 甲公司与丁公司合并时，应当分别由甲公司和丁公司的董事会作出合并决议

10. 甲公司出资20万元、乙公司出资10万元共同设立丙有限责任公司。丁公司系甲公司的子公司。在丙公司经营过程中，甲公司多次利用其股东地位通过公司决议让丙公司以高于市场同等水平的价格从丁公司进货，致使丙公司产品因成本过高而严重滞销，造成公司亏损。下列选项正确的是(　　)。

A. 丁公司应当对丙公司承担赔偿责任

B. 甲公司应当对乙公司承担赔偿责任

C. 甲公司应当对丙公司承担赔偿责任

D. 丁公司、甲公司共同对丙公司承担赔偿责任

11. 甲、乙、丙是某有限公司的股东，各占52%、22%和26%的股份。乙欲对外转让其所拥有的股份，丙表示同意，甲表示反对，但又不愿意购买该股份。乙便与丁签订了一份股份转让协议，约定丁一次性将股权转让款支付给乙。此时甲表示愿以同等价格购买，只是要求分期付款。对此各方发生了争议。下列选项错误的是(　　)。

A. 甲最初表示不愿意购买即应视为同意转让

B. 甲后来表示愿意购买，则乙只能将股份转让给甲，因为甲享有优先购买权

C. 乙与丁之间的股份转让协议有效

D. 如果甲、丙都行使优先购买权，就购买比例而言，如双方协商不成，则双方应按照2∶1的比例行使优先购买权

12. 下列关于股票的说法正确的有(　　)。

A. 只有股份公司才有权发行股票

B. 通过发起设立而成立的公司其股票不能在证券交易所交易

C. 记名股票转让的方式是交付

D. 上市公司的股票转让是不受任何限制的

二、思考题

1. 国际商事组织的特点是什么？

2. 合伙企业的特征主要有哪些？

3. 普通合伙企业合伙人李某因车祸遇难，生前遗嘱指定16岁的儿子李明为其全部财产继承人。试问李明可以成为合伙人吗？为什么？

4. 有限合伙与普通合伙有哪些异同？

5. 公司的含义与特征是什么？

6. 比较公司与合伙企业的异同。

7. 如何理解公司的治理结构？

8. 现代公司制度的发展有一种现象值得关注：公司权力越来越集中在公司的治理人手中，而公司的股东越来越边缘化，你是如何看待的？

9. 有人说：公司就是股东投资的工具。你如何看待这一说法？

10. 1997年，我国修订后的刑法增加了“单位犯罪”，也就是公司犯罪，一石激起千层浪，对于公司犯罪问题人们争议十分激烈。抛开刑法理论问题，请你从公司法的角度去阐释有关公司犯罪问题，谈谈自己的看法。

三、案例分析

1. 甲、乙、丙、丁成立一普通合伙企业，一年后甲转为有限合伙人。此前，合伙企业欠银行债务30万元，该债务直至合伙企业因严重资不抵债被宣告破产仍未偿还。对该30万元银行债务的偿还应当如何处理？

2. 甲、乙、丙合伙经营汽车运输业务。因生意好，甲想让其弟丁参加合伙，乙同意，但丙反对。甲以多数人同意为由安排丁参与经营。后合伙经营的汽车发生交通事故，造成5万元损失。四人为该5万元损失分担问题诉至法院。本案应如何处理？（上述案例均为国家司法考试真题，稍加改动）

3. 张三与李四合伙开了一家“洁尔洗衣店”，一年之后，洗衣店欠顺发洗涤制品有限公司货款5万元。顺发洗涤制品有限公司的股东是马六、田七、冯八。

（1）假如顺发洗涤制品有限公司因货款争议向法院起诉，被告应当是谁？

（2）马六可否以自己的名义就货款争议向法院起诉张三与李四？为什么？

（3）假如法院判决洁尔洗衣店败诉，洗衣店现有财产3万元，余下的2万元应当如何清偿？

（4）假如顺发洗涤制品有限公司欠张三个人债务5万元，张三见公司没有多少财产，提出由公司最大的股东田七偿还，是否可以？为什么？

（5）假如顺发洗涤制品有限公司欠张三个人债务5万元，顺发公司可否抵消与洁尔洗衣店的5万元债务？为什么？

（6）冯八要将自己在顺发公司的出资份额转让给李四，双方已经达成转让协议。但是，马六反对转让，马六的意见是否正确？为什么？假如冯八将出资份额转让给田七，马六提出反对意见，是否可以？为什么？

4. 甲、乙、丙、丁4人出资设立一家公司，从事房地产开发。通过招标该公司获得了一块土地，并在这块土地上开工建设住宅，名为“梦幻家园”。所有的楼房均已售完。由于再也买不到“合适”的土地，四个股东商量决定将公司解散，并且到工商行政管理部门办理了公司注销手续。一年之后，“梦幻家园”工程质量出现了严重的问题。业主们找物业公司，物业公司回答：“房子不是我们盖的，得去找开发商理论。”但是，开发商早已不存在了。

类似的事情在现实生活中比比皆是。有人将这种房地产开发公司称为“短命公司”，请你结合所学的公司法理论谈谈如何从法律上处理类似“短命公司”。

第3章 国际商事合同法

本章教学要点

知识要点	掌握程度	相关知识
国际商事合同的订立	重点掌握	合同订立的程序、条件
国际商事合同的履行和违约	掌握	大陆法和英美法比较
国际商事合同的概念及其特征	了解	合同法

导入案例

1. 中国的王先生留学日本期间结识了一位日本女子惠子小姐，二人经由热恋发展到了谈婚论嫁的程度。结婚之前，二人签订了一份契约：个人婚前财产和婚后财产均归属于个人所有。

中国某省A进出口公司与日本B公司在我国某市签订购买日本电子音响设备的买卖合同。日本B公司为卖方。双方在合同中选定适用中国法律，并规定双方如有争议，应到中国国际经济贸易委员会仲裁。

思考：上述两份合同的区别之处在哪儿？

2. 2008年8月11日，中国甲公司接到法国乙公司出售某种设备的发盘，有效期至9月1日。甲公司于8月12日电复："如能将每件设备价格降低50美元，即可接受。"对此，乙公司没有答复。

该合同是否成立？为什么？

3. 2011年3月，日本发生了里氏9.0级地震并引发海啸，造成日本东北地区数万人的死亡和巨大的财产损失。屋漏偏逢连夜雨，地震引发的核泄漏事故更让全球惊悚不安。于是，许多国家决定取消核能的发展事业。看似天灾人祸，想一想，对国际商事交易有何影响？

3.1 国际商事合同法概述

3.1.1 国际商事合同的概念和特征

1. 概念

哪里有商品交换，哪里就有合同，合同就是商品交换的法律形式。

对于合同的定义，两大法系观点各异。在英美法系国家，人们基本上接受了《美国合同法重述》(第2版)关于合同的概念，即"合同是一个或者一系列允诺：违反该允诺时法律将给予救济；履行该允诺法律上视为一项义务”。也就是说，合同在本质上就是“允诺”或者“诺言”，即能够得到法律强制执行的允诺。在大陆法系国家，受罗马法关于“合同是得到法律承认的债的协议”的影响，一般均将合同定义为“协议”，如1804年《法国民法典》第1101条规定：“契约(合同)为一种合意，依此合意，一人或数人对于其他一人或者数人负担作为或者不作为的债务。”这里的合意按照大陆法系学者的解释就是协议，即意思表示一致。尽管同属于大陆法系国家的德国没有使用协议而是采用法律行为来定义合同，然而在解释上人们都认为合同本质上就是“协议”。值得注意的是，近年来英美法系也有学者开始对合同的定义进行检讨，认为将合同视为允诺有忽视其中“协商的成分”之嫌，更有学者改弦更张，直接将合同定义为“二人以上达成的具有法律约束力的协议”。这方面比较有代表性的就是流行于英美法系国家的法律工具书《布莱克法律辞典》，它对合同的定义是：“发生做或者不做特定事情之债务的双方或者多方当事人之间的合意。”与大陆法系合同的定义基本上相同。

其实，合同是商品经济的产物，从本源上讲，合同就是交易的法律形式。无论是将合同定义为“允诺”还是“协议”并无本质的区别，二者只是认识事物的角度不同。英美法系国家强调合同是允诺的做法无非更注重强调一个人应当信守承诺的道德原则。大陆法系国家将合同视为协议更重视合同是经由协商的产物，强调的是对意思自治的尊重，反而忽视有诺必守的道德信条，因此，在大陆法系国家将“诚实信用”原则上升为“帝王条款”也就不足为奇了。

因此，可以将合同定义为：当事人在平等自愿的基础上缔结的具有法律约束力的协议。

国际商事合同是合同的一种，指的是不同国家的当事人在平等自愿的基础上缔结的以商事权利和商事义务为内容的具有法律约束力的协议。与其他合同相比较突出了合同的“国际性”和“商事性”。

2. 特征

(1) 国际商事合同具有国际性。所谓国际性就是合同中具有的涉外因素，即合同的主体、合同的客体、合同发生的事实与国际因素有关。例如，合同当事人具有不同的国籍或者住所地，交易的标的物位于国外，合同的缔结或者履行发生在国外等。各国对国际性的判断标准是不一样的，大体而言有“国籍说”、“住所地说”、“跨国说”和“广义说”。《联合国国际货物销售合同公约》采用的就是“住所地说”，而我国则采用的是“广义说”。

(2) 国际商事合同具有商事性。在大陆法系国家有将合同区分为商事合同与民事合同的传统。前者适用于商人间订立的合同，后者适用于非商人。商事合同突出的特点就是合同的主体特殊性，都具有商人身份，合同的内容具有商事性，人们缔结合同的主要目的在于营利。导入案例1中，王先生与惠子小姐达成的协议虽然具有国际性(双方的国籍不同)，但是合同的内容显然只是就双方各自的财产作出安排，没有营利的目的。因此，他们的合同属于典型的民事合同，而不属于国际商事合同。而该案例中的中国A公司与日本B公司之间订立的合同则属于国际商事合同：当事人具有不同的国籍；买卖设备显然为了营利，具有商事内容，如果发生争议理应适用国际商事合同法规范来解决。

（3）国际商事合同具有自治性。合同是当事人在自愿的基础上订立的，是当事人意思自治的产物，法律不予干涉，除非合同的内容、形式等违反法律的强制性规定或者公序良俗。因此，合同法主要由任意性规范构成，发挥其示范性、补充性的功能。例如，许多国家的合同法以及国际商事公约、商事惯例都有“当事人另有约定的除外”的规定，允许合同当事人以其自由意思对合同法的规定加以排除适用。这充分体现了国际商事合同自治性的特点。

3.1.2 国际商事合同法律规范

国际商事合同法是指调整国际商事合同关系的法律规范的总称。它主要体现在国际法规范和国内法规范两个方面。

1. 调整国际商事合同关系的国际法规范

调整国际商事合同关系的国际法规范是指两个或两个以上国家共同制定或普遍认可的适用于国际商事合同的法律规范，其表现形式是国际条约（国际公约）和国际惯例。目前尚不存在适用于国际商事合同各领域的统一的国际条约（公约）和国际惯例。但在销售代理、货物买卖、运输和票据等合同领域中出现了一些有许多国家缔结或者加入的国际公约。最为典型的是由联合国国际贸易法委员会 1980 年 4 月制定并于 1988 年生效的《联合国国际货物销售合同公约》，目前已经有 70 多个国家成为该公约的缔约国，在国际货物买卖领域影响巨大。

此外，还有一些具有普遍影响力的国际惯例，如国际商会 1936 年制定并且在 2010 年修订的《国际贸易术语解释通则》，以及国际统一私法协会 1971 年开始起草直至 1994 年才完成的《国际商事合同通则》。这些国际惯例在国际商事合同的领域中发挥着示范法的作用。

2. 调整国际商事合同关系的国内法规范

世界经济的交流与发展迫切需要法律规范的统一，上述有关的国际商事公约和国际商事惯例正是在此背景之下应运而生的。但是，各国政治、经济、文化传统、法律制度等诸多方面存在的差异也是客观不争的事实，若想制定一部适用于全球范围的合同法规范未免强人所难。即便是目前适用频率极高的《联合国国际货物销售合同公约》，参与制订的国家也不过 70 多个，更何况公约就合同的效力、所有权的转移等诸多问题也因为各国矛盾重重无法统一而采取了有意回避的态度。因此，许多合同问题还要借助于各国的国内法的规定来加以解决。这种现象恐怕还要持续相当长的时间。

在大陆法系国家，适用于国际商事活动的合同法主要以成文法的形式出现，其相关条款一般在民法典或债务法典中加以规定。例如，法国的《法国民法典》、瑞士的《债务法典》、我国台湾地区的《民法典》等。此外，在司法实践中，一些大陆法系国家也逐渐对判例法青睐有加，如德国。

在英美法系国家，大多数以判例法或不成文法的形式来规范国内、国际商事合同，判例法仍旧是合同法规范的主要表现形式。进入20世纪以来，英美法系国家对成文法表现出了浓厚的兴趣，通过官方与非官方机构也制定了一些成文合同法规范。例如，1893年的《英国货物买卖法》、1952年的《美国统一商法典》以及1932年编撰公布、1980年重新修订的《合同法重述》就是英美法系国家合同法成文化的代表。其实，从严格意义上讲，美国的《统一商法典》和《法律重述》都不是成文法规范，因为其制定主体都不是立法机关而是非官方的组织。只不过它是经由权威人士对以往的判例进行整理以后而逻辑清晰，说理性强，对法官更具有“影响力”。

因此，有学者指出：两大法系在法律渊源上正在不断地相互借鉴吸收，出现了融合的迹象。经济全球化恐怕是主要的动因。

我国在20世纪80年代以后为适应改革开放之需，曾经制定了《经济合同法》、《涉外经济合同法》以及《技术合同法》三部合同法，分别调整不同的合同关系，造成了内外有别、欠缺平等、立法粗糙、漏洞百出的弊端。立法机关为顺应市场经济体制的建立与成长，于1999年制定了统一的《中华人民共和国合同法》，该法吸收了国内外立法的先进经验，融合了两大法系合同法的精华，在国际上极具有影响力，其适用范围既包括国内合同也包括国际商事合同。

3.2 国际商事合同的订立

合同的订立与成立是两个既有联系又有区别的概念。合同的订立强调的是合同当事人经过讨价还价，经由要约与承诺最终达成协议的过程；而合同的成立反映的是一种事实状态，即当事人之间形成了合同关系。合同订立的结果要么合同成立要么不成立，合同的成立只是订立的结果之一。

合同的订立分为要约与承诺两个阶段，期间又有新要约、要约邀请等制度。在合同订立过程中，因当事人的过错致使合同未能成立时，将产生缔约过失责任，过错方应当承担赔偿对方当事人因此而造成的信赖利益的损失。

3.2.1 要约的概念与构成要件

1. 要约

所谓要约，也称为发价、发盘，是指当事人希望与他人订立合同的一种意思表示。提出要约的一方称为要约人，其相对方称为受要约人。要约的形式可以是口头的、书面的，也可以是其他形式，如电报、电子邮件、电子数据交换等。一项要约，如果要使其有效成立，须具备4个要件。

(1) 要约是特定人发出的意思表示。要约人不论是自然人还是法人或其他组织，都必须是具体确定的，否则受要约人就无法承诺。

(2) 要约必须是向特定的人发出。这就是说要约一般要对特定相对人或其代理人表示，而不能向不特定的人发出，否则所有的人都作出承诺，要约人是无法承受的。各国合同法一般将面向公众发出的意思表示称为要约邀请或者要约引诱，如寄送的价目表、拍卖公告、招标公告、招股说明书、商业广告等。所谓要约邀请指的是向特定或者不特定的人发出的旨在希望对方向自己发出要约的意思表示。之所以如此，是因为发出要约邀请的人自己保留承诺的权利。

(3) 要约必须以缔结合同为目的。要约要明确表示要约一旦经过受要约人的有效承诺，要约人就必须受其约束的意思，要约人不得反悔并对其加以否认，合同也因此而成立。因此，凡不是以订立合同为目的的意思表示，都不能称之为要约。如甲对乙说："我打算出售我的福特牌轿车。"该意思表示没有反映出甲要与乙订立合同的目的，不能将其视为要约。

(4) 要约的内容必须具体明确。要约是一项要与对方订立合同的建议，该建议应当包含足以使合同成立的内容以便对方回复，也就是说，对方只要回答"同意"，合同就成立了。因此，要约内容必须明确、具体、全面，基本涵盖了未来将要订立的合同的主要条款，如标的、价款、数量、质量，以及履行的时间、地点、方式等。但是，现代合同法出于鼓励交易的考虑，并非要求要约的内容事无巨细，一般来讲只要包含标的、数量、价格等条款就可以了。至于其他内容可以由当事人在合同成立以后协商决定或者参照法律来决定。例如，《美国统一商法典》规定：货物买卖合同的要约须明确货物的数量或计量方法，其他可以日后确定，发生争议后，由法院依所谓合理的依据确定。从各国的立法及司法实践来看，要约的内容一般只需标的、数量即可。当然，合同的类别不同，其内容的具体、明确的标准也不一样，这点是实践中应当特别注意的。

2. 要约的效力

要约的效力是指生效后的要约对双方当事人的约束力。它包括对要约人和受要约人的约束力两方面。要约的生效时间，因要约的不同形式而有差异。对口头形式的要约，其法律效力从相对人了解要约开始生效。相对人了解要约内容应以通常情况下一般人所能理解的要约为标准。对于书面形式的要约，其法律效力的生效时间，理论上有两种见解，即发信主义和到达主义。德国和日本民法对此采用到达主义为确定要约生效时间的原则。我国《合同法》沿袭大陆法系传统，采用到达主义。

1) 要约对受要约人的效力

要约对受要约人原则上没有法律上的约束力，受要约人只是取得了承诺的资格。受要约人对要约不予承诺也没有通知要约人的义务。只不过受要约人要在要约的有效期内承诺。

2) 要约对要约人的效力

要约的效力主要体现在对要约人的约束力上。要约人发出要约后，一旦受要约人按照要约规定的条件做出承诺，要约人就必须与之订立合同，另外，要约生效以后，要约人一般不得对要约的内容进行变更或者撤销。

应用实例

我国某对外工程承包公司于5月3日以电传邀请意大利某供应商向我方发出销售钢材的要约。我方在电传中声明：要求这一要约是为了计算一项承造一幢大楼的标价和确定是否参加投标之用；我方必须于5月15日向招标人递交投标书，而开标日期为5月31日。意大利供应商于5月5日用电传就上述钢材向我方发出要约。我方据以计算标价，并于5月15日向招标人递交投标书。5月20日意大利供应商因钢材价格上涨，发来电传通知撤销其5月5日的要约。我方当即回电表示不同意撤销要约。于是，双方为能否撤销要约发生争议。及至5月31日招标人开标，我方中标，随即电传通知意大利供应商我方接受其5月5日的要约。但意大利商人坚持该要约已于5月20日撤销，合同不能成立。而我方则认为合同已经成立。对此，双方争执不下。

问题：本案应如何处理？

评析：根据《联合国国际货物销售合同公约》的规定，本案中，意大利商人的要约不可撤销。因为我方在邀请其发出要约时，已明确告知对方我方的意图，意大利方知悉我方意图后，仍发出要约，我方有理由相信该项要约是不可撤销的，并已本着该信赖行事，参与投标。而且，该要约没有规定有效期，应视为合理时间有效，本例中的合理时间应为开标后的若干天。意大利商人于5月20日来电撤销要约，我方立即表示拒绝，撤销不能成立。我方中标后立即向意大利方做出承诺，双方成立合同。双方都应履行合同，否则即应承担违约责任。

3. 要约的消灭

要约的消灭，是指要约丧失了法律效力，即不再对要约人和受要约人具有法律约束力。要约的消灭原因主要有以下4个方面。

(1) 因要约人撤回或撤销而消灭。撤回的要约，是指要约被要约人发出后至受要约人收到前，即在要约生效之前将要约收回，使其不发生法律效力。撤回要约的通知应当在要约到达受要约人之前或者与要约同时到达。撤销要约，是指要约已经送达受要约人之后，即在要约已生效之后受要约人承诺前消灭要约的效力的行为。要约一旦被撤回或撤销即告消灭。各国对要约的撤回不做限制，因为撤回要约对受要约人没有什么影响。而要约的撤销由于受要约人已经收到要约，对其撤销，各国均有限制性规定。例如，根据《联合国国际货物销售合同公约》的规定，记载要约有限期或者明示要约不得撤销的要约不能撤销。其目的是为了保护受要约人的信赖利益。我国合同法也有类似的规定。

(2) 要约期限已过而消灭。规定了承诺期限的要约，在该期限终了时仍未获承诺，则其效力即自行消灭。没有规定承诺期限的要约，一般结合要约的形式、在途时间、要约的措辞等综合考虑，以确定一个所谓合理的有效期限。例如，德国、瑞士与日本等国家的民法典都规定，在隔地人之间发出要约而又未规定承诺期限者，如果不在相当期限内或不在依通常情形可期待承诺达到的期间内作出承诺，要约即告失效，要约人不再受要约的约束。

(3) 因受要约人的拒绝而消灭。这是指受要约人将拒绝要约的明确意思表示通知要约人而使要约失效。虽然一般情况下受要约人并没有通知拒绝要约的法定义务，但在拒绝通知送达要约人时要约即告失效。

(4) 因受要约人对要约内容作实质性变更而消灭。如果受要约人在承诺中对要约的条款作了扩充、限制或变更，在法律上视同受要约人向要约人发出的一项新要约，而原要约人发出的要约即丧失法律效力。新要约必须经原要约人承诺后，合同才能正式成立。所谓实质性变更一般是指受要约人对标的、数量、价格、履行期限、违约责任等内容加以改变。

导入案例2中，中国的甲公司的回复客观上已经改变了要约的主要内容，性质上属于新要约，乙公司未知，说明乙公司没有承诺，因此，合同未能成立。

3.2.2 承诺

1. 承诺的概念与构成要件

承诺是指受要约人对要约的内容表示同意的行为。一项有效的承诺必须满足如下条件。

(1) 承诺须由受要约人向要约人表示。受要约人和要约人除其本人外，也包括其授权的代理人。除受要约人或其授权的代理人之外，任何第三人即使知道要约的内容并对此作出同意的意思表示，也不能构成有效承诺。例如，甲对乙说要向乙的哥哥出售一辆二手汽车，价格为5万元。第二天，乙对甲表示接受。除非能够证明乙是其哥哥的代理人，否则，乙的承诺是无效的，合同未能成立。

(2) 承诺应在要约有效期限内作出。如果要约明确规定了有效期，就必须在该期限内承诺；如果要约未规定有效期，则必须在合理的时间内作出承诺。至于合理的时间是多少，司法实践中往往结合要约的形式、交易的内容、要约的措辞等加以判断。有的国家直接规定要约的最长存续期限，如美国《统一商法典》规定要约的有效期最长不得超过3个月。超过要约有效期的承诺一般视为新要约。

(3) 承诺的内容必须与要约的内容一致。承诺不能附带任何条件，只能就原要约的主要条款毫无保留地表示同意，如果对原要约内容有所扩大、限制或变更，都被认为是对原要约的拒绝而视为新要约。这就是英美法系国家流行的“镜子规则”，强调承诺与要约的一致性。但随着世界各国贸易的发展，该要件已有所松动。例如，美国《统一商法典》规定，承诺“即使与原要约或原同意的条款有所不同或对其有所补充，仍具有承诺的效力”。又如，我国《合同法》第31条规定：“承诺对要约的内容作出非实质性变更的，除要约人及时表示反对或者要约表明承诺不得对要约的内容作出任何变更外，该承诺有效，合同的内容以承诺的内容为准。”一般来讲，对要约中的标的、数量、价款、履行地点、履行期限、违约责任等事项的变更视为实质性变更。《联合国国际货物买卖合同公约》与《国际商事合同通则》也有类似条款。

(4) 承诺必须能够送达要约人。

2. 承诺的效力

要约一经承诺，当事人双方的合同即宣告成立。因此，承诺何时发生法律效力，对确认合同的有效成立至关重要。目前，在这个问题上存在着两种不同的法律主张，即到达主义和投邮主义。

所谓到达主义，即必须在承诺到达要约人时才开始发生法律效力，合同也在此时成立。承诺到达相对人，具体是指承诺的通知到达要约人所支配的范围之内，如要约人的营业场所、信箱、电子邮箱等。《联合国国际货物销售合同公约》、《国际商事合同通则》及大多数大陆法系国家和我国基本上都采取这一规则。例如，《德国民法典》第130条规定：

“对于相对人以非对话方式所作的意思表示，到达相对人时发生效力。”这里虽未明确指出承诺的生效时间，但承诺亦是一种意思表示，当然适用这一规定。我国《合同法》第26条规定：“承诺通知到达要约人时生效。承诺不需要通知，根据交易习惯或者要约的要求作出承诺的行为时生效。”

投邮主义，主要为英美法系国家所采用。它是指在以书信或电报作出承诺时，承诺一经投邮立即生效，合同即告成立。之所以如此规定，在于英美法系国家将邮政部门视为承诺人的代理人。同时，与大陆法系国家不同，英美法系国家也不存在承诺的撤回制度。到达主义体现了对合同成立安全性的考虑，投邮主义则体现了对效率的追求。

3. 承诺的迟延与撤回

受要约人在承诺期限届满之后，以订立合同为目的发出对要约表示同意的意思表示，即为承诺迟延。承诺迟延因其原因不同，分为主观的迟延和客观的迟延，前者是承诺人自知已经超过要约的有效期而为承诺，后者是承诺人在要约的有效期内承诺，但是由于邮政部门或者其他传递承诺的人的失误而导致的承诺迟延。承诺迟延产生两种法律后果：一种是该承诺被要约人认可为有效，从而使合同成立；另一种是该承诺未被要约人接受，则视为一项新要约。例如，我国《合同法》第28条规定：“受要约人超过承诺期限作出承诺的，除要约人及时通知受要约人该承诺有效的以外，为新要约。”

承诺撤回，是承诺人阻止承诺发生法律效力的一种意思表示。承诺撤回的意思表示必须在其承诺生效之前作出，才能产生使承诺消灭的法律效果。据此，采取到达主义的方式确认承诺生效时间的，因承诺的通知必须送达要约人才能生效，因此，在承诺通知到达要约人之前即承诺生效之前，原则上承诺仍可撤回。如以平邮方式发出的承诺函，可用更为快捷的电报方式将其撤回。而采取发信主义的方式确认承诺生效时间的，其承诺函一经投邮就立即生效，所以一旦投邮后承诺就无法撤回。

4. 缔约过失责任

缔约过失责任是大陆法系国家合同法中的概念，它指的是由于当事人在缔结合同中存有过错致使合同未能成立或者生效，给另一方当事人造成损失时，依法应当承担损害赔偿的责任。实践中比较常见的情形是一方当事人为阻止对方当事人与他人订立合同而进行的恶意磋商，最终使得合同未能成立或者未能生效。缔约过失责任保护的是合同当事人的信赖利益或者机会利益，其法理基础是合同法中的诚实信用原则。构成缔约过失责任应当具备以下几个要件。

(1) 发生于缔约过程之中。如果合同已经有效成立，当事人不履行合同，则由违约责任来规制。

(2) 当事人有过错，故意或者过失在所不问。

(3) 合同未能成立或者生效。

(4) 另一方当事人因此遭受损失。此种损失并非现实损失，乃是信赖利益或者机会利益的损失。

3.3 国际商事合同的效力

3.3.1 国际商事合同效力的概念

1. 合同效力的概念

合同的效力体现的是国家对已成立的合同所做的价值判断：如果合同是有效的，法律就赋予其强制执行的效力，当事人就应当依法履行合同，使当事人的利益通过履行合同得以实现，否则，国家就会动用强制力迫使当事人履行合同；如果合同是无效的，就没有强制执行的效力，当事人也不能履行合同；如果合同是可撤销的，就赋予当事人以撤销权，通过撤销权的行使来决定合同是有效还是无效。因此，所谓合同的效力就是依法成立的合同所具有的法律约束力。

合同的效力与合同的成立不同，前者着眼于合同的价值判断，体现的是立法者或者司法者的态度，强调合同对当事人的拘束力；后者属于事实判断，强调当事人之间存在合同关系的现实。合同成立未必会导致合同一定是有效的。

根据合同效力的不同，多数国家将合同分为有效的合同、无效的合同与可撤销的合同。有的国家还将合同另行分为一种效力待定的合同，如德国的民法典、中国的合同法。

合同是当事人协商的产物，体现的是当事人在自由意志的支配下进行磋商最后形成意思表示一致的结果。综合各国对有效合同的归纳，一般来讲，合同有效应当具备如下要件：①当事人具有相应的意思能力(行为能力)；②当事人意思表示真实；③合同的内容与形式不违反法律的强制性规定。如果不充要上述要件，就属于有瑕疵的合同：或者无效，或者可撤销，或者效力待定，至少其不属于有效的合同，当事人也因此不得履行，更不能诉请法院强制执行。甚至法院在审理合同案件时，如果发现合同是无效的，应当主动宣告合同无效，以此来维护法律的权威，保护社会公共利益和经济秩序。

2. 对价与约因理论

对价与约因分别是英美法系国家与大陆法系的国家合同法中十分重要的概念，它既涉及合同的订立过程中的要约与承诺制度，也与合同的效力问题息息相关。我们认为，对价与约因理论实际上对合同效力的影响更为突出，因此，我们在本节予以介绍。

对价，是英美法系国家合同法中的一个重要概念，它是指合同一方为了从另一方得到某种权利、利益或好处而付出的具有法律价值的代价，包括积极的作为和消极的不作为。通俗地讲，对价是对履行义务当事人一方的某种回报，主要强调我会向你作出承诺的目的是换得你对我的承诺，二者之间存在价值上的对应关系。根据合同形式的不同，英美法将合同分为两类：一是签字蜡封合同，又称盖印合同，由当事人签字、加盖印章并把它交付给对方即成立，无需任何对价，如赠与合同；另一类为简式合同，包括口头形式和一般书面形式，这类合同必须要有对价方才能成立。

一般而言，对价具有以下特点。

(1) 合法性。法律所禁止的物与行为不能作为对价。例如，甲向乙承诺以 500 美元购买乙的毒品。该对价就是因为为法律所禁止而不构成对价，合同也因此而无效。

(2) 适时性。对价必须是将要履行的对价或是已履行的对价，而不是过去的对价。有效的对价可分为待履行的对价和已履行的对价。例如，甲与某服装厂约定，甲去纽约为服装厂购买A品牌西服1万套，服装厂许诺支付甲1万美元酬金。如果此时甲已完成事务，而按约定服装厂的支付待半年后履行，此时服装厂的许诺即属待支付对价。如果双方的行为皆完毕，则服装厂的许诺属已支付的对价。如果双方的行为皆完毕，而甲在未同服装厂商定的情况下，又去华盛顿为服装厂购买了一批物美价廉的棉布，甲回来后服装厂答应另支付他5 000美元，这时服装厂所允诺的支付5 000美元是针对甲已完成的去华盛顿的购买棉布对价，这一对价即属过去完成的对价，不能作为一项有效对价，即使服装厂后来从中受益却拒绝给付，法律亦无能为力。由此可见，一项对价属于何种对价及其效力如何，实际上是相对接受对价方当事人履行义务或许诺履行义务的时间而言的，即在一定时间内的对价才是有效对价。

(3) 价值性。对价必须是为促使对方履行义务所付出的真实代价或牺牲(包括精神损失)，即对价必须真实、有价。但对价并非意味着完全等价。根据意思自治原则，多少价值为适当对价一般由当事人自行决定。对价的价值与对方履行或将要履行的价值是否对等，是否合理适当，是当事人自己的事。例如，甲许诺以一幢别墅交换乙的一辆轿车，只要交易双方达成合意，没有乘人之危，甲的许诺即构成有效对价，至于一幢别墅与一辆轿车是否价值相当，法律在所不问。因此，对于显失公平的合同，不能只看对价是否充分，主要还是要看当事人真实的意思。

(4) 对象性。对价必须来自受允诺人，因为允诺人履行义务将是受允诺人权利和利益的实现，而对价实质上是受允诺人对允诺人履行义务的回报。只有对某项允诺付出了对价的人，才能要求强制执行此项允诺。例如，根据双方合意A公司允诺并给付B公司100吨钢材后，A公司就成为允诺人，就有权利从B公司取得对价(即货款)，而不能从其他主体那里得到这种对价回报；如果B公司拒绝给付对价，则A公司可要求有关部门强制执行。

(5) 约定性。已存在义务及法定义务不能作为对价。已存在义务是指原来合同中已经存在的义务，不能作为一项新允诺的对价。法定义务是指依照法律规定必须履行的义务，例如，很多国家法律规定，律师有为贫弱者提供法律援助的法定义务，律师据此所提供的法律服务则不构成对价。

在英美法系国家，对于缺乏对价的合同，原则上是没有法律约束力的，除非当事人的允诺是通过法定形式作出的，如签字蜡封合同。

对价理论自产生之日起就因其晦涩难懂、纷繁复杂而饱受诟病、质疑。

约因制度，为法国合同法所独有，是指当事人通过合同想要达到的最直接和最近的目的。如在买卖合同中，一方约因是以商品换取金钱，另一方约因则是以金钱换取商品；在劳动合同中，一方约因是以金钱换取劳务，另一方约因则是以劳务换取金钱。《法国民法典》第1131条规定："凡属无约因的债，基于错误约因或不法约因的债，都不发生任何效力。"法国法把约因作为合同有效成立的要素之一。如果一项债的产生没有约因，或者其约因为法律所禁止，或者其约因违反善良风俗或公共秩序，都不能发生任何效力。但赠与合同是约因原则的例外，根据《法国民法典》第931条的规定，赠与合同应以通常合同的方式，在公证人前作成，并应在公证处留存合同的原本，否则赠与合同无效。正是由于赠与合同采用了特定的订立形式，加上赠与人的赠与意思表示，使其替代约因而成为合法有效的合同。

约因与动机不同：约因是当事人订立合同的直接原因，而动机则是当事人订立合同获取利益的其他考虑，是间接的原因。原则上，动机并不影响合同的成立与效力，如甲向乙购买烧饼，是自己食用还是给他人食用在所不问，买卖合同依然是成立的、有效的。但是，近年来，法国司法实践中，也越来越关注动机问题，在特定情形之下援引动机卑劣而宣告合同无效。例如，甲将自己的房屋出租给乙，乙用来当做卖淫场所，法院会主动宣告合同是无效的，理由就是房屋租赁合同的动机是错误的，有悖善良风俗之嫌。

约因原则是法国合同法的一大特色，即使是同属于大陆法系的德国法也没有约因的相关规则。我国《合同法》既无对价又无约因的规定，但在可撤销合同的内容中还是包含了对价与约因原则的某些因素。

其实，无论是英美法对价还是法国的约因理论，无非旨在强调合同的内容合法性、公正性。毕竟，合同是交易的体现，等价有偿且合法是交易的根本。

3.3.2 国际商事合同效力的影响因素

合同是否有效取决于影响合同效力的因素，根据各国合同法的理论与实践，一般而言，影响合同效力的因素或者原因主要有当事人的缔约能力、意思表示瑕疵、合同内容与形式违法性因素以及显失公平等。以下分别加以介绍。

1. 当事人的缔约能力

1）自然人的缔约能力

自然人的缔约能力是其行为能力的体现。所谓行为能力指的是自然人以自己独立的行为享有民事权利承担民事义务的能力，它反映的是自然人的意思能力，即对民事行为的理解与判断能力。影响意思能力的因素主要是智力状况，其取决于自然人的年龄和精神健康。因此，多数国家根据这两种因素对人的影响强弱不同将自然人分为完全行为能力人、限制行为能力人和无行为能力人。一般而言，成年人属于完全行为能力人，可以自主地自我负责地从事任何民事行为，限制行为能力人和无行为能力人从事民事活动一般要由其法定代理人代理或者征得其法定代理人的同意。

从年龄的角度看，自然人的缔约能力取决于其是否成年。各国成年人法定年龄的规定不尽相同。荷兰、葡萄牙、西班牙、比利时、丹麦、瑞典等国，以年满21周岁作为成年人的标准，美国、德国、英国、中国等多数国家以年满18周岁作为成年人的标准，而日本以年满20周岁作为成年人的标准。此外，有些国家还承认特定条件下的成年制，如结婚成年制，即未成年人因结婚而视为已经成年。我国还有所谓劳动成年制，根据《民法通则》的规定：年满16周岁未满18周岁的未成年人因参加劳动获得收入且能够独立供养自己的，视为成年人，具有完全民事行为能力。

未成年人由于欠缺行为能力，法律为保护其合法权益，对于他们签订的合同会产生何种后果，各国法律的规定不尽相同。

在英美法系国家，法律规定如果合同当事人一方是未成年人，该合同可以由未成年人或者其法定代理人撤销。倘若未成年人不予撤销，合同相对方就要受合同的拘束。

根据《法国民法典》第1125条的规定，未成年人订立的合同属于相对无效的合同，即未成年人的法定代理人可以主张合同无效。

我国对未成年人订立的合同区分为无行为能力人和限制行为能力人两种情形，无行为能力人订立的合同是无效的(也有人认为合同是未成立的)；限制行为能力人订立的合同是效力待定的，即限制行为能力人的法定代理人如果追认，合同就生效，否则就是无效的合同。

上述内容也并非绝对的，为平衡当事人的利益关系，各国法律也不同程度地对未成年人订立的合同的效力予以变通，常见的情形有两种：一是未成年人订立的购买生活必需品的合同；二是未成年人纯获利益的合同，如赠与合同，未成年人属于受赠方。这两种合同在一些国家都视为有效的合同，如美国、法国。我国的法律也有类似的规定。同时，有些国家立法和司法实践还对谎报年龄的未成年人所订立的合同认可其具有法律效力，比较典型的是英国、法国等。

精神健康状况也是影响一个人缔约能力的主要因素，精神健康欠佳的人只能订立与其健康状况相适应的合同，否则应当由精神病人的监护人代理或者征得监护人的同意。至于何种情形为无缔约能力，一般应当根据司法精神病鉴定结论并通过民事诉讼特别程序予以宣告。

大陆法系国家还有所谓的禁治产制度。禁治产制度，是指因精神病或因酒癖无法处理自己的事务，或因浪费成性有败家之虞者，经其亲属向法院提出请求，由法院宣告禁止其处理财产。禁治产制度的设计旨在保护禁治产人。在德国，禁治产人与未满7岁的儿童，以及处于精神错乱状态，不能自由决定意志，而且按其性质此种状态并非暂时者都属于无行为能力人，无缔约能力。而依据《法国民法典》第1124条规定，无订立合同能力的人包括两种：①未解除亲权的未成年人；②受法律保护的成年人，包括官能衰退者和因挥霍浪费、游手好闲以致陷入贫困者。因此，在法国，与禁治产人签订的合同就是相对无效的合同，禁治产人的监护人可以主张合同无效。

英美法律没有禁治产者这一抽象概念，根据英美法律，未成年人、精神病者、酗酒者，都属于缺乏订约能力的人，其订立的合同，往往需要甄别不同的情形，或有效，或可撤销，或无效，而不是一味地认定无效或可撤销。

2) 法人的缔约能力

法人的缔约能力取决于公司章程中关于公司营业范围的规定，其缔约行为一般由其法定代表人或者授权的代理人完成。根据各国公司法的规定，公司的业务活动范围不得违背公司章程的规定。传统公司法强调公司的行为不得越权，即公司的订约能力受公司章程支配，不得超越公司章程的范围。否则，即属于越权行为，是没有法律效力的。但是现代法律实践表明，严格的公司能力理论即越权无效理论不利于保护交易的安全，而且公司本身就是以营利为目的的，只要其营利行为没有违反法律的强制性规定或者公序良俗，就应当承认行为的法律效力，否则，势必影响公司创业的积极性，阻碍经济的发展与进步。因此，现代各国尤其是英美判例法一般认为，即使公司越权缔约，合同也应当是有效的，只要合同相对方是善意的。我国过去司法实践中严格遵守越权无效理论，法人超越经营范围的活动都是无效的，造成了无效合同“满天飞”的现象。最高人民法院顺应时势出台了司法解释，一改过去的做法，规定只要合同没有违反国家禁止经营、限制经营和专营的，就承认合同具有法律效力。

应用实例

中国某中学初三学生张某(14周岁)瞒着家长将家中瑞士名牌金表以低价卖给本校高三学生李某(18周岁)，言明决不后悔。不久，张父发现此事，找李某原价赎回金表，李某不还，双方各执己见，为此张父起诉到法院。

问题：张某与李某的买卖关系是否生效？本案应如何处理？为什么？

评析：根据我国《民法通则》的规定，张某14周岁，为限制民事行为能力人，限制民事行为能力人从事与其年龄、智力状况不相适应的活动时，应征得其法定代理人的同意或事后经其法定代理人追认方为有效，本案张某的家长不追认该行为，故不生效。

2. 合同的内容和形式必须合法

1）内容

订立国际商事合同的目的是为了追求某种商事法律上的效果。因合同内容不合法而造成合同无效的情况主要有两种：①合同的内容违法法律的强制性规定，如赌博合同、限制人身自由合同、妨碍自由竞争合同等；②合同违反善良风俗和公共秩序或公共政策，如犯罪合同、损害社会道德的合同等。合同自由原则是各国合同法的主要原则，旨在鼓励合同当事人根据自己的意愿订立合同、履行合同，以实践意思自治的法理念。但是，自由不是绝对的，立法者会基于某种价值判断对合同的内容加以限制或禁止。

2）形式

合同的形式多种多样，如书面形式、口头形式、默示形式或其他形式，如公证形式。一般来讲，合同的形式产生的效力有三个要件：①效力要件，即不具备法定的形式将使合同无效；②对抗要件，即不具备法定形式合同仍然有效，但是不得以此对抗善意第三人；③证据要件，即法定形式只具有证据意义。一般情况下，各国法律并不干涉当事人对各种合同形式的自由选择。但是，为了严肃某些重要的社会关系，确保公正或防止欺诈，很多国家也规定，某些特殊类型的合同必须采用相应的特殊形式，否则无效或不予强制执行。例如，对于不动产交易所签订的合同，一般都必须采用书面形式，有些国家甚至还规定了公证程序。对于欠缺法定形式的合同是否会导致合同无效，各国的立法与司法实践都趋向一致：原则上合同并非无效，合同的形式一般只具有证据法效力。只是对于特定的合同还必须恪守形式法定的要求，即不具备该形式就无效。例如，美国的法律就规定担保合同、不动产合同应当采用书面形式。

3. 当事人的意思表示应当真实、自愿

合同的有效成立是当事人双方合意的结果。有时，当事人在磋商时会出现意思表示错误、受欺诈或胁迫的情形，在此情形下即使双方当事人达成了协议，但这种合意不是当事人真实意思的体现，属于意思表示有瑕疵的合同，因此会导致合同无效或撤销。

当事人意思表达不真实的情形主要有以下几种。

1）错误

错误是指当事人在订立合同时对已经存在的事实或法律所作的不正确的理解与判断。例如，错误将甲当成乙并与之订立合同，把 MP3 当做 MP5 予以购买等。并非所有的错误都一定导致合同无效，错误有大小之分，只有错误特别重大以至于基于此错误订立的合同会使当事人双方的利益严重失衡时，才会产生合同无效的法律后果。诚如《国际商事合同通则》对“错误特别重大”的解释是：该错误以至于一个通情达理的人，处在与犯错误方的相同情况下，如果知道事实真相，就会按实质不同的条款订立合同，或根本不会订立合同。至于一般性的小错误，法律不予认可其具有使合同产生无效或者撤销的效力。毕竟，自负其责地生活是每一个人应当懂得的道理。我国《合同法》将错误称为“重大误解”，因此而订立的合同，误解方享有撤销合同的权利。构成错误的条件具有以下几个。

(1) 错误乃当事人自己的过失，而不是由合同相对方的引诱或者不当干预。

(2) 错误是对合同事实条件或者法律因素的不正确认识与理解。

(3) 合同已然成立。

(4) 当事人因错误导致自己利益遭受重大损失，合同利益明显失衡。

英美法系国家一般将因错误而订立的合同视为可撤销的合同，当事人可以向法院申请撤销合同。法国、德国也有类似的做法。

2）欺诈

所谓欺诈指的是一方当事人故意告知虚假情况或者隐瞒真实情况，致使对方当事人因此作出意思表示使自己利益遭受损失，即一方当事人在订立合同之前，为了吸引订立合同而明知详情的情况下对重要事实作虚假性的说明。欺诈行为是行为人意欲诱导对方犯错误并从中获益的行为。因此，如果一方当事人因对方当事人欺诈而订立了合同，受欺诈方可以宣告合同无效或撤销合同。美国、法国、德国等国均将因欺诈而订立的合同作为可撤销合同。英美法系国家甚至规定，受欺诈方可以提起欺诈之诉，要求欺诈方赔偿其损失。我国《合同法》将欺诈规定为可撤销的合同。构成欺诈应当满足下列几个条件。

(1) 有欺诈的故意。

(2) 有欺诈之行为，即告知以虚假情况或应当告知而故意不告知。

(3) 对方因欺诈而陷入错误并作出非真意的表示。

(4) 造成合同权利义务不对等情形。

3）胁迫

胁迫指的是一方当事人向对方施加威吓迫使其作出不真实的意思表示的行为，这种威吓既可以是暴力的也可以是非暴力的。人们受胁迫时所作的意思表示属于一种非自由的表达，不能产生法律上的意思表示的效果。因此，当事人一方因受另一方胁迫而订立的合同，受胁迫方可主张合同无效或撤销合同。《德国民法典》第 138 条规定，受胁迫表意人得撤销其意思表示。《法国民法典》第 1111 条明确规定，因胁迫而签订的合同无效。英美法认为，受胁迫者不仅包括订约者本人，还包括订约当事人的丈夫、妻子或近亲属。《国际商事合同通则》认为，导致宣告合同无效的胁迫必须具有急迫性和严重性，此种胁迫致使受胁迫人没有其他合理选择余地时，即可宣告该合同无效。我国《合同法》规定：当事人受胁迫而订立的合同，可以主张撤销。

4）显失公平

在有些情况下，合同当事人既不是因自己的错误也不是对方当事人的欺诈与胁迫，而是源于自己缺乏相应的经验或者知识，订立合同之后双方的权利与义务明显不对等，如果合同得以履行，明显欠缺公平，对一方显著不利。在此情形下，法律为实践正义，赋予当事人以撤销权，来平衡双方的利益关系。此种合同也属于有瑕疵的合同，称为显失公平的合同。例如，美国《统一商法典》规定：如果法院发现，合同或者合同的任何条款在合同订立时是显失公平的，法律可以拒绝强制执行该合同。多数国家的法律将显失公平的合同作为可撤销的合同来对待，我国也不例外。

3.3 国际商事合同的履行

3.3.1 国际商事合同的履行

国际商事合同的履行，是指国际商事合同债务人全面、适当地完成其合同义务，债权人的合同债权得到完全实现的行为。合同的履行是合同效力的体现，因此，有学者将合同的效力表述为履行的约束力。各国的法律都认为，合同当事人在订立合同之后，都有履行合同的义务，如果违反应履行的合同义务，就要根据不同的情况，承担相应的法律责任。

1. 履行合同的基本原则

(1) 全面履行原则。全面履行，也称适当履行，要求当事人根据合同所约定的标的、数量、质量、期限、地点和方式，全面完成合同义务。我国《民法通则》第 88 条规定："当事人应当按照合同的约定，全面履行自己的义务。"

(2) 协作履行原则。当事人不仅适当地履行自己的义务，而且应当根据诚实信用原则协助对方当事人履行其义务。在商事活动中，一方当事人在很多情况下只有靠对方当事人的合作才能履行自己的义务。例如，卖方提供货物需要买方接受货物并及时进行验收，否则卖方的供货就难以适当地完成。我国《合同法》第 60 条规定："当事人应当遵循诚实信用原则，根据合同的性质、目的和交易习惯履行通知、协助、保密等义务。"

(3) 经济履行原则。当事人在履行合同义务时，应当讲求经济效益，力争付出最小的成本，获取最大的合同利益。

2. 合同履行中的一般规则

(1) 依约履行。当事人首先应当按照合同的约定，在约定的时间、地点，按照约定的方式履行自己的合同义务。合同如何规定的就按照合同的规定履行。

(2) 协商履行。作为一纸约定的合同，当事人难免会挂一漏万，存在没有约定或者约定不明的情形。对于约定不明的条款，当事人应当进行充分协商，使得合同得以补充完整，以便履行。

（3）按照交易习惯或者法律的规定履行。对于协商不成的合同条款，当事人可以按照相应的交易习惯或者法律的规定履行。例如，当事人没有就履行时间达成一致意见，如果要履行合同，就应当在合同成立后一段合理的时间内履行。至于何谓一段合理的时间，应当参酌交易的性质、数量、紧迫程度等事实，结合诚实信用原则加以确定。对此，《联合国国际货物销售合同公约》和《国际商事合同通则》等有关国际公约与惯例做出了明文规定。我国的合同法在合同履行一章也有类似的规定。

3. 合同履行的特殊规则

1）提前履行

当事人在合同规定的履行期限之前而履行，称作提前履行。严格来讲，提前履行违反了合同中履行期限的约定，也属于违约行为。但是，提前履行毕竟与其他违约情形如迟延履行、不予履行相比，损失发生的可能性极低。从鼓励交易和倡导诚信的角度出发，各国合同法对此一般不作为违约行为对待。如果发生提前履行的情形，接受履行的一方有接受或者不予接受的选择权。只不过，如果接受方因接受履行而发生的额外费用，由提前履行一方承担。比如，《国际商事合同通则》第 6.1.5 条规定：①债权人可拒绝接受提前履行，除非债权人这样做无合法利益。②一方当事人接受提前履行并不影响其履行自己义务的时间，如果该履行时间已经确定，而不管另一方当事人义务的履行。③因提前履行给债权人带来的额外费用应由债务人承担，并且不得损害其他任何利益。我国合同法也有类似的规定。

2）部分履行

全面履行是合同履行的基本原则，部分履行恰与之相抵牾。但是就损害程度而言，与不履行相比为低。对于部分履行，合同相对方有选择权，既可以接受部分履行也可以拒绝部分履行。但是，即使对方接受部分履行，也不能免除因此而给对方造成的损失。

3）由第三人履行和向第三人履行

由第三人履行是指合同约定，由合同以外的第三人向合同一方履行合同义务。例如，甲公司与乙公司签订货物买卖合同，合同约定届时由丙公司向乙公司交付货物。由第三人履行的合同值得关注的问题是，当第三人未能履行合同或者履行合同不符合约定的情况时，应当由谁承担法律责任。根据合同相对性的原理，如果发生第三人不履行合同或者履行不符合约定的情形，应当由合同当事人来承担违约责任。前述案例中如果丙公司没有交货，乙公司应当向甲公司主张违约责任，甲公司也不能以合同是丙公司履行的与我无关来抗辩。

向第三人履行合同是合同当事人约定，由当事人一方向合同以外的第三人履行合同。同样，基于合同相对性原理，如果发生当事人未能向第三人履行的情形，应当由未履行的合同当事人向对方而非第三人承担违约责任。

4. 合同履行中的抗辩权

实践中常发生这样的事情：例如，中国 A 公司与澳大利亚 B 公司签订了一份买卖铁矿石的合同，合同约定中国 A 公司先行付款，一个月后 B 公司交付铁矿石。在 A 公司付款之前，得到一个确切消息，澳大利亚B公司因资不抵债陷入破产的境地。此时，履行付款的期限即将截至，澳大利亚B公司提出付款的要求，中国A公司为此陷入两难。

抗辩权，又称异议权，是指对抗请求权或者否认对方权利主张的权利。合同履行中的抗辩权主要有同时履行抗辩权、后履行抗辩权和不安抗辩权。

(1) 同时履行抗辩权，是指双务合同中当事人就履行的先后次序没有约定，当事人应当同时履行，在对方没有为对待给付前，当事人可拒绝履行自己的合同义务的权利。适用同时履行抗辩权的条件有如下几个：首先，必须是双务合同，即合同双方互为对待给付；其次，合同就履行顺序没有约定，当事人应当本着诚实信用原则同时履行；再次，合同一方当事人为履行自己的义务，反而要求对方履行合同义务；最后，合同当事人可以主张抗辩，即要求双方应当同时履行。同时履行抗辩权是由双务合同的牵连性决定的。

(2) 后履行抗辩权，是指双务合同当事人约定先后履行顺序的，后履行当事人在对方未履行之前，反而要求自己先履行的请求予以否定、拒绝的权利。后履行抗辩权的发生是因为合同当事人违反了履行顺序的约定，如果不予拒绝会发生履行利益的损害。后履行抗辩权适用的条件：①必须是双务合同；②合同约定了履行的先后顺序；③先履行一方在未履行的情况下提出要对方履行的请求；④后履行一方得对其请求予以拒绝。

(3) 不安抗辩权，是指在双务合同中，应先履行义务的一方当事人订约后发现对方财产恶化情况危及债权实现时，在对方未履行对待给付或提供担保前，有拒绝履行自己合同义务的权利。其适用条件有如下几个：①合同应当属于双务合同；②合同约定履行的先后次序；③后履行一方发生重大的财产危机的情形，即对方在未来很有可能不能依约履行；④后履行一方提出履行合同的请求；⑤先履行一方对对方的请求在没有提供相应担保之前可予以拒绝。

前述案例就涉及不安抗辩权问题：中国A公司可以要求澳大利亚B公司提供将来履行的担保，如果B公司不予担保或者未能消除财产危机，A公司可以进行抗辩并解除合同，以此来维护自己的合法权益。

因此，合同履行中的抗辩权实际上是法律赋予当事人的一把化解履行风险的利剑。

3.3.2 合同履行障碍制度

合同履行障碍指的是当事人本应按照合同的约定依法履行合同，但是发生了某种当事人无法预见的意外情况，导致合同无法履行，当事人以此可以主张免除履行义务的制度。在英美法系国家通常概括为“合同受挫”。大陆法系国家通常以“情势变更”或者“不可抗力”为由主张免除合同义务。

在英美法国家，合同受挫制度是比较典型的合同义务履行障碍之一。英国通过判例法逐渐完善了这一制度。所谓合同受挫指的是合同成立以后履行之前，发生了当事人无法预见的事由，致使合同无法履行或者履行会导致极为不公平的现象从而允许当事人解除合同的制度。美国《合同法重述》对这一概念的描述主要包括如下几方面：①某一事件的发生致使合同主要目的实质性地受挫；②合同成立的基础是当事人认为该事件不会发生；③该受挫与当事人的过错无关；④受挫方没有额外的义务。依照英美法实践中的判例，一般发生以下情形，可以允许当事人援引合同受挫制度。

(1) 合同标的物意外消失。

(2) 合同目的因期望的事情没有发生而落空。

(3) 基于当事人之间的信赖而订立的服务合同，因提供服务的当事人死亡、疾病而无法实现。

(4) 合同成立以后，因法律规定变化使履行合同变成违法行为。

(5) 致使合同无法履行的其他客观情况。

此外，在美国司法实践中还发展了“履行不能”制度，而且在某种程度上较之合同受挫制度更为法官所接受。所谓“履行不能”是指发生了某种意外情况使合同的履行变为“不现实”或者“不可能”，可以因此而免除当事人履行合同义务。与合同受挫相比，“履行不能”不再强调合同目的的落空，尽管合同依然可以履行。

依照大陆法系合同法，只要当事人履行合同没有过错，通常可以免除其履行合同的义务。例如，《法国民法典》第 1147 条规定：当债务人的不履行是由于不应该归咎于债务人的外部原因时，债务人对此不承担责任。与当事人过错无关的外部原因可以概括为“不可抗力”和“情势变更”。不可抗力指的是无法预见、无法避免且无法克服的客观情况，如地震、海啸、骚乱等。情势变更通常指的是当事人交易基础发生重大变化。例如，甲公司向乙公司购买了一批设备用于核能发电，合同约定年底交货。年初时，国家基于核安全考虑做出决定限制发展核电，甲公司也被纳入限制之列。此时，甲公司可以以情势变更为由主张解除合同。

3.4 违约责任(救济)

3.4.1 违约行为的概念

违约，是指合同当事人一方无合法理由不履行或不完全履行合同义务的行为。

1. 违约行为的确认

对于违约的确认，两大法系存在不同之处：大陆法系采用过错责任原则认定是否违约，这里所说的过错包括故意与过失；而英美法系则依照严格责任原则认定是否违约。所谓过错责任原则，即只有在当事人因自身过错没有履行合同时，才构成违约。所谓严格责任原则，指无论当事人有无过失，只要其未按合同约定履行合同义务，即构成违约。我国的合同法采取的也是严格责任原则。因此，一般来讲，只要当事人有不履行合同的事实即可构成违约。

2. 违约行为的表现形式

1) 大陆法系

大陆法系的违约行为主要包括下列情形：

(1) 不履行。不履行是指合同当事人对自己所负的合同义务根本不履行。不履行可以分为拒不履行和不能履行。拒不履行是指合同到期能够履行而拒不履行。不能履行，又称为给付不能，是指债务人在客观上已经没有能力履行债务，或法律禁止合同的履行。不能履行有自始不能履行和嗣后不能履行、全部不能履行和部分不能履行、事实上不能履行和法律上不能履行之分。自始不能履行，是指合同自订立时刻起，都不能履行；嗣后履行不能是指合同订立时可以履行，但合同订立后由于事实或法律上的原因使合同不能履行。对自始不能履行而言，该合同无效；对嗣后不能履行而言，该合同可以予以变更或撤销。全部不能履行是指合同债务全部不能履行；部分不能履行是指合同债务的一部分不能履行。事实上不能履行是指基于自然法则而构成的不能履行，如特定标的物灭失。法律上不能履行是指基于法律的规定而构成不能履行。

（2）履行不当。履行不当又称为瑕疵履行，是指债务人没有完全按照合同内容所为的履行。履行不当有部分不履行与不适当履行之分。前者是指合同义务人履行的数量不足，后者是指合同义务人履行的品质、地点、方法不当。迟延履行也属于不当履行。

2）英美法系

英国法把违约分为违反条件和违反担保两种情况，美国法将违约分为根本违约与非根本违约。根本违约相当于英国法中的违反条件，非根本违约相当于英国法中的违反担保。此外，英美法还有实际违约和预期违约制度。

（1）违反条件。英国法的“条件”与大陆法的“条件”不同，是指合同的主要条款。按照英国法的解释，如果一方当事人违反了“条件”，即违反了合同的主要条款，对方有权解除合同，并要求赔偿损失。具体地讲，在商务合同中，关于履约的时间、货物的品质及数量等项条款，都属于合同的条件。但合同中有关支付时间的规定，除双方当事人另有意思表示外，一般不能作为合同的条件论处。

（2）违反担保。违反担保是指违反合同的次要条款或随附条款。在违反担保的情况下，蒙受损害的一方不能解除合同，而只能向违约一方请求损害赔偿。

（3）违反中间性条款。中间性条款是对违反条件和违反担保两分法的修正。因为按照传统两分法，如果一方违反条件，守约一方就有权解除合同，而不问违约的情节或后果是否严重。显然，严格依两分法处理合同纠纷是不适当的。因此，英国法院力图避免出现这种结果。按照英国一些法院的判例，如果合同中的某些条款即使遭到违反，但仅是轻微的，而且只要采用损害赔偿的方法即可得到弥补，则这种条款就可能被认定为中间性条款。

（4）预期违约。预期违约是与实际违约相对而言的，是指在合同订立以后履行期限届满之前，当事人一方明确表示或者以自己的行为表明不履行合同义务的，对方可以在履行期限届满之前要求其承担违约责任的制度。预期违约的构成应同时满足下列条件：①合同必须合法有效。合同合法有效是当事人履行合同的前提，对于无效合同则根本不存在履行问题，也不存在预期违约问题。②预期违约发生在合同成立以后履行期限届满之前。如果发生在合同期限届满之后，则构成实际违约。③必须有表明当事人不履行合同义务的事实发生。该事实可以是明示的，也可以是默示的。

（5）履行不可能。英美法系中的履行不可能分为订约时合同即不可能履行和合同成立后的履行不可能两种情况。对于前者，合同一般是无效的；对于后者，允诺人原则上仍需负责损害赔偿责任，但法院可以依据合同履行受挫原则对合同中的约定义务进行修正。

3.4.2 违约救济措施

1. 实际履行

实际履行，是指在一方不履行合同义务时，另一方当事人有权要求违约方仍按合同约定履行义务。实际履行必须按合同所规定的标的，不折不扣地实现其内容，而不能以合同以外的标的来履行。大陆法国家一般都将实际履行作为救济方法之一，如德国法将实际履行视为不履行合同的一种主要的救济手段，法国法也承认债务人不履行合同时债权人有提起实际履行之诉的权利。英美法对待实际履行的态度与大陆法有所不同：英美衡平法认为在采用损害赔偿的救济措施不能补偿一方所受损失时，则可使用实际履行作为补充救济办法；英美普通法就根本不承认实际履行这种救济方法。

在特殊的情况下，当实际履行不必要和不可能时，当事人可不以合同规定的标的履行。所谓不必要是指将合同规定的标的交付对方已经没有实际意义，或者履行不但不能达到预期目的，反而会使对方扩大损失。所谓不可能是指反映合同所规定的标的已经灭失，而这种标的又是特定的，不可能用其他标的来代替。因此，当上述两种情况出现时，可以免除当事人实际履行的义务。

2. 损害赔偿

损害赔偿是指一方因违约行为而致使另一方遭受损害的，应依法律规定或合同约定对另一方的损害承担赔偿责任。损害赔偿是违约的救济措施之一，是最常见的合同违约救济措施。

大陆法认为损害赔偿的成立，须满足3个条件：损害事宜、归责于债务人的原因、损害发生的原因与损害之间的因果关系。关于损害赔偿的方法，德国法是以恢复原状为原则，以金钱赔偿为例外；而法国法则恰恰相反，以金钱赔偿为原则，恢复原状为例外。关于损害赔偿的范围，德、法两国法律规定基本一致，包括实际损失和预期利益的损失。实际损失是现实财产的减少，也称直接损失；预期利益是指缔约时可以预见到的履行利益，也称可得利益或间接利益。英美法认为损害赔偿的成立，无须以违约一方有过失或发生实际损失为前提，只要当事人一方违反合同，对方就可以提起损害赔偿之诉。对损害采取金钱赔偿的方法。赔偿范围以使由于债务人违约而蒙受损害的一方，在经济上能处于该合同得到履行时同等的利益。

一般来说，损害赔偿的预期利益不得超过违约人缔约时预见到或可能预见到违约可能造成的损失。在我国，当当事人违约行为侵害对方人身或财产时，对方有请求违约损害赔偿或侵权损害赔偿的选择权。例如，承租人损毁租赁物，既是违约行为，又是侵害他人财产所有权的行为，因而发生两个损害赔偿请求权的竞合，出租人可择一行使。

3. 禁令

禁令是指由法院发出的禁止当事人在一定时期内做某种行为的判决或命令，它是英美衡平法中的一种特有的违约救济方法。例如，法院发布的禁止当事人在诉讼期间处分资产的命令，这样就可以使胜诉方在诉讼结束时能顺利执行判决。一般说来，英美法院只有在采取一般损害赔偿的救济方法不足以补偿债权人所受的损失，或者在确信发出的禁令符合公平合理原则的情形下，才会给予这种救济。在我国，虽然出现过法院向银行发布禁止付款禁令的现象，但禁令并不是我国《合同法》明文规定的一种违约救济措施。

4. 解除合同

解除合同是指由于某种原因使已经成立的合同归于消灭。合同解除有多种原因，其中违约是合同解除的原因之一。

(1) 解除权的发生。大陆法认为当双务合同的一方当事人不履行合同时，对方就有解除合同的权利；而在英美法中，只有对违反条件(即违反合同中重要条款)或重大违约行为才可行使合同解除权，对违反担保(即违反合同中次要条款)或轻微违约行为就只能请求损害赔偿。

(2) 解除权的行使。行使合同解除权的方法主要有两种：①由一方当事人向法院起诉，由法院作出解除合同的判决；②无须经过法院，只需向对方表示解除合同的意思表示即可。法国采取第一种办法，德国、英美法系国家及我国采取第二种办法。但我国《合同法》还规定，对解除合同有异议的，“可以请求人民法院或仲裁机构确认解除合同的效力”。“法律、行政法规规定解除合同应当办理批准、登记等手续的，依照其规定”。否则即不发生合同解除的效力。

(3) 解除权与损害求偿权可否并存。德国法认为债权人只能在解除权与损害求偿权中两者择其一；而法、日、英、美等国法律认为解除权和损害求偿权可并存。

(4) 解除合同的后果。解除合同的法律后果是使合同效力归于消灭，但这种消灭时间的界定，各国法律规定有所不同。法、德、美等国法律规定基本相似，都认为合同的解除，其效力可以订立时，即自始无效。而英国法则认为合同无效仅指向未来，即只是在解除合同时还没有履行的债务不再履行。

5. 行使法定或约定的担保权

各国法律都赋予合同当事人在对方违约时行使法定或约定的担保权。该担保权一般包括抵押权、质押权、违约金、定金、留置权等。

(1) 抵押权。当一方当事人不履行合同义务时，另一方对他或第三人提供的担保财产或财产权，享有变价优先受偿的权利。抵押权以不动产为客体，一般不转移占有。

(2) 质押权。当合同的目的无法实现时，质权人有依法以质物变价优先受偿的权利。质押权以动产和权利为客体，并以客体的转移占有为特点。

(3) 违约金。为了保证合同得以履行，当事人在合同中约定或法律规定的一方违约后应向另一方支付的金额，即为违约金。违约金有惩罚性和补偿性两种性质界定。在德国，违约金具有惩罚性，债权人可同时要求违约方进行损害赔偿和支付违约金；英美法国家和除德国以外的大陆法国家认为违约金应属补偿性，违约金和损害赔偿不能同时执行。我国《合同法》中所规定的违约金以补偿性为主，并兼有一定的惩罚性。

(4) 定金。为了保证合同的履行，债务人按约定预先给付债权人的一定数额的金钱。债务人履行债务后，定金应当抵作价款或收回。给付定金的一方不履行约定的债务的，无权要求返还定金；收受定金的一方不履行约定的债务的，应当双倍返还定金。

(5) 留置权。合同债务人完全不履行或不适当履行债务时，债权人有权扣留按合同已占有的债务的财产。债务人不履行债务已届满一定期间时，债权人有权变卖扣留，实现违约救济。例如，在买方不足额付款时，卖方可以对所有权已经转移给买方但买方尚未提走的货物实行留置。

3.5 国际商事合同的转让与消灭

3.5.1 国际商事合同的转让

1. 合同的变更

合同的变更，是指合同的主体不变，当事人双方在合同成立之后，完全履行合同之前它是改变原合同权利义务关系，形成新的权利义务关系。它是改变原债权债务关系的内容的一种方式。合同的变更应具备 3 项条件：①当事人之间应当存在有效的合同关系；②当事人之间须就合同关系的变更达成合意；③须有合同关系变更的作为发生。

根据合同变更的内容，可将合同变更分为要素变更和非要素变更，前者是指合同标的物的变更，后者是指标的之外的变更。例如，在借款合同中，借款数目的变更为要素的变更，付款时间、地点、方式的变更为非要素变更。合同变更的方式原则上应同于原合同成立和生效的方式，如需对经登记生效的房屋买卖合同进行变更，也必须经过相同的登记程序才能生效。合同的变更既可用新的合同完全取代旧的合同，也可以在保留旧合同效力的基础上，就某些条款进行修改和补充，原合同和补充条款一并成立有效。当事人对合同变更的内容约定不明确的，推定为未变更。

2. 合同的转让

(1) 债权转让。债权转让是指在债的内容不变更的情况下，债权人将自己所享有的合同权利转让给第三人的行为。合同权利转让有自由主义、通知主义和同意主义三种法律规程。美国和德国采取自由主义，转让合同债权时只需转让人与权利人双方合意即可，无须征得债务人的同意，甚至不必通知债务人。法国和日本采纳通知主义，转让合同债权时亦无须征得债务人的同意，但必须告知债务人权利转让的事实。同意主义，指债权转让债权时，以取得债务人的同意为前提条件。这一规程为我国《民法通则》所采纳，但我国《合同法》第 80 条却采纳了通知主义，规定："债权人转让权利的，应当通知债务人。未经通知，该转让对债务人不发生效力。"另外，有些合同权利是禁止转让的，如提供个人劳务的合同因其具有高度个体特色而被很多国家禁止转让。

(2) 债务承担。债务承担是指在债的内容不变更的情况下，合同债务人经债权人同意将合同义务转让给第三人承担的行为，包括全部转让和部分转让。在合同义务全部转让时，新的债务人即替代原债务人而成为合同的当事人，原债务人即退出合同关系。在合同义务部分转让时，原合同债务人与受让债务的第三人共同对债权人承担按份或连带债务。债务转让后，新债务人应承担除专属于原债务人之外的从债务，但同时新债务人取得原债务人对债权人的抗辩权。

3.5.2 国际商事合同的消灭

国际商事合同的消灭，是指当事人之间所确立的国际商事合同关系因某一法律事实的发生而不复存在，即当事人权利义务的终止。合同关系消灭，其效力不仅及于合同主债权，也及于合同从债权。下面对两大法系的相关立法分别加以阐述。

1. 大陆法系的相关规定

在大陆法系国家，合同可因清偿、抵消、提存、免除、混同等原因而消灭。

(1) 清偿。按合同的约定实现债权目的的行为，即是清偿。它与履行的意义相同，是合同消灭的主要原因。

(2) 抵消。当合同的双方当事人互相负有债务，且都同意各自以其债权充当债务之清偿时，即可使用抵消的方法使等额内的相互债务归于消灭。《德国民法典》、《瑞士债务法》规定抵消只需一方当事人的意思表示即生效；《法国民法典》规定抵消条件时自动产生抵消效力，但所抵消的债务必须是已到期的、可抵消的、同类的互负之债。抵消实质上也是清偿债务的一种方法。

(3) 提存。债务人打算履行自己的合同义务，但由于债权人的原因而使其无法交付合同标的物，此时，债务人可将该标的物交给提存部门而使合同消灭。提存可以由下列原因所致：①债权人下落不明；②债权人无正当理由拒绝受领标的物；③债权人死亡未确定继承人、或丧失行为能力未确定监护人等。

(4) 免除。债权人免除债务人的债务，可使合同关系归于消灭。日本和我国的法律认为免除是一种单方面的法律行为，无需债务人同意。而法国、德国和瑞士等国的法律则认为免除亦属双方的法律行为，需经债务人同意方能生效。

(5) 混同。当债权与债务同归于一人，原债权债务关系因失去其存在的基础而消灭，这就是混同。商事法上的继受如合并导致债权人与债务人同归于一人。例如，甲公司对乙公司负有合同债务，而此时两公司合并，致使该债务归于消灭，从而使原合同关系亦不复存在。

2. 英美法的相关规定

在英美法国家，履行、协议、受挫、违约、法定事由等原因可导致合同当事人权利义务的消灭。

(1) 履行。一般说来，履行完毕后债权人依据约定实现了合同的目的，即导致合同消灭。通常情况下，合同只有当事人完全正确履行义务后才告消灭。

(2) 协议。合同因当事人协议而成立，亦可因当事人协议而解除。如果双方当事人达成协议，解除其中一方当事人的合同义务，则会因无对价而不能执行，除非是签字腊封或禁止翻供的合同。但是如果双方当事人达成协议，彼此免除各自尚待履行的合同义务，则不要另外的对价，因为在这种协议中，双方当事人都放弃了各自在尚待履行的合同中的权利，这本身就是对价。

(3) 受挫。合同因非法、不可能、实质性差异而消灭。非法体现为违反法律强制性规定；不可能体现为当事人死亡或丧失行为能力及标的物灭失；实质性差异体现为情况发生了根本变化致使已订立的合同失去了存在的基础。

(4) 违约。合同一方严重违约，另一方可以解除合同而使合同归于消灭。此处所指的违约有两种情况：一是现实违约，即合同规定的履行期已到而未履约；一是预期违约，即一方当事人在合同规定的履行期到来之前就明确表示届时将不履约。

(5) 法定事由。当出现合并、破产或擅自修改书面合同的情形时，可导致合同权利义务的终止。

本章小结

大陆法与英美法在合同法的有关理论及规定上有很多的分歧，但是仍然可以按照成立、生效、履行、违约救济、转让、终止几个方面将两大法系的相关立法加以梳理比较。合同的有效成立一般需满足下列条件：①当事人须具有订立合同的行为能力；②合同必须合意且真实；③合同必须合法；④合同订立必须符合法定的形式；⑤合同要有对价或约因。依法成立的合同，在订立合同的当事人之间具有相当于法律的效力，当事人双方都必须受合同的约束。为了鼓励当事人履行合同、正确区分行使抗辩权行为与违约行为之间的差异，各国法律均确立了抗辩制度与合同的保全制度。合同债权的转让一般需通知债务人，债务的承担需征得债权人同意。合同履行应严格遵循合同条款，否则需承担实际履行、损害赔偿、违约金等违约责任。大陆法规定合同因清偿、抵消、提存、混同、免除而终止，英美法规定合同因履行、违约、协议终止、破产、合并等事由而消灭。

关键术语

国际商事合同　要约　要约邀请　承诺　对价　约因　合同变更　合同的消灭　违约过错责任原则　严格责任原则　实际履行　损害赔偿　禁令　解除合同

思考与练习题

一、选择题

1. 下列属于要约的是(　　)。

A. 某公司收到的商品目录　　B. 某公司向交易双方寄送的报价单

C. 普通广告　　D. 悬赏广告

2. 英国的普通法来源于(　　)。

A. 衡平法　　B. 习惯法　　C. 判例法　　D. 法院解释

3. 对违约金的性质，下列表达正确的是(　　)。

A. 德国认为是损害赔偿性　　B. 英美法认为是损害赔偿性

C. 德国认为是罚金　　D. 法国认为是罚金

4. 重大违约与轻微违约的法律后果的区别是(　　)。

A. 受损害方都可以拒绝履行自己的合同义务

B. 受损害方都不可以拒绝履行自己的合同义务

C. 受损害方都可以要求解除合同

D. 对于前者，受损害方可以解除合同，即解除自己应履行的义务；对于后者，受损害方不能拒绝履行自己的合同义务

5. 根本违反合同的基本标准是(　　)。

A. 违约方剥夺了对方根据合同有权期待得到的东西

B. 违约方剥夺了对方非依合同有权得到的利益

C. 违约方并不预知而且同样一个通情达理的人处于相同情况中也没有理由预知会使对方因此失去有权期待得到的利益

D. 违约方剥夺了对方根据合同无权期待得到的东西

6. 在机器设备的买卖中，卖方所交的机器设备里有一个重要的零件与合同不符，使整个机器不能使用时(　　)。

A. 买方可以要求退换货物　　B. 买方可以要求减价

C. 买方可以要求损害赔偿　　D. 买方可以宣告撤销整个合同

7. 甲汽车配件厂对乙汽车厂负有合同债务，此时两公司合并，致使该债务归于消灭，从而使原合同关系亦不复存在。这种合同消灭的方式被称为(　　)。

A. 抵消　　B. 免除　　C. 混同　　D. 清偿

8. 根据各国法律的规定，合同的有效要件主要是(　　)。

A. 当事人之间必须有一致的意思表示　　B. 意思表示必须真实

C. 标的物必须合法　　D. 当事人必须有订约能力

E. 形式必须合法

9. 根据各国法律的规定，合同可能因为(　　)而无效。

A. 标的物违法　　B. 当事人对合同性质认识错误

C. 订约人无行为能力　　D. 预期违约

E. 领受迟延

10. 对不可抗力的理解正确的有(　　)。

A. 它不是由于任何一方当事人的过失或疏忽所造成的

B. 它是双方当事人所不能控制的事件

C. 它可以是由自然原因或社会原因引起的

D. 不可抗力引起的法律后果有解除合同与延迟履行合同两种情况

二、思考题

1. 要约成立的要件是什么？
2. 承诺成立需要具备哪些要件？
3. 合同的变更与合同的转让有何不同之处？
4. 国际商事合同成立的要件是什么？
5. 违反国际商事合同的救济措施主要有哪些？
6. 大陆法与英美法关于合同消灭的规定有何不同？

三、案例分析

1. 2010年7月8日甲公司急需水泥，向A、B、C三家水泥厂发出函电称："我公司急需标号为130型号的水泥100吨，如有货，请速来函电。"三家水泥厂在收到函电以后，都先后向甲公司回复了函电，在函电中告知自己有现货及水泥的价格。B公司在发出函电的同时，亦派车给甲公司送去50吨水泥。在该批水泥送到甲公司之前，甲公司决定购买A的水泥，于7月9日给A发去函电称："我公司愿购买贵厂100吨130号水泥，价格如函电所标，盼速送货，运费由我公司负担。货到付款。"在发出函电的第二天即7月10号，A发函称已准备发货。7月10日下午B将50吨水泥送到，要求甲公司收货付款，甲公司称未与B公司订立合同不予收货付款。当天晚上，狂风大作，一场暴雨将B公司运来的水泥泡湿。B于是向甲公司所在地法院起诉，要求甲公司给付货款及运费，并赔偿因其违约而给B公司造成的损失。

问：(1) B水泥厂的主张法院能否支持？其损失由谁负担？为什么？

(2) 甲公司与A水泥厂的合同成立吗？成立于何时？为什么？

（案例来源：引自吴薇主编的《国际商法》．对外经济贸易大学出版社，2007.）

2. 中国某公司以CIF条件从美国进口一套设备，合同总价款为800万美元。合同中规定如果合同一方违约，另一方有权向违约方索赔，违约方需向对方支付1 200万美元的违约金。合同订立后，中方迟迟未收货，因而影响到自己的生产、经营。因此，中方在索赔期向美方提出索赔，而美方却在当地法院提起诉讼。

问：在这种情况下，美国法院将如何判决？

3. 英国一家公司在2007年1月25日向我国一家外贸公司发出一个要约信函，以每台1 000美元出售5台显微镜，要约规定我外贸公司有10天时间用来承诺。我外贸公司与2于5日才收到信，并在2月8日发出承诺的电报。美方公司拒绝出售这批显微镜，其理由是要约中所说的10天期限已到，要约因有效期已过而无效，超出要约有效期的承诺也不产生法律效力。而我外贸公司却认为合同已有效成立，对方应承担履行合同的责任，否则应赔偿损失。

问：以上争议如果诉诸法律谁会胜诉？为什么？

第4章　国际货物买卖法

本章教学要点

知识要点	掌握程度	相关知识
国际货物买卖合同中买卖双方的权利与义务	重点掌握	交付货物、移交单据、品质担保、权利担保、支付货款、收取货物
买卖合同履行中一方违约时对方当事人的救济方法	掌握	卖方违约时买方的救济方法 买方违约时卖方的救济方法
货物风险与所有权转移的法律原则	熟悉	货物所有权的转移、货物风险的转移
国际货物买卖合同及其法律	了解	国际公约、国际惯例

导入案例

2006年8月1日，A公司与B公司签署钢板买卖合同，约定由A公司向B公司供应一定数量的钢板。货物于2006年10月13日到达目的地。B公司于2006年10月16日支付了货款。同年10月23日，B公司通知A公司，称货物存在如下问题：①合同规定货物上不得存在尺寸标记，但A公司在钢板上打上了尺寸标记；②个别钢板存在平坦度问题；③个别钢板存在生锈问题。由此，B公司提出如下仲裁请求由：①因消除标记发生的费用；②因存放合同货物发生的费用；③因A公司原因导致的B公司期得利益的损失；④因货物存在瑕疵进行检验而发生的费用；⑤律师费及有关仲裁费。

仲裁庭认为：①A公司在钢板上打上尺寸标记违反合同约定，且A公司未提供证明该行为符合现行强制性法律规定，因而构成违约；②B公司提供的检验报告不足以推翻清洁提单所载明的货物表面状况良好的初步证据；③A公司的违约行为并不必然导致B公司仓储费用增加及发生检验费用；④B公司主张的期得利益损失不可合理预见。

综上，仲裁庭作出如下裁决：由A公司向B公司支付律师费2万元，驳回B公司的其他仲裁请求。

（案例来源：http：//www.gdlaw.org/news1.asp? newsid=670，2009年3月10日）

4.1　国际货物买卖法概述

4.1.1　国际货物买卖合同

国际货物买卖合同又称进出口合同或外贸合同，是营业地处于不同国家或地区的当事人之间所订立的货物买卖合同。而货物买卖合同就是卖方为了取得金钱上的对价而把货物所有权转移给买方的合同，“货物”一般仅指有形动产，即指有形的和可以移动的物品，其范围非常广泛，只要相关国内法不禁止即可以作为买卖的标的，但不包括股票、债券、流通票据和其他权利财产，以及不动产和劳务等。判断一份货物买卖合同是否属于国际货物买卖合同，关键在于双方当事人的营业地是否处于不同的国家和地区，而并非国籍。

4.1.2 关于国际货物买卖的国际公约

由于两大法系关于合同的立法差别较大，为了促进国际贸易的发展，一些国际组织试图拟定有关国际货物买卖的统一法，因此先后诞生了《关于国际货物买卖统一法的公约》和《关于国际货物买卖合同成立统一法公约》以及后来经修订后于1980年维也纳联合国外交会议讨论通过的《联合国国际货物销售合同公约》。

1. 1964年的《关于国际货物买卖统一法的公约》和《关于国际货物买卖合同成立统一法公约》

为了解决各国在货物买卖法方面存在的问题和分歧，早在1930年，罗马国际统一私法协会就开始拟定一项有关国际货物买卖的统一法，但是由于第二次世界大战的影响而一度中断。第二次世界大战后，该协会继续进行这部统一法的起草工作，终于在1964年海牙会议上正式通过了《关于国际货物买卖统一法的公约》和《关于国际货物买卖合同成立统一法公约》。前者于1972年8月18日起生效，加入该公约的有8个国家；后者于1972年8月23日起生效，加入该公约的国家更少，只有加入前一公约的8个国家中的7国家加入。由于加入这两项公约的国家太少，因此，这两项公约未能真正起到统一国际货物买卖法的效果。

2. 1980年的《联合国国际货物销售合同公约》

为达到真正统一国际货物买卖法，促进国际贸易发展的目的，联合国国际贸易法委员会于1969年成立了一个专门工作组，在1964年的两项公约的基础上着手制定一部能够真正为大多数不同社会经济制度和不同法律制度的国家接受的、统一的国际货物买卖公约。工作组经过近10年的努力，终于在1978年完成了对1964年两项公约的修订，将其合二为一，命名为《联合国国际货物销售合同公约》(United Nations Convention on Contracts for the International Sale of Goods，CISG，以下简称《公约》)。该《公约》于1980年在维也纳联合国外交会议上获得讨论通过，于1988年1月1日生效。《公约》在总结和修改前两项公约的基础上，尽量缩小两大法系的差距。自生效以来，《公约》已有74个缔约国。另外，根据公约的相关规定，《公约》将于2011年7月1日和8月1日分别对多米尼加和土耳其生效。届时，多米尼加共和国和土耳其共和国将成为《公约》的第75和第76个缔约国。《公约》自制定以来为不同经济、政治和法律制度的国家提供了平等的、统一的国际货物买卖规则，现已成为关于国际货物买卖的最重要的国际公约。由于加入该公约的国家越来越多，它对国家贸易的影响和促进作用也越来越大。我国已于1986年12月成为该《公约》的缔约国。我国在成为《公约》缔约国的同时，提出了以下两项重大保留。

1）关于合同形式的保留

《公约》第11条规定：买卖合同无须以书面形式订立或者书面证明，在形式方面也不受其他条件的限制。为了保证交易的安全，我国只承认书面形式的国际货物买卖合同有效，后来的《涉外经济合同法》也采取这一合同要式的原则。1999年新颁布的《合同法》虽采取不要式原则，但对于国际货物买卖合同，在司法、贸易实践中仍采用书面形式。

2）关于适用范围的保留

《公约》旨在统一国际货物买卖法，尽可能扩大公约的适用范围，故在第1条第1款规定了两项内容：①缔约国之间的货物买卖适用于该《公约》；②国际私法规则导致适用某一缔约国法律时再适用于该《公约》。对于后一项规定，我国提出了保留，即我国只承认中国商事主体与缔约国商事主体所订立的合同适用于该《公约》，或者双方当事人营业地均为公约缔约国。

应该说明的是，《公约》只涉及合同的成立、买卖双方的权利义务、违约及违约救济以及风险转移，并非规定货物贸易的所有方面，它未对合同的效力、货物所有权的转移以及产品责任等作出规定。而且，《公约》对货物的范围也有一定的限制。《公约》第2条明确规定，不适用于下列货物的买卖：①供私人和家庭使用货物的买卖合同；②以拍卖方式进行的买卖；③根据法律执行令状或其他令状进行的买卖；④股票、投资证券、流通票据或货币的买卖；⑤船舶或飞机的买卖；⑥电力的买卖。另外，《公约》的适用不具有强制性，即使按公约第1条规定应该适用公约，但双方当事人也可以在合同中排除公约的适用，而是选择其他法律作为合同的准据法。但是，双方当事人在合同中所选用的贸易术语并不被认为排除公约的适用，因为贸易术语并没有规定和解释合同的成立、违约及违约救济等方面的问题，二者是相互补充的。

4.1.3 国际贸易惯例

目前与国际货物买卖合同直接有关的惯例主要有两类：一类是关于规定国际货物买卖某一个方面的惯例，如1932年的《华沙—牛津规则》、1941年的《美国对外贸易定义修正本》及2010年的《国际贸易术语解释通则》，它们都仅对国际买卖合同的交货条件的履行义务做了规定，而对合同的成立与违约责任等问题没有做出规定，其调整国际货物买卖合同的范围是有限的；另一类是关于规定国际货物买卖合同各方面的惯例，如《国际商事合同通则》。

1. 1932年的《华沙—牛津规则》

《华沙—牛津规则》是国际法协会(International Law Association)于1932年制定的。该规则对CIF(成本加运费、保险费)合同中的买卖双方承担的费用、责任与风险做了规定，在国际上具有较大的影响力。

2. 1941年的《美国对外贸易定义修订本》

1941年的《美国对外贸易定义修订本》源于1919年美国九大商业团体制定的《美国出口报价及其缩写》。其后，在1940年举行的美国第27届全国对外贸易会议上对《美国出口报价及其缩写》进行了修订，并于1941年经美国商会、美国进口商理事会和美国对外贸易理事会组成的联合委员会通过，故称为《1941年美国对外贸易定义修订本》(Revised American Foreign Trade Definitions 1941)。该惯例对美国在对外贸易中经常使用的6种贸易术语做了解释，即EX(产地交货价)、FOB(运输工具上交货价)、FAS(船边交货价)、C&F(成本加运费价)、CIF(成本加保险费、运费价)和EX DOCK(目的港码头交货价)，并且具体规定了在这6种不同的贸易术语条件下，买卖双方的权利和义务。该惯例在美洲国家中有很大影响。因此，在与采用该惯例的美洲国家进行贸易时，要特别注意与其他惯例的差别。尤其值得注意的是，该定义对FOB术语的解释有别于《国际贸易术语解释通则》。

3.《国际贸易术语解释通则(2010)》

《国际贸易术语解释通则(2010)》(International Rules for Interpretation of Trade Terms 2010，INCOTERMS 2010)是国际商会(ICC)根据国际货物贸易的发展，对《国际贸易术语解释通则(2000)》的修订，于2010年9月27日公布，2011年1月1日起实施的。该通则最早是由国际商会于1935年制定并于1936年公布，后经8次补充、修改，它是一套专门用于解释贸易术语的国际规则。它不但是国际商法的一个主要渊源，而且已在国际贸易中被广泛使用，尽管这些惯例本身并不是法律，但是双方当事人将其订入合同，即具有很强的法律约束力。该通则针对国际贸易的风险、责任和费用问题，对内陆交货、装运港交货、目的港交货等贸易术语做了较为详尽的解释，具体规定了各种贸易术语中买卖双方在交货方面的权利与义务。相对于《国际贸易术语解释通则(2000)》，《国际贸易术语解释通则(2010)》将原来按EFCD四组分类法的贸易术语改为两大类，即按适用于各种运输方式和仅适用于水运。第一类适用于各种运输方式的术语包括EXW(工厂交货)、FCA(货交承运人)、CPT(运费付至目的地)、CIP(运费、保险费付至目的地)、DAT(目的地或目的港集散站交货)、DAP(目的地交货)、DDP(完税后交货)；第二类适用于水上运输方式的术语包括FAS(装运港船边交货)、FOB(装运港船上交货)、CFR(成本加运费)、CIF(成本、保险费加运费)。《国际贸易术语解释通则(2010)》中贸易术语的数量也由原来的13种变为11种，即删去了《国际贸易术语解释通则(2000)》中DAF(边境交货)、DES(目的港船上交货)、DEQ(目的港码头交货)和DDU(未完税交货)四个术语，新增了DAT(指定目的地或目的港集散站交货)和DAP(指定目的地交货)。而且，修订后的《国际贸易术语解释通则(2010)》还取消了"船舷"的概念，规定在海运条件下，卖方承担货物装上船为止的一切风险，买方则承担货物自装运港装上船之后的一切风险。

4.《国际商事合同通则》

《国际商事合同通则》是1994年罗马国际统一私法协会制定的一套规则体系。该通则不是国际公约，而是作为示范文本，以惯例方式出现，因而也不具有强制力。该通则考虑了大陆法系、英美法系的不同做法后，在双方可以接受的基础上作出了折中规定，有意避免使用任何现存法律体系的特定术语。当该通则中提到的某些问题也包含在《公约》中时，则应遵循《公约》的规定。但与《公约》相比，该通则的适用范围更广，内容更为翔实具体。因此，合同当事人可以选择其作为合同的补充内容或作为权利义务的解释依据。

4.2 卖方和买方的义务

买卖双方的义务是买卖合同和买卖法的核心内容，当事人通常在合同中已经做出明确规定，但也有一些合同中并未作出规定或规定的不明确，此时关于双方义务的解释就应依据有关买卖法。目前，国际货物买卖中适用最广的是《联合国国际货物销售合同公约》(以下简称《公约》)。《公约》中对买卖双方义务的规定多属任意性和一般性规范，它的作用主要就是弥补合同中的漏洞，所以当合同与《公约》中的规定不符时(除《公约》中的强制性规范之外)，为了充分满足买卖双方的意愿，应该优先适用合同中的规定。

4.2.1 卖方的义务

国际货物买卖中卖方的主要义务主要包括按约定交付货物、提交相关单据、向买方转移货物所有权以及货物品质担保及权利担保义务。其中，交付货物和单据是卖方最主要的义务。关于这些义务的相关规定，《公约》及各国国内法有所区别，以下分别加以阐述。

1. 关于卖方交付货物的地点和时间

1) 交付货物的地点

若合同中已订明交货地点，卖方必须在该地点交货，卖方为履行交货义务，在合同中未明确规定时，则只能适用于合同准据法的相关规定。故关于此点的法律规定及《公约》与各国国内法的区别，仅指当事双方未约定交货地点或约定不明确的情况。

各国法律通常将买卖的货物分为特定物和非特定物区别对待。所谓特定物，是指依据当事双方的意思具体指定的标的物；而非特定物是指仅依据抽象的种类、品质、数量加以限定的标的物。具体而言，如果买卖合同的标的物为特定物，则卖方应在订约时规定在该特定物所在地交货，美国、英国、法国、瑞士、日本等国家法律有类似规定；如果买卖合同的标的物为非特定物，则根据美国、英国、法国、瑞士、德国等国家相关法律规定：卖方只需在其营业地交货，而日本法律则规定此时卖方应在买方营业地交货。

根据《公约》第31条的规定，卖方应在以下地点完成交货义务：①货交第一承运人的地点。如果买卖合同涉及货物的运输，则卖方只要把货物移交给第一承运人就履行了交货义务。货交第一承运人的地点，即为卖方的交货地点。这里的运输是指由承运人将卖方所交货物运至买方，而非卖方或买方自备运输工具的送货或上门取货。②特定地点交货，即在买卖双方已经知悉的特定物所在地交货。如果交货不涉及运输，合同指的是特定物或从特定存货中提取的或尚待制造或生产的未经特定化的货物，且买卖双方在订立合同时已知这些货物是在某一特定地点，或将在某一特定地点制造或生产，则卖方应在该地点把货物交给买方处置。③缔约时的卖方营业地交货。除上述两种情况之外的其他情况下，卖方应在其订立合同时的营业地将货物交给买方处置即算完成交货义务。所谓货交买方处置，是指卖方已完成包括将货物特定化在内的一切交货准备工作(如已完成货物包装，并向买方发出提货通知等)，使标的物处于可交付状态，买方在卖方提供货物后，自备运输工具将货物运走。

我国《合同法》第 141 条对于合同中未明确约定交货地点的情况，且根据第 61 条规定仍不能确定的，则：①标的物需要运输的，出卖人应当将标的物交付给第一承运人以运交给买受人；②标的物不需要运输，出卖人和买受人应当在该地点交付标的物；不知道标的物在某一地点的，应当在出卖人订立合同的营业地交付标的物。

2）交付货物的时间

按照大陆法系各国法律的规定，如果买卖合同对交货的时间没有作出具体的规定，买方有权要求即时交货，卖方也有权在合同成立后即时交货。但德国等国家的法律规定：当合同中订有履行期限时，债权人不得于期限届满前要求债务人履行交货义务。债务人可放弃期限利益提前履行交货义务，但债务人的提前履行应遵循诚信原则，即不得使债权人因受领货物而遭受不便或承担额外的费用损失。

英美法系则规定，当合同履行期限约定不明确时，卖方应在合理时间内交货，至于何谓合理时间，主要依据交易情况而定。

我国《合同法》第 62 条规定："履行期限不明确的，债务人可以随时履行，债权人也可以随时要求履行，但应当给对方必要的准备时间。"

《公约》第 33 条对卖方交货时间作出了如下规定：①如果合同规定有交货日期，或从合同可以确定交货日期，则卖方应在该日期交货；②如果合同规定有一段时间，或从合同可以确定一段时间，除非情况表明应由买方选定一个日期，卖方可以选择在该段时间内的任何时候交货；③在其他情况下，卖方应在订立合同后的一段合理时间内交货。

2. 移交相关单据

国际货物买卖中涉及很多与货物相关的单据，如提单、保险单、商业发票、原产地证书、商检证书、装箱单等，个别国家还要求提供海关发票和领事发票，这些单据在国际货物买卖中的作用至关重要，是买方提取货物、转售货物、办理报关手续、向承运人或保险公司等责任人索赔的必不可少的文件。而且在象征性交货中，卖方向买方移交单据就意味着向买方移交了货物的所有权。正因为单据如此重要，因此提交这些单据也就成为卖方的一项基本义务。《公约》第 34 条规定：如果卖方有义务移交与货物相关的单据，就必须按照合同所规定的时间、地点和方式移交这些单据。如果卖方在规定时间以前已移交了相关单据，可以在约定交单时间之前纠正单据中与合同不符之处，但这一权利的行使不得使买方遭受不合理的不便或承担不合理的开支。并且，买方有保留按《公约》规定向卖方主张对因卖方不适当地履行合同造成的损害请求赔偿的权利。我国《合同法》第 135 条规定：出卖人应当履行向买受人交付标的物或者交付提取标的物的单证并转移标的物所有权的义务。第 136 条规定：出卖人应当按照约定或交易习惯向买受人交付提取标的物单证以外的有关单证和资料。

3. 卖方的品质担保义务

卖方的品质担保义务是指卖方对其所出售的货物的质量、规格、性能、用途等应与其承担的保证义务相符。关于卖方的品质担保义务，如果合同中已有明确规定，则适用于合同的规定，否则适用其他相关的法律规定。《公约》及各国国内法均对卖方的此项义务作出详细规定，其中尤以英美法系国家的规定最为详细。

1）《公约》的有关规定

《公约》的第三部分第二章第二节关于“货物相符”的规定与以上各国国内法的品质担保相似。第35条规定了卖方的品质担保义务，除非买卖双方在合同中已对这些义务另有约定，否则卖方必须依该条规定履行。其具体内容如下。

（1）货物适合于同一规格货物通常使用的用途。

（2）货物适合于订立合同时曾明示或默示地通知卖方的任何特定用途，除非情况表明买方并不依赖卖方的技能和判断力，或者这种依赖对其是不合理的。比如，买方购买货物用于某一专业用途，而依一般情况，没有理由要求卖方也必须具备这一专业领域的知识，则此时买方对于卖方的依赖显然不合理。

（3）货物的质量与卖方向买方提供的货物样品或模型相同。此规定应注意卖方除保证货物与样品相符外，按一般的解释，还应保证货物不存在对样品正常检验时不可能发现的潜在的或隐蔽的瑕疵。

（4）货物按照同类货物通用的方式装箱或包装，如果没有此种方式，则按照足以保全和保护货物的方式装箱或包装。

应用实例

原告向被告订购了1 000只一日龄的小鸡娃，从购买并饲养这批鸡娃的第3周开始，原告发现小鸡的羽毛开始脱落。经官方检疫机构检验，这些小鸡在出生时已染上了某种传染性疾病，而且这种病的蔓延将使整群鸡死亡，原告因此提起诉讼要求被告赔偿损失。

问题：卖方是否违反了合同的义务？买方起诉的理由是什么？

评析：此案中，显然卖方已经违反了合同义务。因为根据《公约》第35条规定，卖方有品质担保义务，且卖方所交1 000只小鸡娃在交货前已存在明显的瑕疵，并致使买方蒙受巨大损失。

需特别指出的是，对于卖方的品质担保义务，《公约》中还有期限的规定和卖方可免除此项义务的规定。卖方此项义务的期限通常限于货物风险转移于买方之前，但如果卖方对于担保期限作出品质保证期等的特别规定，或者买方对于货物发生的损失可以证明是因卖方所交货物在风险转移前即已存在隐蔽的瑕疵所致，则在这种情况下风险虽已转移于买方，卖方仍应对所发生的损失承担责任。

卖方品质担保义务的免责。据《公约》第35、38、39条的规定，以下情况卖方可免除交货不符的责任：①买方在订立合同时知道或不可能不知道货物与合同不符。②买方未在按《公约》第38条规定的合理时间或合同约定时间内对货物进行检验。③买方未在发现或理应发现货物不符情形后的一段合理时间内通知卖方，说明货物不符合同的情形，或者任何情况下买方未在实际收到货物之日起两年内将货物不符合同情形通知卖方。除非合同规定的保证期超过两年。另外，如果卖方交货时已知道或不可能不知道所交货物与合同不符，且又没有将货物不符合同这一事实告知买方时，卖方就不能援引以上后两点免除责任。

2）大陆法系国家的规定

大陆法系国家将品质担保义务称为瑕疵担保义务，即卖方应保证其所出售的货物没有瑕疵。《德国民法典》规定，卖方应向买方保证其所出售的货物在风险、责任转移于买方时不存在失去或减少其价值、降低其通常用途或合同规定的使用价值的瑕疵；并规定，卖方担保货物在风险、责任转移于买方时确实具有其所担保的品质。但是，如果买方在订立买卖合同时已经知道出售的货物确有瑕疵者，或买卖标的是根据质权以公开拍卖的方式出售者，则卖方对货物的瑕疵不负担保责任。

3）英美法系国家的规定

英美法系国家对货物品质担保责任的规定比大陆法系更加详细。其中最具代表性的是英国的《货物买卖法》与美国《统一商法典》的有关规定。

英国的《货物买卖法》制定于1893年，几经修订，现适用的是1979年修订的《货物买卖法》。按《货物买卖法》的规定，卖方出售的货物必须符合下列默示条件。

(1) 凡是凭说明交易，卖方所交货物必须与说明相符。如果交易中既有说明，又有样品，卖方所交货物必须与样品和说明均相符。

(2) 如果是凭样品买卖，应认为含有以下默示条件：①卖方所交货物品质必须与样品相符；②买方应有合理机会对样品与整批货物进行比较；③卖方所交货物应当没有任何对样品进行检验时所不能发现的、不合商销的缺陷。

(3) 如果卖方是在营业中出售货物，则应包含卖方依据合同提供的货物应具有商销品质这一默示条件，但下列情况除外：①有关货物的各种缺陷在订约之前已特别提醒买方注意；②买方在订约之前已对货物进行检验，而货物所存在的缺陷经过检验本应能发现。

(4) 如果卖方是在营业中出售货物，并且买方已经明示或默示地让卖方知道，其所要求的货物须适用于某种特定用途，此时合同就包含有一项默示条件：卖方依据合同所提供的货物应合理地适用于这种特定用途；除非情况表明，买方并不信赖也没有理由信赖卖方的技能和判断力。这一规定和《公约》第35条中的规定基本相同。

根据英国法，在国际贸易中，当事人可以在合同中约定排除以上默示条件。但如果合同中未约定排除，则卖方交货时必须遵守这些默示条件，否则买方即可以因卖方违反条件的违约行为要求解除合同并请求损害赔偿。在国内交易中，对于供私人使用的消费交易，以上这些默示条件则成为卖方的法定义务，不得在合同中将其排除；而对于非消费交易，只要不超出“公平合理”的限度，卖方可以将其排除在合同之外。

4. 卖方对货物的权利担保义务

权利担保是指卖方应保证对其所出售的货物享有合法的权利，没有侵犯任何第三人的权利，并且任何第三人都不会就该项货物向买方主张任何权利。在货物买卖中，卖方的最重要义务就是保证其确实享有对出售货物的所有权，或者卖方确实是受货物所有权人的委托，作为代理人享有处分货物的权利。具体来讲，卖方的权利担保义务主要包括有三方面内容：①卖方保证对其出售的货物享有合法的权利，如卖方作为出售自己的货物或被货物所有权人授权代理出售货物；②卖方保证在其出售的货物上不存在任何未曾向买方透露的担保物权，如抵押权、留置权等；③卖方应保证其所出售的货物没有侵犯他人的权利，包括商标权、专利权等知识产权。各国法律都把卖方的权利担保义务规定为法定义务，即使在买卖合同中对此没有作出规定，卖方仍应依法承担此项义务。英国的《货物买卖法》规定，卖方不得在买卖合同或其他合同中排除上述这些默示义务，合同中有关免除卖方此项义务的规定亦无效。《德国民法典》则规定，卖方负有使第三人对买方不得主张任何权利从而使买方取得出卖标的物的义务。另外，《法国民法典》和《日本民法典》也都作出了类似的规定。

《公约》对卖方权利担保义务的规定比各国的法律都更为详细和具体，主要体现在《公约》的第 41 条和第 42 条。

《公约》第 41 条规定：卖方所交货物，必须是第三方不能提出任何权利或请求的货物，除非买方同意在这种权利或请求下，收取该项货物。此处的权利或请求，是与货物本身财产权有关的权利或请求。根据该条的规定，卖方不仅要向买方保证其所交付的货物必须是第三方不能提出任何权利的货物，而且必须是第三方不能提出任何请求的货物。

《公约》第 42 条规定：卖方所交付的货物，必须是第三方不能根据工业产权或其他知识产权提出任何权利或请求的货物。这一规定同某些国家国内法的规定是差不多的。但国际买卖比国内买卖更为复杂。因为在国内买卖中，一般只涉及侵犯本国所保护的工业产权或其他知识产权，而在国际交易中侵犯工业产权或其他知识产权大都涉及卖方国家以外的其他国家。因此，《公约》并不是绝对地要求卖方必须保证其所交付的货物不得侵犯任何第三方的工业产权或其他知识产权，而是有一定的条件限制的。《公约》规定，此项担保义务在下列情况可以免除：①卖方在订立合同时不知道或不可能知道该权利或请求；②买方在订立合同时知道或不可能不知道此项权利或请求；③此项权利或请求的发生，是由于卖方要遵照买方所提供的技术图样、图案、程式或其他规格。另外，《公约》还规定，买方在已经知道或理应知道第三方对货物的权利或请求后，应在合理的时间内通知卖方，否则，卖方即可免责，除非买方能提出未及时通知的合理理由。

应用实例

我国 A 公司与美国 B 公司于 2005 年签订进口商标为“X”牌运动装的合同。货物进口后不久，A 公司即将该批运动装转售给国内某省的 C 公司。货物发给 C 公司后不久，A 公司接到 C 公司的书面通知，称“X”牌运动装已经由美国客户于 2004 年即已授权该省的某进出口公司 D 公司，以 D 公司的名义在中国注册该商标。现 D 公司提出，C 公司侵权，并要求 C 公司停止在中国境内销售该种品牌的运动装，否则将追究其侵权责任。

问题： C 公司是否侵权?

评析： 此案是涉及卖方权利担保的案例。根据《公约》第 41 条和第 42 条的规定，卖方所交付的货物，必须是第三方不能根据工业产权或其他知识产权提出任何权利或请求的货物。而由此产生的侵犯知识产权的问题应由卖方负责。但是，如果 C 公司在购买“X”牌运动装时已经知道或本该知道 D 公司在中国注册该商标的事实，卖方则可以因此而免责。因为《公约》并不是绝对地要求卖方必须保证其所交付的货物不得侵犯任何第三方的工业产权或其他知识产权，当买方在订立合同时知道或不可能不知道此项权利或请求时，则卖方的权利担保义务可自动免除。

4.2.2 买方的义务

根据《公约》的规定，买方主要有两项基本义务，即支付货款和收取货物。对此，虽然各国法律也都有所规定，但相对于《公约》则大多显得较为简单。因此，下面重点介绍《公约》的规定。

1. 支付货款

《公约》关于买方支付货款的义务主要从以下几方面作出规定。

1）买方必须履行必要的付款手续

由于国际贸易中货款的支付比较复杂，《公约》第 54 条规定："买方支付价款的义务包括根据合同或任何有关法律和规章规定的步骤和手续，以便支付价款。"通常需要买方履行的步骤和付款手续包括在双方约定采用信用证结算时，买方必须按约定向银行申请开立信用证，按约定将信用证转递给卖方；在托收承兑交单中，还必须按约定对远期汇票进行承兑；在进口国实行外汇管制的情况下，买方还必须申请获得外汇或外汇使用额度等。

2）付款的地点

《公约》第 57 条对付款地点进行了规定：如果合同明确约定买方付款的地点，则按照合同的约定办理；如果买方没有义务在任何其他特定地点支付价款，则必须在以下地点向卖方支付价款：卖方的营业地；如凭移交货物或单据支付价款，则为移交货物或单据的地点。卖方必须承担因其营业地在订立合同后发生变动而增加的支付方面的有关费用。

3）付款的时间

《公约》第 58 条规定：①如果买方没有义务在任何其他特定时间内支付价款，则必须于卖方按照合同和本公约规定将货物或控制货物处置权的单据交给买方处置时支付价款。卖方可以支付价款作为移交货物或单据的条件。②如果合同涉及货物的运输，卖方可以在支付价款后方把货物或控制货物处置权的单据移交给买方作为发运货物的条件。③买方在未有机会检验货物前，无义务支付价款，除非这种机会与双方当事人议定的交货或支付程序相抵触。其中第③条的规定同美国《统一商法典》的规定大致相同。后者规定，除双方当事人另有约定外，买方在付款和接受货物之前，有权对货物进行检验。而在 FOB、CFR、CIF 等象征性交货术语中，买方在付款前没有机会进行检验，因此，根据《公约》规定，买方仍保有在货物到达之后一定时间内的复验权。若复验发现卖方未适当履行其交货义务，买方仍可据《公约》对卖方违约及救济的规定要求补救。另外，要特别注意的是，因大陆法系国家(如德国和法国)存在有催告制度，即债权人必须先向债务人发出催告通知，才能使债务人承担延迟履行的违约责任。而英美法系国家则无此类规定。因此，为了避免两类法系国家间产生分歧，《公约》第 59 条还规定：买方必须按照合同和本公约规定的日期或从合同和本公约可以确定的日期支付价款，而无须卖方提出任何要求或办理任何手续。也就是规定了如果买方不按时付款就应承担延迟付款的责任。

4）合同未规定价格时买方的付款义务

《公约》第 55 条规定：如果合同已有效的订立，但没有明示或暗示地规定价格或规定如何确定价格，在没有任何相反表示的情况下，双方当事人应视为已默示地引用订立合同时此种货物在有关贸易的类似情况下销售的通常价格。通常价格，一般是指在承诺生效时合同标的物在类似情况下销售的平均价格。各国国内法对此所作出的规定与《公约》略有不同。德国法规定：如果双方在订约时没有规定价金，而依市价确定价金的，则应按清偿时清偿地的市价为准。日本、法国等国的规定与此类似；英美等国法律规定：如果买卖合同中没有规定货物的价格或确定货物价格的方法，一般应按交货时的合理价格来确定货价。

2. 收取货物

《公约》第60条规定："买方收取货物的义务是采取一切理应采取的行动，以期卖方能交付货物和接收货物。"按照《公约》的该规定，买方收取货物的义务主要包括以下两方面。

1）采取一切理应采取的行动，以使卖方能交付货物

这一规定体现了合同履行的协作履行原则，买方应积极采取行动配合，以使卖方能如约交货，包括及时指定交货地点及按合同约定安排运输事宜。例如，在FOB术语中，买方应按约定及时办理运输手续，并及时通知卖方做好装船准备；在CFR、CIF术语中，买方应及时指定目的港。如果由于买方未尽此类义务致使卖方无法按合同规定交货，买方应承担由此造成的全部损失。

2）接收货物

如果卖方已按合同约定交付货物，买方有义务在卖方交货时按合同规定的时间、地点接收货物。买方不得无理拒收，否则，如果因买方未及时提货而给卖方造成损失(如向承运人支付滞期费及其他费用等)，应由买方负责。即使买方有足够理由拒收货物，但依合同履行的诚实信用原则，买方也应对已由其支配的货物进行保全，否则，扩大的损失也应由买方自己承担。

应用实例

我国A公司向国外B公司出口一批水果，货到验收后付款。货物抵达目的港后，经B公司验收后发现，水果总重量减少10%，每个水果的重量也低于合同规定，于是拒绝付款，也拒绝提取货物。后来致使水果全部腐烂，且国外海关向我国A公司收取仓储费和处理水果费5万元。

问题： 我国A公司对国外海关的此项要求应该如何处理？为什么？

评析： 我国A公司对国外海关的此项要求应由国外B公司承担。因为《公约》规定，即使买方有足够理由拒收货物，但依合同履行的诚实信用原则，买方也应对已由其支配的货物进行保全，否则，扩大的损失也应由买方自己承担。

4.3 违约与违约救济

虽然合同是买卖双方协商一致的结果，但在合同订立后，不论卖方还是买方均有可能因各种原因违反合同规定，如卖方不交货或不按合同规定交货，买方无正当理由而拒收货物或拒付货款等。当合同一方当事人违反合同约定而使对方当事人的权利或利益受损时，受损方有权根据法律或者合同约定采取相应的补救措施，以维护或弥补自己的利益，这些措施在法律上就称之为违约救济措施。下面就各主要国家买卖法和《公约》有关规定分别对卖方和买方的违约及其救济方法加以阐述。

4.3.1 卖方违约时买方的救济方法

1. 卖方不交付货物

1）大陆法系国家的相关法律规定

(1) 要求实际履行。大陆法系国家大多规定了当卖方不交货时，买方可以直接向卖方要求按约定交货或者向法院提起实际履行的诉讼，通过法院的执行命令强制卖方交付合同项下的货物。实际履行是大陆法系国家主要的违约救济方法。

(2) 解除合同，要求损害赔偿。《德国民法典》第325条规定："一方当事人因可归责于自己的事由，致不能履行由双务合同产生的自己应履行的给付，另一方当事人可因不履行而要求损害赔偿或解除合同。"也就是说，如果由于当事人一方的过失造成履行不能的，他方有权请求损害赔偿或解除合同。《法国民法典》第1184条规定："双务合同中，凡当事人一方不履行其债务时，应视为已有解除条件的约定"，即双务合同的一方当事人不履行其债务时，对方就有权解除合同。

2）英美法系国家的相关法律规定

按英国法规定，当卖方不交货时，买方可以对其提起损害赔偿的诉讼，要求卖方赔偿因其不交付货物给买方造成的损失。赔偿的范围不仅包括直接损失，如买方以市场价格重新购进同种物品时所遭受的价格损失，而且还包括缔约时当事人能合理预见到的包括利润在内的其他各项损失。例如，因卖方不交货，导致买方无法正常生产经营，如果买卖双方订约时能预见到这一违约行为给买方带来的损失，则赔偿应包括这些损失。另外，英国法通常不采用实际履行作为违约救济方法。只有当买卖标的物为特定物或已经被特定化的货物，而且金钱赔偿不足以弥补买方的损失时，法院才会做出强制执行的命令。

根据美国《统一商法典》，卖方不交货时，买方可以采取以下3种救济方法：①解除合同。在卖方不交货的情况下，买方有权解除买卖合同。而且，买方解除合同并不妨碍其采取其他补救方法，依然有权要求损害赔偿。②损害赔偿。在卖方不交货的情况下，买方可以通过补进(cover)和市场差价的方式，向卖方要求损害赔偿。所谓补进，是指买方在市场购进同样的货物来代替原应由卖方提供的货物。在采取这种救济方法时，其损害赔偿的数额应按合同价格与补进价格之间的差价，加上由此造成的间接损失或附带损失，减去因卖方违约所节省的费用。所谓市场差价方式的损害赔偿，是指买方不进行实际补进，而是按照合同价格与买方得知卖方违约时提供该项货物所在地点的市场价格的差价来确定损害赔偿额。③向法院提起实际履行诉讼。关于实际履行，美国法与英国法的规定相同，即只有当买卖合同的标的物为特定物或已特定化的物品，且金钱赔偿等一般的法律救济方法难以弥补买方所受损失时，买方才能提起实际履行诉讼。

3）《公约》的规定

(1) 要求实际履行交货义务。按照《公约》第46条的规定，如果卖方不交货时，买方可以要求卖方履行交货义务，除非此前买方已经采取与该要求相抵触的某种救济方法，如解除合同等。如前所述，大陆法系以实际履行为原则，损害赔偿为例外，而英美法系则相反。所以，《公约》虽原则上规定了买方可以采用要求实际履行的救济方法，但为了照顾大陆法与英美法在实际履行上的分歧，具体可否适用此种方法，《公约》则授权当地法院依据本国法律决定是否作出实际履行的救济方法。《公约》第28条规定："一方当事人有权要求另一方当事人履行某一义务，法院没有义务作出判决，要求具体履行此义务，除非法院依照其本身的法律对不属于本公约范围的类似销售合同愿意这样做。"

(2) 撤销合同。根据《公约》的规定，当卖方不交货时，买方应给予其宽限期履行。如果在宽限期内卖方仍不履行或声明将不在买方规定的宽限期内履行，则买方可以撤销合同。

(3) 损害赔偿。这是《公约》规定的违约救济的主要的、使用最广的一种救济方法，而且可以同其他救济方法并行使用。例如，卖方不交货，买方采取了请求实际履行或解除合同的救济方法，同时还可以要求卖方进行相应的损害赔偿。《公约》第74～77条对损害赔偿作了具体规定。①归责原则为无过错责任原则，即买方行使此项权利无须证明卖方有过错，只要卖方违约，并给买方造成了损失；②赔偿范围的确定采取完全赔偿原则。《公约》第74条规定，"一方当事人违反合同应负的损害赔偿额，应与另一方当事人因其违反合同而遭受的包括利润在内的损失额相等。"也就是说，赔偿金额不仅包括买方遭受的直接损失，还应包括正常合理的利润及其他损失。

《公约》第75条规定了宣告合同无效时损害赔偿的具体计算方法，即以合同的价格和替代货物交易价格之间的差价来计算赔偿数额。如果卖方不交货，买方可以撤销合同，并可在其后的一段合理时间内，以合理的方式和价格在市场上购进替代物，此时赔偿金额的确定公式为

赔偿金额＝替代物价格－合同价格＋因卖方不交货给买方而造成的任何其他损失

如果撤销合同后，未补进替代物，则赔偿金额的确定公式为

赔偿金额＝宣告撤销合同时该项货物在原应交货地点的时价－合同价格＋因卖方违约造成的其他损失

另外，《公约》在确认完全赔偿原则的同时，还规定了两项限制性规则：①可预见性规则。《公约》第74条的规定包含了"可预见性"标准的规定。可预见性规则限制了损害赔偿的范围，规定了损害赔偿不得超过违反合同一方在订立合同时，依照他当时已知或理应知道的事实和情况，可预料到的违反合同的损失或理应预料到的损失。反之，如果损失不在违约方可预见的范围之内，则不能赔偿。②减轻损害规则。减轻损害规则也可简称为减损规则或减损义务。《公约》第77条规定了减损规则："声称另一方违反合同的一方，必须按情况采取合理措施，减轻由于另一方违反合同而引起的损失，包括利润方面的损失。如果不采取这种措施，违反合同一方可以要求从损害赔偿中扣除可以减轻的损失数额。"这就要求，在一方违约给对方造成损失时，受损害方有防止损失扩大的责任。若受损害方没有尽到防止损失扩大的责任，则对于这种受损方扩大的损失，违约方可以要求从损害赔偿中扣除相应的可以减损的数额。以上这两项规则适用于卖方或买方违约时，对方请求损害赔偿的各种情形，并且各国国内法也有类似的规定。

2. 卖方延迟交货

1) 英美法系国家相关法律规定

英国法把违约形态分为违反要件与违反担保两种情况。如果是违反要件，对方可以解

除合同并请求损害赔偿；如果是违反担保，则对方只能要求损害赔偿，不得据以解除合同。不过，英国法同时还允许对方把违反要件的违约作为违反担保处理。按照英国法的一般解释，在一般的商业交易中，交货时间应当被视为合同的要件，如果卖方没有按照合同规定的时间或在合理的时间内交货，应认为是违反要件，买方有权解除合同和要求损害赔偿。但按照美国《统一商法》的规定，卖方延迟交货时，买方既可拒收该批货物，也可以接受该批货物，即买方对此享有选择权。

2）大陆法系国家相关法律规定

按照《德国民法典》的规定，在合同没有明确规定履行日期的情况下，卖方延迟交货时，买方一般不能立即解除合同，必须在向卖方作出催告后卖方仍不交货时，才能自收到催告之时起使卖方承担延迟履行的责任，买方也只有在经催告后或在为卖方指定了一段时间的宽限期内，卖方仍未履行交货义务时才能解除合同或要求损害赔偿。法国法也规定有类似的催告制度，但法国法在违约救济方法方面规定，损害赔偿可以同解除合同并行使用。

3）《公约》的规定

（1）给卖方一段合理的宽限期让其履行义务并请求延迟履行的损害赔偿。对于卖方延迟交货，买方可以给卖方规定一段额外的宽限时间让卖方履行义务。《公约》第 47 条第 1 款规定，如果卖方延迟交货并未构成根本违约，则买方不能解除合同，但可以指定一段合理的宽限期，让卖方于此期间交货。在此期间，除非买方收到卖方声称将不在买方规定的宽限期内履行义务的通知，否则在宽限期内买方不得采取其他任何救济方法，但买方仍可就延迟履行要求损害赔偿。

（2）当卖方表明不会在宽限期内交货或卖方在宽限期内仍未履行交货义务时，买方可撤销合同并请求损害赔偿。虽然在针对延迟交货问题的处理上，《公约》与大陆法系国家的法律规定有一些相似之处，但二者的区别也很明显：《公约》虽然规定在未构成根本违约时，买方不得因卖方延迟交货而解除合同，应给予一个合理的宽限期来完成交货，但买方却仍保有就卖方延迟交货请求损害赔偿的权利，即使卖方后来在宽限期内履行了交货义务，仍应承担因延迟交货给买方造成损失的赔偿责任。而大陆法系则要求买方先进行催告，未经催告，卖方不承担延迟履行的责任，也就不承担损害赔偿责任。

3. 卖方所交货物与合同不符

1）大陆法系国家的相关法律规定

卖方的品质担保义务是指卖方对其所交的货物的质量、性能和用途方面应与其担保相符。大陆法将卖方的品质担保义务称之为对货物的瑕疵担保义务。按照大陆法相关规定，卖方对所出售的货物的瑕疵担保是一种严格责任，即使卖方对货物的瑕疵没有过错，也应承担该项责任。如果卖方所交付的货物含有隐蔽的缺陷，而对此卖方事先并不知情，买方可以有两种选择，或者返还货物并要求返还已付的货款，或者接受货物而减少价金。减少价金是大陆法独创性的对卖方违反货物的瑕疵担保责任的一种重要的救济方法，是指在卖方交货与合同不符时，买方可以接受货物而按鉴定人的公断要求卖方返还部分价金。《法国民法典》规定，当卖方所交货物与合同不符时，买方可以选择采取返还原物并要求返还价金或者虽保留货物，但按鉴定人的评价，要求退回部分价金的救济方法。《德国民法典》则规定，卖方所交货物与合同不符时，买方可请求解除合同，减价或请求对不履行交货的损害赔偿。但对于解除合同，《德国民法典》规定，只有当卖方由于自己的过失致使所交货物与合同不符，且这种缺陷的履行对买方无利益时，买方才能解除合同，而且不履行的损害赔偿须以卖方的过错为前提。

2）英美法系国家的相关法律规定

按照《英国货物买卖法》的规定，如果卖方所交付的货物与合同不符构成违反要件的，买方可以拒收货物，解除合同并要求损害赔偿。构成违反要件的情况主要有以下几种：①卖方所交货物并不具备商销品质；②卖方所交货物与合同说明不一致；③卖方所交货物不符合约定的特殊用途；④卖方所交货物与样品不符；⑤卖方所交货物与合同规定的品种不符；⑥卖方所交货物数量与合同不符，即多于或少于合同约定数量。对于多交的情况，买方可作出三种选择，即全部接受、只收取约定部分或拒收全部货物，但对收取的部分都应按合同约定价格付款；对于少交的情况，买方可以接受或拒收，但若接受，也应按约定价格付款。虽然卖方违反合同要件，买方可以拒收货物，解除合同，并请求损害赔偿，但与大陆法有所不同的是，如果买方不愿拒收货物，仍想保留货物，则买方也可以作为卖方违反担保处理，即买方不解除合同，而是在接受货物的同时请求卖方给予损害赔偿。另外，按照英国法的规定，在下列情况下，卖方即使违反要件，买方也不能解除合同而只能作为违反担保处理，即只能接受货物要求损害赔偿：①该项买卖合同是一个不可分割的合同，而买方已经接受了其中一部分货物；②该合同的标的物是特定物，而此特定货物的所有权已转移至买方。

美国《统一商法典》规定，卖方所交货物与合同不符，买方可主张拒收货物或解除合同并同时请求损害赔偿。具体应采取哪些救济方法，按买方是否已接受货物分别作了不同规定。

（1）买方未接受货物的救济方法。如果买方发现货物与合同规定不符是在接受货物之前，则可以采取如下的救济方法：①接受全部货物，并请求损害赔偿；②拒收全部货物，解除合同并请求损害赔偿；③如果上述方法不足以弥补买方的损失时，买方还可以依照《美国统一商法典》第2—716条的规定，向法院提起实际履行的诉讼，要求判令卖方按合同规定交货。

（2）买方已接受货物的救济方法。如果买方发现货物与合同规定不符是在接受货物之后，买方原则上就不能再拒收货物和解除合同，而只能请求损害赔偿。买方接受货物通常指下列3种情况：①买方在有合理机会检验货物后向卖方表示货物符合合同，或表示尽管货物不符合合同，但仍将收取或保留货物；②买方未能作出有效拒收，但这种接受只有在买方有合理机会检验货物后才发生；③买方作出任何与货物所有权相抵触的行为，但如果此种行为属于对卖方的不当行为，只有经卖方确认后才构成接受。但美国法允许特殊情况下买方可以撤回其接受，一旦依法撤回接受，其地位就和接受货物之前一样，可以采取买方未接受货物的救济方法中的②的救济方法。买方撤回接受须符合的条件是：卖方所交货物存在重大缺陷，严重损害了货物的价值，而且存在以下情况：①买方不接受这些货物是基于合理地信赖这种缺陷是可以补救的，但事实上却未得到及时补救；②买方之所以接受该项货物是由于难于发现其存在缺陷，或者是由于卖方曾做出货物符合合同的保证。

3)《公约》的规定

《公约》对于卖方交货与合同规定不符时买方可采取的救济方法作了较为详细的规定，具体如下。

(1) 要求卖方交付替代货物。《公约》第46条规定了此种救济方法，但条件比较严格，即必须是卖方构成根本性违约。《公约》第46条第2款规定："如果货物不符合同，买方只有在此种不符合同情形构成根本违反合同时，才可以要求交付替代货物，而且关于替代货物的要求，必须与依照第39条发出的通知同时提出，或者在该项通知发出后的一段合理时间内提出。"《公约》第39条发出的通知是指卖方发出的货物与合同不符的通知。

(2) 要求卖方对货物不符合同之处进行修补。此种救济方法主要适用于卖方所交货物虽与合同不符，但未严重到根本性违约程度的场合。如果买方认为，对货物的修补不会带来不合理的不便，而且经过修补可以达到规定货物的使用价值，那么买方可以采取这种救济方法。按照公约的规定，如果买方有能力修理，或卖方同意在第三人进行修补后支付相关费用，则应由买方或第三人进行修补，卖方承担相应费用开支。另外，从时间上看，《公约》还规定，买方应在发现或应当发现此项不符后，及时向卖方提出此项请求。

(3) 要求减低货价。《公约》第50条规定，如果卖方所交货物与合同不符，买方不论是否已支付货款，都可以要求减低货价。减价的幅度应按实际交付货物时的价值与符合合同的货物在当时的价值两者之间的比例计算。值得注意的是，如果卖方在交货日期前后，曾对交货不符合同进行了修补，或买方拒绝卖方对不符货物进行修补，买方就不能再采取减低货价的救济方法，只能请求损害赔偿。《公约》对此种救济方法的规定与德国法大致相同。

(4) 解除合同。解除合同，也称撤销合同或合同终止。在卖方交货不符合合同时，买方可以行使解除合同的权利，但对此《公约》作了较多的限制。按照《公约》第49条第1款的规定，必须是卖方交货不符已构成根本违反合同，买方才可以解除合同。另外，《公约》49条第2款中规定，如果卖方已经交付货物，买方就丧失了解除合同的权利，除非买方在已经知道或应知道这种违约事情后的一段合理时间内宣告解除合同，或者在卖方交货不符未构成根本违约的情形下，买方已规定了一段合理的额外时间令卖方采取补救，但卖方未能在规定的时间内对不符合同之处的货物进行修理，或卖方明确表示不予补救时，买方才可以宣告解除合同。

应用实例

中国A进出口公司与外国B贸易公司签订了一份买卖合同。合同规定，B公司向A公司提供5 000只计算器，价格条件为CIF上海。B公司依合同规定的时间将合同项下的货物运抵上海。经上海进出口商品检验局对计算器进行品质检验，证明计算器存在严重质量缺陷。A公司遂与B公司达成索赔协议，要求B公司在两个月的期限内将质量合格的计算器发运给中国A公司。但后来B公司交来的货物仍不符合合同规定。中国A公司经再三考虑，要求解除该合同，并要求B公司赔偿损失，B公司不同意解除合同，认为合同签订后，双方都应履行合同，合同不得解除。

问题：A公司是否可以要求解除合同？

评析：中国A公司有权要求解除合同，并要求B公司赔偿损失。理由是在本案中，B公司所提交的计算器存在严重质量缺陷，已严重损害了A公司所期待的经济利益，在被允许推迟履行合理期限内B公司仍未履行合同义务，显然属于根本违反合同。根据《公约》的规定，中国A公司享有如下的救济权利：①卖方实际履行；②减少价金；③解除合同；④损害赔偿。所以A公司可以要求解除合同并要求赔偿损失。

(5) 请求损害赔偿。按《公约》的规定，损害赔偿是卖方违约时，买方可以和任何其他救济方法并行使用的救济方法。卖方交货不符时，买方当然也可以将损害赔偿同其他救济方法并行使用。请求赔偿的范围包括以下几方面：①如果卖方交付替代货物或修理货物，则损害赔偿金额应包括交付替代货物或修理货物带来的不合理开支等；②如果宣告合同无效，则损害赔偿的金额应包括合同规定的价格与宣告合同无效时的时价的差额以及其他的损害赔偿；③如果买方接受了不符的货物，则损害赔偿应包括符合合同规定货物的时价与接受货物时的时价之间的差额以及其他的损害赔偿。

(6) 卖方提前交货和不按约定数量交货时的救济方法。对于卖方提前交货，买方可以接受，也可以拒收，但按照《公约》的规定，卖方的提前交货不应使买方遭受不合理的不便，或承担额外的开支。按照《公约》的规定，关于交货数量不符的情况有如下几种：①若交货数量少于约定的数量，则要看是否构成根本违约来确定救济方法。对于构成根本违约的，可解除合同；而对于未构成根本违约的，则应给予宽限期令其补交符合合同的货物。②若交货数量超过约定数量，则买方可以只收取约定部分，拒收超出部分，或全部接受，但应按合同价格付款。

4.3.2 买方违约时卖方的救济方法

买方违约时主要表现为以下几种情况：①不付款；②延迟付款；③不收取货物；④延迟收取货物。关于买方违约时卖方可采取的救济方法，这里仍以大陆法系、英美法系两大法系及《公约》的相关规定为主进行介绍。

1. 大陆法系国家相关法律规定

1) 解除合同

根据某些大陆法的规定，如果买方不按照合同规定支付货款，或不收取货物，则卖方有权请求解除合同，如《法国民法典》第1654、1657条及《德国民法典》第325、326条均有此规定。《法国民法典》第1654条规定："如买方不支付价金，卖方可请求解除合同。"《法国民法典》第1657条规定："关于商品及动产的买卖，如买方未按合同规定的期限买受人未受领其买受物者，为卖方的利益计，不经催告，买卖即可解除。"《德国民法典》第325、326条规定，双务合同一方当事人因自己的过失不能履行其义务时，他方得请求不履行的损害赔偿或解除合同；并规定，在一方延迟履行其负担的给付时，他方得指定相当期限并表示逾此期间得拒绝受领给付的意思。但德国法对于买方解除合同的权利有一定限制，《德国民法典》第454条规定，如果卖方已经履行合同，并同意给予买方以相当期限支付价金时，卖方就不能解除合同。在这种情况下，卖方只能向买方请求损害赔偿或提起价金之诉。而《法国民法典》则有规定，在买卖合同成立后，如果买方陷于破产状况，致使卖方有丧失价金时，即使卖方曾同意一定期间之后支付价金，卖方也可不负交付买卖标的物的义务，除非买方能提供支付货款的保证，如由银行担保付款，或提交由银行开立的信用证。

2）要求买方实行履行支付价金的义务

根据《德国民法典》第241条的规定：债权人依据债权债务关系，有向债务人请求给付的权利。当买方不付款时，卖方可根据该条规定向买方提起诉讼，要求买方按合同规定支付货款。

3）损害赔偿

当买方不支付货款或不接受货物而构成违约时，卖方有权要求损害赔偿，当买方延迟支付价金或收取货物时，根据德国法，买方支付利息并不影响卖方就除此之外的损害要求赔偿的权利。《德国民法典》第325、326条规定，双务合同一方当事人因自己的过失不能履行其义务时，他方得请求不履行的损害赔偿。而且该法第454条规定，如果卖方已经履行合同，并同意给予买方以相当期限支付价金时，卖方就不能解除合同。在这种情况下，卖方只能向买方请求损害赔偿或提起价金之诉。根据法国法，买方延迟付款的损害赔偿除有关交易和保证的特别规定外，仅判令支付法定利息，只有当买方延迟付款和基于恶意时，卖方才可要求赔偿其他损失。

4）要求支付延迟付款的利息

法国法规定计算价金利息自买方收到卖方发出的支付价金的催告之日起算。德国法则规定从买方承受买卖标的物的收益之日起计算。

2. 英美法系国家相关法律规定

1)《英国货物买卖法》的规定

《英国货物买卖法》中规定了在买方违约时，卖方可以采取物权和债权两方面的救济方法。物权方面的救济方法是指未收到货款的卖方对货物所享有的权利，是一种物权；债权方面的救济方法是指未收到货款的卖方对买方所负债务拥有的权利，是一种诉权，必须通过诉讼方式来实现其权利。

(1) 债权救济方法主要有如下两种。

① 提起支付价金之诉讼。此种救济方法适用于：当货物所有权已转移给买方而买方拒付价金时，此时卖方的救济方法实际上包含两种情况：一是所有权已转移给买方，买方拒收货物则卖方可以选择提起支付价金之诉或以拒收货物为由对买方要求损害赔偿；二是所有权已经转移给买方，买方接受货物但拒付货款，此时卖方就只能向买方提起支付价金之诉，要求买方付款。另外，如果合同规定了支付价金的具体日期，即使货物所有权尚未转移，卖方也可使用此方法。但要注意，如果买方不是用现金而是用汇票来付款，则在汇票到期日前，卖方不得对买方提起支付价金之诉。

② 提起损害赔偿之诉讼。此种救济方法适用于两种情况：第一，当货物所有权尚未转移于买方时，如买方拒绝受领货物或拒不付款，则卖方只能以买方不受领货物或不付款为由提起损害赔偿的诉讼；第二，卖方未按合同规定时间支付货款时，根据英国《货物买卖法》第10条的规定，除合同双方当事人另有意思表示外，买卖合同中有关付款时间的规定，不能认为是买卖合同的要件。这就是说，当买方未按合同约定时间付款时，只是违

反担保，不是违反要件。对此，卖方只能按违反担保对买方提起损害赔偿之诉。对于损害赔偿的金额的计算：如果货物有市价，应按合同价格与买方应接收货物之日的市价之差价计算；如果没有市价，则按由于买方拒收货物或拒付货款而自然地、直接地发生的损失计算。

(2) 物权方面的救济。相对于债权救济而言，物权救济更有利于维护卖方的权利。未受款卖方是指买卖合同关系依法成立并生效后，因买方违约不支付货款或无能力付款时的卖方。根据英美法的规定，当买方不支付货款时，卖方可以对货物行使以下三种权利。

① 留置权(lien)。作为债的担保方式之一，留置是指债权人依合同约定，占有债务人的动产，债务人不按约定履行债务时，债权人可以留置动产用做债务人履行债务的担保。所以，留置权行使的前提条件是卖方必须未丧失对货物的实际占有，即当货物仍在卖方的占有之下时，不论货物所有权是否已经转移于卖方，未收货款的卖方都可以行使留置权。一旦卖方失去了货物的占有，留置就无从谈起。在英国法律中，未受款卖方可以留置货物，用做支付价金的担保，直到买方支付全部价金为止。

② 停运权(stoppage in transit)。所谓停运权是指未收款的卖方在买方无清偿能力时，将已经脱离其占有但处于运输过程中的货物行使停止交货的权利。此权利的行使可以通过实际占有货物或通知承运人停止向买方交货来实现，但由此产生的费用应由卖方承担。停止交货权的行使必须符合以下条件：第一，卖方交出了对货物的占有；第二，买方已无清偿能力；第三，货物仍处于运输途中。运输途中是指从货物为了运交买方而交给承运人时起，一直到买方或其代理人从货物的承运人或其保管人处接受货物时止。值得注意的是，卖方并不因其已经将货物交由买方承租的船只进行运输，或因提单的抬头填写了买方的名字，或因卖方已经将原来是以卖方为抬头的提单交给了买方而失去行使停止交货的权利。但是，如果买方已经在收到上述提单后以背书方式把提单转让给善意的、支付了对价的第三者，则未收款的卖方就丧失了停运权。

③ 转售权(right of resale)。未受款卖方行使留置权和停运权，并不意味着买卖合同因而解除，卖方不得随意处置货物，但在下列情况下，卖方可将收回货物另行出售：第一，如果是易腐烂的货物，未收款的卖方不必事先通知买方即可将货物另行出售；第二，如果不是易腐烂的货物，未收款的卖方必须把另行出售的意思通知买方，如买方未在合理的时间内付清货款，卖方才可以将货物另行出售；第三，如果卖方已经在买卖合同中明确保留了另行出售货物的权利，则在买方违约时，卖方可以将货物另行出售或作其他处理。当卖方按上述条件将货物另行出售时，原来的买卖合同即告解除，货物所有权复归于卖方，其后第二买主可以取得对货物的合法所有权。卖方有权取得另行出售货物的全部所得，不论多于还是少于原来合同规定的价金；如果转售所得多于原来合同规定的价金，卖方不必返还多于部分给买方，但如果转售所得少于原来合同规定价金，卖方却有权要求买方赔偿差价损失。

2) 美国《统一商法典》的规定

美国《统一商法典》对于买方违约时卖方的救济方法做出了具体规定。但是，美国法与英国法的规定有所不同。美国法没有将货物所有权是否已经转移于买方的问题与卖方的救济联系在一起，而是依据买方是否已经接受货物，即按接受货物之前和之后分别给予卖方不同的救济方法。

买方接受货物之前违约，卖方可采取的救济方法有如下几种。

(1) 留住货物。当卖方发现买方无支付能力，或未能在交货前或交货时支付货款，或有无理拒收货物等违约行为时，除非买方同意支付现金，否则卖方可以拒绝交货。

(2) 停运权。美国法中的这项权利和英国法规定的未收款卖方的物权救济中的停止交货权相似，一般也是指当卖方失去对货物的实际占有时采用，即卖方将货物交给承运人或其他受委托人以运交买方，如果买方失去清偿能力或拒付货款，卖方可行使此项权利。不过，美国法行使停运权的范围较英国法有所扩大。英国法规定，只有在买方丧失清偿能力时才可适用，而美国法则规定，当买卖大宗货物时，买方出现除丧失清偿能力以外的其他违约情形下(不付款或不收取货物)，卖方也可行使此项权利。

(3) 停止制造合同项下的货物。如果卖方在得知买方违约时，买卖双方合同项下的货物尚未制造为成品，则卖方可根据商业上的合理判断，为避免损失而可以决定继续把合同项下的货物制成成品并将其划归合同项下，也可以停止制造合同项下的货物而将未制成的货物作为残缺件另行出售，并向买方请求损害赔偿。此处商业上的合理判断，意指卖方在买方违约的情况下，如果卖方继续制成合同项下的货物将会大大增加损失，则卖方应该行使减轻损失的义务，以避免损失的进一步扩大。

(4) 请求损害赔偿。当买方拒收货物或拒付货款时，卖方可以向买方请求损害赔偿。损害赔偿的金额可按下列两种方法计算：第一，转售合同项下的货物，向买方索赔合同价格与转售价格之间的差额部分以及附带的损失，但必须扣除因买方违约而节省的费用，如运费、保险费等，且转售货物应以合理方式进行并通知买方，但如果所售货物是易腐烂、易变质、易贬值的货物，则无须事先通知买方。第二，采取市场差价的办法，即按市场价格与合同价格的差价计算。如果卖方未转售货物，则可以按此方法计算，其公式为

赔偿额＝合同价－交货时交货地的市场价格＋附带损失－因买方违约而节约的费用

(5) 提起支付价金之诉。卖方支付价金之诉与买方请求交货之诉一样，都是实际履行的一种形式，此方法只适用于下列两种情形：第一，买方不接受货物，卖方经过合理的努力仍无法将货物以合理价格转售；第二，买方已经接受货物而不付款。根据美国统一商法典的规定，在以上两种情况下，卖方可以向法院提起支付价金之诉，要求买方支付合同约定的货款。

3.《公约》的规定

1) 实际履行

《公约》第62条规定，若买方不付款、不收取货物或不履行其他合同义务，卖方可以要求买方履行合同义务，包括支付价款、收取货物或履行其他义务(如检验货物以便卖方及时交货等)。但值得注意的是，这项救济方法要受两个条件的约束：一是卖方尚未采取与实际履行相抵触的补救方法，如卖方已经宣告撤销合同或已转售货物等；二是此项实际履行的要求仅限于当事人之间，法院无义务按《公约》的规定判令买方实际履行合同义务。按照《公约》第28条的规定，《公约》在这一问题上无法弥合两大法系规定中固有的差距，是否可适用此方法，必须视具体情况而定。

2）规定一段合理的宽限期让买方履行其义务

《公约》第63条规定，如果买方违约，卖方在这段时间内不得再采取其他的救济方法，但卖方并不因此而丧失可能享有的其他权利(如解除合同或请求损害赔偿等)。

《公约》第63条规定，若买方未在合同规定期限内履行其合同义务，可以规定一段额外的合理的宽限期让买方履行其合同义务，卖方可要求买方赔偿因卖方延迟履行义务而造成的损失，但宽限期内不得采取其他救济方法，如撤销合同或转售货物等。

3）宣告解除合同

《公约》第64条规定，当买方违约时，卖方可以解除合同，但有一些限制条件，即卖方只有在下述两种情况下才可宣告合同无效、解除合同：①买方不履行合同义务构成《公约》第25条所规定的根本性违约时，卖方可解除合同；②如果买方违约不构成根本性违约，且卖方根据上述有关原则给买方规定一段额外的履行合同的宽限期，但买方在宽限期内仍未履行，或买方声称他将不在所规定的时间内履行其义务，则卖方可宣告解除合同。

但按《公约》的规定，卖方此权利的行使亦有相应限制：若买方已支付货款，卖方原则上就丧失了宣告解除合同的权利，除非对于买方延迟履行义务，卖方在知道买方履行义务前已解除合同；或者对于买方延迟履行以外的任何违约，卖方在知道或理应知道这种违约后的一段合理时间内宣告解除合同。

4）自行确定货物的规格

按照《公约》第65条的规定，当卖方交货的具体规格本应由买方提供，而买方在一段合理时间内未向卖方提供时，卖方可以自行确定所交货物的规格。但卖方行使此项权利应注意几个问题：①卖方必须按照其所知道的买方的要求订明标的物的规格；②卖方必须将其所订明标的物的规格及其细节尽快通知买方；③必须规定一段合理时间，让买方可以在该时间内订出与卖方所订不同的规格。

5）请求损害赔偿

损害赔偿是违约救济中一种最基本、最常用的救济方法。依《公约》第64～67条的规定，只要因合同一方违约给对方造成损失，无论受损害一方是否已采取其他救济方法，都可以要求损害赔偿，即如果买方违约不支付货款或不受领货物，卖方可以要求损害赔偿。损害赔偿的金额应相当于卖方由于买方违约所造成的包括利润在内的损失。这种损害不得超过买方在订立合同时，依照其当时已知或理应知道的事实和情况，对违反合同预料到的可能损失，有下列两种情况：①如果卖方已以合理方式将货物转售，则请求损害赔偿金额为合同价格与转售价格之间的差额，加上买方违约而造成的其他损失额；②如果卖方没有转售货物，则损害赔偿金额为合同价格与解除合同交货地点的现行市价之间的差额，再加上因买方违约而造成的其他损失额。

6）要求支付利息

按照《公约》第78条的规定，如果一方当事人没有支付价款或其他拖欠金额，另一方当事人有权对这些款项收取利息，且不影响其取得损害赔偿的权利，即如果买方延迟支付货款，则卖方可以要求买方按照延迟时间赔偿延迟支付货款部分的利息损失。

4.3.3 预期违约及救济

预期违约，又称先期违约，是相对于实际违约的一个概念，具体是指在合同规定的履行期到来以前，已有根据预示合同一方当事人将不会履行其合同义务。预期违约包括明示预期违约和默示预期违约两种形态。明示预期违约是指在合同履行期限到来之前，一方当事人无正当理由而明确地向另一方当事人表示将不履行合同。默示预期违约，是指在履行期限到来之前，一方当事人有确凿的证据证明另一方当事人在履行期限到来时，将不履行或不能履行合同，而另一方又不愿提供必要的履行担保。预期违约原本是英美法以判例确立并发展起来的一项特有制度，后来《公约》在第 71 和 72 条也作出了规定，这种违约及其救济对于买卖双方都可适用。相应的救济方法有如下几种。

1. 中止履行合同义务

1）适用情形

根据《公约》第 71 条第 1 款规定，若订立合同后，一方当事人由于下列原因显然将不会履行其大部分重要义务，另一方当事人可以中止履行义务：①一方履行义务的能力或其信用有严重缺陷；②准备履行合同或履行合同中的行为显示其将不履行义务。如果有证据证实另一方当事人处于以上两种预期违约情形，一方当事人可以暂时中止履行其合同义务，但一旦对方提供了履约担保，应恢复履行。

2）中止履行应及时通知对方

中止履行的一方当事人必须及时通知对方当事人将中止履行合同这一事实，并提供对方预期违约的证据。如果对方当事人提供充分的履约担保，则中止方也必须及时恢复履行。

2. 宣告合同无效

宣告合同无效，即解除合同或撤销合同，这一做法适用于以下两种情形：①预期违约构成根本违约；②预期违约方已声明其不履行合同义务。另外，宣告合同无效一方应及时给对方合理的通知。

《公约》关于预期违约的规定，同我国《合同法》第 66 条所规定的不安抗辩权有相似之处，所不同的是，后者适用范围更广，但适用主体仅限于双务合同中先履行合同义务的一方。例如，我国《合同法》第 94 条规定，在履行期限届满之前，如果当事人一方明确表示或者以自己的行为表明不履行主要债务，另一方当事人“可以”解除合同。第 108 条规定，债权人“可以”在履行期限届满之前要求另一方当事人承担违约责任。

4.4 货物所有权与风险的转移

4.4.1 货物所有权的转移

所有权是指所有人依法对自己的财产享有占有、使用、收益和处分的权利，包括占有权、使用权、收益权和处分权四项权能。所有权意味着人对物最充分、最完全的支配，是最完整的物权形式。国际货物买卖中，货物买卖的实质是买卖货物的所有权，即实现货物所有权由卖方向买方的转移。虽然买卖合同使双方当事人之间建立了债权债务关系，但合同的履行则表现为一个动态过程。在此过程中货物所有权何时转移于买方是直接关系到买卖双方权利义务的一个重大问题，即所有权未转移之前，买方仅对卖方享有债权，而所有权转移之后，买方即直接对标的物享有物权。因此，各国法律都对所有权的转移作出了具体的规定，但这些规定分歧很大，以下简要介绍各国的规定。

1. 法国《民法典》

《法国民法典》原则上是以买卖合同的成立决定货物所有权的转移的。《法国民法典》第1583条规定："当事人就标的物及其价金相互同意时，即使标的物尚未交付，价金尚未支付，买卖即告成立，而标的物的所有权亦于此时在法律上由出卖人移转于买受人。"但在审判实践中，一般适用下列原则：①如果标的物为种类物，则必须经过特定化后，其所有权才能转移于买方，但无需交付。所谓种类物，即指仅凭抽象的名称、数量、品质予以限定的物。特定化是指将种类物无条件划拨于合同项下的行为。②如果是附条件的买卖，必须待买方表示确认后，所有权才能转移至买方。③买卖双方可以在合同中规定具体的所有权转移时间，如可以规定所有权必须于货物运达目的地后，或必须于买方支付价金后才转移至买方等。

2. 德国《民法典》

德国法与法国法的规定不同。德国法认为所有权的转移属物权法范畴，买卖合同则属债权法范畴，买卖合同本身并不能使所有权发生转移，所以在其《民法典》中规定，所有权的转移必须订立与买卖合同相分离的物权合同，而且物权合同的生效如为动产须以交付为条件，不动产则须以向主管机关登记为条件。具体而言，在动产买卖中，所有权转移必须具备以下两个条件：①双方当事人除买卖合同外必须另外就所有权转移问题成立物权合同；②必须以交付标的物为必要条件，即必须由卖方将货物交付给买方，才能完成所有权的转移。在卖方交付物权凭证(如提单)的场合，卖方可以通过交付物权凭证来代替实际交货而完成所有权转移。

3. 英国《货物买卖法》

英国《货物买卖法》对所有权转移规则的重大意义主要在于英国法采取"物主承担风险"原则，即所有权和风险同时转移，从而决定了买卖双方的风险分担。英国法将买方违约时卖方可以采取的救济方法分为物权和债权两方面的救济，若所有权已发生转移，则卖方仅可以采取债权方面的救济方法等。具体来说，英国货物买卖法关于货物的所有权转移的问题，主要是区别特定物的买卖与非特定物的买卖两种不同的情况，具体区分如下。

1）特定物买卖的所有权转移

根据英国《货物买卖法》第17条的规定，对于特定物或已经特定化了的货物买卖，其所有权的转移取决于合同双方当事人的意思表示。如果双方当事人在合同中对此未作出明确的规定，则法院可以根据合同的条款、双方当事人的行为以及当时的具体情况来确定所有权是否已发生转移，具体包括以下几种情况：①凡属于无保留条件的特定物买卖合同，并且该特定物已处于可交付状态，则货物所有权在合同有效成立时即发生转移；②特定物买卖合同中，如果卖方还要对货物作出某种行为才能使之处于可交付状态，则货物所有权须于卖方履行了这项行为，并在买方收到相关通知时才转移于买方；③特定物买卖合同中，如果该特定物已处于可交付状态，但卖方仍须对货物进行衡量、丈量、检验或其他行为才能确定其价金者，则须在上述行为完成后，并在买方收到相关通知时，货物的所有权才转移于买方；④当货物是按“试验买卖”或按“余货退回”条件交付给买方时，货物所有权应于买方向卖方表示认可或接受这项货物，或以其他方式确认这项交易，或在合同规定的退货期或合理的时间内未发出退货通知时转移于买方。

2）非特定物买卖的所有权转移

非特定的货物通常是指仅凭说明进行交易的货物。英国《货物买卖法》规定，非特定物必须经过特定化，所有权才由卖方转移至买方。特定化就是把处于交货状态的货物无条件地划拨于合同项下的行为。货物特定化可由买卖双方任何一方提出，征求对方同意。卖方可对货物所有权提出保留，将货物加以特定化只是转移货物所有权的前提，至于把货物特定化之后，货物的所有权是否转移于买方，还必须视卖方有无保留对货物的处分权而定。根据英国《货物买卖法》第19条的规定，以下情况应认为卖方保留了对货物的处分权：①卖方在合同条款中附加条件保留对货物的处分权，此时，当条件不满足时，所有权不发生转移。比如，卖方可规定所有权须于买方付清全部(或部分)货款后才转移至买方。在这种情况下，不论货物是交给买方或是交给承运人以便运交买方，货物的所有权都不随之转移至买方，直至合同规定的付款条件已经得到履行为止。②货物虽已装船，但若提单所填写抬头人为卖方或其代理人，则货物所有权在卖方将提单背书转让给买方或其代理人之前不发生转移。在这种情况下，一切仍然必须取决于卖方是否将提单交付给买方，卖方将提单交给买方时(通常是在买方付款时)，就可以认为卖方有意图把货物的所有权转移于买方。③当卖方开具汇票向买方收取款项，并将汇票和提单一并交付买方要求其承兑或付款时，买方未付款或未承兑汇票而留下提单，所有权并不转移至买方。在这种情况下，如果买方拒绝承兑或拒绝付款，就必须将提单退还给卖方，如果买方非法扣下提单，则货物的所有权也不应因此而转移于买方。

4. 美国《统一商法典》

根据美国《统一商法典》的规定，在将货物确定(即划拨)在合同项下之前，货物的所有权不转移于买方。这是美国关于所有权转移的一项基本原则。就此项原则而言，美国法和英国法的规定是基本相同的。但该法第2—401条规定，除非双方当事人另有明示的约定，货物的所有权应于卖方完成其履行交货义务(实际交付货物)时转移于买方，而不管卖方是否通过保留货物的所有权的凭证(如提单)保留其对货物的权利。因为根据美国《统一商法典》的规定，货物的所有权的凭证一般只起到物权担保的作用，即以此作为买方支付货款的担保，但是这并不影响货物的所有权根据该法典的规定转移于买方。所有权转移的具体时间有以下两种情况。

1）货物需要运输时

合同规定需要卖方把货物运交买方时，如果合同未规定具体的目的地，货物应于装运的时间和地点转移给买方；如果合同中定有明确的目的地，在目的地交货时货物所有权转移至买方。

2）货物不需要运输时

如果合同规定不需要卖方运输货物时，如果合同规定卖方必须把代表该项货物的物权凭证交给买方，则卖方把该物权凭证转让给买方的时间和地点就是所有权由卖方转移给买方的时间和地点；如果订约时货物已确定于合同项下，而且未要求卖方交付物权凭证，则在合同成立的时间和地点货物所有权即转移至买方。

5.《公约》及相关国际贸易惯例

由于各国关于所有权转移规定有较大的分歧和差别，在这个问题上《公约》一时难于统一，因此《公约》第4条(B)款明确规定，该公约不涉及买卖合同对货物的所有权可能产生的影响。《公约》只是原则性地规定卖方有义务将货物的所有权转移于买方，并保证所交付的货物必须是第三人不能提出任何权利或请求权的货物，而对所有权转移给买方的时间、地点与条件，以及买卖合同对第三人的货物的所有权所产生的影响等问题，都没有作出任何规定。

在国际货物贸易中，影响较大的国际贸易惯例有“INCOTERMS 2000”、1932年的《华沙—牛津规则》以及“UCP 500”等。在这些国际贸易惯例中，只有国际法协会的1932年《华沙—牛津规则》对所有权转移的时间和条件作出了具体的规定。该规则的第5条规定，在成本、保险费加运费(CIF)术语下，货物所有权的转移时间是卖方移交装运单据即提单的时间。虽然该条只对CIF合同的所有权转移作出了规定，但通常认为其规定适用于卖方有义务提交提单的所有装运港交货的术语，即据该规则实际上可以适用于CIF、FOB、CFR等术语成交的合同中，货物所有权于卖方提交提单时转移至买方。对于卖方没有提供提单义务的其他合同，如工厂交货合同，一般可以推定，货物的所有权在卖方将货物交由买方支配时转移于买方。

4.4.2 货物风险的转移

货物风险是指货物可能遭受的各种意外毁损、灭失，如盗窃、破碎、渗漏以及货物的腐烂变质、火灾、船舶触礁甚至沉船等。由于国际货物买卖比国内货物买卖的风险大得多，因此货物风险的转移对买卖双方意义重大。货物风险的转移，是指因风险导致的货物损失何时由卖方转移至买方，这其中最主要的是风险转移的时间。各国国内法关于买卖合同中货物风险转移的规定最具代表性的有两类：第一类是物主承担风险原则，采用此原则的国家主要有英国、法国等。按照该原则，风险应由对货物享有所有权的一方承担，即在货物所有权转移买方之前，货物风险由卖方承担；而在货物所有权转为买方所有时，不论货物是否交付，风险由买方承担。这实际上就是所有权和风险同步由卖方转移给买方，风险转移的时间和地点也就是所有权转移的时间和地点。第二类是交付决定所有权转移原则，采用此原则的国家较多，主要有美国、德国、奥地利及斯堪的纳维亚各国，其中以美国《统一商法典》为代表。按照这一原则，风险的转移一般只取决于货物的交付，交付之前风险由卖方承担，之后由买方承担，而与所有权转移无关。中国《合同法》第142条所规定的基本原则也是如此，但后面各条中还有详细规定。

1. 美国《统一商法典》

按照美国《统一商法典》的规定，买卖双方当事人可以通过协议划分双方承担风险的界限，也可以采用贸易术语来确定各自应承担的风险，因为贸易术语中虽未涉及货物所有权的转移(除《华沙—牛津规则》外)，但却包含了具体的风险转移的规则。对于双方未通过以上方法确定风险的划分时，美国法律规定了以下两种情况。

1) 没有违约情况下的风险转移

(1) 货物需要交由承运人运输的情形。如果买卖合同授权或要求卖方把货物交由承运人运交买方，但并不要求卖方把货物交到某个特定的目的地时，则货物的风险应于卖方把符合合同的货物采用适当的方式交付给承运人时起转移于买方。如果买卖合同要求卖方把货物交到指定的目的地时，则货物的风险取决于卖方在目的地向买方交货并让买方能够受领货物时才转移于买方。

(2) 货物已存于受托人处不需移动即可交货的情形。此时货物风险何时转移，视受托人是否已出具可转让的物权凭证而定。如果已出具可转让的特权凭证，则自卖方将该物权凭证交给买方时起，风险转由买方承担；如果没有出具可转让的物权凭证，则应经过一段合理时间，在该受托人承认买方有权占有货物时，货物风险才转移给买方。但是，如果受托人拒绝按照单据上的指示交货，则风险仍应由卖方承担。

2) 违约情况下的风险转移

(1) 卖方违约情况下的风险转移。当卖方所提供或交付的货物与合同规定不符，致使买方有权拒收货物时，则在卖方消除货物缺陷或买方接受货物之前，风险仍由卖方承担；如果买方有正当理由撤销其对货物的接受，买方必须在保险合同所不包括的限度内，认为卖方自始就承担了货物灭失的风险。

(2) 买方违约情况下的风险转移。如果卖方已经把符合合同规定的货物确定在合同项下，而买方在货物的风险尚未转移给卖方以前，拒绝履行合同或有其他违约行为，则卖方必须在保险合同所不包括的限度内，认为在商业上合理的期间内，货物的风险仍应由买方承担。

2. 《公约》

关于货物的风险何时由卖方转移于买方，《公约》所采取的原则与美国法有相似之处，即抛弃了以所有权转移决定风险转移的陈旧习惯，而是原则上以交货时间确定风险转移的时间。《公约》关于货物风险的转移的基本原则有两项：①任何情况下，货物未经特定化，风险不转移；②通常交付时间和地点决定风险转移的时间和地点。但应注意的是，《公约》的规定只是原则性的，具体还应看买卖双方当事人在合同中关于风险转移的时间和条件的规定，尤其是与双方约定的贸易术语关系密切。因合同行为属于民事法律行为，故《公约》提倡遵循“契约自由”的原则。事实上，在国际贸易中也常常是这样，双方约定了贸易术语，就相当于约定了风险转移的时间和地点，如合同采用装运港交货的术语(如 FOB 或 CIF)，则风险应自货物越过装运港载货船舶的船舷时，由卖方转至买方；而如果采用货交承运人(如 FCA)的术语，则风险应于指定地点将货物交于承运人以运交买方时发生转移。

对于双方当事人未在合同中对货物风险转移加以约定的情况，《公约》除以上两项最基本的原则外，还有以下几方面的具体规定。

1）当合同涉及运输时风险的转移

《公约》第67条规定，如果买卖合同涉及货物的运输，但是卖方有义务在某一特定地点交付货物，则自卖方依据合同将货物交由第一承运人运交买方时起，风险即转移于买方承担。如果卖方有义务在某一特定地点将货物交由承运人，则在货物于该地点交给承运人之前，风险不转移给买方。但是卖方有权保留控制货物所有权的单据，这并不影响风险的转移。

应用实例

中国某公司以FOB上海价外销韩国一批货物，货物出口时已由商检机构检验并出具检验证书，在上海港装船时情况良好，但在韩国釜山港卸货时却发现包装破裂，部分产品散失，同时部分货物由于包装破裂而风化。

问题：此时卖方是否应负责赔偿？

评析：根据《公约》及《国际贸易术语解释通则》的规定，在FOB条件下，买方负责装船以后的一切风险，由于货物装船时表面状况良好，则在装船后的风险应由买方承担，卖方不负责赔偿。但是，如果货物损坏确实因卖方包装不良所致，则卖方应承担赔偿责任。

2）货物在运输途中出售时风险的转移

在卖方先将货物装上开往某个目的地的运输工具，再在运输途中寻找适当买主订立买卖合同时，这种交易就是在运输途中进行的货物买卖。处于运输途中的待售货物即为在途货物，在外贸业务中惯称为"海上路货"(floating cargo)。由于这种交易情况较为复杂，因此风险的转移也较难确定。针对这种情况，《公约》第68条规定了3项基本原则：①在途货物的出售，原则上从订立合同时起，风险由卖方转移至买方；②如果有情况表明有需要时，则从货物交付给签发载有运输合同单据的承运人时起，风险就由买方承担；③如果卖方在订立合同时已经知道或理应知道货物已遭受损坏或灭失，而又不将这一事实告知买方，则这种损坏或灭失应由卖方负责，即风险不移转至买方。

3）其他情况下货物风险的转移

由于有些合同并不涉及货物的运输问题，即由买方自行安排运输，对于这种情况货物风险的转移时间，《公约》第69条作出了以下一些规定。

(1) 如果买方有义务到卖方营业地接收货物，则风险自卖方在合同规定交货时间内，将货物交给买方时起转移于买方。

(2) 如果买方有义务在卖方的营业地点以外的某一地点(如某一公共仓库)接收货物时，则当交货时间已到而买方知道货物已经在该地点交由其处置时起，货物风险即由卖方转移于买方。

4）违约对风险转移的影响

《公约》规定的风险转移时间，是在国际货物买卖合同正常履行情况下适用的。但若双方当事人不适当履行合同时，当事人的违约行为对风险的转移是有影响的。前面已经讲述了《公约》第69条规定的买方因没有在合同规定时间内提取货物造成违约时风险转移情况。下面重点讲述卖方违约对风险转移的影响。

(1) 卖方交货不符，但未构成根本违反合同。对货物风险转移的影响按照《公约》的规定，如果卖方交货不符但未达到根本违反合同的程度，买方不能宣告合同无效或解除合同，只能接受货物并要求卖方赔偿损失。这样，买方就不能将货物退还，风险应按照规定正常转移于买方，也可以说，卖方非根本违约对风险没有什么影响，风险应照常转移。

(2) 卖方根本违反合同对货物风险转移的影响。《公约》第 70 条规定：如果卖方已根本违反合同，则上述《公约》第 67、69 条的规定，都不损害买方对这种根本违反合同可以采取的各种补救方法。但对于此项规定，需要注意以下两点：第一，此项规定只适用于卖方已根本违反合同的场合，如果卖方虽有违约行为，但未构成根本违反合同，不能适用此项规定；第二，卖方根本违约不影响风险转移于买方，但买方却可采取包括撤销合同在内的各种救济方法。

本章小结

国际货物买卖合同又称进出口合同或外贸合同，是营业地处于不同国家或地区的当事人之间所订立的货物买卖合同。由于两大法系关于合同的立法差别较大，为了促进国际贸易的发展，先后诞生了《关于国际货物买卖统一法的公约》和《关于国际货物买卖合同成立统一法公约》以及《联合国国际货物销售合同公约》等有关国际货物买卖的国际法律公约。

目前与国际货物买卖合同直接有关的惯例主要有两类：一类是关于规定国际货物买卖某一个方面的惯例，如 1932 年的《华沙—牛津规则》、1941 年的《美国对外贸易定义修正本》及 2010 年的《国际贸易术语解释通则》；另一类是关于规定国际货物买卖合同各方面的惯例，如《国际商事合同通则》。

买卖双方的义务是买卖合同和买卖法的核心内容，当事人通常在合同中已经做出明确规定，但也有一些合同中并未作出规定或规定的不明确，此时关于双方义务的解释就应依据《联合国国际货物销售合同公约》等有关买卖法。卖方的主要义务是按约定交付货物、提交相关单据、向买方转移货物所有权、货物品质担保及权利担保义务；买方的主要义务是支付货款和收取货物。

合同订立后，不论卖方还是买方均有可能因各种原因违反合同规定，构成违约。买卖双方均可针对对方的违约行为采取必要的救济方法和措施，损害赔偿是使用最多的一种救济方法，而且它可以同包括撤销合同在内的其他救济方式共同使用。

国际货物买卖中，货物买卖的实质是买卖货物的所有权和风险的转移，即实现货物所有权和风险由卖方向买方的转移。关于货物所有权的转移，各国法律都作出了具体的规定，但这些规定存在较大分歧。各国国内法关于货物风险转移的规定最具代表性的有两类，即物主承担风险原则和交付决定所有权转移原则。

关键术语

国际货物买卖　品质担保　权利担保　特定物　种类物　预期违约　根本违约　违约金　留置　象征性交货

思考与练习题

一、选择题

1. 根据《联合国国际货物销售合同公约》的规定，当卖方只交付部分货物而未构成根本违反合同时，买方所不能采取的救济方法是(　　)。

A. 退货　　B. 减价　　C. 损害赔偿　　D. 撤销整个合同

2. 根据《联合国国际货物销售合同公约》的规定，在合同已有效成立而又没有明示或默示地规定货物的价格或规定确定价格的方法时，确定货物价金的依据是(　　)。

A. 交货时卖方所在地的合理价格　　B. 交货时买方所在地的合理价格

C. 交货时合同履行地的合理价格　　D. 订立合同时的通常价格

3. 根据《联合国国际货物销售合同公约》规定，买方只有在货物与合同不符构成(　　)时，才能要求卖方交付替代物。

A. 严重违反合同　　B. 轻微违反合同

C. 根本违反合同　　D. 一般违反合同

4. 乙公司对甲公司发价的接受通知于 8 月 5 日从乙地发出，8 月 9 日到达甲公司所在地，8 月 10 日下午到达甲公司传达室，8 月 11 日上午甲公司经理阅及此通知。依《联合国国际货物销售合同公约》，乙公司接受的生效时间是(　　)。

A. 8 月 5 日　　B. 8 月 9 日　　C. 8 月 10 日　　D. 8 月 11 日

5. 依照《联合国国际货物销售合同公约》，对于买方违约时卖方采用的下列补救措施中，表述不正确的是(　　)。

A. 买方不接受货物，卖方将货物售与他人后向买方请求损害赔偿

B. 买方在卖方规定的合理的额外时间内履行合同，卖方仍然请求损害赔偿

C. 买方未在卖方规定的合理的额外时间内履行合同，卖方宣告撤销合同

D. 因卖方撤销合同而致合同中仲裁条款亦无效，卖方直接向法院提起诉讼

6. 根据《联合国国际货物销售合同公约》规定，如买卖合同对风险没有约定，且卖方没有义务在某一特定地点将货物交给承运人，则货物风险转移的时间为(　　)。

A. 卖方将货物交给第一承运人时　　B. 卖方将货物交给买方时

C. 卖方将货物在该特定地点交给承运人时　　D. 卖方将货物起运时

7. 依照《联合国国际货物销售合同公约》规定，如果合同没有明示或默示地规定货物的价格或规定确定价格的方法时，应(　　)。

A. 按交货时的合理价格来确定货物的价格

B. 按提货时的合理价格来确定货物的价格

C. 按照进口国法律规定确定价格

D. 按订立合同时的通常价格来确定货物的价格

8. 《联合国国际货物销售合同公约》规定的主要的救济方法是(　　)。

A. 预期违约　　B. 债务转移　　C. 损害赔偿　　D. 风险转移

9.《联合国国际货物销售合同公约》在接受的生效时间上，原则上采用(　　)。

A. 到达生效　　B. 了解生效　　C. 投邮生效　　D. 发出生效

10.《联合国国际货物销售合同公约》规定，在分批交货合同中，如果一方当事人对其中任何一批货物已构成根本违反合同时，而合同项下的各批货物是相互依存、不可分割的，则买方可以(　　)。

A. 宣告合同对该批货物无效

B. 宣告合同包括该批货物在内的以前各批货物无效

C. 宣告整个合同无效

D. 宣告合同包括该批货物在内的以后各批货物无效

11. 以下对我国与《联合国国际货物销售合同公约》的表述，正确的是(　　)。

A. 我国是该公约的缔约国

B. 我国对该公约作了无保留的接受

C. 我国对该公司提出了一项重要的保留

D. 我国对该公约提出了两项重要的保留

二、思考题

1. 简述中止合同与解除合同的区别及其各自适用的范围。
2. 简述卖方的品质担保和权利担保。
3. 简述卖方违约时买方的救济方法。
4. 简述买方违约时卖方的救济方法。
5. 简述各法系关于买卖合同中货物所有权转移原则的规定。
6. 简述两大法系中货物所有权转移与风险转移的关系。

三、案例分析

1. 中国某进出口公司于1990年12月10日与伊朗签订了一项石油进口合同，价格条件为FOB价，后来因海湾战争爆发，我方接货货轮无法驶抵伊朗，到1991年4月海湾战争结束后，我方才能派船接货，而外商以我方未能按期接货为由，要求我方赔偿其仓储费。

问：(1) 外商的要求是否合理？

(2) 我方应如何办理？

2. 某批发商A出售了一吨带皮的腌肉给B食品有限公司，在这批货物运抵目的港码头时，B公司本来有机会进行检验，但他们没有利用这一机会，而是把货物运到了B公司所在地的仓库，在仓库里B公司发现这批肉不符合合同的规定，因而拒收货物，并通知银行停付他们开给卖方支付货款的支票。卖方A公司凭支票对买方B起诉，B公司则以卖方交货不符合合同要求为由对A公司提出反诉，请求损害赔偿。

问：(1) 买卖双方哪一方违约？

(2) 法官判决的依据是什么？

3. 我国某地新兴皮具厂生产的皮箱式样美观，结实耐用，用料考究，于20世纪90年代中期打入马来西亚市场，成为当地主要的出口创汇产品。1999年1月2日，马来西亚狮王家具行向新兴皮具厂发出购买皮箱的要约，要求订购1 000只皮箱，并对皮箱的式样、用料提出了特殊要求，还要求皮箱必须在

3月1日之前交货。新兴皮具厂接受了该要约，双方于1月10日正式签约。签约后，家具厂即按照对方的要求开始生产。然而2月1日，皮具厂收到狮王家具行的传真，声称皮具厂是乡镇小厂，生产能力低，不可能按时履行合同，为防止皮具厂预期违约，决定对合同宣告撤销。皮具厂收到传真后，立即给狮王家具行回电话，说明至2月10日已生产出900多只皮箱，按照这个生产速度，截至交货日，完全可以完成，狮王家具行仅因为推测缺乏证据，因此无权撤销合同，这种行为与《联合国国际货物销售合同公约》中对预期违约所作的救济方式不符，希望狮王家具行按双方签订的合同履行自己的义务。狮王家具行对此未予答复。2月28日，皮具厂电告狮王家具行，1 000只皮箱已按要求完全完工，请做好提货准备。但狮王家具行回传真说：合同早已撤销，不准备提货。新兴家具厂遂于4月1日同北京中国贸易仲裁委员会提请仲裁。

问：(1)《公约》关于预期违约是如何规定的？

(2) 马来西亚狮王家具行主张我国皮具厂预期违约是否成立，为什么？

4. 我国南方某公司A与德国某公司B签订一份茶叶买卖合同，按卖方A公司仓库交货条件买卖，数量为100吨，总价值30万美元。合同中规定买方B应于2010年9月份提取货物，卖方A于2010年9月1日已将提货单交付给了买方，买方B也付清了货款。但是，B公司直到2010年9月底尚未提走货物，于是卖方将货物搬移至另一地方存放。当买方于10月中旬来提货时，发现该存放地另存有牛皮，因茶叶与牛皮存在同一地方，部分茶叶已与牛皮串味，失去了商销价值。买卖双方为此发生争议。

问：(1) 本案中买方和卖方存在违约行为吗？

(2) 违约方应负何种责任？

第5章 代 理 法

本章教学要点

知识要点	掌握程度	相关知识
代理关系中代理人、本人、第三人各自的权利和义务	重点掌握	代理人、本人、第三人的关系
代理权的产生、代理关系的终止和无权代理	掌握	大陆法系和英美法系关于代理权的问题
代理的概念、特征和种类	熟悉	大陆法系和英美法系关于代理的解释
几种特殊的代理制度	了解	国际贸易中的代理制度

导入案例

1980年，某国一家出口商根据当地市场销售情况，建议我国某家进出口公司生产一种成药，条件是要求作为销售该货物的独家代理，我国进出口公司欣然同意，并与该商人签订了独家代理协议。后来，当另一公司委托该进出口公司生产并供应该种货物时，该进出口公司又与某国另一家商人签订了该商品的独家代理协议，于是形成了一种商品在当地有两家“独家代理”的情况。

问：我国某进出口公司是否违法？

5.1 代理法概述

代理制度已有悠久的历史，是商品经济发展的产物。在中世纪就出现了以代理人的名义为他人从事代理活动的代理商。在资本主义制度下，随着商品经济的进一步发展，交易活动日益复杂，人们因为时间、空间、精力、才能等条件的限制，难以事必躬亲，所以代理制度有了很大的发展，同时在大量实践的基础上形成了有关代理制度的理论，在法律上也确立起代理人的法律地位。

代理制度在民法或商法中都是一项重要的普遍的法律制度。在商事活动中，由于它能节省流通费用和交易费用，有效地降低了交易成本，为商事活动提供了很大的便利，因此被广泛运用于国内外货物的买卖、运输、保险、支付、证券等各项交易活动中。

5.1.1 代理的概念和特征

1. 代理的概念

大陆法系和英美法系对代理的理解和规定有着较大的差异，较难给出统一的概念。根据1983年《国际货物销售代理公约》和国际代理实践，可以给代理下一个一般的定义：所谓代理(agency)是指代理人(agent)依照被代理人(principal)(又称本人或被代理人)的授权，代表本人同第三人订立合同或实施其他法律行为，由此而产生的权利义务直接对本人发生效力的法律制度。

在代理法律关系中，至少有三方当事人，即被代理人(又称本人或被代理人)、代理人(受托人)和第三人(相对人)。代理人就是受本人委托替本人办事的人，第三人泛指代理人为完成代理任务而与之打交道的一切人。

在代理的概念上，大陆法系和英美法系存在不同的认识。

大陆法系的代理制度将"委任"与"授权"严格区分开来。委任是被代理人(本人)与代理人(受托人)之间的关系，为一方授权他方以被代理人的名义处理其事务的行为，委任契约须经受被代理人的承诺而成立称作"内部关系"；授权是代理人根据被代理人的授权与第三人为民事行为的权利，称作"外部关系"。即使委任关系宣告无效或撤销，授权行为仍然存在，代理人与第三人订立的合同仍然有效，被代理人对此仍然必须负责。授权行为与委托合同相互独立。实际上，大陆法系的代理可简言之为"代表他人为民事行为"。

英美法系的代理概念是建立在把本人与代理人等同的基础之上，认为代理是代理人与当事人双方之间的关系，是双方同意的一个人代表另一个人行事的关系。英美法系的代理即指代理人根据被代理人授权而与第三人为民事行为时，该代理人与被代理人之间的法律关系。英美法系除了明示授权的代理以外，还有默示的授权，即只要本人的行为使人认为某人是其代理人，并与该代理人订立了合同，则这种合同对本人具有约束力。

我国《民法通则》以及《合同法》均对代理制度作出了规定。《民法通则》的规定是一般性的原则规定，而《合同法》的规定是在《民法通则》的基础上引进了西方一些国家代理制度的内容。

2. 代理的特征

大陆法系与英美法系在代理的定义上虽然存在差异，但对代理的基本特征的表述有许多相同之处。

(1) 代理人必须以被代理人的名义进行活动。代理人代表被代理人为法律行为，必须经过被代理人授权，否则对被代理人不发生法律效力。并且，代理人应亲自进行法律行为，故应具有一定的法律行为能力。

(2) 代理人必须在被代理人的授权范围内行使代理行为。代理人在被代理人的授权范围内行事，其行为就对被代理人具有约束力。代理人如果根本就没有代理权或超越被代理人的授权范围从事民事活动，即构成无权代理，其行为结果对被代理人不具有法律约束力，由代理人自己承担相应的法律后果。

(3) 代理行为的法律后果直接归属于被代理人。代理人在代理权限内所行使的一切行为所产生的权利义务关系应由被代理人承受，而代理人一般不承担个人责任。

(4) 代理人可以在代理权限内独立为意思表示。代理是代理本人行使法律行为，而法律行为是以意思表示为要素。因此，代理人在行使法律行为时，必须向第三人作出意思表示。

代理人要根据被代理人的授权和第三人提出的条件，独立决定。

5.1.2 代理的种类

代理按不同的标准可以有不同的划分，常见的代理分类有以下几种。

1. 直接代理和间接代理

这是大陆法系常见的划分。直接代理是指代理人在代理权限内，以本人的名义同第三人订立合同，直接对本人产生法律效力的代理。间接代理是指代理人为了本人的利益，在向第三人为意思表示时既不披露本人姓名或名称，也不表明自己是代理人，而是以自己的名义实施法律行为的代理。

直接代理一般被称为商业代理，间接代理是一种经纪关系或行纪关系，不属于代理法调整范围。因此，大陆法国家的民法基本上都未规定间接代理。区分的理由主要在于间接代理不像直接代理那样将代理行为的后果直接归于本人，而是间接地实施该种行为，即先由代理人自己对第三人承担一切后果，再由代理人将这些后果转移给本人。

2. 显名代理、隐名代理和未披露本人身份的代理

这是英美法中根据代理人从事代理行为时是否披露本人的姓名和身份而常见的几种划分。

显名代理，又称公开代理，是指代理人在进行代理活动时既表明本人的存在，也公开本人姓名的代理，就是在合同中明示有代理关系和被代理人存在。在这种情况下，代理人既不享有合同的权利，也不承担合同的义务和责任。同时，第三人也知道自己是在与被代理人订立合同。

但是这一判例原则也有例外情况：代理人以自己的名义签发了汇票而未指明其代理人身份；代理人与被代理人实际上为同一人；依商业惯例，代理人负有个人责任的情况下，代理人也应承担责任。

隐名代理，又称半公开代理，是指代理人在进行代理活动时只公开被代理人的存在，而不公开被代理人姓名的代理，如写明“买方代理人”或“卖方代理人”。在这种情况下，代理人一般不承担责任。例如，英国法规定，在隐名代理中代理人与第三人所订的合同，应由本人对合同负责。但近年来，英国的一些判例也主张代理人对其所订合同承担个人责任。

未披露本人身份的代理是指代理人在进行代理活动时根本不披露代理关系的存在，更不公开本人的姓名，而是以自己的名义与第三人进行交易的代理。它既不明示是以被代理

人的名义，也不明示是为被代理人的利益，而是以自己的名义独立进行意思表示。第三人只知道合同的对方是代理人而不知其他。这种代理与大陆法中的间接代理相似。

3. 一般代理和承担特别责任的代理

这是根据代理人是否对本人或对第三人承担个人责任而划分的。在通常情况下，代理人在授权范围内与第三人签订合同后，该合同的权利义务全部由被代理人对第三人承担，代理人不必对第三人承担个人责任。但是在国际贸易实践中，由于被代理人和第三人分处不同的国家，互相对彼此的资信状况和经营作风互不了解，而对与其有经常往来的代理人较熟。因此，为了保证本人与第三人的交易安全和加强代理人的责任，根据各国法律和商业习惯，承认某些代理人在一定的条件下须对本人或对第三人承担个人责任，这种代理就是承担特别责任的代理，如信用担保代理人、保付代理人、保险代理人、运输代理人、保兑银行等。这些承担特别责任的代理行为适用特别法的规定。

此外，根据代理业务的内容不同还可将代理分为商业代理、房地产代理、保险代理等。

5.1.3 有关代理的国际立法

代理法律制度，是指调整有关代理关系的法律规范的总称。各国都十分重视代理与代理人的法律地位问题。为了调整其法律关系，各国都通过立法手段，确认代理制度，规范代理制度的规则。各国的代理法律制度大都体现在民法典、商法典或专门法，以及相关判例法之中。

国际商事代理法是调整国际商事代理法律关系的法律规范的总称。目前并没有各国认可的统一的国际代理法公约。国际商会、私法协会等为建立统一的国际代理法公约不断努力，也取得了一些成果。目前，规范代理关系的立法主要包括国际公约、国际惯例及各国的国内立法。

1. 国际公约

目前，有关的国际公约有1961年的《代理统一法公约》、《代理合同统一法公约》和1983年的《国际货物销售代理公约》，这3个公约都是由国际统一法协会制定的，目前尚未生效，但是因为其中归纳了很多国家的共性规定，所以受到国际商法学界的重视。其中《国际货物销售代理公约》仍然被认为是到目前为止，最为重要的关于代理的国际公约。

到目前为止，已经生效的国际公约只有欧共体于1986年12月18日制定的《关于协调成员国自营商业代理人法指令》。从1994年开始，欧盟所有成员方适用于自营商业代理人与本人之间的关系的规则必须符合该指令。除此之外，规范商事代理关系的国际公约还有1967年的《运输代理人公约》，1988年渥太华外交会议通过的《国际保付代理公约》。

2. 国际惯例

目前国际上还不存在规范化的、专门适用于商事代理关系的国际惯例。1960年国际商会制定的《商业代理合同起草指南》，对于促进国际商事活动中被代理人与代理人之间的合同关系具有一定的积极作用。但是由于它的调整范围仅仅局限于代理人和被代理人之间的关系，而不涉及代理人和第三人以及被代理人与第三人之间的关系，因此是不完整的。

3. 国内立法

大陆法系国家关于代理关系的法律规范主要体现于民商法典中，也有一些国家制定了专门调整商事代理关系的单行法，如德国的《商业代理法》和法国的《法国商法典》。在英美法系国家，英国早在1889年就制定了《商代理人法》，1971年又专门制定了《代理权利法》。美国于1953年制定了《商法典修订法(商业代理法)》。同时，英美法国家还有许多有关代理方面的判例法，调整代理关系的法律规范主要是判例法。中国调整代理关系的法律规范主要体现在《民法通则》和《合同法》中。

5.2 代理权的产生与代理关系的终止

5.2.1 代理权的产生

关于代理权的产生，大陆法系、英美法系国家和中国法的法律规定各有不同，现分别介绍如下。

1. 大陆法系

1) 法定代理

法定代理是指代理人由于事实上或法律上不能为法律行为时，根据法律的规定直接获得代理权的代理。它主要是为保障无行为能力人、限制行为能力人(如未成年人、精神病患者)或商事组织而设立的代理方式。具有这种代理权的人称为法定代理人。法定代理人的产生主要有以下几种情况。

(1) 根据法律的规定而享有代理权。例如，父母对于未成年的子女有代理权，父母可依据此项权利代替未成年子女进行接受遗产、起诉或应诉以及其他对未成年人有利的法律行为。

(2) 根据法院的选任而取得代理权。例如，法院指定的法人清算人。

(3) 因私人的选任而产生的代理权。例如，亲属所选任的监护人及遗产管理人等。另外，公司法人本身不能进行活动，必须通过代理人来处理各种业务。法律通常规定公司董事就是公司法人的第一位的代理人。在合伙企业中，每个合伙人都有权作为合伙企业和其他合伙人的代理人。但是，关于第一位代理人的权力，德国法和英国法的规定有所不同，德国法规定，法人第一位代理人的权力是由法律规定的；英国法规定，法人第一位代理人的权力是由法人章程规定的。

2) 意定代理

意定代理也称委托代理，是指由被代理人的意思或者行为表示而产生的代理。它是代理关系中最常见、适用最广泛的一种方式。它在国际商事交易中应用尤为广泛，如委托商业代理人进行买卖、保险等商事合同的签订、履行，委托律师代理进行诉讼等。被代理人的授权意思表示具有以下特征：①该意思表示必须是一种有相对人的意思表示。可以向代理人表示也可以向第三人表示。其中被代理人向代理人为意思表示的，为内部授权；向作为代理行为相对人的第三人为意思表示的，为外部授权。②该意思表示无形式上的要求。可以采取口头方式，也可以采取书面方式。但在一些特殊情况下，大陆法系国家要求授权的意思表示必须用特定形式。

2. 英美法系

1）明示授权

明示授权又称协议代理，是英美法系国家代理权产生的最普遍形式，指本人以明示的方式授予代理人以代理权。这种代理的授权在一般情况下，无论是书面形式或口头形式均为有效。但如果委托代理人代订要式合同，如转让不动产，则授权书须采用签字蜡封形式，须持有本人盖印并指明其代理权的“授权书”。

根据英国1971年的《授权委托书法》，某些代理关系必须采用书面形式，有些还必须采取契据的方式。例如，英国法院认为，代理人如果没有书面代理合同，就无权为被代理人取得衡平法上的土地所有权。

2）默示授权

默示授权又叫推定代理，是指本人虽未明示授权，但其行为或言论使另一人推断自己有代理权，也使第三人相信代理人有代理权。其协议不必完全由文字构成。它可由文字或行为或身份或惯例或由这几种结合而构成，只要从这些推断同意存在即可。默示授权要以明示授权的存在为条件，代理人的明示代理权，除有特别限定外，一般都附带着默示代理权，但默示代理权不得与明示代理权相冲突。

默示授权对本人具有约束力。例如，甲经常让乙替其向丙订货，并向丙支付货款，但甲乙之间并无签订代理合同。在这种情况下，乙便具有默示的代理权。如果日后甲不让乙以其名义订货，则甲除通知乙外，还应通知第三人丙，否则如果乙仍继续以甲的名义向丙订货，甲仍需对丙负责。在英美法上，这又叫做“不可否认的代理”。

默示代理一般在被代理人委托代理人在一定时期内代理一定种类的事务中常有发生，但是为被代理人办理一定的事务的特殊代理人，则无默示代理权。另外，在合伙人之间，任何一个合伙人依合伙经营方式订立的合同对其他合伙人均可产生默示代理关系。

3）客观必需的代理

客观必需的代理也称为紧急处分的代理，是指在特定紧急情况下，受托照管他人财产的人，以代理人的身份为保全财产而采取必要的行动。在这种情况下，虽然受托管理财产的人并没有得到采取此种行动的明示的授权，但由于客观情况的需要视为具有此项授权。

根据英美法判例，行使这种代理权应具备以下几个条件：①行使代理权时必须是实际上和商业上所必需的。②代理人在行使这种代理权前，无法同本人取得联系以得到本人的指示。③必要代理人的行为必须是从善意出发，并且必须考虑到所有有关各方当事人的共同利益。

要取得这种代理权是相当困难的，英美法院一般不愿意不适当地承认这种代理权。例如，英国在1921年“斯波林格诉铁路公司案”中，原告从海外购买了一批西红柿委托被告运到伦敦。但在货运过程中，由于工人罢工而使货物即将腐烂，承运人于是自行决定将其就地出售。法院判决：被告虽然出于善意，保护了原告的利益，但是被告出售西红柿时是有充分的时间和条件将情况告之原告而未联系原告，却私下处理他人货物，因此，被告应对原告的损失承担责任。

4）追认的代理

追认的代理是指代理人未经授权或超出了授权范围，以被代理人的名义实施了代理行为，事后该行为得到了被代理人的追认。追认行为即追认的效果溯及被追认行为开始时。追认可以在第三人不知道或不同意的情况下进行，但追认不得破坏或损害第三人在追认时的既得利益。追认必须具备以下几个条件：

（1）代理人在同第三人订立合同时，必须声明是以代理人的身份进行的。

（2）代理人在同第三人订立合同时，已经指明了被代理人的姓名或被代理人的姓名可以确定。

（3）追认该合同可以由被代理人追认，也可以聘用另一代理人去追认，但被代理人必须具有法律上的合同能力。

（4）被代理人在追认时，必须充分了解被追认的无权代理或越权代理的全部真实情况，否则被认可的行为也不产生法律效力。

（5）追认必须是全部追认，被代理人不能只追认有利的部分而否认不利的部分。

（6）追认的时间，应该是在某行为的有效时限内，凡是有时限规定的，应在时限内追认。

（7）追认的形式，可以以文字明示追认，也可以以行动默示追认。

3. 中国法

中国法律关于代理的规定主要编于《民法通则》、《合同法》和《外贸法》等。根据《民法通则》的规定，代理权产生方式主要有委托产生、法定产生和指定产生，与之相应，代理可以分为委托代理、法定代理和指定代理。前两种方式与大陆法系国家的法律规律基本一样。

1）委托代理

委托代理的代理权是指代理人根据被代理人的委托而进行代理时的权利。委托可以是口头委托、书面委托或其他方法，委托成立便形成委托代理权。但法律规定书面的代理权的发生应当依书面材料为依据。

2）法定代理

法定代理是指基于法律的直接规定而发生的代理。在法定代理中，代理权的授予基于法律的直接规定。法定代理主要适用于被代理人为无行为能力人或限制行为能力人的情况。

3）指定代理

指定代理是指人民法院或有关单位的指定而进行的代理。这种代理发生于人民法院或有关单位的指定，但前提是没有委托代理人或法定代理人。

5.2.2 无权代理

无权代理主要是大陆法的提法，是指在没有代理权的情况下以他人名义实施的民事行为的现象。无权代理并非代理的种类，而只是有代理的表象却因其欠缺代理权而不产生代理效力的行为。英美法没有无权代理的规定，而是将大陆法国家规定的无权代理称为违反有权代理的默示担保。依英美法的解释，当代理人同第三人实施法律行为时，代理人对第三人即产生一项默示担保，即保证自己是有代理权的。例如，某人未经本人授权或超越授权范围或在代理权消灭后实施代理行为，而又未得到本人的追认，那么他就是违反了有代理权的默示担保，第三人就可对他提起诉讼，而该无权代理人必须对第三人承担责任。

无权代理有广义和狭义之分。广义的无权代理包括表见代理和表见代理以外的无权代理。狭义的无权代理仅指表见代理以外的无权代理。在中国，无权代理一般指后者，即没有代理权、超越代理权或者代理权终止后所进行的代理。

1. 表见代理

1）表见代理的概念

表见代理是大陆法的概念，是指虽无代理权但表面上有足以使人信为有代理权而需由本人负授权之责的代理。表见代理的代理权有欠缺，本属于无权代理，因本人行为造成表面上使他人相信有代理权的存在，在善意相对人的信赖利益和本人利益之间，信赖利益涉及交易安全，较本人利益更应保护。所以，表见代理发生有权代理之效果，即由本人而非行为人负代理行为的效果。例如，甲公司长期委任乙为总代理与丙公司交易，后甲撤销了对乙的授权，却未通知丙，乙此后再以甲的名义与丙订立合同，即为表见代理。为了维护交易安全，或因为善意第三人的利益远较本人的利益更值得保护，许多国家的法律都规定在表见代理的情况下，本人不得以未授权为由对抗善意第三人。

2）表见代理的条件

依照大陆法系各国代理法的规定，表见代理的成立还应具备以下条件。

(1) 以本人名义为民事法律行为。包括以本人名义实施意思表示或受领意思表示。

(2) 行为人无代理权。表见代理是广义无权代理，行为人若有代理权，适用有权代理的规定，即使代理权有瑕疵，也只能适用狭义无权代理的规定，与表见代理无关。

(3) 客观上有使第三人相信表见代理人有代理权的情事。所谓“情事”，一般是指本人与代理人存在一定的关系，如本人的明示或默示授权、对代理权进行限制或授权不明等。

(4) 第三人主观上必须为善意，且无过失。如果第三人明知他人为无权代理而与其订立合同，即第三人出于恶意；或者第三人应当知道他人为无权代理却因过失而不知道并与其订立合同，即第三人有过失，则不能构成表见代理。

(5) 无权代理人所为的行为不能是违法行为。

3）表见代理的效力

发生有权代理的效果。即因行为人之行为，在本人与相对人之间发生权利义务关系，本人不得行使无权代理之撤销权和其他抗辩权，不得以行为人具有故意或过失为理由而拒绝承受表见代理的后果，也不得以自己没有过失作为抗辩，对行为人表见代理的效果按有权代理承受。

相对人有撤销权。表见代理旨在保护相对人的利益，相对人对于表见代理应享有选择权。可以按狭义无权代理，享有撤销权；亦可按表见代理，接受与本人的民事法律行为，与本人之间发生权利义务关系。

2. 狭义的无权代理

1）概念

狭义的无权代理是指行为人完全没有代理权，也没有足以使第三人相信其有代理权的事实和理由，完全是无根据的以被代理人的名义为民事行为，又称为真正的无权代理。这种狭义无权代理行为，非经本人追认，对本人没有任何约束力。如果善意第三人由于无权代理人的行为而遭受到损失，那么，该无权代理人应对善意第三人负责。但是，如果该第三人明知其无代理权而与其为民事行为，则法律不予保护，且其应与代理人对本人负连带责任。该无权代理人应对善意的第三人负责。所谓“善意”是指第三人不知道该代理人无代理权。如果第三人明知代理人没有代理权而与之订立合同，则第三人不受法律保护。

2）类型

狭义无权代理，是不属于表见代理的未授权的无权代理、越权的无权代理、代理权终止后的无权代理的情形。

(1) 未授权的无权代理。未授权的无权代理是指既没有经委托授权，又没有法律上的根据，也没有人民法院或者主管机关的指定，而以他人名义实施民事法律行为的代理。

(2) 越权的无权代理。越权的无权代理是指代理人超越代理权限范围而进行的代理行为。

(3) 代理权终止后的无权代理。代理权终止后的无权代理是指代理人因代理期限届满或者约定的代理事务完成甚至被解除代理权后，仍以被代理人的名义进行的代理活动。

3）效力

由于无权代理行为未必对本人或第三人不利，但为了维护交易安全和保护善意第三人的合法权益，各国法律均认为无权代理行为并非绝对不能产生代理的法律效果。

(1) 被代理人有追认权和拒绝权。大陆法认为狭义的无权代理行为在未经被代理人追认之前，其效力处于不确定状态。被代理人的追认可以补足无权代理行为所欠缺的代理权，使无权代理转化为有权代理，发生法律上的效力。否则，被代理人则不承担任何法律后果，所有后果由行为人自己承担。

(2) 相对人催告权和撤销权。催告是由善意第三人向被代理人发出，要求被代理人在确定的期限内答复是否予以追认，第三人所享有的这种权利称为“催告权”。催告权旨在防止被代理人无限期的不作选择而对第三人的利益造成不平衡，从而使第三人摆脱只能被动地等待本人的追认的处境。撤销是允许善意第三人在被代理人作出追认以前撤回其对无权代理人所为，这种权利被称为“撤回权”。撤销权旨在保护善意相对人的利益，故须是善意相对人才能享有，若是恶意相对人，就有“串通”之嫌，适用滥用代理权的规定。催告权和撤销权只需相对人一方意思表示即生效。

(3) 行为人之无权代理行为。如确是为“本人之利益计算”，且符合无因管理法律要件时，在本人与行为人之间可构成无因管理之债；反之，如造成本人损害的，在本人与行为人之间发生损害赔偿之债。

总之，无权代理人是否需要承担责任，主要看第三人是否知情。如果第三人不知情，无权代理人就要对第三人承担责任。反之，如果第三人明知该代理人没有代理权而与之订立合同，无权代理人就不承担责任。在这一点上，大陆法系各国的规定是一致的。

应用实例

张某是农业养蚕专业户，1996 年 5 月，张某与自称为“侨美”丝绸厂业务员的王某签订了蚕茧购销合同，合同规定，由张某 6 月底将总价款 10 000 元的蚕茧送到“侨美”丝绸厂，厂里验收后付款。王某以经办人身份在合同上签字。张某按时将蚕茧送到该厂，该厂对蚕茧验收后入库，让张某 10 天后取款。10 天后，张某到该厂取款。该厂厂长马某说，王某未经领导同意，在外乱签合同已经被我厂除名，厂里不能付款，你只能找王某解决。

问题：王某是否有代理权？为什么？谁应对合同承担责任？承担哪些责任？

评析：王某在签订合同时无代理权，但丝绸厂验货入库，表明对合同已经默许并开始履行，即对王某的行为予以追认，无权代理行为经追认后具有代理的法律效力，故合同生效，丝绸厂应该对合同承担责任，将货款交给张某，并偿付逾期付款的违约金。

（案例来源：王玲，郑敏．国际商法．北京：清华大学出版社，2004.）

5.2.3 代理关系的终止

依照各国法律的规定，代理可以通过两种方式终止。

1. 依据当事人的意志终止代理关系

代理关系可以依双方当事人的协议而告终止。主要有以下几种情况：①有代理期限的，合同规定的期限届满代理关系则终止；②代理未规定有效期限的，双方当事人可以在任何时候通过协商来终止协议。③本人单方撤回代理权。

关于本人能否单方面撤回代理权的问题。根据各国法律，原则上均允许通过单方行为终止代理关系。但是由于国际商事代理的营利性，代理关系因单方行为而终止，很可能给对方造成损害，不利于国际商事活动的开展，各国对这种单方撤回代理权的行为有一定的限制。根据有些大陆法系国家的规定，被代理人在终止代理合同时，必须在相当长的时间以前通知代理人。例如，法国法律规定，对于与代为招揽业务的代理人所订立的合同，凡合同中未规定期限者，本人在终止合同以前必须向该代理人预先发出通知。预先通知的期限在订约后的第 1 年为 1 个月、第 2 年为 2 个月、第 3 年为 3 个月。其他国家，如瑞士、意大利、荷兰等国也有类似规定。这些规定都是强制性的，但是如果当事人在代理合同中规定有终止期限，则应按合同规定办理。

英美法对单方撤销代理权则有严格限制。根据英美法的判例，如果代理权的授予与代理人的利益结合在一起，本人也不能单方面撤回代理权。例如，甲欠乙货款若干，后经商定由乙为甲代销货物，以其代销收款顶抵甲的借款。在这种情况下，代理权就与代理人的利益紧密结合在一起，甲在其欠款清毕之前，就不能单方撤回乙的代理权。

2. 根据法律终止代理关系

根据各国法律规定，有下列法定情形之一时，代理关系依法终止。

(1) 被代理人死亡、破产或丧失行为能力。某些大陆法系国家规定，该情形只适用于民法中代理权的终止，而商法中的代理权，不因被代理人的死亡或丧失行为能力而消灭。

(2) 代理人死亡、破产或丧失行为能力。各国法律规定，该种情形下无论民法或商法中的代理权均因之消灭。无论是民事代理或商事代理都应归于终止。

(3) 履行不可能或嗣后违法。在代理关系确立之后，因为法律的改变或者特定法律事实的发生，如标的物灭失、毁损，使得代理目的无法实现，代理关系即告终止。

3. 代理关系终止后的法律效果

代理关系终止后会产生两方面的效果。

1) 被代理人与代理人之间的效果

通常，代理关系终止后，被代理人与代理人之间的关系一般终止，如仍从事代理活动则属于无权代理。但在商法中为了保护商事代理人的特殊利益，一些大陆法国家在商法中特别规定，在代理权终止后，代理人对于其在代理期间为本人建立的商业信誉，有权请求被代理人予以补偿。因为在代理关系终止后，这种商业信誉将为本人继续带来一定的好处。例如，《德国商法典》规定，在代理关系终止后，代理人可就本人因代理人以前介绍的客户而获得的重大利益或由于代理关系终止将失去的本来可以得到的佣金要求本人给予补偿。法国的《商业代理法》第12条规定："在与被代理人终止代理关系的情况下，商业代理人有权获得补偿金以赔偿其遭受的损失。因代理人死亡而中止合同时，该代理人的继承人亦有权享有获得补偿的权利。"但英美法中没有此规定。

2) 对第三人的效果

当被代理人终止代理合同后，对第三人是否有效，主要取决于第三人是否知情。否则，第三人由于不知情而与代理人订立了合同，则该合同对被代理人仍有约束力。但被代理人有权要求代理人赔偿损失。例如，日本民法典规定，对代理的限制或撤销，不得用以对抗第三人。《瑞士债务法典》规定，撤销代理权之全部或一部分时，须通知第三人后，才能用以对抗第三人。在这个问题上，英美法与大陆法的处理办法基本是一致的。

应用实例

甲长期担任A公司的业务主管，在A公司有很大的代理权限。在甲的努力下，A公司生意兴隆，新老客户遍及世界。后来，由于A公司的董事长嫉妒甲的才能，无理解雇了甲。甲怀恨在心，于是在遭解雇一个月后，继续假冒A公司的名义从老客户B公司处骗得货物，逃之夭夭。B公司要求A公司付款，A公司则以甲假冒公司名义为由拒绝付款。B公司坚持认为在其与甲做生意期间，他并不知甲已被A公司解雇，并且也未收到关于A公司已解雇甲的任何通知，故B公司是不知情的善意第三人，A公司仍应对甲的无权代理行为负责。双方相持不下，对簿公堂。

问题：(1) 按照国际商法的代理法原则，A公司是否要为甲的无权代理行为负责？

(2) 甲是否也要承担责任？

评析：(1) 这是委托人撤回了代理人的代理权后，委托人与代理人之间代理关系的消灭是否对第三人生效的问题。英美法和大陆法的许多国家法律普遍认为，这取决于第三人是否知情。如果第三人知情，第三人就不能要求原委托人对代理人的行为负责；反之，委托人则应负责，以保护善意的第三人的利益。

在本案中，由于B公司对A公司与甲之间在交易前已终止代理关系并不知情，故有权要求A公司对甲的无权代理行为负责。

(2) 甲的行为从商法的角度来看是无权代理行为。在确定了A公司对B公司的付款责任后，甲要向A公司承担还款的责任。如果A公司不承担对B的付款责任，则甲应向B公司承担付款责任。从另一角度上说，甲骗得货物逃之夭夭，若构成诈骗，则同时要负刑事责任。

5.3 代理法律关系

一般情况下，代理包括两种法律关系，即代理的内部法律关系和代理的外部法律关系。内部法律关系是代理关系的基础。

5.3.1 代理的内部关系

代理的内部法律关系，各国都通过国内法来确定。一般情况下，被代理人和代理人之间的权利义务关系通过代理合同来加以确认。大陆法国家的法律规定与英美法国家判例形成的法律原则基本相同。归纳起来，本人与代理人的义务主要如下。

1. 代理人的义务

1）亲自完成代理行为的义务

代理关系是一种信任关系，代理关系是基于人身信任而产生的，代理人的信用、知识和能力是其取得代理权的基础。因此，在一般情况下，代理人不得将其委托权转让给他人。除非法律另有规定，或者合同另有约定，否则代理人就违反对本人的义务。但如果客观情况有此需要，或者贸易习惯上允许转委托，或者已征得本人的同意者，则不受上述规定限制。

2）勤勉地履行代理职责的义务

代理关系建立后，代理人应以勤勉的态度，尽自己的技能履行职责，要求程度视有偿和无偿有所区别。如果无偿代理人因过失造成损失，要向被代理人负赔偿责任，但如无偿代理人因疏忽没有实施代理行为则不负责任；有偿代理人负有更为广泛的义务，其所具有的技能和勤勉程度必须和其完成代理事物所要达到的要求一致，否则就要承担相应的责任。有偿代理人既对代理过程中的过失行为负责，又对不履行代理义务造成的后果负责。

3）对被代理人诚信、忠实的义务

(1) 公开客户资料。代理人应向本人公开其所掌握的有关客户的有关商情和资料，否则，不得进行代理交易，或者被代理人对交易的结果有权拒绝，并对代理人在交易中取得的利益享有请求权。

(2) 不得自我代理或双方代理。自我代理是指代理人以被代理人的名义同代理人自己为法律行为，除事先经过被代理人同意以外，代理人不得自我代理；双方代理是指代理人就同一法律行为同时为本人和第三人的代理人，收取双方的佣金。除非代理人已经向双方被代理人全面披露了各种重要事实，并且征得了同意。当这两种情形发生时，被代理人有权随时撤销代理合同或撤回代理权，并有权要求赔偿损失。

(3) 代理人不得受贿或图谋私利，或与第三人恶意串通损害本人的利益。代理人违反该项义务，被代理人有权不经事先通知而与代理人解除代理关系，或撤销该代理人同第三人订立的合同，或拒绝支付代理人在受贿交易上的佣金，被代理人还可对受贿人和行贿人起诉，要求赔偿由于受贿或行贿订立合同而使其遭受到的损失。

4) 服从指令和传达通知的义务

代理人受托以某种特定方式完成某一特定事项时，必须遵从被代理人作出的一切合法的指示，在发现不能实现被代理人的指示时，应及时通知被代理人。在交易活动中，如果代理人未能遵从被代理人的合法指令，导致被代理人遭受损失的，代理人要承担赔偿责任。如果没有被代理人的具体指示，代理人就应以最好的判断力为被代理人的利益采取行动。代理人在代理期间，第三人送达代理人的通知，同第三人直接送达被代理人的通知，效力是一致的。

5) 保密的义务

代理人不得泄露在代理业务中获得的保密情报与资料。无论合同中有无规定，代理人在协议有效期或代理协议终止后，都不得把在代理活动中获得的保密资料向第三人泄露，也不得由自己利用这些资料同被代理人在业务上进行不正当的竞争。另外，在代理合同终止后，除经双方同意的合理的贸易限制外，被代理人不得无法律依据地限制代理人使用这类资料，因为根据某些国家关于限制性商业做法的法律规定，这种限制是无效的。

6) 向被代理人申报账目的义务

代理人有义务对一切代理交易保留完整的账目，并应根据代理合同的规定或在被代理人提出要求时如实申报账目。申报账目具体包括以下几方面的内容。

(1) 汇报金钱和财产账户的义务。代理人在办理委托事务过程中，必须向被代理人汇报其所得到或持有的被代理人的金钱或财产，并保证汇报账目的准确性。

(2) 财产区分义务。代理人应保护被代理人的财产的独立性，将自己的财产与被代理人的财产区分开来，分别保管。

(3) 如数移交所收款项的义务。代理人有义务根据被代理人的请求，将其代表被代理人而占有和取得的财产移交给被代理人，包括合法和非法取得的全部财产。

(4) 代理人使用被代理人的金钱为自己谋利益，被代理人有诉讼请求权。

应用实例

甲委托乙代其出售他在原籍的三间房屋。乙接受委托，将上述房屋出卖给丙。丙与乙商谈的房价低于市场房价，丙明知价廉，乙也有意让丙占便宜。丙向乙表示：事成后愿赠他1000元。乙写信将出售房屋之事告诉了甲。由于甲不知当地售房的价格，又过于相信乙，即复信同意出售，并委托乙代理签订房屋买卖合同。合同签订后，乙将丙所付售房价款汇给甲。丙买得该房后，即将房屋拆除，准备翻建新房。房屋拆除后，甲从旁得知了丙与乙相互串通，故意压低房价，双方牟取非法利益的全部事实，便向法院提起诉讼，要求法院主持正义，制裁丙与乙的违法行为。他表示，房屋既已被拆除就算是卖了，但坚决要丙与乙赔偿他的损失。因丙将现金筹建了房屋，拿不出现款，乙较富裕，要求法院判令乙负责赔偿他的全部损失。

问题：(1) 乙代理甲出售房屋的行为是否有效？

(2) 甲的损失应由谁赔偿？甲因丙拿不出现款，能否要求乙全部赔偿？

评析：甲委托乙代售三间房屋，乙接受委托，他们之间建立了委托代理关系。乙将甲的三间房屋代为出售给丙，这是乙行使代理权。民法上的代理是指代理人以被代理人的名义为被代理人的利益进行民事活动。代理人在代理权限内实施民事法律行为，代替被代理人行使民事权利和承担民事义务，保护被代理人的合法民事权益。因此，代理人在行使代理权时，任何时候和任何情况下，都不允许利用代理权进行损害被代理人的活动。乙作为甲的代理人代其出售房屋时，违背代理制度的宗旨，竟与丙串通，故意压低房价，损害了被代理人的利益。因此，乙上述代理行为显然是无效民事行为。

（案例来源：王玲，郑敏．国际商法．北京：清华大学出版社，2004.）

2. 被代理人的义务

1）支付报酬或佣金的义务

在代理关系中，被代理人最主要的一项义务就是按代理合同中的约定向代理人支付佣金或报酬。在签订代理合同时，对佣金或报酬问题必须特别注意以下两点：①未经代理人的介绍，被代理人直接与代理人代理地区的第三人达成交易，是否仍须向代理人支付佣金；②代理人所介绍的客户日后继续订货时，是否仍须支付佣金。

(1) 被代理人直接同代理人代理地区的第三人达成交易，代理人可否取得佣金的问题。根据大陆法系国家的很多规定：如果代理合同中没有相反规定，对于被代理人同代理地区内的第三人达成的一切交易，不论代理人是否参与其中，代理人都有权要求佣金。根据英美判例：如果该合同是代理人努力的结果，代理人就有权得到佣金；如果被代理人没有通过代理人的中介而直接同代理地区的第三人达成交易，则代理人无权取得佣金。

(2) 代理人所介绍的客户日后继续订货时，是否仍须支付佣金的问题。根据大陆法国家如《德国商法典》规定：代理商对于代理合同终止后所达成的交易，有权请求支付佣金。这有以下几种情况：该项交易主要是由于代理商的活动而达成；代理商曾参与该交易的洽谈与准备工作；该交易是在代理合同终止后的合理期间达成的。英美判例确定的原则：如果代理合同规定了期限，则期限届满后，被代理人无须就代理人介绍的客户与自己进行交易而向该代理人支付佣金；如果代理合同没有约定期限，只要代理人介绍的客户再次同被代理人达成交易，被代理人就应当支付佣金，但这一支付仅限于代理合同终止后的第一次交易。

2）向代理人偿还费用的义务

一般说来，除合同另有规定外，代理人履行代理义务所开支的费用，应由代理人自己承担，代理人不能向被代理人要求偿还其正常业务所支出的费用。但是，代理人因执行本人的特殊业务，如对违约的客户进行诉讼而支出的费用或遭受的损失，有权要求本人偿还。

3）允许代理人检查核对其账目的义务

这是有些大陆法国家的强制性规定，代理人有权查对本人的账目以核对本人支付的佣金是否准确。例如，《德国商法典》规定，代理人可以要求自己或会计师审核被代理人的有关账目或其他文件，以便确定被代理人支付给自己的佣金是否准确无误。

5.3.2 代理的外部关系

代理的外部关系是指被代理人、代理人与第三人的关系。代理关系的最主要的特征在于它是三者之间的法律关系，除了被代理人与代理人之间的关系之外，还有被代理人与第三人之间的关系以及代理人与第三人之间的关系。一般说来，代理人受被代理人的委托与第三人签订合同后，代理人就退出了该法律关系，代理人与第三人所签订的合同的权利义务由被代理人享有和承担，代理人不承担个人责任。但实际情况并非如此，被代理人与第三人的关系往往很复杂，其中最主要的问题是第三人究竟与谁订立了合同。对于这个问题，大陆法系国家与英美法系国家有不同的规定。

1. 大陆法系的规定

在确定第三人是与被代理人还是与代理人订立合同时，大陆法系采取的是确定代理人究竟是以被代理人的身份还是以其个人的身份订立合同。

大陆法系把代理分为直接代理和间接代理。当代理人以被代理人的身份与第三人订立合同时，合同就是第三人与被代理人之间的合同，依合同所产生的权利与义务关系直接由被代理人承担。这是大陆法中的直接代理。代理人在订立这种合同时，应当披露被代理人的姓名或者显露出其作为代表订立合同的意图，或客观上已表明了此项意图。

如果代理人是以自己的身份与第三人订立合同，则无论其是否事先得到了被代理人的授权，该合同均认为是代理人与第三人之间的合同，合同所产生的权利、义务由代理人承担。在这种情况下，被代理人原则上与第三人没有直接的法律上的关系，被代理人不能仅凭该合同就直接对第三人主张权利。这是大陆法中的间接代理。在间接代理的情况下，本人要经过两项合同才能取得或主张合同的权利。第一项是间接代理人与第三人之间签订的合同；第二项是间接代理人将有关的合同权利转让予被代理人的合同。第一项合同的权利义务通过第二项合同转移给被代理人。例如，《德国商法典》第302条规定，由行纪人交易行为所发生的债权，须移转于被代理人后，被代理人才能向债务人主张权利。德国、日本等国还规定，行纪人的业务仅限于从事动产和有价证券。

2. 英美法系的规定

英美法关于代理的概念与大陆法不同，不采用以代理人名义或是以被代理人名义与第三人订立合同的标准，所以，英美法不存在大陆法关于直接代理与间接代理这一划分的标准。英美法国家的法律采取的是义务标准，即究竟谁应对合同承担义务。根据代理人在从事代理行为时是否披露本人的姓名和身份而将代理划分为显名代理、隐名代理和未披露本人的代理。

5.4 几种特殊的代理人

5.4.1 承担特别责任的代理人

在国际贸易领域，由于被代理人与第三人分处两国，可能对彼此的资信能力和经营作风不太了解，而对于经常往来的代理人则比较熟悉。因此，在交易过程中往往会要求代理人对其承担个人责任，使之能放心地同对方进行交易。这种情况下的代理人就叫做承担特别责任的代理人，这些代理人活动于国际贸易的各个领域。承担特别责任的代理人分为两类：一类是对本人承担特别责任；另一类是对第三人承担特别责任。根据各国代理的一般原则，代理人代理本人与第三人订立合同以后，代理人就退出合同之外，所订立合同的法律后果全部由本人承担，代理人对合同不承担个人责任。除此之外，各国法律或商业习惯也承认某些代理人在一定的条件下须对本人或第三人承担个人责任，这种代理人叫做承担特别责任的代理人。

1. 对本人承担特别责任的代理人

对本人承担特别责任的代理人又称为信用担保代理人，信用担保代理人作为国内卖方(本人)的代理人，其责任是在其所介绍的国外买方(第三人)不支付货款时，承担对卖方的付款责任并赔偿损失。

这种代理方式实际上隐含了两个合同关系：①本人与代理人之间的普通代理合同；②信用担保合同，代理人根据担保合同对本人承担个人责任。有了对本人承担特别责任的代理人，本人承担的风险得以减少。

采用信用担保代理的方式有两点好处：①由于本人对代理人所代理地区的市场、买方资信等情况了解不多，而且由于竞争的需要，往往要用赊销的方式销售货物，一旦买方破产或赖账，本人就会遭受重大损失，因此信用担保代理人可以使本人避免这种风险；②由于代理人承担了信用担保责任，就不会因为贪图多得佣金而在替委托人兜揽订单时只图数量而忽视买方的资信能力。

对于这种代理，大陆法国家主要由法典调整，英美法系国家虽无这方面的法律规定，但在判例法和学说之中有相关的规则。信用担保代理在西方国家的出口贸易中曾发挥过重要作用，但由于出口信贷保险制度的建立，该特别代理的影响力已经越来越小。

2. 对第三人承担特别责任的代理人

1）保付代理人

保付代理人(confirming agent)是指代理人代理国外的买方(本人)，向第三人(通常为国内卖方)订货，并在订单上提供保证，担保本人将履行合同，如果本人不履行合同或拒付货款，保付代理人将向第三人支付货款。保付代理人与信用担保代理人的相同之处是代理人都要承担个人责任；不同之处在于前者是对第三人承担担保责任，后者则对本人承担担保责任。

保付代理人的作用在于使本国卖方不必顾虑国外买方的资信能力而接受订单，从而减少出口货物收不到货款的潜在风险。

保付代理人、国外买方和本国卖方之间通常发生两方面的法律关系：①保付代理人和国外委托其购货的买方的关系，这是委托人(即本人)和代理人的通常关系；②保付代理人和本国市场上的卖方的关系。第二种关系根据其所订立的合同的性质主要有两种情况：一种情况是，保付代理人自己作为买方(本人)订购货物，与卖方签订买卖合同，从而根据合同对支付货款及接受货物负责；另一种情况是，保付代理人以代理人的身份为国外买方订货，同本国的卖方(第三人)订立买卖合同，但同时加上代理人自己的保证，表明自己对货款负责，从而使保付代理人对作为卖方的第三人承担了特别责任。保付代理人的作用在于将国际贸易转化为国内贸易，使本国卖方不必顾虑国外买方的资信能力而接受订单，减少了出口货物中的风险。

在英国，这种代理人是由英国出口商协会的出口商担任的，因此又称为出口商行或保付商行。

2）保兑银行

在国际贸易中，在采用跟单信用证的支付方式时，卖方为保证收款安全，对于不熟悉的新客户或者资信状况不佳的买方客户，往往要求其通过银行开出保兑的、不可撤销的信用证。通常的做法是，由国外的买方通过进口地银行向出口地的往来银行或代理银行开出一份不可撤销的信用证，委托出口地的往来或代理银行对其不可撤销的信用证加以保兑，即在其上加上“保兑”字样，并将该信用证通知卖方(即第三人，在银行业务上称为受益人)。保兑银行(confirming bank)就和开证银行一样，要对作为受益人的卖方承担义务，保证按信用证规定的条件付款或承兑汇票。保兑行议付后，即使开证行无理拒付或倒闭，它也不能向受益的第三人追索。在这种保兑关系中，开证银行是本人，保兑银行是代理人，卖方是第三人。保兑银行作为开证银行的特别责任代理人，对第三人承担首先付款的义务。

3）保险代理人

在国际贸易中，按保险业惯例或有些国家保险法的规定，进口方或出口方在投保货物运输保险时，一般不能直接同保险公司订立保险合同，而必须委托保险代理人(insurance broker)代为办理。保险代理人又称保险经纪人，保险代理指保险代理人代被保险人(本人)与保险人(第三人，如保险公司)签订货物保险合同生效后，保险代理人应对保险费直接负责，当本人不交保险费时，保险代理人须直接对保险人交纳保险费的代理。

《英国海上保险法》规定，凡海上保险合同由经纪人(代理人)替被保险人(即本人)签订时，经纪人须对保险人(第三人)就保险费直接负责；保险人则对被保险人就保险金额直接负责。根据这一规定，如果被保险人不交纳保险费，代理人须直接负责对保险人交纳保险费。发生承保范围的损失时，由保险人直接赔付被保险人。

4）运输代理人

运输代理人(forwarding agent)是接受货主(本人)委托，以自己的名义向承运人办理货物运输并收取代理费的中介人。在海上货物运输中，运输代理人受货主委托，向运输公司(第三人)预订舱位，如货主届时未装运货物，使轮船空舱而行，代理人须向轮船公司(第三人)支付空舱费。如果货主拖欠代理人的佣金、手续费或其他费用，代理人对在其占有下的货主的货物有留置权，直到货主付清各项费用为止。

5.4.2 独家代理

独家代理是指在代理协议规定的时间、地区内，代理人对指定商品享有唯一的、专有的代理。它是通过与本人签订独家代理合同实现的。享有独家代理权的人称为独家代理人。委托人在指定专营的地区、期限内对某一种商品只能指定一名独家代理人，由该家代理人同本地区的客户或消费者洽谈交易的有关业务。按照惯例，委托人在代理区域内达成的交易，凡属独家代理人专营的商品，不论其是否通过该独家代理人，委托人都要向其支付约定比例的佣金。独家代理建立在一般代理基础之上，本人、代理人除承担一般代理的义务外，还应承担特别的义务。

1. 独家代理的特别义务

1）独家代理人的义务

代理人应尽最大努力促进商品推销。除征得本人同意外，代理人不得在指定的地区内制造、买卖、再经营或代理其他厂商生产的、与指定的商品同类或相竞争的商品。代理人应承担推销商品的一切费用，如广告费、电信费、差旅费等。代理人应定期向本人提供市场报告。

2）本人的义务

本人不得向指定地区的第三者直接销售指定商品。在指定的地区只能设立一名代理人。如指定地区的第三者直接向本人询购或订购，本人应将询购或订购情况转告独家代理人。代理人有权在指定地区代表本人与客户开展活动、进行广告宣传、为本人征集订单。本人应支付佣金，代理人不负担盈亏。未经独家代理人中介而从独家代理指定地区达成的交易，本人应向独家代理人支付获得的佣金。本人提供给代理人获得订单的交易条件应是最优惠的。

在独家代理合同中，应对代理权限、指定地区、指定商品、佣金、最低代理额、期限、本人需要保留的权利等作出明确的规定。此外，还应注意，独家代理合同是否违反某些国家的反垄断法规定。因为在有些国家，独家代理可能被认为带有垄断性，有碍自由竞争。

2. 独家代理的内容

由于市场经济的蓬勃发展，独家代理的范围有所扩大。独家代理主要包括以下几方面的内容。

1）代理专营权

委托人承诺所指定的独家代理为唯一同买主进行交易的中间商，若委托人与买主直接发生交易，仍应按交易金额向独家代理支付佣金，是否授予专营权是独家代理与一般代理的主要区别。除了规定代理人有独家专营权外，与此相应的就是规定代理人在规定的地区和期限内，只能代理指定的商品，不允许经营与代理商品相同的或与代理商品有竞争性的商品。同时，委托人也不得通过其他渠道，直接或间接在该地区和同时期内，销售指定的商品或另外安排代理人进行代理业务。

2）代理的地区范围和期限

要在协议中明确规定代理的地区范围，代理人独家在指定地区对该指定的产品享有专营权，并且只能有一个代理，委托人不得再请别人代理。代理期限一般不宜太短，期限届满之后，若有必要，经双方同意，可继续延长期限的终止时间。

3）最低成交数量或金额

在签订的协议中具体规定代理商应完成的代理销售的商品的数量及规定应达到的销售额的最低值。在协议中一般规定，如果代理人未按协议规定完成最低限额，委托人有权中止协议或按协议规定调整佣金率。

4）佣金条款

佣金是指代理人在业务活动中应有的报酬。代理协议中必须规定佣金率、支付佣金的时间和方法。佣金率可与成交金额或数量相联系。

5）商情报告

代理人有义务进行市场销售情况报道、广告宣传和商标保护，以使委托人了解当地的市场情况和代理人的工作业绩。在业务活动中所花费的费用应由委托人负担。若双方另有协议，双方可以在代理活动过程中协商如何共同负担。

5.4.3 经纪人

经纪人(broker)，是指依照法律的规定或当事人的约定，以收取佣金为目的，为促成他人交易而从事居间、行纪或代理等中介业务的公民、法人和其他经济组织。经纪人实际上充当的就是交易双方的中介人，即是一种中间商。

1. 经纪人的种类

(1) 根据经纪人是否与交易所有联系，分为一般经纪人和交易所经纪人。前者是专为买卖双方介绍交易和提供交易信息，并收取佣金的中间商人。后者是指具有法定资格，加入某交易所并向交易所缴纳保证金，代人买卖有价证券或某种商品并收取佣金的中间商人。

(2) 根据经纪人的行为是否为商行为，分为民事经纪人和商事经纪人。凡不以商行为的媒介为职业者，称为民事经纪人，归民法调整；凡是以从事营业性的商行为的媒介为职业者，为商事经纪人，归商法调整。

(3) 根据经纪人的组织形式，经纪人可分为民营经纪人、合伙经纪人、经纪公司。这三种不同的组织形式，民营经纪人和由个人合伙成立的经纪人事务所，应以个人或家庭的财产担保承担无限责任，这就要求经纪人在经营中必须小心谨慎，诚实守信。这类企业适合于从事小型多样的经纪活动，在数量上应占经纪组织中的绝大多数。而经纪公司由于人多、信息灵、实力强，依靠其规模优势，可以承接一些大型复杂的经纪活动。在有些特殊行业，经纪公司占垄断地位。

(4) 根据经纪人是否与买方或卖方直接接触，分为直接经纪人和间接经纪人。

(5) 根据经纪人的活动地域划分，分为城市经纪人、乡镇经纪人、边贸经纪人。

(6) 根据经纪人是否取得合法证照，分为地上经纪人和地下经纪人(黑市经纪人)。

(7) 根据经纪的商品划分，可分为一般商品经纪人、产权经纪人、证券经纪人、保险经纪人、期货经纪人、技术经纪人、劳动力经纪人、文化经纪人、体育经纪人和交通运输经纪人等。

2. 经纪人的权利义务

1）经纪人的权利

(1) 经纪人完成经纪业务后，有权按合同约定收取佣金。

(2) 经纪人的合法权益受到侵犯时，有请求依法保护的权利。

《法国商法典》规定，经宣誓的商品经纪商可从事在注册名册上登记的与行业相应的一切活动，并在全国范围内享有管辖权。同时，法律或条例规定销售(成批拍卖)由经纪商介入的商品、寄存于仓库的抵押品应在经宣誓的经纪商的监督下进行。另外，法律还规定凡由商事法庭裁决需出售的财产、破产财产，经宣誓的经纪人有权进行拍卖。

2）经纪人的义务

(1) 提供服务。在经纪活动中经纪人必须提供客观、公正、准确、高效的服务，必须保证不损害委托人和客户的合理利益。

(2) 保管义务。经纪人收到委托者或其对方交来的货样、保证金、预付款的时候，负有妥善保管的义务。

(3) 保密义务。有为当事人保密和交付文件的义务。当事人如果要求其姓名、商号保密，经纪人必须遵守，并且在经过媒介而成立契约时，负责把证据文件如缔约书或结算单交给各当事人。

(4) 依法经纪义务。凡国家限制自由买卖的商品和服务，经纪人应当遵守有关规定，在核准的经营范围内进行经纪活动；凡国家禁止流动的商品和服务，经纪人不得进行经纪活动。

(5) 合法正当经纪义务。经纪人不得超越核准的业务范围，不得采取胁迫、欺诈、贿赂和恶意串通等手段，促成交易，不得索取佣金以外的酬金。经纪人违反法律、法规和约定给当事人造成损失的，应当承担赔偿责任。

本章小结

在现代各国经济交往中，代理已经成为最普遍的法律形式之一，无论是在国内经济贸易活动中或者是在国际经济贸易活动中，代理制度都得到了广泛应用。本章根据各主要国家代理法发展的现状，着重介绍、研究了国际上两大法系，即大陆法系和英美法系国家代理的概念与特征，代理关系的产生与终止，代理行为的法律效果，无权代理与特殊代理，代理的内部法律关系与外部法律关系，我国几种特殊的代理制度等。

关键术语

代理　直接代理　间接代理　显名代理　隐名代理　法定代理　意定代理　明示授权　默示授权　无权代理　表见代理　独家代理　经纪人

思考与练习题

一、选择题

1. 代理的权利性特征是(   )。

A. 代理是一种事实行为

B. 代理是一种法律行为

C. 代理是基于本人或者被代理人的授权行为而发生

D. 代理行为的法律后果最终归属于本人

2. 下列各项中，不属于代理人忠实义务内容的是(   )。

A. 代理人应及时将有关客户的资料披露给被代理人

B. 代理人不得以被代理人的名义与自己订立合同

C. 代理人不得与第三人恶意串通，损害被代理人的利益

D. 代理人应亲自履行代理义务，不得擅自转托他人

3. 依英美法，一个人以他的言辞或行动使另一个人有权以他的名义签订合同，这种代理权产生的原因为(   )。

A. 明示的指定　　B. 默示的授权

C. 客观必需的代理权　　D. 追认

4. 依大陆法，由于本人的意思而产生的代理为(   )。

A. 意定代理　　B. 法定代理

C. 指定代理　　D. 意定代理和指定代理

5. 一般来说，国际商事代理人的义务有(   )。

A. 勤勉谨慎义务　　B. 亲自履行义务

C. 保密报账义务　　D. 诚信忠诚义务

6. 根据各国的法律，在下列(   )情况下，代理关系即告终止。

A. 本人(被代理人)死亡、破产或丧失行为能力

B. 代理人的死亡、破产或丧失行为能力

C. 法律的改变使代理成为非法

D. 主要标的物灭失

7. 在国际贸易中，许多业务工作都是通过各种代理人进行的，这些代理人一般包括(   )。

A. 普通代理人　　B. 经纪人　　C. 运输代理人　　D. 保险代理人

8. 决定本人与代理人之间的内部关系的合同包括(   )。

A. 保险合同　　B. 委任合同　　C. 雇佣合同　　D. 合伙合同

二、思考题

1. 大陆法与英美法关于代理权的产生有哪些不同?

2. 就代理内部关系而言，代理人与被代理人原则上各有哪些权利义务？

3. 如何区分无权代理和表见代理？

4. 简述无权代理的法律后果。

三、案例分析

1. 北京京华有限公司委托吉林某进出口公司出口15万双防滑运动鞋至俄罗斯，吉林某进出口公司与俄罗斯某公司签订了售货确认书，同时又与北京京华有限公司签订了代理出口协议书。15万双防滑运动鞋运至俄罗斯后，俄方因交货期、质量等问题拒付货款，北京京华有限公司与俄方达成退货协议，3万双运动鞋被退回；该批货物到达北京后，又因吉林某进出口公司以无外贸代理关系为由拒绝协助北京京华有限公司清关，最终导致该批货物被北京海关变卖处理，造成近500万元的损失。

问：本案例中三方当事人的法律关系如何？

2. 1988年香港A公司在巴西购买了545吨高压聚乙烯，同年8月运抵上海，委托上海的B公司代为提货并存放于保税区仓库中。1989年5月22日～6月2日，A公司先后书面通知B公司，其已签发发货信给其客户C公司，如该客户前去提货，须付清货款或者由A公司再次书面确认方可放货。6月6日，该客户前来提货，在出示了保证付款的保函、进出口合同副本和要求提货的介绍信后，B公司擅自放货。事后，该客户未付清货款，而货物的正本提单仍然在A公司处。经要求B公司偿付未果，A公司向法院提起诉讼。

问：(1) B公司和A公司之间是何种法律关系？在这种法律关系中B公司应承担何种责任？

(2) 你认为本案应当如何处理？

（案例来源：吴薇，彭彩虹．国际商法．北京：对外经济贸易大学出版社，2007.）

3. A公司委托B公司代购冰箱和洗衣机各200台。B公司接受A公司的委托后，便以A公司的名义同自己代理的另一家C公司签订了购买200台冰箱的合同，与本公司下属的D分公司签订了购买200台洗衣机的合同。后来又以A公司的名义与E公司签订了购买彩电100台的合同。D、E两家公司依约发货，A公司收到C公司的冰箱后，认为质量有问题，未付款要求退货；收到E公司的彩电后，验收合格即按合同付款。后因为市场发生变化，A公司要求B公司不要再为其采购洗衣机，而此时D分公司发200台洗衣机给A公司，A公司接到领货通知后，拒绝接货，发生争议。

问：(1) B公司代A公司与C公司签订的合同是否有效？

(2) B公司代A公司同D分公司签订的合同是否有效，A公司拒绝接货是否合法？

(3) B公司代A公司与E公司签订的合同是否有效？

(4) A公司与C公司、D分公司的争议应该如何解决？

（案例来源：王玲，郑敏．国际商法．北京：清华大学出版社，2004.）

第6章 国际货物运输法

本章教学要点

知识要点	掌握程度	相关知识
国际海上货物运输的基本概念	掌握	国际海上货物运输的定义、国际海上货物运输的方式
海上货物运输合同	重点掌握	海上货物运输合同的概念、订立、变更及解除，海上货物运输中的索赔和诉讼，运输单证的相关法律内容
国际海上货物运输法	熟悉	与海上货物运输相关的国际公约和惯例
其他运输方式的相关法律内容	了解	航空、铁路、多式联运的定义，相关国际公约，运输合同的订立，索赔和诉讼

导入案例

提单项下的货物的诉讼权

2008年11月20日，五矿公司与丰田通商签订了一份合金购销合同。为运输该批货物，五矿公司的出口代理商海南国贸于2008年12月11日与海通公司签订航次租船合同，海通公司为此与湛江外运签订航次租船合同，湛江外运又与五丰公司签订航次租船合同。上述三个连环航次租船合同条款基本相同，均协议租用“万盛”轮运输该批货物。“万盛”轮的注册船东为通连公司，实际交由万通公司经营管理，万通公司又将该船期租给五丰公司使用。2008年12月25日，五矿公司的合金装上“万盛”轮，万通公司签发了提单号为HX—95B的清洁提单，该提单记载托运人为五矿公司，目的港为日本名古屋港。“万盛”轮同航次还装载了另一票目的港为日本川崎的数量相同的另一种合金，两票货物外表状况相同。2008年1月8日，“万盛”轮抵达名古屋港，卸货时，两票货物发生错卸。同年1月26日，丰田通商以货物不符合同要求为由，向五矿公司要求赔偿，五矿公司向丰田通商作了通融赔付。受此影响，五矿公司与丰田通商间的后一个锰合金购销合同未能顺利履行，五矿公司受到了损失。五矿公司向通连公司索赔，通连公司拒赔。而且，HX—95B号提单已经过两次背书转让，贸易合同买方丰田通商已在目的港名古屋港提货并对该批货物进行了处理。

国际海上货物运输法将为此案例提供法律依据，即提单经过合法转让后，原提单持有人是否对该提单项下的货物享有诉讼权及如何确定海上货物运输的实际承运人等问题。

（案例来源：根据找法网 http：//china. findlaw. cn 文章整理）

6.1 国际海上货物运输法

国际货物运输是指承运人收取运费，将货物由一国运至另一国的活动。国际货物运输的方式很多，如海上运输、铁路运输、公路运输、航空运输、邮政运输、管道运输和国际多式联运等。其中，海上货物运输以其运量大、运费低、安全、便利等优势，在全球货物运输总量中占有重要地位。因此，本章主要讲解国际海上货物运输法律制度，然后分别介绍国际航空运输、铁路运输和多式联运。

6.1.1 国际海上货物运输概述

1. 国际海上货物运输概念

国际海上货物运输是指承运人收取运费，使用船舶负责将托运人托运的货物经由海路从一国的港口运至另一国的港口。由于与陆路运输、航空运输相比，海上货物运输具有运输承载量大、运输成本低等优势，在国际货物运输中，海上货物运输在所有运输方式中占据重要地位。但海上货物运输也存在一些劣势，如航行速度慢，运输时间长，受自然条件的影响大，运输风险比较大，涉及的当事人也比较多且需要调整的法律关系也比较复杂等。

2. 国际海上货物运输方式

国际海上货物运输主要有三种方式，即班轮运输、租船运输和光船租船。

1）班轮运输

班轮运输也称定期运输，是指班轮定期行使在规定航线并在固定港口停泊，可承运杂货和不同货主交运的货物。班轮运输合同的法律制度是海上运输法的基础。签订班轮运输合同后，承运人接收货物，签发提单，此后承运人与托运人、收货人或提单持有人之间的权利均以提单为准，且受国内海商法和有关国际公约的约束。实践中，提单往往由船公司预先制定，托运人按要求填写签字，由船长签署后，提单作为运输合同的证明代表运输合同成立，而无需托运人与承运人另订运输合同。

2）租船运输

租船运输是指租船人向船东租赁船舶用于货物运输，它适用于大宗货物运输，有关航线和港口、运输货物的种类以及航行的时间等，都按照承租人的要求，由船舶所有人确认。租船人与出租人之间的权利义务以双方签订的租船合同确定。租船合同与班轮运输合同有很大的不同。首先，租船合同只是租船人与船东订立的合同，仅规定租船人与船东之间的权利和义务，而与收货人无关。其次，租船合同的订立一般可以完全适用当事人自治的原则，不受有关国际公约的约束，但租船合同下所签发的提单一经转让，则受有关国际公约的约束。

3）光船租船

光船租船是指船舶所有人保留船舶所有权，通过签订合同在约定的期间内将船舶的占有权、使用权和营运权转移给船舶租赁人，由租船人雇用船长、船员，管理船舶并从事货物运输。从本质上讲，光船租船合同属于财产租赁合同。

6.1.2 国际海上货物运输法概述

海上货物运输法是调整海上货物运输关系的法律规范的总称。调整班轮运输的法律制度和调整租船运输的法律制度有很大的区别。

调整班轮运输法律关系的法律渊源主要是相关的国际公约和国际惯例。其中，国际公约主要有《关于统一提单的若干法律规则的国际公约》简称《海牙规则》)、《修订统一提单法规国际公约的议定书》(简称《维斯比规则》)以及《联合国海上货物运输公约》(简称《汉堡规则》)。相关国际惯例主要有国际商会2007年修订的《跟单信用证统一惯例》(简称UCP600)和1990年的《国际贸易术语解释通则》(简称INCOTERMS 1990)。

调整班轮运输法律关系的三个国际公约都不适用于租船运输法律关系。目前，调整租船运输法律关系的法律渊源主要是各国国内民商法，其中包括各国制定的海上货物运输法，如美国1893年的《哈特法》，英国1924年的《海上货物运输法》和我国现行的《中华人民共和国海商法》等。

6.1.3 海上货物运输合同

根据国际公约《汉堡规则》中的标准定义，海上货物运输合同是指承运人收取运费，据以承担由海上将货物从一港运至另一港的任何合同。按照其运输方式所具有的不同法律性质，海上货物运输合同可相应分为班轮运输合同和租船运输合同。如上所述，班轮运输应签订班轮运输合同，租船运输和光船租船应签订租船运输合同。

1. 海上货物运输合同的订立

在海运实践中，承运人接受托运人发出的货物运输要约，当双方意思达成一致，海上货物运输合同即告成立。对班轮运输而言，承运人签发的提单载明了较为详细的运输条款，具体规定了当事人的权利与义务，因此实践中一般很少另行订立书面运输合同；而对于租船运输而言，因缺少类似提单的标准合同条款，双方需要在合同中具体约定各自的权利与义务，因此需要订立运输合同。合同应以书面形式订立，电报、电传、传真也具有书面效力；同时，不能因此否认口头合同的效力。

2. 海上货物运输合同的当事人及关系人

海上货物运输合同的当事人包括承运人与托运人。《汉堡规则》第1条中规定，承运人为其本人或以其名义与托运人订立海上货物运输合同的任何人，托运人为其本人或以其名义或代其与承运人订立海上货物运输合同的任何人，或指其本人或以其名义或代其将货物实际交付给海上货物运输合同有关的承运人的任何人，即虽没有与承运人签订相关合同却实际交付货物的人依法可成为运输合同中的托运人。

在国际贸易实务中，如果买卖双方以FOB价格成交，托运人可为收货人，如以CIF等价格成交，收货人往往不是托运人，在这种情况下，从本质上讲，海上货物运输合同是一种为第三人利益所订的合同。作为第三人的收货人不是合同当事人，而是与合同有紧密联系的关系人。

海上货物运输合同的关系人还包括实际承运人。《汉堡规则》规定，实际承运人指受承运人委托执行货物运输或部分货物运输的任何人，包括受委托执行这项运输的其他任何人。不论承运人在与客户签订运输合同后将货物交由实际承运人运输，还是在转船运输或多式联运过程中产生实际承运人的发生只要是承运人将货物运输或部分货物运输委托给实际承运人，则不论承运人根据海上货物运输合同是否有权行使，承运人仍需对全部运输负责。

3. 海上货物运输合同的变更

合同的变更广义上是指合同的内容和主体的变更，狭义上仅指合同内容的变更，海上货物运输合同的变更取其狭义，合同变更的依据是法律的规定或当事人的约定。海上货物运输合同的变更，是指承运人与托运人在海上货物运输合同订立之后、履行完毕之前，对合同约定的运输船舶、货物、数量、装卸港口、时间及责任条款等所作的修改或补充。

对于班轮运输合同，由于提单条款的特殊性，除非承运人特别同意，托运人不能作出修改或补充，但可以就提单空白栏所填事项作出变更，如变更装卸港口、日期等。

对于租船运输合同，在租船合同签订之后、履行完毕之前，船舶出租人与承租人就合同约定的租赁船舶、租赁期间、租赁目的、运输航线、船舶保险、风险分担及其他租赁条件达成一致的修改或补充约定，即可以变更合同。因租船运输合同主要受国内民商法调整，其变更也应以民商法为依据。

在任何情况下，要求变更的一方应对变更合同所产生的任何费用或损失负责。

4. 海上货物运输合同的解除

海上货物运输合同的解除包括法定解除和任意解除。

1）法定解除

法定解除是指当出现法律规定的原因时，合同当事人均可依法行使解除权，解除已经生效的合同关系。法定解除原因一般是指发生了不可抗力或其他不可归咎于承运人和托运人的原因致使合同不能履行。

法定解除合同的效果对于班轮运输合同与租船运输合同各不相同，其中班轮运输合同的解除又有开航前解除与开航后解除的区别。在班轮运输合同中，当船舶在装货港开航前出现法定解除原因，双方均可解除合同，并互不负赔偿责任。除合同另有约定外，运费已经支付的，应当退还；货物已经装船的，托运人应承担装卸费用；已经签发提单的，应将提单退回签发人。当船舶在装货港开航后出现法定解除原因，除合同另有约定外，船长有权将货物在目的港邻近的安全港口或地点卸载，视为履行合同，且船长应当及时通知托运人或者收货人，并考虑托运人或者收货人的利益。

在租船运输合同中，如出租人不能在约定的时间、约定的港口提供约定条件的船舶，承租人可以解除合同；在出租人如约提供船舶后，如承租人未能如约支付租金或按约定用途使用船舶或非法转租的，出租人可以解除合同，在此情况下，违约方应赔偿对方所受的损失。

2）任意解除

任意解除是指非因法定原因，海上货物运输合同的一方当事人单方面解除合同。因一方当事人解除运输合同而给另一方造成损失的，应负责赔偿对方所受的损失。

租船运输合同的解除适用各国国内合同法的有关规定，而班轮运输合同的解除则应根据其解除的时间区别对待。

如果全体托运人一致同意解除运输合同，承运人虽然会受到一定损失，但还有可能将该船舶移作他用。因此各国海商法都规定托运人可解除合同，但对承运人的补偿标准并不一致。在此情况下，日本法律规定托运人应支付2/3的运费。我国《海商法》第89条规定，托运人“应支付1/2的运费，如货物已经装船的，并应当负担装货、卸货和其他与此有关的费用”。如果只是部分托运人同意解除合同，则应支付全部运费，如台湾《海商法》第87条规定，“以船舶之一部分供运送时，托运人于发航前，非支付其运费之全部不得解除契约”。

船舶开航后，托运人解除运输合同将导致承运人很难将船舶移作他用或转移成本很大，因此不论全部或部分托运人解除合同，均应支付全部运费及其他费用，包括货物的装卸费、附加费及可能的共同海损分摊费等。

应用实例

海上货物运输合同退运纠纷案

2002年2月2日，川崎汽船(中国)有限公司接受浙江中大纺织品有限公司委托，承运586捆尼龙制品自上海港至雅加达，并签发了一式三份的正本提单交于中大公司。提单载明，托运人是中大公司，收货人是Peter。货物运抵雅加达后，因收货人未付款赎单，托运人于2002年4月2日致函要求承运人立即将货物退运回上海港，未果。同年7月15日，原告向被告发出索赔函，要求其赔偿货物损失。同年8月13日，川崎公司告知中大公司，该事件已交由印尼警察局调查处理，调查结果将通知原告，但未予理赔。中大公司以海上货物运输合同退运纠纷提起诉讼。

问题： 法院该如何处理？

评析： 上海市中级人民法院认为该案件应当适用《中华人民共和国海商法》。中大公司没有证据证明货物确已灭失以及货物的实际损失，其诉请缺乏事实和法律的依据。据此判决对原告的诉讼请求不予支持。中大公司不服一审判决，提起上诉。上海市高级人民法院经审理认为，被告在本案中应对外承担承运人的法律责任，但适用调整海上运输关系的《海商法》的规定，原告作为托运人在涉案货物已运抵目的港后，无权单方面变更合同，据此判决驳回上诉，维持原判。本案是一起典型的海上货物运输合同退运纠纷案件。由于在海上货物运输中无单放货及货物灭失的举证责任在托运人一方，而托运人在得不到收货人协助的情况下，往往无法获得目的港的关键证据，因此，要求承运人退运是托运人逼迫承运人自认货物已失去控制的“取巧”之举。但是，出于对海上货物运输行业风险性的特殊保护，《海商法》对退运纠纷作出了不同于《合同法》的规定。

6.1.4 海上货物运输中的索赔与诉讼

1. 索赔

各国海商法及相关国际公约对海上货物运输中的索赔的规定大同小异，其公认的做法是如果货物发生灭失或损坏，合同中规定的有权收货人在卸货港提货时应立即就此向承运人或其代理人发出书面通知；倘若货物的灭失或损坏不显著，可在一定期限内提出书面异议；如货物状况在收货时已经双方联合检验，可免除提交书面通知，否则这种提货便成为承运人已按提单规定交货的证据；对于延迟交货造成的损失，收货人也必须在60天以内书面通知承运人，否则承运人不予赔偿；即使收货人没有按期把货损情况通知承运人，也不会因此丧失索赔的权利，但需承担举证责任。

需补充说明的是，在货物的灭失或损坏不显著时，有权提货人向承运人发出货损通知的期限在不同法规中的规定有所差异。其中，《海牙规则》规定为3天，《汉堡规则》将其延长至15天，我国《海商法》将其定为从交货次日起的7日内，如果是运送集装箱物，则为15日。

2. 诉讼

1）诉讼地点

《汉堡规则》规定，原告可以从被告的主营业所或惯常居所、合同订立地、装货港、卸货港、运输合同中指定的任何地点中选择起诉地点。我国《海商法》未对海上货物运输中的诉讼作明确规定，其纠纷可按民事诉讼法解决。

2）诉讼时效

关于诉讼时效，《海牙规则》规定，除非从货物交付之日或应交付之日起一年内提出诉讼，承运人和船舶在任何情况下都应被免除对于灭失或损害所负的一切责任。《汉堡规则》规定的诉讼时效为两年。我国《海商法》第257条规定，海上货物运输向承运人要求赔偿的请求权，诉讼时效一般情况下是一年；有关航次租船合同的诉讼时效为两年，自知道或应当知道权利被侵害之日起计算。该法于1997年8月7日公布起施行。对于《海商法》中未规定时效的诉讼，则应适用《民法通则》规定的两年普通诉讼时效。

应用实例

关于海上货物运输诉讼时效案例

2007年5月8日，美国定航国际货运服务有限公司（以下简称“定航公司”）受上海华源经济发展公司（以下简称“华源公司”）委托，为其承运一批从上海至加拿大蒙特利尔的危险品货物。双方约定运费预付，承运人定航公司为托运人华源公司出具了提单。货物运出后，承运人于2009年1月19日通过律师向华源公司发函催讨运费，华源公司未予支付，定航公司据此向法院提起诉讼。

问题： 法院该如何处理？

评析： 法院审理认为原告作为承运人为被告运输货物，被告应支付运费；本案例涉及班轮运输，原告在货物运出后两年内提起关于班轮运费的诉讼，未超过诉讼时效。《海商法》有关诉讼时效的规定仅涉及海运货物的赔偿请求权，有关航次租船合同的请求权，船舶租用合同的请求权，以及旅客运输、拖航、船舶碰撞、海难救助、共同海损分摊、油污损害、海上保险合同等方面的诉讼时效。从《海商法》诉讼时效所针对的诸多案件类型来看，只有第257条涉及班轮运输。该条第一款规定：“就海上货物运输向承运人要求赔偿的请求权，时效期间为一年，自承运人交付或者应当交付货物之日起计算”。显然，本款虽对班轮运输的情况有所涉及，但并未解决班轮运费纠纷的诉讼时效问题，它所针对的是班轮运输货物，即货损货差或货物灭失的赔偿纠纷。《民法通则》作为一般法的效力优势就显现出来，即特别法中无规定的，适用一般法。故本案中班轮运费纠纷的诉讼时效就应适用《民法通则》规定的两年普通诉讼时效。

6.1.5 运输单证

提单是用以证明海上货物运输合同和货物已经由承运人接收或者装船，以及承运人保证据以交付货物的运输单证。单证中关于货物应交付指定收货人或按指示交付，或交付提单持有人的规定，即构成了这一保证。

1. 提单的签发

我国《海商法》第72条规定，当承运人或实际承运人接管货物时，应托运人要求，承运人必须给托运人签发提单。提单可以由承运人授权人员签字，提单由载运货物船舶的船长签字应视为代表承运人签字。《汉堡规则》第14条中除上述内容外还规定了提单上的签字可以用手写、印摹、打孔、盖章、符号或如不违反提单签发地所在国国家的法律，可用任何其他机械的或电子的方法。

2. 提单的内容

提单并无统一的格式，为方便起见，各航运公司自行制定打印或电子版提单模本以供当事人填写。提单通常是一页纸，有正反两面。在提单的正面，主要载明以下内容：①船名和船舶的国籍；②承运人名称；③装货地和目的地或者运输航线；④卸货港；⑤托运人名称；⑥收货人名称；⑦货物的名称、标志、包装、件数、重量或体积；⑧运费和应当付给承运人的其他费用；⑨提单签发的日期、地点和份数；⑩承运人或其代理人或船长的签字。

在上述10项内容中，第①～⑦项由托运人填写。托运人应向承运人保证所填报的情况的正确，如因托运人填写不清楚或不正确，以致引起灭失或损害，托运人应赔偿承运人的损失。如果承运人怀疑所收到的货物与提单上所填报的情况不符，应在提单上添加批注。第⑧～⑩项的内容一般由承运人填写。提单通常是一式三份，但也可以根据托运人的需要适当增加或减少份数。承运人凭其中一份提单交付货物后，其余一律作废。

不同提单中提单正面的内容项目有所差异，如按《汉堡规则》第14条规定，提单除上述10项内容外，还必须包括如下内容：如属舱面货，货物应该或可以装在舱面上运输的声明；如经双方明确协议，应列明货物在卸货港交付的日期或期限；以及经双方协议的任何增加的赔偿责任限额。当然，提单缺少上述规定的一项或多项，不影响该单证作为提单的法律性质，但该单证必须符合规则中规定的提单定义。

提单背面印有详细的运输条款，主要规定承运人与托运人的权利和义务。承运人总是试图在提单背面加入减免其对所运货物的责任的条款，但如果提单规定适用某一相关法律法规，如《海牙规则》，承运人就不能在提单条款中排除其按《海牙规则》所应承担的基本义务，即使承运人在提单中加入了这样的免责条款，按照《海牙规则》的规定，这类免责条款也是无效的。

3. 提单的作用

1）货运合同证明

提单不是海上货物运输合同本身，却是合同的证明。首先，提单的签发是履行运输合同的一个条款，提单的出现说明合同存在的可能性。其次，提单上的条款，除另有规定，都是承运人与托运人之间达成的海上货物运输合同的内容。如果提单的内容与运输合同条款不一致，则以合同为准。

2）货物收据

提单是承运人发给托运人的收据，确认承运人已收到提单所列货物并已装船，或者承运人已接管了货物，或已代装船。

对承运人来说，它是承运人已按提单上所载情况收到货物的初步证据。当交货时，承运人有义务按提单的描述向收货人交货。如果承运人实际收到的货物与提单上的内容不符，承运人可以提出反证，证明货物的缺陷在装船时就已存在，或证明货物的缺陷是由托运人的欺诈行为所致，承运人可据此向托运人追索或反诉。如果提单已转让给相信提单上有关货物的描述而照此行事的包括收货人在内的第三方，则承运人提出与此相反的证据不予接受。

3）货权凭证

提单是货物所有权的凭证。谁持有提单，谁就有权要求承运人交付货物，并且享有占有和处理货物的权利，提单代表了其所载明的货物。提单的合法持有人可在目的港向船运公司提取货物，也可以在货物运输的过程中通过处分提单来处理提单项下的货物，如通过背书进行转让货物所有权或凭其向银行办理抵押贷款。因此，承运人的责任是向提单的持有人交货，即使提单的持有人确实无权占有货物，只要承运人对此不知情而善意地将货物交付给他，承运人就可以不负责任。反之即使是真正的收货人，若不能出示正本提单，也不能提走货物，否则承运人便要承担由于无单放货而引起的一切责任。

4. 提单当事人的基本义务和免责

提单当事人的基本义务和责任是由提单条款加以规定的。现以规定了承运人最低限度义务和免责的《海牙规则》为主，适当对照《维斯比规则》和《汉堡规则》及我国《海商法》的有关规定，对提单当事人的基本义务和责任介绍如下。

1）承运人的基本义务

《海牙规则》规定的承运人的责任是最低限度的，仅包括适航和管货两项强制性义务及合理航行按时交货的基本义务。

(1) 适航义务：承运人须在开航前和开航时谨慎处理，使船舶适航并适于载货。船舶适航包括两个方面：首先，承运人应保证船舶的船体、船机在设计、结构、性能和状态等方面能够抵御航次中通常出现的或合理预见的风险；其次，承运人应妥善配备船员、装备船舶和配备供应品。

为使船舶适于载货，承运人应使货舱、冷藏舱、冷气舱和其他载货处所适于并能安全收受、载运和保管货物。在此期间，承运人不能援引船长、船员管理船舶的过失而免责。

凡由于船舶不适航所引起的灭失和损害，对于已克尽职责的举证责任，应由根据本条规定要求免责的承运人或其他人承担。

(2) 货管义务：《海牙规则》第3条及我国《海商法》第47条一致规定，承运人应妥善和谨慎地装载、搬运、积载、运输、保管、照料和卸载所运货物，如果因其疏忽或过失造成货损，则承运人应负赔偿责任。

(3) 合理航行按时交货：承运人应当按照约定的航线行驶，在约定的时间交货。我国《海商法》第49条规定，承运人应当按照约定的或者习惯的或者地理上的航线将货物运往卸货港。船舶在海上为救助或者企图救助人命或者财产而发生的绕航或者其他合理绕航，不属于违反前款规定的行为。

承运人应在当事人约定的时间交货，否则构成迟延交付。《汉堡规则》沿袭了《海牙规则》这一内容；但我国《海商法》没有约定时间，承运人如没有在合理时间交货，不构成迟延交付。

2) 承运人的免责事项

(1)《海牙规则》中承运人的免责事项。《海牙规则》第4条第2款对承运人的免责作了17项具体规定，分为两类：一类是过失免责；另一类是无过失免责。国际海上货物运输中争论最大的问题是《海牙规则》的过失免责条款，《海牙规则》第4条第2款第1项规定："由于船长、船员、引航员或承运人的雇用人在航行或管理船舶中的行为、疏忽或过失所引起的货物灭失或损坏，承运人可以免除赔偿责任。"这种过失免责条款是其他运输方式责任制度中所没有的。很明显，《海牙规则》偏袒了船方的利益。

(2) 承运人无过失免责的几种主要情况。不可抗力或承运人无法控制的免责有8项：海上或其他通航水域的灾难、危险或意外事故；天灾；战争行为；公敌行为；君主、当权者或人民的扣留或拘禁，或依法扣押；检疫限制；由于任何原因所引起的局部或全面罢工、关厂、停工或劳动力受到限制；暴力和骚乱。

货方的行为或过失免责有4项：货物托运人或货主、其代理人或代表的行为；由于货物的固有缺点、质量或缺陷所造成的容积或重量的损失，或任何其他灭失或损害；包装不坚固；标志不清或不当。

特殊免责条款有3项：①火灾，即使是承运人和雇用人的过失，承运人也不负责，只有由承运人本人的实际过失或私谋所造成才不能免责；②在海上救助人命或财产，这一点是对船舶的特殊要求；③谨慎处理，恪尽职责所不能发现的潜在缺陷。

承运人免责条款的第16项规定："不是由于承运人的实际过失或私谋，或是承运人的代理人或雇用人员的过失或疏忽所引起的其他任何原因。"这是一项概括性条款，既不是像前述16项那样具体，又不是对它们的衬托，而是对它们之外的其他原因规定一般条件。这里所谓"没有过失和私谋"不仅指承运人本人，而且也包括承运人的代理人或雇用人没有过失和私谋。援引这一条款要求享有此项免责利益的人应当负举证义务，即要求证明货物的灭失或损坏既非由于自己的实际过失或私谋，也非其代理人或受雇人的过失或私谋所导致。

从以上可以看出，《海牙规则》对于承运人的免责太多，这样对托运人是不公平的，所以后来的《维斯比规则》对《海牙规则》进行了一些修改和补充。这些修改和补充包括加大了承运人的赔偿限额，但是这并没有从根本上改变托运人不利的处境，《汉堡规则》相比较而言就比较公平合理。

按照《汉堡规则》的规定，除非承运人能够证明承运人本人、雇员、代理人没有过失或疏忽，承运人应对货物的灭失、损害、延迟交货负责。仅在火灾问题上，《汉堡规则》让步，当因火灾造成货损时，《汉堡规则》要求货主证明承运人本人、雇员、代理人有过失或疏忽，才能使承运人对此承担责任。

3）承运人的责任期限

所谓承运人的责任期间，是指承运人对货物运送负责的期限。按照《海牙规则》第1条“货物运输”的定义，货物运输的期间为从货物装上船至卸完船为止的期间。这段期间可分为两种情况：①“钩至钩”期间，指在使用船上吊杆装卸货物时，装货时货物挂上船舶吊杆的吊钩时起至卸货时货物脱离吊钩时止；②“舷至舷”期间，指使用岸上起重机装卸时以货物越过船舷为界，即“舷至舷”期间承运人应对货物负责。至于货物装船以前，即承运人在码头仓库接管货物至装上船这一段期间，以及货物卸船后到向收货人交付货物这一段时间，按《海牙规则》第7条规定，可由承运人与托运人就承运人在上述两段发生的货物灭失或损坏所应承担的责任和义务订立任何协议、规定、条件、保留或免责条款。

在此基础上，我国《海商法》第46条规定，按承运人承运货物的不同方式将其责任期限分为两种：①当承运人承运集装箱装运的货物时，其责任期间是从装货港接收货物时起至卸货港交付货物时止，货物处于承运人掌管之下的全部期间；②当承运人承运非集装箱装运的货物时，其责任期间是从货物装上船时起至卸下船时止，货物处于承运人掌管之下的全部期间。

4）托运人的义务

托运人的义务主要包括提供货物、办妥出港手续及支付运费。

托运人托运货物，应当妥善包装，并向承运人保证，货物装船时所提供的货物的品名、标志、包数或者件数、重量或者体积的正确性；由于包装不良或者上述资料不正确，对承运人造成损失的，托运人应当负赔偿责任。托运人托运危险货物，应当依照有关海上危险货物运输的规定，妥善包装，做出危险品标志和标签，并将其正式名称和性质以及应当采取的预防危害措施书面通知承运人；托运人未通知或者通知有误的，承运人可以在任何时间、任何地点根据情况需要将货物卸下、销毁或者使之不能为害，而不负赔偿责任。托运人对承运人因运输此类货物所受到的损害，应当负赔偿责任。

托运人应当及时向港口、海关、检疫、检验和其他主管机关办理货物运输所需要的各项手续，并将已办理各项手续的单证送交承运人；因办理各项手续的有关单证送交不及时、不完备或者不正确，使承运人的利益受到损害的，托运人应当负赔偿责任。

托运人应按合同规定及时支付运费和其他费用。托运人与承运人也可以约定运费由收货人支付，但此项约定应当在运输单证中载明。

5. 海运单

1）海运单的含义

海运单是证明海上货物运输合同和货物由承运人接管或装船，以及承运人保证将货物交给指定的收货人的一种不可流通的单证。海运单的格式和内容与提单大致相同。在承运人接管货物或将货物装船后，由承运人、船长签发，托运人可凭海运单和其他单证办理结汇手续。船到港之前或之后，目的港的承运人代理人向海运单上载明的收货人或通知方发出到货通知。收货人凭通知和身份证明提货。海运单作为提单代替单据，其应用日趋广泛，1990 年国际海事委员会制定并通过《海运单统一规则》，作为民间规则供当事人自愿采纳。

2）海运单的优缺点

海运单仅涉及托运人、承运人、收货人三方，程序简单，操作方便，有利于货物的转移。其优点包括如下几方面：①海运单是一种安全凭证，它不具有转让流通性，可避免单据遗失和伪造提单所产生的后果；②提货便捷、及时、节省费用，收货人提货无须出示海运单，这既解决了近途海运货到而提单未到的常见问题，又避免了延期提货所产生的滞期费、仓储费等；③海运单不是物权凭证，扩大海运单的使用，可以为今后推行电子提单提供实践的依据和可能。

海运单在实践中也存在着一些问题，其不足主要体现在以下两方面：①进口方作为收货人，但不是运输契约的订约人，与承运人无契约关系，如果出口方发货收款后，向承运人书面提出变更收货人，则原收货人无诉讼权。《海运单统一规则》第 3 条规定：“托运人订立运输合同，不仅代表自己，同时也代表收货人，并且向承运人保证他有此权限。”同时，第 6 条规定：“托运人具有将支配权转让收货的选择权，但应在承运人收取货物之前行使，这一选择权的行使，应在海运单或类似的文件上注明。”这些规定既明确了收货人与承运人之间也具有法律契约关系，也终止了托运人在原收货人提货前变更收货人的权利。②对出口托运人来说，海支单据项下的货物往往是货到而单未到，进口方已先行提货，如果进口收货人借故拒付、拖付货款，出口方就会有货、款两失的危险。为避免此类情况，可以考虑以银行作为收货人，使货权掌握在银行手中，直到进口方付清货款。

3）海运单与提单的异同

提单是货物收据、运输合同的证明，也是物权凭证，海运单只具有货物收据和运输合同这两种性质，它不是物权凭证。

提单可以是指示抬头形式，可以背书流通转让：海运单是一种非流动性单据，海运单上标明了确定的收货人，不能转让流通。

海运单和提单都可以作成已装形式，也可以是收妥备运形式。海运单的正面各栏目的格式和缮制方法与海运单提单基本相同，只是海运单收货人栏不能做成指示性抬头，应缮制确定的具体收货人。

提单的合法持有人和承运人凭提单提货和交货，海运单上的收货人并不出示海运单，仅凭提货通知或其身份证明提货，承运人凭收货人出示适当身份证明交付货物。

提单有全式和简式提单之分，而海运单是简式单证，背面不列详细货运条款但载有一条可援用提单背面内容的条款。

4）海运单的法律问题

海运单的法律问题主要包括海运单的法律适用、收货人的法律地位及货物的支配权。

（1）海运单的法律适用。海运单是海上货物运输合同的证明，因而调整海上货物运输合同的《汉堡规则》、有关国内法和《海运单统一规则》适用于海运单。而调整提单法律问题的《海牙规则》等对海运单的适用性还有待探讨。

(2) 收货人的法律地位。海运单规则规定了代理原则，规定托运人不仅为其自身利益，同时也作为收货人的代理人，为收货人的利益订立运输合同。因而收货人被视为海运单所证明的运输合同的当事人，可以依据海运单向承运人主张权利并承担义务。

(3) 货物支配权。在使用海运单的情况下，托运人有权在承运人向收货人交付货物之前的任何时候书面变更收货人，实现对货物的支配。

应用实例

“海运单”提货纠纷案

中国国内电子产品出口商A公司自2008年起与新西兰B公司开展进出口贸易，合作初期B公司付款较为及时，双方合作关系良好。2009年初，A公司继续出运价值50万美元的货物，合同约定的付款方式为即期付款交单。按照B公司的指示，A公司将货物直接发往最终买家澳大利亚C公司。应付款日过后，B公司却表示，由于最终买家C公司破产，未向其支付货款，因此拒绝对A公司履行付款义务。在多次催讨无果的情况下，A公司于是委托中国出口信用保险公司(简称中国信保)代为进行海外追讨。

中国信保在收到A公司的委托之后立即将案件交由新西兰当地律师处理，律师随即发函B公司，要求其对本案项下未付欠款做出合理解释并尽快履行付款责任。B公司依旧以最终买家C公司破产，其未收到C公司付款为借口，拒付本案项下货款。鉴于上述情况，中国信保一方面要求新西兰律师继续同B公司交涉，明确指出其未收到最终买家付款的事实不能成为拖欠A公司的理由，要求B公司立即履行合同约定的付款义务；另一方面则指示A公司积极联系当地其他买家，必要情况下转卖或者退运本案项下货物以避免更大的损失。而就在B公司迟迟不付款，A公司准备安排退运的时候，中国信保调查得知C公司早已提货，货物已经被列为其破产财产。

问题：本案应如何处理？

评析：由于贸易合同为A公司与B公司订立，A公司是按照B公司的指示才将货物出运至澳大利亚，已完成了合同项下的交货义务。那么，无论货物是否被提走，B公司均应承担完全的付款责任。因此当地律师应立即要求B公司付款，否则将考虑采取法律措施。此时B公司却回复称，按照原本设计的贸易流程，C公司在向其付款之前不会得到正本货运单据，更不可能提货，而由于A公司在发货时使用了“海运单(Sea Waybill)”，导致C公司不需出示正本单据就可以把货提走。故B公司主张，是A公司的过失导致其失去对货权的控制，难以收到货款，并因此拒绝承担任何付款责任。至此，本案的焦点从简单的拖欠货款变为复杂的贸易纠纷，追回货款的前景变得十分渺茫。

6. 电子提单

电子提单是指通过电子数据交换系统传递的有关海上货物运输合同的数据。电子提单不同于传统提单，它是无纸单证，即按照一定规则组合而成的电子数据。各有关当事人凭密码通过电子数据交换系统进行电子提单相关数据的流转，既解决了因传统提单晚于船舶到达目的港，不便于收货人提取货物的问题，又提高了交易的安全性。

有关电子提单的法律问题主要包括以下几方面。

1) 电子提单的法律适用

现行INCOTERMS 2000和UCP 600承认当事人以电子提单代替纸提单的约定有效。

1990年国际海事委员会通过的《国际海事委员会电子提单规则》明确了电子提单的法律适用和电子提单项下货物支配权的转移等问题。该规则规定，电子提单应受传统的提单公约或国内法的制约。继而，1996年联合国国际贸易法委员会通过的《电子商务示范法》、1997年我国交通部颁布的《国际海上集装箱运输电子数据管理办法》等国际公约和国内法的制定为有关电子提单的使用和管理提供了更直接的法律依据。

2）电子提单的书面形式

根据电子提单规则的规定，应当将在计算机存储器中存储的，可以用人类语言在计算机屏幕上显示，或者由计算机打印出来的电子数据视为书面形式。

3）运输合同的条款和条件

使用电子提单时，只需将特定的运输合同条款和条件转化为电子数据进行传输。

4）密码

各持有人持有不同的密码，该密码不得转让。各个持有人和承运人应当各自保持密码的安全性。

5）交付货物

承运人应将货物的预期交付地点和日期通知给有关的密码持有人，由密码持有人指定收货人。

6）要求签发书面提单的选择

根据电子提单规则的规定，在交货前的任何时候，密码持有人有权选择向承运人索取书面提单，承运人也有权选择向持有人签发书面提单。

6.2 国际航空货物运输法

6.2.1 航空运输

航空运输是一种现代化的运输方式，它不受地面条件的限制，运输速度快，航行时间短，货物在运途中受损率小，因此，对于某些急需物资、鲜活商品、易损货物和贵重商品来说，航空运输是一种适宜的运输方式。航空运输的运费虽然比海运和铁路高，但有些商品采用航空运输，其运杂费的支出反而可以降低。这是因为航空运输收运费的方式不同于其他运输方式；另一方面，采用航空运输可以减少包装费、装卸搬运费、仓储费和运输途中利息开支等项附属费用。因此，近年来航空运输在国际贸易中的使用越来越多，货运量不断增加。我国民航机构大都有直接办理国际货物航空运输的业务。

6.2.2 国际航空货物运输相关国际公约

关于统一航空运输规则的条约，即《华沙条约》是有关航空货物运输的主要法律。该条约共有8个文件，其中主要是以《华沙公约》、《蒙特利尔第四号议定书》和《海牙议定书》3个文件作为基础。形式上，《华沙公约》和《海牙议定书》构成了一个不可分离的统一文件；在实际使用过程中，这两个条约使用最多。

1.《华沙公约》

《华沙公约》的全称为《统一国际航空运输某些规则的公约》，1929年10月在华沙签定的，1933年2月13日生效，至今有130多个国家加入。我国于1958年加入。该公约适用于运输合同中规定的启运地和目的地都属于成员国的航空运输，也适用于启运地和目的地都在一个成员国内，但飞机停留地在其他国家的航空运输。我国于1958年加入《华沙公约》后，与《华沙公约》成员国之间的航空货物运输，适用《华沙公约》。

2.《海牙议定书》

《海牙议定书》的全称为《修改1929年统一国际航空运输某些规则的公约的议定书》，1955年9月在海牙订立，1963年8月1日生效。《海牙议定书》并未对《华沙公约》基本框架作实质性的修改，而是就航行过失免责、责任限制、运输单证的项目以及索赔期限等问题做出进一步的统一和完善。我国已经于1975年加入《海牙议定书》。我国与《海牙议定书》成员国之间的航空货物运输，适用《海牙议定书》。

3. 华沙体制的适用范围

华沙体制适用于所有以航空器运送货物的国际运输，即国际航空货物运输。这里国际航空货物运输主要是指航空器的始发地点和目的地点位于两个国家的运输；或者同属于一个国家，但航空器在另一个国家有一约定的经停点的货物运输。同时，因为国内赔偿与国际赔偿差距甚远，国际航空运输的国际航班的国内段同样适用于《华沙公约》，而不要用国内航空法。

6.2.3 航空货运单

航空货运单是订立合同、接受货物和运输条件的初步证明。没有这项凭证、这项凭证不合规定或丢失，不影响运输合同的存在有效。一旦承运人收取了托运人所交运的货物，就应当向托运人签发空运单，证明货物已经由承运人掌管。同时，还要对货物的状态予以说明，以免以后发生争议。各国航空法以及民航管理部门均对公共航空运输企业的承运条件加以规定，托运人接受承运人所签发的空运单，即表示托运人已经初步概括性地接受了承运人对承接运输所规定的条件。例如，托运人在办理航空货运时，承运人所出具的空运单上列名了经停地点，但由于某种原因承运人改变了经停地点时，托运人不得以承运人在空运单上列明的经停地点以外的地点经停而对抗承运人。

1. 航空货运单的签发

如果承运人承运货物而不出具运单，则无权享受法律所规定的免责及责任限额。虽然公约规定空运单的三份正本应由托运人填写，但实践中，托运人一般只填写托运书，而空运单则由承运人或承运人的代理人签发。如果托运人以自己未亲自填写空运单而提出抗辩，公约认为，在没有相反证明的情况下，承运人填写的空运单视为代托运人填写。

2. 航空货运单的流通性

对于航空货运单是否可以转让，理论界争论比较多。从公约看，首先它是由承运人或其代理人出具的货物的单据，不具有权利内容。因而它不是通常意义上的有价证券或物权凭证，自然不具有可转让性。其次，它都是记名的，而且航空运输的速度太快，通常在承运人通过航空运输把货运单递交给收货人时，货物同时也就到达了，这在很大程度上排除了通过转让装运单据来转让货物的需要，因此货运单的转让也就没有什么实际的意义。

在实际业务中，航空货运单都印有“不可转让”的字样。货运单和海运提单不同，它主要是作为运输合同、货物收据和运费账单而起作用，同时还起到报关单据、保险证书等作用。

6.2.4 托运人和收货人的权利和义务

1. 托运人的权利

托运人有权要求承运人接受空运单正本，并在第三份正本上签章后交还给托运人。在履行了航空货运合同规定的义务的条件下，托运人有权对合同进行变更，但不得损害承运人及其他托运人的权利。托运人的货物价值超过每公斤250法郎，便有权要求在空运单上申明货物价值，承运人不得以任何理由拒绝托运人的声明价值。

2. 托运人的义务

(1) 负责货运单上所填写货物的项目和声明的正确性，在没有相反证据时，承运人可以信赖托运人在空运单上的各项声明和说明是正确的。

(2) 托运人应提供正确、完备的单证，以便承运人办理海关、税收或公安手续。由于单证不合规定造成的损失，应由托运人对承运人负责。例如，由于托运人疏忽未在空运单上附带必要的文件，导致飞机不能准确起飞而造成其他托运人货物延误损失，托运人就应对其他人的延误负责。

3. 收货人的权利和义务

收货人应向承运人支付相关费用。如货物在空运单上约定的到达时间届满后仍没有到达，收货人便可以向承运人主张权利。

6.2.5 承运人的责任

1. 承运人的主要责任

承运人对在其保管期间内空运单项下货物的灭失、损坏或延误交付而造成的损失负责。

2. 承运人的责任期间

对于交运的货物因毁灭、遗失或损坏而产生的损失，如果造成这种损失的事故发生在航空运输期间，承运人应负责。航空运输期间不包括在航空站以外的任何陆运、海运或河运，但为了履行航空运输合同，为了装货、交货或转运，责任和损失应认为是航空运输期间发生的结果，除非有相反的证据。

例如，一个世界性的服装博览会，服装由于航空运输的缘故而未赶上博览会，造成收货人拒收，从而造成损失。鲜活商品保鲜期已过，无法销售等情况。这种损失有的虽然不涉及货物本身，但只要对托运人造成了损害，承运人就应当负责。

这里的承运人包括填开航空货运单的航空承运人以及承运货物或提供与航空运输有关的任何其他服务的所有航空承运人，也包括代理人、受雇人或任何航空承运人的代表。

3. 承运人责任的减轻和免除

(1) 如果承运人证明自己和代理为了避免损失，已经采取一切必要措施，或不可能采取这种措施时，承运人不负担责任。

公约对行为过失的认定采用了推定过失责任原则，即在这种过失责任中，假定承运人是有过失的，除非承运人证明自己和代理为了避免损失已经采取一切必要措施，或不可能采取这种措施时方能免责，也就是承运人要想不承担责任必须证明自己无过错。这里强调承运人举证，是一种倒置举证。由于航空货运十分专业化，一般人根本无法举证，所以将举证责任转嫁给承运人是必要的、合理的。

(2) 承运人的责任减免。承运人证明受害人自己的过失是造成损失的原因或原因之一时，法院可以按照其法律规定减免承运人的责任。

但在受害人有过失时，承运人并非一概全部免责，而是根据受害人过失与货损间的因果关系来确定承运人免责的范围，只有货损全部是由受害人过失造成的，承运人才不承担责任。另外，是否免除责任或减轻责任的幅度，不由公约决定，而是按法院的规定处理。

4. 承运人的责任限制

不论货物的毁损、遗失、运输延迟所造成损失的根据是什么，即无论是以合同，还是以侵权起诉，只能按照公约的规定条件和责任限额向承运人提出。

但如果经证明损失是由于承运人故意造成或明知可能造成而漠不关心的行为或不法行为所致，则丧失责任限额的保护。该责任同样适用于承运人的受雇人和代理人。

应用实例

承运人责任限制案例

2008年初，意大利A公司与我国B公司签订贸易合同，委托C航空公司空运一批易碎货品。托运人B公司在托运单上正确地描述了货物的性质，但在其负责填写的航空运单中没有写明货品易碎。至C航空公司交货时，该批货品已经严重受损，收货人A公司向C公司提出赔偿，C公司拒绝赔付。

问题：本案应如何处理？

评析：本案中，托运人B公司应对航空运单中货物描述的不正确性负责，因为正好是这种不正确性导致了货损。因此，承运人C公司对货损不负赔偿责任。关于出现的货损C公司应向A公式提出赔偿。

6.2.6 索赔和诉讼

1. 索赔

如果有损害情况，收件人应在发现损坏后立即向承运人提出异议，如是货物，最迟在收到货物之日起 14 天内提出。如果有延误，应最迟在货物交收件人自行处置之日起 21 天内提出异议。在规定期限没有提出，就不能向承运人起诉，除非承运人有欺诈行为。

2. 诉讼

诉讼应在航空器到达目的地之日起，或应该到达之日起，或运输停止之日起的两年内提出，否则就丧失要求赔偿的起诉权。诉讼期限的计算方法根据受理法院的法律规定。

6.3 国际铁路货物运输法

6.3.1 国际铁路货物运输公约

目前，关于国际铁路货物运输的公约有两个：《国际货约》和《国际货协》。

1.《国际货约》

《国际货约》(CIM)，全称为《关于铁路货物运输的国际公约》，1961 年在伯尔尼签字，1975 年 1 月 1 日生效。其成员国包括主要的欧洲国家，如法国、德国、比利时、意大利、瑞典、瑞士、西班牙及东欧各国，此外，还包括西亚的伊朗、伊拉克、叙利亚、西北非的阿尔及利亚、摩洛哥、突尼斯等，共 28 个成员国。

2.《国际货协》

《国际货协》(CMIC)，全称为《国际铁路货物联合运输协定》，1951 年在华沙订立。我国于 1953 年加入。1974 年 7 月 1 日生效的修订本，其成员国主要是苏联、东欧国家、中国、蒙古、朝鲜、越南等，共计 12 个国家。

《国际货协》的东欧国家又是《国际货约》的成员国，这样《国际货协》国家的进出口货物可以通过铁路转运到《国际货约》的成员国，这也为沟通国际间铁路货物运输提供了更为有利的条件。

我国是《国际货协》的成员国，凡经由铁路运输的进出口货物均按《国际货协》的规定办理。

6.3.2 国际铁路货物运输合同的订立

《国际货协》第 6 条、第 7 条规定，发货人在托运货物的同时，应对每批货物按规定的格式填写运单和运单副本，由发货人签字后向始发站提出。从始发站在运单和运单副本上加盖印戳时起，运输合同即告成立。

运单是铁路收取货物、承运货物的凭证，也是在终点站向收货人核收运杂费用和点交货物的依据。与提单及航运单不同，运单不是物权凭证，因此，不能转让。运单副本在加盖即戳后退还发货人，并成为买卖双方结清货款的主要单据。

6.3.3 国际铁路货物运输的赔偿限额、方式及索赔期限

1. 赔偿限额

根据《国际货协》第22条的规定，铁路对货物损失的赔偿金额在任何情况下，不得超过货物全部灭失时的金额。

当货物遭受损坏时，铁路赔付额应与货价减损金额相当。

当货物全部或部分灭失时，赔偿额按外国售货者在账单上所开列的价格计算；如发货人对货物价格另有声明时，按声明的价格给予赔偿。

当逾期交货时，铁路应以所收运费为基础，按逾期长短，向收货人支付规定的罚金。逾期不超过总运到期限的1/10时，支付相当于运费的6%的罚款；逾期超过总运到期限的4/10时，应支付相当于运费的30%的罚款等。

2. 赔偿方式

《国际货协》第28条规定，发货人和收货人有权根据运输合同提出赔偿请求，赔偿请求可以书面方式由发货人向发送站提出，或由收货人向收货站提出，并附上相应根据，注明款额。

(1) 运单项下货物全部灭失时，由发货人提出，同时须提出运单副本；或收货人提出，同时提出运单或运单副本。

(2) 货物部分灭失、毁损或腐坏时，由发货人或收货人提出，同时须提出运单及铁路在到达站交给收货人的商务记录。

(3) 逾期交货时，由收货人提出，同时须提出运单。

(4) 多收运送费用时，由发货人按其已交付的款额提出，同时必须提出运单副本或发送站国内规章的其他文件；或由收货人按其所交付的运费提出，同时须提出运单。

3. 索赔期限

铁路自有关当事人向其提出索赔请求之日起，必须在180天内审查该项请求，并予以答复。发货人或收货人在请求得不到答复或满足时，有权向受理赔偿请求的铁路所属国家的法院提起诉讼。

根据《国际货协》第30条的规定，有关当事人依据运输合同向铁路提出的赔偿请求和诉讼，以及铁路对发货人和收货人关于支付运送费用、罚款和赔偿损失的要求和诉讼，应在9个月的期间内提出；关于货物运到逾期的赔偿请求和诉讼，应在2个月的期间内提出。

其具体诉讼时效起算日如下。

(1) 关于货物毁损或部分灭失以及运到逾期的赔偿，自货物交付之日起算。

(2) 关于货物全部灭失的赔偿，自货物运到期限届满后30天起算。

(3) 关于补充运费、杂费、罚款的要求，或关于退还此项款额的赔偿请求，或纠正错算运费的要求，应自付款之日起算；如未付款时，应自交货之日起算。

(4) 关于支付变卖货物的余款的要求，自变卖货物之日起算。

(5) 在其他所有情况下，自确定赔偿请求成立之日起算。

时效期间已过的赔偿请求和要求，不得以诉讼形式提出。

6.4 国际货物多式联运

6.4.1 国际公约与惯例

1973年国际商会制定了《联运单证统一规则》，由于国际货物多式联运提单采用此规则，该规则具有国际惯例的性质。

为了解决法律问题，国际社会做出了各种努力。1980年5月在联合国贸易与发展会议的主持下，制定并通过了《联合国国际货物多式联运公约》(简称《联运公约》)。根据公约规定，公约在30个国家的政府签字但无须批准、接受或认可，或者向保管人交存批准书、接受书、认可书或加入书后12个月生效。公约目前尚未生效。

6.4.2 多式联运单据

多式联运单据是证明多式联运合同及多式联运经营人接管货物并按合同条款提交货物的证据。根据公约规定，多式联运单据依发货人的选择可做成可转让单据或不可转让单据。实践中，只有单据的签发人承担全程责任时，才有可能做成可转让的单据。此时，多式联运单据具有物权凭证的性质和作用。在做成可转让单据时，应列明按指示或向持票人交付。

6.4.3 联营经济人赔偿责任

《联运单证统一规则》实行网状责任制，在确知货损灭失发生地区段时，联运经营人的责任由该区段强制性国内法和国际公约确定赔偿额，并且，联运提单签发人仅负责第一程责任，当货物转到第二程运输后，它处于发货人代理人的地位，不代表第二程的承运人向发货人负责。

责任期间，多式联运公约实行的是联运经营人的全程统一负责制，即自其接管货物之日起，到交付货物时为止的整个期间承担责任。当收货人无理拒收货物时，则按照合同或交货地点适用的法律或特定行业惯例，将货物置于收货人支配之下，或交给依交货地点适用的法律或规章必须向其交付的当局或其他第三方。

与《联合国国际货物多式联运公约》的规定不同，我国《海商法》所指的多式联运运输合同是指多式联运经营人以两种以上的不同运输方式，其中一种是海上运输方式，负责将货物从接收地运至目的地交付收货人，并收取全程运费的合同。但在承担的责任期间和承担责任方式上与《联运公约》的规定是一致的，即多式联运经营人对多式联运货物的责任期间，自接收货物时起至交付货物时止，并对全程运输负责，但多式联运经营人也可与参与联运的各区段承运人另以合同约定相互之间的责任。在损害赔偿额方面，我国《海商法》规定，在损失发生在多式联运的某一区段时，多式联运承运人的赔偿责任和责任限额，适用调整该区段运输方式的有关法律规定。运输区段不能确定时，则依照本法关于海上运输合同承运人赔偿责任和责任限额的规定负责。

本章小结

国际货物运输是指承运人收取运费，将货物由一国运至另一国的活动。国际货物运输的方式很多，如海上运输、铁路运输、公路运输、航空运输、邮政运输、管道运输和国际多式联运等。货物运输法是调整货物运输关系的法律规范的总称。在国际货物海上运输中，要以签订合同的方式确定当事人及关系人的基本权利义务及免责，合同的变更、解除将涉及一系列的法律问题，海上货物运输中的索赔与诉讼应在有效的时间和地点进行。提单是国际货物海上运输的主要单证，《海牙规则》规定提单下承运人有适航义务、货管义务及合理航行按时交货的义务，并规定了过失及无过失两类免责条款。

关键术语

国际货物运输　国际海上货物运输　班轮运输　租船运输　光船租船　海上货物运输合同　法定解除　任意解除　提单　海运单　电子提单　航空货运单　多式联运单

思考与练习题

一、选择题

1. 在下列提单中，(　　)是按照提单上是否有批注的标准所作的分类。

A. 清洁提单　B. 不清洁提单　C. 记名提单　D. 不记名提单

2. 依我国《海商法》的规定，下列货物运输方式中(　　)不属于多式联运。

A. 空海联运　B. 陆海空联运　C. 陆海联运　D. 陆空联运

3. 关于提单中承运人的责任问题，《海牙规则》实行的是(　　)。

A. 不负过失责任的原则　B. 不完全过失责任原则

C. 完全过失责任原则　D. 过失责任原则

4. 下列各选项中表述正确的是(　　)。

A. 提单本身就是运输合同

B. 提单不能以背书的方式转让给受让人

C. 只有通过正当途径取得提单的持有人才享有占有货物的权利

D. 提单是代表货物所有权的物权凭证

5.《海牙规则》规定的有关货物灭失或损害的诉讼时效为(　　)。

A. 1年　B. 2年　C. 3年　D. 4年

6. 下列各项中，属于提单必须载明的事项有(　　)。

A. 货物名称　　B. 发货人名称　　C. 托运人名称　　D. 承运人名称

7. 根据《海牙规则》的规定，承运人必须在开航前和开航当时使船舶处于适航状态，这一义务包括(　　)。

A. 准备好最新的航海图　　B. 有足够的燃料和供应品

C. 对货舱进行清扫、熏蒸　　D. 开航时船员全部到齐

8. 国际货物运输的租船方式有(　　)。

A. 航次租船　　B. 提单租船　　C. 定期租船　　D. 光船租赁

9. 有关国际航空货物运输的国际公约主要有(　　)。

A. 1929 年《华沙公约》　　B. 1955 年《海牙议定书》

C. 1961 年《瓜达拉哈拉公约》　　D. 1978 年《汉堡规则》

10. 根据《海牙规则》的规定，以下属于承运人基本义务的有(　　)。

A. 提供适航的船舶

B. 适当和谨慎的装载、搬运、配载、运送、保管、照料、卸下所承运的货物

C. 对由于船长、船员及其他承运人的受雇人在航行和管理船舶中的过失导致货物受损承担赔偿责任

D. 应托运人请求向其签发提单

11. 我国已参加的公约有(　　)。

A.《国际铁路货物运输公约》　　B.《国际铁路货物运输协定》

C.《华沙公约》　　D.《瓜达拉哈拉公约》

12. 根据《国际铁路货物运输协定》的约定，承运人对货物损失可以免责的原因主要有(　　)。

A. 由于铁路不能预防和不能消除的情况

B. 由于货物自然性质引起的损失

C. 由于发货人或收货人装车或卸车而造成的损失

D. 由于容器或包装缺陷在承运时无法从外部发现而引起的损失

13. 关于提单的作用，正确的说法有(　　)。

A. 提单是承运人与托运人之间存在运输合同的依据

B. 提单是承运人或其代理人签发给托运人的货物收据

C. 提单是代表货物所有权的物权凭证

D. 提单是一种支付的债权凭证

14. 根据经营方式的不同，国际海上货物运输可分为(　　)。

A. 班轮运输　　B. 航次运输　　C. 多式联运　　D. 租船运输

15. 下列各项表达中，说法正确的有(　　)。

A. 在航次租船合同中，出租人仍保留船舶的所有权和占有权

B. 定期租船合同中对于船舶的经营费用应由承租人负责

C. 光船租赁合同中，租船人享有船舶的占有权

D. 光船租赁合同与航次租船一样都属财产租赁合同

二、思考题

1. 海上货物运输及保险是否会成为国际贸易中的一个关键问题？
2. 海上货物运输的种类有哪些？各自适用何种国际贸易情形？
3. 光船租船合同是海上货物运输合同的一种类型吗？其争议应适用何种法律规范？
4. 提单有何重要意义？承运人无提单可否将货物交给提货人？
5. 班轮运输合同中，承运人的基本义务和托运人的基本义务各有哪些？

三、案例分析

1. 承运人对一票橘子的托运人口头保证：船舶装货后将直接驶往目的地并卸货。然而该轮出航后却绕航行驶至其他港口。结果当托运人的橘子到达目的港时，进口关税提高了，并由于其他橘子大量到货，使橘子的价格下降。托运人认为如果承运人是依口头约定直接驶往目的港，关税的提高和橘子的跌价都应该发生在该轮到达之后。于是，托运人向法院起诉，要求承运人赔偿其遭受的损失。被告则辩称：提单中载明有规定承运人可以任意地经过任何航线将货物直接或间接地运往目的地的条款，所以认为自己不应为绕航而引起的损失负责。

问：(1) 双方的口头约定是否有效？

(2) 提单是否是运输合同本身？

(3) 承运人是否应赔偿托运人的损失？

2. 柏西·多尔多公司的一批橘汁由布朗公司所代理的船东运往汉堡。在装运港，承运人发现装橘汁的桶是旧桶，且强度不够，承运人将该情况通知了托运人，托运人为了取得与信用证规定相符的提单，要求承运人签发清洁提单，并向承运人出具了保函。保函上注明：托运人无条件地承担船长和船东因签发清洁提单而引起的一切损失。结果，桶在到达汉堡时发生泄漏。承运人因签发了清洁提单，只能赔偿收货人未能交付完好货物的损失。在赔偿后，承运人即依据保函向托运人要求赔偿，托运人拒绝赔偿。承运人向法院诉，要求托运人依保函的允诺赔偿其因签发清洁提单引起的损失。

问：(1) 该保函是否有效？承运人是否有权要求托运人依保函对其进行赔偿？

(2) 在托运人拒绝依保函向承运人赔偿的情况下，法院是否应判决托运人赔偿承运人因依保函而签发清洁提单引起的损失？

3. 某轮装运一批货物从美国出发开往日本，在由拖船带动下离开码头时，碰撞了混凝土码头，以致船壳出现裂缝。发生碰撞时，船上还有两根缆绳仍系在码头的系绳处。碰撞后，船长未对该船进行检验。在船舶航行途中，海水经由裂缝渗进船舱，损及货物。显然，碰撞造成了船舶的不适航。货方认为承运人应对因船舶不适航造成的货物损坏负赔偿责任。承运人则认为，船舶在开航前和开航时都是适航的，船舶的不适航是在航程中发生的，依《海牙规则》的规定：对由于船长、船员、引水员或承运人的雇用人在驾驶或管理船舶中的行为、疏忽或者不履行职责引起或造成的货物的灭失或损害，承运人不负责任。本案船舶离开码头即为航程开始，碰撞发生后未对船舶进行检修是船舶管理上的疏忽，而非承运人在开航前和开航时未恪尽职责使船舶适航，因此，承运人可以依“管理船舶过失免责”的规定免除其责任。

问：(1)《海牙规则》是否要求承运人在整个航程中均应尽到使船舶适航的责任？

(2) 你认为本案承运人是否可依“管理船舶过失免责”的规定免除其责任？

4. 某轮在开航前的适航检查时，对船上的喉管进行了检查，由于有一处喉管被木箱所覆盖，而未对此处进行查看。在航行中，被盖住的喉管处发生了破裂，造成了货损。货方认为船舶在开航前和开航时是不适航的，因此要求承运人对因此而引起的货损承担赔偿责任。承运人认为，因为在检查时该处被木箱所覆盖，因此，该段喉管破裂属于“恪尽职责”仍不能发现的潜在缺陷，依《海牙规则》的规定，承运人对尽适当的谨慎仍不能发现的潜在缺陷可以免责。货方则认为只要将木箱移开即可发现该缺陷，这是进行检查时适当而又合理的正常检查方法，因此，该裂缝不属于“恪尽职责”仍不能发现的潜在缺陷，承运人不能依此免除责任。

问：(1) 上述缺陷是否属于潜在缺陷？

(2) 承运人是否可以主张免责？

（资料来源：本章案例是由豆丁网友提供各大高校国际商法课堂学习资料整理而成。）

第 7 章 国际货物保险法

本章教学要点

知识要点	掌握程度	相关知识
国际货物保险	熟悉	国际货物保险的定义、分类和基本原则
国际货物保险合同	掌握	国际货物保险合同的概念、订立、转让及解除
海上货物保险合同	重点掌握	海上货物保险合同当事人的义务与责任，保险标的的损失与赔偿
了解铁路运输、航空运输和邮包运输相关法律关系	了解	其他运输方式下的保险险别、责任范围、除外责任、责任起讫、被保险人的义务及索赔期限

导入案例

“昌隆”号货轮满载货物驶离上海港。开航后不久，由于空气温度过高，导致老化的电线短路引发大火，将装在第一货舱的 1 000 条出口毛毯完全烧毁。船到新加坡港卸货时发现，装在同一货舱中的烟草和茶叶由于羊毛燃烧散发出的焦煳味而不同程度受到串味影响。其中由于烟草包装较好，串味不是非常严重，经过特殊加工处理，仍保持了烟草的特性，但是等级已大打折扣，售价下跌三成。而茶叶则完全失去了其特有的芳香，不能当作茶叶出售了，只能按廉价的填充物处理。

船经印度洋时，不幸与另一艘货船相撞，船舶严重受损，第二货舱破裂，舱内进入大量海水，剧烈的震荡和海水浸泡导致舱内装载的精密仪器严重受损。为了救险，船长命令动用亚麻临时堵住漏洞，造成大量亚麻损失。在船舶停靠泰国港避难进行大修时，船方联系了岸上有关专家就精密仪器的抢修事宜进行了咨询，发现整理恢复十分庞大，已经超过了货物的保险价值。为了方便修理船舶，不得不将第三舱和第四舱部分纺织品货物卸下，在卸货时有一部分货物有钩损。

上述货物从一个国销售到另一个国家，货物经过跨国运输，由此产生各种复杂的自然灾害或意外事故的风险。如货主通过与保险公司签订保险合同为运输货物投保了相应险别，保险公司将对保险事故所致的损失进行经济补偿。如出现国际货物保险合同纠纷，将根据国际货物保险法中的条款处理。

7.1 国际货物保险概述

7.1.1 国际货物保险的定义

国际贸易运输保险是由保险人同被保险人双方订立保险合同，经被保险人缴付约定的保险费，当货物在国际运输途中遭受保险事故所致的损失，由保险人负责经济补偿的一种保险。这种保险属于财产保险范畴，以流动中的财物作为保险标的，保险关系涉及对外因素，不仅承保对外经济贸易交往中运输的货物，而且包括各种运输中的物资如行李、用品、展览品、援助物资以及钞票、贵金属、文物古董、技术资料等。

7.1.2 国际货物保险的种类

1. 按运输方式分类

1）海上货物保险

海上货物保险即经海上用轮船运输于各国港口之间的货物保险。

2）陆上货物保险

陆上运输货物保险即经陆路用火车或汽车运输于各国车站之间的货物保险。

3）航空货物保险

航空运输货物保险即经空中用飞机运输于各国机场之间的货物保险。

4）邮包保险

邮包保险即经邮局用邮包递运于各国之间的货物保险。

5）联运保险

联运保险即经海、陆、空两种以上不同主要运输工具联合运输于国际各地间的货物保险。

以上各种货物保险，以海上运输货物保险为主，其他各种货物保险的保险条款都是以它为准，再根据本身的特点加以补充或修订的。

2. 按承保方式分类

按承保方式，国际货物保险可分为远程保险、定期保险和混合保险等。

3. 按保险期限分类

按保险期限，国际货物保险分为逐笔保险、预约保险、流动保险和总括保险等。

1）逐笔保险

逐笔保险是由保险人根据投保人的逐笔投保而逐笔商定承保条件、逐笔签发保险单的保险方式。逐笔保险适用于经常性的零散的货物保险。在货物的运输保险中，保险人据此承担保险范围内所指定的、经由指定运输工具和班次承运的货物在运输途中的风险。

2）预约保险

预约保险又称“开口保险”、“敞口保险”，是保险公司承保被保险人在一定时期内发运的，以 CIF 价格条件成交的出口货物或以 FOB、CFR 价格条件进口货物的保险方式。预约保险中将载明保险货物的范围、承保险别、保险费率、每批运输货物的最高保险金额以及保险费的计算办法。凡属预约保险规定范围内的货物，一经起运保险合同即自动按预约保险中的承保条件生效，但要求投保人必须向保险人对每批货物运输发出起运通知书，也就是将每批货物的名称、数量、保险金额、运输工具的种类和名称、航程起讫点、开航或起运日期等通知保险人，保险人据此签发正式的保险单证。预约保险方式主要适用于大量进出口货物运输保险。

3）流动保险

流动保险是一种载明保险的总条件，而将船名和其他细节留待以后申报的保险方式。按照这种保险，保险人与被保险人双方事先约定保险货物的总价值、承保的风险及保险费率，通常还要规定一定的期间。每批货物出运后，被保险人应立即将船名及货物的价值向保险人申报，保险人即按流动保险中载明的总条件自动承保。每批货物的价值应从货物的总价值中减除，逐笔累计，直至总价值保尽为止，保险关系即告终止。

4）总括保险

总括保险又称闭口保险，是保险人在约定的保险期间内，对一定保险标的的总承保，适用于整批成交多次分批出运、运输距离短、每次出运货物的种类及价值相近的货物。采用这种保险方式，被保险人只要向保险公司商定一个承保范围，明确保险标的、保险总额、航程、险别等，支付一笔总保险费，双方约定一个保险期，在期限内凡属保险范围内的货物，全部承保在内。每批货物出运时被保险人不必通知保险人，保险人也不为每批货物计算保险费。发生赔款即在保险总额内扣除，总额扣完，保险责任终止。被保险人如果希望继续得到保险保障，可加贴“恢复条款”，按比例加缴保险费后，即可恢复原保险责任。此类保险方式多用于整批成交、分批多次出运、运输距离短、每次出运货物的种类及价值相似的货物。它对于保险人与投保人来说都具有简化保险手续、节约时间的优点。

7.1.3 国际货物保险的基本原则

国际货物保险的基本原则包括可保利益原则、最大诚信原则、近因原则和损失补偿原则。

1. 可保利益原则

可保利益，也称为保险利益，是指投保人或被保险人必须对保险标的具有法律上承认的利益。就货物运输保险而言，保险利益主要是货物本身的价值，但也包括与此相关的费用，如运费、保险费、关税和预期利润等。它体现了投保人或被保险人与保险标的之间的利害关系。如果保险标的安全，投保人或被保险人可以从中获利；如果保险标的受损，被保险人必然会蒙受经济损失。例如，在运输途中，遇到海啸，整船货物全部沉入海底，使出口人、进口人、承运人等遭受巨大经济利益的损失。因此，在海洋货物运输保险中货物的出口人、进口人、承运人、佣金商等具有可保利益。

可保利益原则要求投保人对保险标的应当具有保险利益，否则保险合同无效。需要指出的是，国际贸易的特点决定了国际货运保险仅要求被保险人在保险标的发生损失时必须具有保险利益，而不是一定要在投保时便具有保险利益。例如，在国际货物买卖中，买卖双方分处两国，如以FCA、FOB、CFR、CPT条件达成的交易，货物风险的转移以货物在装运港越过船舷或在出口国发货地或装运地交付承运人为界。显然，在风险转移之前，仅卖方有保险利益，而买方无保险利益。如果一定要被保险人在投保时就必须有保险利益，则按这些条件达成的合同，买方便无法在货物装船或交付承运人之前及时对该货物办理保险。因此，在国际货运保险业务中，保险人可视为买方具有预期的保险利益而允予承保。

2. 最大诚信原则

最大诚信是指保险合同的双方当事人都能够自愿地向对方充分而准确地告知足以影响当事人判断风险大小、确定保险费率和确定是否承保等重要事实，不隐瞒、欺诈对方，善意地、全面地履行合同规定的义务。

最大诚信原则主要包括告知、保证和弃权与禁止反言三方面内容。

(1) 告知：在保险合同订立之前、订立之时以及在合同有效期内，投保人对于已知或应知的与标的有关的重要事实向保险人作口头或书面的申报；保险人则应将与投保人利害相关的重要事实通告投保人。

(2) 保证：英国1906年《海上保险法》第33条规定，所谓保证是指一项承诺性的保证而言，即被保险人保证履行或不履行某一特定事项，或者保证履行某项条件，或者保证某一特定事实情况的存在或不存在。

保证分为明示保证和默式保证两种。明示保证是指以书面或文字条款的形式载于保险合同中的保证。默式保证是指在保险合同中未用文字明确列出，但根据有关的法律法规、国际惯例、行业习惯、公认的、被保险人应当遵守而且在订约时都已清楚的事项。例如，海上保险的默式保证有三项：①保险的船舶必须有适航能力；②要按预定的或习惯的航线航行；③必须从事合法的运输业务。

(3) 弃权与禁止反言：如果保险人自愿或有意识地放弃其在合同中可以主张的权利，那么日后不得再向保险人主张该种权利。例如，在海上保险中，如果保险人明知被保险轮船运送的是一批走私钢材而没有提出解除合同，则视为保险人放弃了从事合法运输业务这一要求的权利，那么对于运送走私钢材发生的保险事故所造成的损失，保险人必须赔偿。

3. 近因原则

近因是指导致损失发生的最直接、最有效的、起决定性作用的原因，而不是指时间上或空间上最接近的原因。尽管导致标的损失的原因多种多样，但只有近因的影响一直持续着，并造成最终损失。例如，雷击折断大树，大树压坏房屋，房屋倒塌致使家用电器损毁，则家用电器损毁的近因就是雷击。

所谓近因原则，是指保险人只对保险风险直接引起的损失负责赔偿，而对不是由于承保风险直接引起的损失不负责任。近因原则是对保险标的物所受损失是否进行赔偿的一项重要依据，因此，近因的判定至关重要，一般分为以三种情况来分析。

(1) 单一原因导致损失则单一原因为近因。例如，火灾造成房屋倒塌，则房屋受损的近因就是火灾。如果火灾属于除外责任，则保险人不负赔偿责任。

(2) 一连串原因导致损失则第一个原因为近因。例如，一艘货轮将皮革和烟草从加尔各答运往汉堡，在途经地中海时遇到了暴风雨，使大量海水流入货舱，皮革被海水浸泡致腐烂，同时产生大量气味使烟草串味造成损失。那么造成烟草损失的近因就是海上的恶劣气候及暴风雨，根据保险合同规定，保险人应予赔偿。

(3) 各种独立原因导致损失则各个原因为近因。例如，两艘船发生碰撞，其中一艘进港修理，为了便于修理，将船上的柠檬卸到驳船上，待修完船后再重新装船。货到目的港，发现货物有两种损失，一种是卸货和重新装货过程搬运造成的损失；另一种是由于运输迟延导致水果腐烂。经法院认定，货损的近因是水果的易腐烂性和运输延迟的共同结果。

4. 损失补偿原则

损失补偿原则是指当保险标的发生保险责任范围内的损失时，保险人的赔偿应以被保险人遭受的实际损失为限，通过保险赔偿，使被保险人恢复到受灾前的经济原状，但不能以此而获得额外的利益。其中，保险人的赔偿是以实际损失、保险金额、保险利益为限，即三者之中取最小值为赔偿额。

损失补偿原则的派生原则有以下两种。

(1) 代位追偿权：当保险标的发生了保险责任范围内的由第三责任者造成的损失时，保险人向被保险人履行损失赔偿的责任后，有权取得被保险人在该项损失中向第三责任方要求索赔的权利。保险人在取得该项权利后，即可站在被保险的立场上向第三者追偿。例如，在远洋运输过程中由于承运人管理货物上的疏忽，货物被海水浸泡致损。保险人按照合同规定赔付了货损以后，可以继续向承运人进行追偿。

(2) 重复保险的分摊原则：重复保险是指投保人对同一保险标的、同一保险利益、同一保险事故分别向两个及两个以上的保险人订立保险合同，且保险金额的总和超过保险价值的保险。因此，当保险事故发生时，为了使被保险人既能得到充分补偿，又不会超过其实际损失而获得额外的利益，各保险人应采取适当的分摊方法分配赔偿责任，重复保险分摊原则应运而生。重复保险的分摊包括比例责任分摊方式、限额责任分摊方式和顺序责任分摊方式。

应用实例

海上货物运输中的可保利益原则案例

有一份FOB合同，货物在从卖方仓库运往码头的途中，因意外而致部分货物受损，而买方已经投保“仓至仓”的一切险，事后卖方向保险公司索赔遭到拒绝。买方索赔同样遭到拒绝。

问题： 保险公司是否应该赔偿？

评析： 根据国际货物保险的基本原则，可保利益是指投保人或被保险人对于保险标的因有利害关系而产生的为法律所承认、可以投保的经济利益。可保利益是保险合同生效的先决条件，也是向保险公司索赔的必备条件。在本案中，首先，卖方因与保险公司没有合同关系，即非投保人也非被保险人，所以卖方不具备向保险公司索赔的条件。再看买方，在FOB合同中，货物是在装运港越过船舷时从卖方转移给买方的，而本案例的货物是在从卖方仓库运往码头的途中发生损失的，可见货物损失发生在风险转移之前，那么该损失的承担者是卖方而非买方，买方对此没有保险利益，因而也不能向保险公司索赔。在这种情况下，卖方为了自己的利益，还必须另行投保。

7.2 海上货物运输保险法

在国际货物保险中，海上货物保险是最古老且占有最重要地位的一种保险，其所确立的许多基本原则和制度为其他种类保险所采纳或参照。

国际货物运输保险中，业务量最大、影响最深远的是海上货物运输保险。但在国际货物运输保险领域中没有普遍的国际条约为依据，处理保险纠纷的依据主要是保险合同的具体条款及其约定的国内法。我国有《海商法》、《保险法》、《合同法》的有关规定，英国有著名的协会货物保险条款。

7.2.1 海上货物保险合同

1. 海上货物保险合同的定义

海上货物保险合同的定义，最早由《英国海上保险法》于1906年所确定。该法第1条规定："海上保险合同是指保险人按照约定的承保范围和险别，对被保险人的损失，即海上风险所致的损失负责赔偿的合同。"

日本《商法典》第815、816条规定：海上保险合同是以对与航海有关的事故引起的损害予以补偿为目的的，除另有规定或约定者外，保险人应对保险标的在保险期间，因航海与事故所发生的一切损害负赔偿责任。

我国《海商法》第12章是关于海上保险合同的规定，同样在该章的第1条，也即《海商法》第216条给海上保险合同下了定义。该条明确规定："海上保险合同，是指保险人按照约定，对被保险人遭受保险事故造成保险标的的损失和产生的责任负责赔偿，而由被保险人支付保险费的合同。"

以上定义，仅从文字上就足以看出海上保险合同是一种补偿合同。不过，我国的定义似乎更为全面、具体，如保险标的不仅包括其本身的损失，而且还包括其产生的责任，即保险标的范围更广泛；另外，还明确规定了被保险人须支付保险费作为其获得赔偿的代价。

2. 海上货物保险合同的性质

1）双务有偿性

海运货物保险合同是一种双务有偿合同，即投保人须按合同约定向保险人支付保险费，而保险人须按合同规定，在约定的保险事故发生时，承担赔偿责任。它与一般的双务有偿合同如买卖合同、运输合同、加工承揽合同等有别，它涉及的并非商品的交换，也非一般权利义务的对等关系，而是风险的转移。转移风险是以投保人支付保险费作为代价，保险人对被保险人的赔偿不仅以被保险人支付保险费为前提，而且还取决于保险事故的发生。没有保险事故的发生，保险人无须履行赔偿义务，因此，这种赔偿是带有偶然性的。

2）补偿性

海运货物保险合同是一种具有补偿性质的赔偿合同。早在19世纪末，英国Brett法官在Castellain V. Preston一案中就已指出："海上保险单或火险保险单所含的保险合同是一种赔偿合同，也仅仅是一种补偿性合同。这种合同是指被保险人一旦发生保险单规定的损失时，可获得全额赔偿，但仅以全额赔偿为限的合同。"另外，Ellenborough大法官在Brotherston V. Barber一案中也指出："海上保险法的首要原则是赔偿原则，保险人在任何情况下都不成为保险标的的购买者。显然，保险人仅负补偿责任。"以上权威性解释均说明海上保险合同具有补偿性，即合同的订立并非为了营利，而是为了弥补保险事故造成的损失。因此，被保险人获得的赔偿数额不得超过其实际的损失的数额。

3. 海上货物保险合同的订立

1）海上货物保险合同的主要内容

海上货物保险合同的主要内容通常应包括保险人名称、被保险人名称、保险标的(保险标的是被保险人所要转嫁危险和取得保险保障的对象。一般认为，海上保险合同的保险标的主要包括货物、运费两项)、保险价值(指被保险财产的实际价值，也是发生保险事故时所遭受的最大损失)、保险金额(被保险人的实际投保金额，也是保险人对保险标的的最高赔偿限额)、保险期间(又称保险期限，是保险合同的有效期限，也叫保险责任的起讫期限)及保险责任和除外责任。

保险责任是指海上保险合同载明的危险发生造成保险标的损失时，保险人所承担的赔偿责任。合同的保险责任范围包括自然灾害和意外事故两大类。所谓自然灾害，是指由于自然力量所造成的灾害，如暴风雨、雷电、地震、海啸、洪水等自然现象；而意外事故则是指偶然的、不可预见的原因所引起的事故，如船舶搁浅、触礁、沉没、碰撞、爆炸等类似的事故。但是，经双方当事人特别约定或者按照商业惯例，海上保险合同的保险责任范围还可包括与海上航行有关的发生于内河或者陆上的事故。

除外责任，是指依照法律或海上保险合同的规定，保险人不负赔偿责任的损失或费用。一般包括下列原因所造成的损失和费用：①被保险人(包括船东及其代表和船长)的故意行为或过失；②被保险船舶的自然磨损与不适航；③属于发货人的责任；④保险责任开始前被保险货物已存在的品质不良和数量短差；⑤被保险货物的自然损耗、本质缺陷、特性以及市价跌落、运输延迟。除双方特别约定外，因战争、罢工等所致的损失，通常也属除外责任。

应用实例

保险人除外责任案例

我国A公司按照CIF价格条件与某国B公司签订了一单2000吨食用糖的生意，投保一切险。由于货轮陈旧，速度慢，加上沿途尽量多装货物，停靠码头的次数和和时间太多，结果航行3个月才到达目的港。卸货后发现，路途时间过长，加之又要穿过赤道，食用糖长时间受热，使得货物变质，根本无法出售。

问题：这种情况保险公司是否应赔偿？

评析：在中国海洋运输货物保险条款的基本险别中，保险人明确规定了除外责任。在本案中，货物受损是由于货轮陈旧，速度慢，加上沿途尽量多装货物，停靠码头的次数和和时间太多造成的，属于保险公司的除外责任，因此，保险公司可以拒绝赔偿。

2) 订立方式

与一般合同的订立过程一样，海上货物保险合同的订立也必须经过要约和承诺两个阶段。由于海上货物保险合同是保险人与被保险人之间权利义务的凭证，因此一般应由保险人与被保险人双方直接签订。但是，在英美等国家的保险实务中，被保险人同保险人并不直接接触，而是委托保险经纪人代其向保险人投保。

在英美等国家，一般的投保手续是由被保险人提出投保申请，并在经纪人提供的表格上填明保险标的物、投保的险别以及其他有关内容后交给经纪人。经纪人通常被授权在一定的保险费率范围内投保，并把投保内容写在一张“承保条”上，交给保险人或保险公司。如果保险人愿意承保，即在承保条上签名，并注明其承保的金额。一项保险业务，可以由一个或几个保险人承保，直至整个风险保足为止。保险人在承保单上签名，保险合同即告成立。至于日后是否出具保险单并不重要。最后，被保险人将保险费交给经纪人，由经纪人交给保险人，并由保险人从保险费中取出部分金额付给经纪人作为佣金。

我国目前尚未实行保险经纪人制度，海上保险的投保手续比较简单，主要有以下两种不同做法：①如果收货人直接投保的，应填制投保单一式两份，列明货物名称、保险金额、运输路线、运输工具、投保险别等事项。其中一份由保险公司签章后交还给被保险人作为承保的凭证；另一份则留在保险公司凭以出具保险单。②如果是由外贸进出口公司投保的出口货物运输保险，由于业务量大，为节省手续，一般不添制投保单，而是利用有关出口单据的副本，如出口货物明细单、货物出运分析单等来代替投保单。

3) 投保时间

海上保险合同的承保风险具有或然性，已经发生或不能发生的危险就不能成为保险危险，因此，海上货物保险合同应当在保险事故未发生前订立，如果保险事故已经发生，就不能投保。在国际贸易中，卖方或买方投保海上货物运输保险的时间，通常是在货物装运以前或装运之时。但是由于买卖双方分处两国，货主对货物在运输过程中发生的情况无法完全掌握，有时可能出现货物虽已遭受损失或灭尖，但货主因不知情而仍向保险公司投保的情况。针对这种现象，保险单上通常都载有“不论灭失与否”(lost or not lost)条款，即不论保险标的物在投保时是否已经有损，保险人仍须按合同承担赔偿责任。但这并不是说，被保险人就可以明知标的物已经灭失之后再去投保，仍能订立有效的保险合同。如果被保险人在投保时已经知道标的物发生损失，则保险合同无效。

4) 保险的相关凭证

保险单，简称保单，是保险人与投保人之间订立的海上保险合同的正式书面形式。保险单应将包括保险人的责任和双方当事人权利义务在内的保险合同的全部内容明确详尽地载明其中。如果出具保险单前有投保单或暂保单的，还应将其内容也载入保险单中。在保险实务中，保险单和保险合同往往相互通用。但严格来说，两者是有区别的。保险单只是当事人经过口头或书面协商一致而成立的保险合同的正式凭证而已。在通常情况下，只要保险条件谈妥，双方当事人意见一致，保险合同即告成立。即使保险事故发生在正式保险单签发之前，也不影响该保险合同的法律效力。

保险凭证，又称小保单，是保险人向投保人出具的用以证明海上保险合同已经订立或保险单已经正式签发的一种凭证。它一般不印上保险条款，仅载明被保险人名称、保险货物名称、货运工具的种类和名称、险别、保险期限、保险金额等项目，其他内容以同一险种保险单的规定为准，与保险单具有同等效力，因而是一种简化的保险单。在货物运输保险中，当采用流动保险单或预约保险单的方式投保时，保险人还必须对每笔运输货物单独出具保险凭证。目前在我国还有一种联合保险凭证，主要适用于保险公司同外贸公司合作时，将其复印在外贸公司的发票上，仅注明承保险别和保险金额，其他项目如商品的名称、数量、规格、承运工具、装运港和目的港等，均以发票所列为准。外贸公司在缮制发票时保险凭证也随即办妥。这种联合保险凭证大大简化了投保手续，加快了出口货运单据的流转，也有利于及时办理出口结汇。目前，在对港澳地区的出口货物保险中已经大量使用。

暂保单，又称暂保条、临时保险书、临时保险单，即保险单或保险凭证签发之前，保险人发出的临时单证。其内容比较简单，只载明被保险人的姓名、承保危险种类、保险标的等重要事项，有关保险人的责任及双方当事人的权利义务等，都以保险单的规定为准。如果暂保单所依据的保险单是标准化的，那么暂保单的内容还可以简化，只须说明保险人的责任以正式保险单为准即可。倘若某种保险无标准保险单，则暂保单尤为重要，足以证明保险人在正式保险单签发前所负的责任范围。

使用暂保单一般限于保险代理人在争取到业务而尚未向保险人办妥保险单手续前，给被保险人开出的证明。保险公司的分支机构，在接受投保后，还未获得总公司批准前，先出立的保险证明。在洽订或续订保险合同时，订约双方虽已就主要条款达成协议，但还有一些条件需要商谈，在没有完全谈妥之前，先由保险人出立的保险证明。出口贸易结汇时，保险人在出具保险单或保险凭证前先出立暂保单，以证明出口货物已经办理保险，作为结汇的凭证。

暂保单的法律效力一般与保险单完全相同，不过有效期较短，通常为 30 天以内。保险单发出后，暂保单自动失效。暂保单也可在保险单发出之前中止效力，但保险人必须提前通知投保人。暂保单也常被保险双方所滥用。就被保险人而言，由于保险费可在出立保险单时支付，而暂保单又与保险单效力相同，这就等于享受了免费保险。而保险人为争取顾客，亦不注意选择良好的投保人，而依赖暂保单可自动失效，往往因此产生纠纷。

4. 海上货物保险合同的转让

海上货物保险合同的转让，通常是因保险标的转让或出售而引起。

被保险人依据货物运输保险合同所享有的权利，通常都可以采用在保险单上背书的方式转让给受让人，这是国际贸易的习惯做法，也是各国法律所允许的。

5. 海上货物保险合同的解除

海上货物保险合同的解除，是指海上货物保险合同的一方或双方当事人行使解除权，解除保险合同。除合同另有约定外，保险责任开始后，被保险人和保险人均不得解除保险合同。海上货物保险合同的解除主要包括协议解除和法定解除两种。

1）协议解除

协议解除即合同当事人双方协商同意解除海上保险合同的情况。协议解除通常是由双方当事人在合同中订明，在保险合同有效期间，如遇有某些特定情况，保险合同即可解除。在协议解除保险合同时，保险人应按日计算未到期的保险费，并退还给被保险人，在航程保险中，保险责任一经开始，除非保险合同另有规定，被保险人不得要求退还保险费。

2）法定解除

法定解除即指在法律规定的原因出现时，海上保险合同的一方当事人可依法行使解除权的情况。法定解除一般有以下几种情况。

(1) 因被保险人违反告知义务而解除保险合同。

(2) 当投保人或被保险人隐瞒重要事实或对重要事实告知不实或有遗漏时，保险人有权解除保险合同。

(3) 因违背保证条款而解除合同。

7.2.2 海上货物保险合同当事人的义务与权利

1. 投保人的义务

(1) 投保人的如实告知义务。投保人如实告知义务是各国保险法最大诚信原则的要求。如实告知的范围如我国《海商法》规定。如果投保人没有如实告知重要情况，保险人有权解除保险合同，如果该情况对保险事故的发生有影响的，保险人不负赔偿责任。就像有心脏病的人，隐瞒病情投保心脏疾病保险一样。

最大诚信原则同样适用于保险人。我国《保险法》规定：“订立保险合同，保险人应当向投保人说明保险合同的条款内容。”我国《合同法》规定：“采用格式条款订立合同的，提供格式合同的一方应当遵循公平原则确定当事人之间的权利与义务，并采取合理的方式提请对方注意免除或限制其责任的条款，按照对方的要求，对该条款予以说明”；“对格式合同条款的理解发生争议的，应当按照通常理解予以解释。对格式条款有两种以上解释的，应当作出不利于提供格式条款一方的解释”。

(2) 严格遵守保证的义务。

(3) 通知义务。通知义务包括保险标的增加危险时及时通知保险人及出险时的通知义务。被保险人不能及时提交保险人出险通知，并由此造成保险人无法确定真实情况的，保险人可以拒绝赔偿被保险人。保险赔偿支付前，被保险人应提供有关资料，证明保险事故的性质和损失程度并向保险人提出索赔。所谓资料是指损失清单和损失原因的证明。

(4) 出险后的施救义务。

2. 保险人的权利与责任

1）保险人的权利

鉴于保险合同的特点，法律确认保障了保险人的下述特殊权利，这是需要买卖双方注意的。

我国《海商法》规定：货物运输保险责任开始后，被保险人不得要求解除合同。

保险人的赔偿不超过合同约定的保险金额，即使货物的损失超过保险金额。保险金额是当事人双方在合同中约定的最高赔偿限额。当保险金额低于保险价值，即不足额保险时，保险人对部分损失的赔偿，只应承担保险金额与保险价值的比例部分。另外，法律还规定了免责赔偿的情形，如我国《海商法》规定，对被保险人故意造成的损失不赔；除合同另有约定外。

我国《海商法》赋予保险人代位求偿权，并规定：“被保险人应向保险人提供必要的文件和其所需要知道的情况，并尽力协助保险人向第三人追偿。”保险人行使代位请求赔偿的权利，不影响被保险人就未取得赔偿的部分向第三者请求赔偿的权利。

代位求偿权实质上是一种损害赔偿权的转移。海上保险合同是以补偿被保险人就保险标的所受的实际损失为目的，故赔偿金额不得超过保险标的在保险事故发生时的实际价值。即使是在善意的保险情形下，被保险人也不得获超额赔偿。如果保险事故的发生可归责于第三人时，保险人于给付赔偿金后，可代位行使被保险人对第三人的求偿权。

代位求偿权的取得。代位求偿权的取得必须以保险人履行赔偿义务为前提。保险人之所以能取得被保险人的地位，对第三人享有损害赔偿请求权，是因为保险人所承保的第三者造成的损失并不意味着允许被保险人自动放弃对肇事第三者的追偿权力。如果没有保险，受损方必然向第三者追偿。保险人之所以承保这种风险，旨在保障被保险人在受损后能够及时恢复其正常经营。因此，保险人接保险合同后，也必然要获取被保险人向第三者追偿的权力。由于这种追偿的后果，仅是获得第三者的赔偿，不涉及其他各种债权、债务关系。因此向第三者追偿的权力在保险法中通常被称为代位求偿权。

代位求偿权既然是法定权利，其适用必然应符合法定的条件，才能为法律所认可。这些条件包括以下几种：①被保险人因海上保险事故对第三人有损害赔偿请求权；②保险人已经向被保险人实际支付保险赔偿；③保险人行使代位求偿权以保险赔偿范围为限；④保险人应当在保险责任范围内赔偿被保险人的损失。

代位求偿的范围不得超过保险人的赔偿金额。我国《海商法》就代位求偿过程中可能出现的几种情况作了如下规定：①如果被保险人主动放弃了对第三人的一些权利，从而造成保险人在一些权利上无法代位求偿，保险人可以相应扣减保险赔偿；②如果保险人在办理代位求偿时发现第三人已经赔付给被保险人部分损失，则保险人可以从应支付的赔偿额中相应扣减被保险人已经从第三人取得的赔偿；③如果保险人在取得代位求偿权后向第三人索赔时，获得了高于保险人赔付给被保险人的保险赔偿时，超过部分应当退还给被保险人。

2）保险人的责任

海上货物保险合同保险人的责任是指保险人依约所承担的损失赔偿责任。

保险人承担损失赔偿责任的范围一般包括以下3个方面。

(1) 保险标的物所遭受的实际损失。其中不包括航行迟延、交货迟延或行市变化，货物的自然损耗、本身缺陷和自然特性，包装不当。

(2) 施救费用，是指被保险人为防止或减少根据保险合同可以得到赔偿的损失而支付的必要的合理费用。其中包括为了确定保险责任范围内的损失所支付的受损标的的检验、估价、出售等合理费用以及为执行保险人的特别施救指示而支付的费用。

保险人应该在保险标的的损失赔偿之外另行支付施救费用，是一项法定的赔偿义务，即使没有约定。

(3) 赔偿限度。保险人赔偿保险事故造成的保险标的的损失，以保险金额为限，而且保险金额不得超过保险价值，超过部分是无效的。确切说，保险人的赔偿限度是保险价值而非保险金额。但在具体的保险合同中存在被保险人未足额投保的情况，保险人的实际赔偿责任限于实际保险金额与其保险价值之比在赔偿限度中所占的比例部分。

例如，保险价值为100万元，保险金额为80万元，发生保险事故导致的损失为20万元，被保险人最高可以索赔100万元(此为赔偿限度)，但实际本案中实际上只能得到16万元，因为并没有发生全损，而且存在不足额保险。

7.2.3 保险期间

1. “仓至仓”条款

保险人的责任从被保险人货物运离保险单所载明的起运地的仓库或储存处所开始运输时生效，在正常运输过程中持续，即在从上述起运地直接由通常的方式和路线运抵保险单所载明的目的地过程中不间断，包括海上、陆上、内河和驳船运输在内，包括通常的迟延、存仓和转运，直至发生下述4种情况之一时终止：①到达保险单所载明目的地收货人的最后仓库或储存处所；②到达被保险人用做分配或分送货物，或非正常运输过程中存储的其他储存处所；③在最后卸货港全部卸离海船后满60天；④在最后卸货港全部卸离海船后，开始转运至保险单所载明的目的地时。

2. “延伸”条款

“延伸”条款，或又叫“扩展责任”条款。被保险人无法控制的非正常运输发生时，被保险人有义务及时通知保险人，并在必要时加付保险费，保险才继续有效。但伦敦协会货物保险条款则规定，勿需及时通知及加付保险费，保险仍然有效。

3. “运输合同终止”条款

在被保险人无法控制的情况下，被保险货物在运抵保险单所载明的目的地之前，运输合同在其他港口或地点终止的，或者由于其他原因航程在运输条款规定的责任截止期之前终止的，如果被保险人及时将获知的情况告诉了保险人，且在必要时按保险人的要求同意加付保险费，保险合同可以继续有效，直至下述情况之一发生时终止：①在全部卸离海船的卸载港届满60天；②货物在上述卸载港出售并交付给新的货主。

但如果被保险货物在上述 60 天期限内转运到原目的地或其他目的地，则保险责任中的“仓至仓”条款的规定仍按上述“仓至仓”条款的规定执行。

7.2.4 保险标的的损失与赔偿

1. 保险标的的损失

所谓保险标的的损失，是指保险货物等在海上运输中，由于自然灾害或意外事故所造成的损失。通常与海上航行有关的，发生在内河或者陆上的事故所造成的损失也被包括在内。依据不同的标准，海上保险标的的损失可作不同的分类。这里依据损失程度的不同，将其分为全损与部分损失两种。

1）全损

全损是海上保险的专门术语，包括实际全损和推定全损。所谓实际全损是指保险标的物全部毁灭，或标的物受损以致失去原有的用途，或被保险人已无可挽回地丧失了保险标的物，或船舶失踪，经过一段合理时间之后仍无音讯等情况。例如，货物被火烧成灰烬，茶叶经海水浸泡后已完全失去商业价值等，都属于实际全损。我国《海商法》第 245 条规定：“保险标的发生保险事故后灭失，或者受到严重损坏完全失去原有形体、效用，或者不能再归被保险人所拥有的为实际全损。”该法第 248 条还规定：“船舶在合理时间内未从被获知最后消息的地点抵达目的地，除合同另有约定外，满两个月后仍没有获知其消息的，为船舶失踪。”船舶失踪视为实际全损。

构成海上货物保险标的的实际全损主要有以下 3 种情况：①保险标的物已经完全灭失。例如，船舶因恶劣气候或遭受碰撞而沉入海底且无法打捞，货物被大火全部烧毁或被海水全部溶解等；②保险标的物已完全丧失原有的用途或价值，即保险标的物的商业属性已完全丧失，无法继续使用或出售。例如，水泥经海水浸泡变成硬块，已失去原有的用途；③被保险人对保险标的物失去所有权，并无法恢复。例如，货物被敌对国没收，船舶被海盗劫走等。在此种情况下，虽然保险的标的物实际上仍然存在，但被保险人已经丧失对该标的物的所有权并无法恢复。

推定全损是指保险标的物在遭受保险事故之后，虽未达到实际全损，但其完全灭失将是不可避免的，或者修复该标的物或者运送货物到达目的地所耗费用估计超过其实际价值或保险价值的情况。我国《海商法》第 246 条对货物的推定全损有专门规定：货物保险的推定全损是指货物发生保险事故后，认为实际全损已经不可避免，或者避免发生实际全损所需支付的费用与继续将货物运抵目的地的费用之和超过保险价值的情况。

2）部分损失

部分损失是指保险标的物所遭受的损失没有达到全损程度的一种损失。不属于实际全损和推定全损的损失为部分损失，分为单独海损和共同海损两种。

(1) 单独海损。单独海损(particular average)是指保险标的因所保风险引起的非共同海损的一种部分损失。单独海损具有以下特点：①必须是意外的、偶然的保险责任范围内的风险所引起的损失；②属于船方、货方或其他利益方单方面所遭受的损失；③保险标的的单独海损是否可以得到赔偿，由所属的保险条款所决定。

(2) 共同海损。共同海损(general average)是指当船、货及其他利益方处于共同危险时，为了共同的利益而故意采取合理的措施所引起的特殊的牺牲和额外费用。构成共同海损必须具备以下条件：①共同海损的危险必须是实际存在的，或者是不可避免的，不是主观臆测的；②消除船、货共同危险而采取的措施，必须是有意和合理的；③必须是属于非正常性质的损失；④费用支出是额外的。

共同海损的内容包括：①共同海损牺牲。例如船舶在海上航行时遇到大风浪，为了保证航行安全，船长不得不下令抛弃一部分货物，被抛弃的货物被称为共同海损牺牲。②共同海损费用。例如，航船在航行中，因意外原因触礁。为了使船舶脱险，船长只好雇佣驳船将部分货物暂时卸下，或雇佣拖轮将船舶拖带脱险，期间发生的拖船的拖带费用或驳船费用及装卸费用等，都属于共同海损的费用。③共同海损分摊。由于牺牲和费用等损失都是为了保全船货的共同安全而做出的，显然完全由货主来负担不公平，所以应由得到保全利益的一切船货所有者共同分摊。

在货物运输保险中，当保险货物遭受部分损失时，一般应先确定损失价值，然后用保险金额乘以损失率，就可以得出保险人应该赔偿的金额。计算公式为

赔偿金额＝保险金额×[(实际完好价值－实际受损价值)÷实际完好价值]

应用实例

确定保险标的损失的案例

2008年10月，澳大利亚达通贸易有限公司向我国华东吉发有限责任公司订购饲料用玉米10 000吨。货船在厦门装船后直接驶向达尔文港。途中船舶货舱起火，大火蔓延到机舱。船长为了船货的共同安全，命令采取紧急措施，往舱中灌水灭火。火虽然被扑灭，但由于主机受损，无法继续航行。为使货轮继续航行，船长发出求救信号，船被拖至就近的维佳港口修理，检修后重新将货物运往达尔文港。事后经过统计，事故总共造成如下损失：①2 500吨玉米被火烧毁；②1 300吨玉米由于灌水不能食用；③主机和部分甲板被火烧坏；④雇用拖船支付费用若干；⑤因为船舶维修，延误船期，额外增加了船员工资以及船舶的燃料。

问题：在上述各项损失中，如何确定保险标的的损失？

评析：本案例涉及海上损失中部分损失的问题，部分损失分两种：一种是单独海损，一种是共同海损。结合本案例①和③损失是由于货船火灾导致，属于意外事故，故其为单独海损；②、④和⑤损失是船长为避免实际的火灾风险而采取的有意的、合理的避险措施，属于非正常性质的损失，费用支出也是额外的，故其属于共同海损。

应用实例

确定保险标的损失和保险基本原则结合的案例

某外贸公司按CIF术语出口一批货物，装运前已向保险公司按发票总额的110%投保平安险，6月初货物装妥顺利开航。载货船舶于6月13日在海上遭遇暴雨，致使一部分货物受到水渍，损失价值2 100美元。数日后，该轮又突然触礁，致使该批货物又遭到部分损失，损失价值达8 000美元。

问题：保险公司对该批货物的损失是否应赔偿？

评析：本案例涉及保险理赔问题，现行的中国人民保险公司的《海洋运输货物保险条款》规定平安险的主要保险责任范围有八项，其中第二项为由于运输工具遭受搁浅、沉没、触礁、互撞、与流冰或其他物体碰撞以及失火、爆炸等意外事故造成货物的全部或部分损失；第三项为在运输工具已经发生搁浅、触礁、沉没、焚毁等意外事故的情况下，货物在此前后又在海上遭受恶劣气候、雷电、海啸等自然灾害所造成的全部损失。结合本案例，触礁是因为意外事故导致的，应赔；遇暴风雨受损的 2 100 美元，是在运输途中由于自然灾害造成的部分损失，但又因该批货物是在触礁意外事故前造成的，所以保险公司对上述两项损失都要赔偿。

2. 委付与代位求偿

1）委付的概念

委付是指被保险人在保险标的物发生推定全损时将标的物的所有权转让给保险人，并要求保险人支付全部保险金额的行为。因此，它是海上保险的一种特有制度。

在海上保险中，当保险标的发生推定全损时，被保险人为了取得实际全损的全部保险金额，最大限度地保护自己的利益，可以将标的物的残余利益和所有权利义务转移给保险人。我国《海商法》第 249 条规定，保险标的发生推定全损时，被保险人要求保险人按照全部损失赔偿的，应当向保险人委付保险标的。

2）委付的成立条件

委付通常应具备下列条件：①委付必须以推定全损为前提；②委付必须经保险人同意；③委付不能有条件。

3）委付的法律后果

委付成立后，保险标的物所有权自委付原因出现之时起开始转移，保险人对因标的物而产生的权利和义务必须同时接受。

3. 保险赔偿的支付

保险事故发生后，被保险人有权向保险人请求保险赔偿，但必须提供必要的文件，供保险人审查是否是保险人的责任以及保险赔偿的金额。保险赔偿请求的时效为两年，自保险事故发生之日起计算。

保护时效的法律事实包括保险人同意赔付，被保险人有效的提起诉讼、仲裁或申请财产保全；若仅仅是被保险人的索赔行为，按我国《海商法》的规定不能保护时效。

保险人理赔一般经过接受出险通知、查勘、检验或委托检验、核实案情、理算赔偿金额和支付赔偿 6 个阶段。

7.2.5 中英海运货物保险条款比较

海运货物保险是按保险人公布的海运货物保险条款的具体规定办理的。我国关于这方面的条款有中国人民保险公司于 1981 年制定并公布的《海运货物保险条款》和《海运货物战争险条款》等；英国关于海运货物保险的条款有伦敦保险人协会于 1982 年制定并公布的《协会货物保险条款》(A)、(B)、(C)和《协会货物战争、罢工险条款》等。下面就上述条款分别介绍与比较。

1. 我国海运货物保险条款

我国海运货物保险条款将承保的风险分为基础险和附加险两类，供被保险人选择其中一项基础险，再根据需要选择其中某一项或若干项附加险进行投保。

1）海运货物基础险

海运货物基础险分为平安险、水渍险和一切险，3种险别的责任范围包括如下。

（1）平安险，原意为“单独海损不赔”。它负责赔偿下列原因造成的损失。

被保险货物在运输途中由于恶劣气候、雷电、海啸、地震、洪水等自然灾害造成整批货物的全部损失或推定全损。

“在运输途中”指的是货物的整个运输过程，包括在各种运输工具中和各种储存处所的存放期间。“全部损失”是指货物的实际全损。“整批货物”通常是指保险单上载明的全部货物，但被保险货物若用驳船运往或运离海轮的，则可将每一驳船所装的货物视为一个整批，只要整一驳船的货物发生全损，尽管这一损失仅为保险单货物损失的一部分，也被当做全损对待，保险公司给予赔偿。被保险人在发生推定全损而要求全损赔偿时，须将受损货物及其权利委付给保险公司。

由于运输工具遭受搁浅、触礁、沉没、互撞、与流冰或其他物体碰撞以及失火、爆炸意外事故造成的货物全部或部分损失。

“互撞”是指船舶之间相互碰撞，“物体”是指除水以外的包括流冰在内的任何物体，“爆炸”是指无论发生于运输工具或货物的内部还是外部，只要因爆炸而使运输工具或货仓内的货物受损。因以上种种原因导致货物的损失既包括全损，也包括部分损失。

在运输工具已经发生搁浅、触礁、沉没、焚毁的意外事故的情况下，货物在此前后又在海上遭受恶劣气候、雷电、海啸等自然灾害所造成的部分损失。

该保险事故的发生其实是平安险和水渍险两项保险事故的混合。由于因恶劣气候等自然灾害造成的货损须为全损，保险人才负责赔偿，而因搁浅等意外事故造成的货损，不论是全损还是部分损失，保险人都负责赔偿。为了解决理赔上的困难，在平安险和水渍险两种保险事故混合发生时，保险人根据一切险的规定负责部分损失的赔偿。

在装卸或转运时由于一件或数件整件货物落海造成的全部或部分损失。

被保险人对遭受承保责任内危险的货物采取抢救、防止或减少货损的措施所支付的合理费用，但以不超过该批被救货物的保险金额为限。

运输工具遭遇海难后，在避难港由于卸货所引起的损失，以及在中途港、避难港由于卸货、存仓及运送货物所产生的特别费用。

该项损失和费用是为了船舶的修理而产生的，并非属于防止或减少货损而支付的费用，如依据规定，被保险人不得获得赔偿。但按该项规定，此种损失与费用仍属于保险人的赔偿责任范围。

共同海损的牺牲、分摊和救助费用。

运输契约订有“船舶互撞责任”条款的，根据该条款规定应由货方偿还船方的损失。

海上货物运输合同通常都订有“船舶互有责任碰撞条款”（both to blame collision clause)，规定在船舶发生互撞后，货方如果向他船获得了100%的赔偿时，应按本船的过失比例将获得的赔偿金额退还给本船承运人。根据运输合同的该项条款的规定，货方则应自负该部分货损责任，但根据海运货物保险合同，该部分货损的风险则转由保险人承担。

(2) 水渍险。水渍险包括部分海损。其责任范围既包括平安险的各项责任范围，又包括平安险中除外的因恶劣气候、雷电、海啸、地震、洪水等自然灾害造成的部分损失。这就是水渍险与平安险的区别之处。

(3) 一切险。一切险是海运货物保险基础险别中责任范围最为广泛的一种。它除了包括平安险和水渍险的各项责任外，还包括被保险货物在运输中由于外来原因所致的全部或部分损失。这些损失包括被保险货物的短少、短量、碰损、钩损、破碎、渗漏、雨淋、生锈、受潮、受热、发霉、串味等。

海运货物基础险的除外责任是指保险公司对于某些原因所致的货损不负赔偿的责任。这些原因包括如下5种：①由于被保险人的故意行为或过失；②由于发货人的责任；③在保险责任开始之前，由于被保险货物已存在品质不良或数量短差的情况；④因被保险货物的自然消耗、本质缺陷、特性以及市价跌落、运输延迟等；⑤因发生战争或罢工事件。

海运货物保险按“仓至仓”责任期限办理。即自被保险货物运离保险单所载明的起运仓库或储存处所开始运输时生效，包括正常运输过程中的海上、陆上、内河和驳船运输在内，直至该项货物到达保险单所载明目的地收货人的最后仓库或储存处所或被保险人用做分配、分派或非正常运输的其他储存处所为止。

海运货物保险的“仓至仓”责任期限既包括海上、内河和驳船运输，也包括陆上运输在内，这显然比《海牙规则》规定的承运人承担的“钩至钩”责任期限或集装箱运输条件下，承运人承担的“从装货港接收货物时起至卸货港交付货物时止”的责任期限大。但是，我们不能将“仓至仓”责任条款简单地理解为从发货人仓库到收货人仓库之间发生的一切损失都在保险责任范围之列，相反，应当将“仓至仓”条款与可保利益和价格条件联系起来一并考虑。根据国际商会制定的(INCOTERMS 2000)规定，凡按FOB、CFR、CIF等价格条件成交的国际货物买卖合同，有关货物的灭失或损坏的风险都是在货物越过船舷后才由卖方转至买方承担的。因此，在货物装船之前，买方对该货物的灭失或损坏并不具有任何风险，没有风险也即没有利害关系，当然也就没有可保利益，没有可保利益就不能获得保险赔偿。由此可见，确认“仓至仓”条款的效力必须以可保利益为前提，而可保利益的确认须将价格条件考虑进去。正如，在国际货物买卖合同以FOB或CFR价格条件成交时，买方均在货物越过船舷后才承担货物的风险和费用。也就是说，买方在此时之前对货物并不具有可保利益，“仓至仓”保险责任期限并不完全对其适用。

综上所述，“仓至仓”责任条款并不适用于所有情况，但对于按工厂交货(ex works)或仓库交货(ex warehouse)等价格条件成交的国际货物买卖合同无疑是适用的。

如果被保险货物在最后卸载港全部卸离海轮后满60天还未抵达保险单载明的仓库或储存处所，则保险责任即告终止。如在该60天内被保险货物需转运至非保险单所载明的目的地，则保险责任以该项货物开始转运时终止。

如果发生由于被保险人无法控制的运输延迟、绕航、被迫卸载、重装、转载等情况，致使被保险货物运到非保险单所载目的地时，在被保险人及时通知保险人并在必要时加缴保险费的情况下，该项保险仍然有效。保险责任按如下规定终止：①如果被保险货物在途中出售，保险责任至交货时终止，但不论任何情况，均以被保险货物在卸载港全部卸离海轮后60天为止；②被保险货物如果在该60天内继续运往保险单所载原目的地或其他目的地时，保险责任则按《海运货物保险条款》第3条第1款的规定终止。

应用实例

关于基本险别的案例

某公司以CIF术语出口一批化肥，装运前按合同规定已向保险公司投保水渍险，货物装妥后顺利开航。载货船舶起航后不久在海上遭遇暴风雨，海水涌入舱内，致使部分化肥遭到水渍，损失价值达1 000美元，数日后，又发现部分化肥袋包装破裂，损失价值达1 500美元。

问题：该损失应由谁承担？

评析：本案例涉及保险理赔及CIF的风险界点问题，根据中国人民保险公司《海洋货物运输保险条款》规定的水渍险的承保责任范围：除包括平安险的各项责任外，还负责被保险货物由于恶劣气候、雷电、海啸、地震、洪水等自然灾害所造成的部分损失。另外，本案中交货条件为CIF，根据《2000年国际贸易术语解释通则》中的解释，按CIF条件成交，买卖双方交货的风险界点在装运港的船舷，货物越过装运港船舷以前的风险由卖方承担，货物越过装运港船舷以后的风险由买方承担；CIF是象征性交货，卖方凭单交货、买方凭单付款，即使货物在运输途中全部灭失，买方仍需付款。结合本案例，1 000美元的损失是由于自然灾害导致的意外损失，属于保险公司水渍险的承保责任范围，故保险公司应该赔偿。1 500美元的损失，是由于包装破裂引起的，它不属于水渍险的承保责任范围，而属于一般附加险中包装破裂险的责任范围，故保险公司是不负赔偿责任的。另外，根据CIF风险界点问题，此项损失应由买方自行承担。

2) 海运货物附加险

海运货物保险的基础险别所保障的责任范围大小不一，但都不能包括所有的意外损失。如海运货物保险中的“平安险”和“水渍险”，其保障范围较“一切险”小，如偷窃、沾污、短量等损失均不包括在其责任范围之内。为了使不同货物获得不同保障，投保人可根据货物的特性和价值投保平安险或水渍险，再在此基础上加保某些险别，这些加保的险别就是附加险(或称一般附加险)。顾名思义，附加险是不能单独投保的，必须附属于平安险或水渍险等基础险别，并加付保险费。

海运货物附加险分为一般附加险、特别附加险和特殊附加险三类。一般附加险不属于“平安险和水渍险”的责任范围，而属于“一切险”的责任范围。因此，投保了一切险，则无须加保一般附加险。但是，一切险并非包括“一切风险”，如交货不到险、舱面险、拒收险、战争险、罢工险等都不包括在一切险之内，因此，在投保一切险后再加保上述有关险别，这些加保的险别称为特别附加险或特殊附加险。投保人加保特别附加险或特殊附加险时须经过申请并经保险公司同意，同时，加付保险费后方能办理。

关于货物运输保险的基础险别和特殊附加险别(战争险、罢工险)均由各有关中国人民保险公司保险条款明确规定，而一般附加险别和特别附加险别则没在保险条款中列人。但在保险实践中，中国人民保险公司承保了如下各种附加险。

(1) 一般附加险。一般附加险共有如下11种。①偷窃、提货不着险(theft pilferage and non delivery)。主要承保货物在运输途中遭到偷窃，或被保险人在运输工具抵达目的地后提不到整件货物的损失。②淡水雨淋险(fresh water rain damage)。承保直接由于淡水、雨水所致货物的损失，因平安险、水渍险只负海水所致货物的损失而不负淡水或雨水所致货物的损失。③短量险(shortage)。承保除正常消耗外货物的数量短少和重量短缺的损失。④混杂、沾污险(mixture and contamination)。承保货物在运输途中因混进某些杂质，或者货物被其他货物弄脏所造成的损失。⑤渗漏险(leakage)。承保流质、油料、液体货物因容器损坏而引起的损失。⑥碰损、破碎险(clash and breakage)。承保机器、陶瓷、玻璃器皿等怕碰、易碎货物因一切外来因素而造成的碰损或破碎。一切外来因素所造成的碰损或破碎是不包括因自然灾害或运输工具发生意外事故所造成的碰损、破碎在内的。⑦串味险(risk of odor)。承保货物因受其他货物影响而引起的串味损失，如茶叶、香烟与鱿鱼、樟脑堆积在一起，茶叶、香烟受串味而损失。⑧受潮受热险(damage caused by sweating & heating)。承保因气温变化或船上通风设备发生故障而使船舱内发潮、发热致使货物变质、腐烂造成的损失。⑨钩损险(hook damage)。承保货物因在途中装卸被钩损所造成的损失。⑩锈损险(risk of rusting)。承保金属货物因途中遭受海水、淡水、雨水袭击而生锈所致的损失。⑪包装破裂险(breakage of packing)。承保袋装、箱装、桶装货物因运输过程中的搬运、装卸不慎使包装破裂而造成货物短少、沾污、受潮等的损失。

(2) 特别附加险。特别附加险共有 6 种。①交货不到险(failure to deliver)。承保货物自装船时起满 6 个月还未运抵原定目的地交货，无论交货不到出于何种原因，保险公司均按全损赔偿。②进口关税险(import duty)。专门承保货物在进口前或进口后发生损坏或短缺，但国家仍按货物的完好价值完税所造成的这部分关税损失。③舱面险(on Deck damage)。主要承保某些体积大、有毒性货物因装载于舱面所发生的损失，如被抛弃或海浪冲击落水等的损失。④拒收险(rejection)。承保货物在进口时，无论何种原因被拒绝进口或被没收的损失。⑤黄曲霉素险(aflatoxin)。专门承保某些货物因含有超过限定标准的毒素，在进口时被卫生当局化验发现而被拒绝进口、没收或强制改变用途所造成的损失。⑥出口货物到香港包括九龙在内或澳门存仓火险责任扩展条款(fire risk extension clause for storage of cargo at destination hongkong, including kowloon, or macao)。该条款专门承保出口至港澳地区且货主向我国在港澳地区的银行办理押汇的货物因存仓期间发生火灾所造成的损失。这是因为货主在向银行付款之前，须将货物存放在银行指定的仓库中，为了使货物存放期间一旦发生火灾所致的损失能获得补偿，投保人可加保该险别。

(3) 特殊附加险。特殊附加险有如下两种。①战争险。专门承保由于战争、敌对行为、武装冲突、使用各种常规武器所引起的损失以及由于上述行为引起的共同海损分摊和救助费用的损失。②罢工险。承保罢工者、被迫停工工人或参加工潮、暴动、民众斗争的人员的行为，或任何人在罢工期间的故意行为所造成的损失，以及由于上述行为所引起的共同海损、救助费用等损失。

3) 海运货物专门险

专门险条款又称为特种货物保险条款，可以单独投保，属于基本险性质。我国海上保险市场上目前常用的特种货物海运保险条款主要有海洋运输冷藏货物保险条款和海洋运输散装桐油保险条款。

(1) 海洋运输冷藏货物保险条款(ocean marine insurance clause-frozen products)。海

洋运输冷藏货物保险条款包括冷藏险(risks for frozen products)和冷藏一切险(all risks for frozen products)。

冷藏险与海运货物水渍险的责任范围相同，除了承保冷藏货物在运输途中由于海上自然灾害或意外事故造成的损失外，还对由于冷藏机器停止工作连续达24小时以上所造成的腐烂和损失负责。

冷藏一切险的责任范围是在冷藏险的责任范围基础上，增加承保“一般外来原因所致的腐烂和损失”。

海运冷藏货物保险的除外责任包括海洋运输货物保险条款的除外责任外，还对以下两种情况不负赔偿责任：①被保险货物在运输过程中的任何阶段因未放在有冷藏设备的仓库或运输工具中，或辅助工具没有隔温设备所造成的货物腐烂；②被保险货物在保险责任开始时未保持良好状态，包括整理加工和包扎不妥、冷冻上不合乎规定及骨头变质所引起的货物腐烂和损失。

海洋运输冷藏货物保险的责任起讫与海洋运输货物3种基本险的责任起讫基本相同。但是，货物到达保险单所载明的最后目的港，如在30天内卸离海轮，并将货物存入岸上冷藏仓库后，保险责任继续有效，但以货物全部卸离海轮时起算满10天为限。如果在上述期限内货物一经移出冷藏仓库，保险责任即告终止。如果货物卸离海轮后不存入冷藏仓库，保险责任至卸离海轮时终止。

(2) 海洋运输散装桐油保险条款(ocean marine insurance clauses-woodoil bulk)。海洋运输散装桐油保险除了承保海运货物保险条款的保险责任以外，还承保因任何原因所致保险桐油的短量、渗漏超过免赔率的部分损失，以及被保险桐油的玷污和变质的损失和共同海损、分摊和救助费用、施救费用。

海洋运输散装桐油保险的责任起讫也按“仓至仓”条款规定，但是，如果被保险散装桐油运抵目的港不及时卸载，则自海轮抵达目的港时起满15天，保险责任即行终止。

2. 中英海运货物保险条款的主要区别

英国海运货物保险是根据1982年的《协会货物保险条款》(ICC，以下简称《条款》)办理的，该条款是在“S. G. Policy”的基础上修订而成的，它分为(A)、(B)和(C)3套条款。《条款》(A)承保的风险为一切险，其他内容包括除外风险、责任期限、索赔、保险的利益、损失的减少、迟延的避免以及法律与实践等；《条款》(B)仅列明了承保的风险，类似我国《海运货物保险条款》中的水渍险；《条款》(C)同样仅列明所承保的风险，类似我国《海运货物保险条款》中的平安险；至于《条款》(B)和(C)的其他各项内容则完全与《条款》(A)的其他内容一致。

从我国《海运货物保险条款》和英国《协会货物保险条款》的内容看，在许多方面，如除外责任、责任期限和索赔等都是基本相似的。但在承保的风险范围上则不完全相同。

(1) 英国《条款》(C)承保的风险范围既包括货物的灭失，也包括货物的损坏，而不论是全损还是部分损失，只要由于下列原因造成保险标的的灭失或损坏，保险人即负责赔偿：火灾或爆炸；船舶或驳船搁浅、沉没或倾覆；陆上运输工具颠覆或出轨；船舶或驳船碰撞或运输工具碰撞除水以外的任何外来物体；在遇难港卸货；共同海损牺牲；抛弃货物。而我国《海运货物保险条款》中的平安险的责任范围则比英国《条款》(C)所承保的范围要大些，但是，因恶劣气候等自然灾害造成货物的部分损失，我国保险公司是不予赔偿的，除此之外，因其他原因所致的部分损失则包括在该险别之内。

(2) 英国《条款》(B)所承保的风险范围与我国《海运货物保险条款》中的水渍险也不完全相同。它除了包括英国《条款》(C)所列明的7项原因造成货物的灭失或损坏外，还包括如下3项原因造成的货损：①地震、火山爆发或闪电；②海水、湖水或河水进入船舱、集装箱或储藏处；③整件货物落海或装卸时从船上或驳船掉入海中。而我国《海运货物保险条款》中的水渍险与平安险的区别仅在于，水渍险负责赔偿因恶劣气候等自然灾害造成货物的部分损失，而平安险则不负责。

我国《海运货物保险条款》虽与英国《条款》不完全相同，但由于我国的条款是参考英国“S. G Policy”制定的，而英国《条款》又是以“S. G Policy”为基础修订的，因此，其主要内容基本相同，无原则上的区别。

3. 海运货物保险条款与船舶保险条款的比较

货物保险与船舶保险条款均是依据各自的保险条款的具体规定办理的。海运货物保险条款与船舶保险条款虽然在某些方面的规定是相同的，如两者均有关于责任范围、除外责任等的规定，但由于两者的性质不同，某些具体规定也就必然有所区别，具体表现在如下几个方面。

(1) 货物保险条款只允许货物所有人办理航次保险，没有选择余地。而船舶保险条款中规定了定期保险和航次保险。英国的定期保险依照《协会船舶定期保险条款》办理，而航次保险则按照《协会船舶航次保险条款》办理。因此，船舶所有人可根据具体情况选择定期保险或航次保险。

(2) 两者的责任期限不同。海运货物保险的责任期限是“仓至仓”责任期限，其保险责任不仅包括水上风险，而且还涉及陆上风险。船舶定期保险的责任期限最长为1年，英国定为12个月，航次保险的责任期限按下列两种情况办理：①不载货船舶，自起运港解缆或起锚时开始至目的港抛锚或系缆完毕时终止；②载货船舶，自起运港装货时开始至目的港卸货完毕时止。显然，船舶保险责任仅涉及水上风险。

(3) 货物保险责任范围比船舶保险责任范围窄，前者不包括对第三者的责任。后者的责任范围包括对第三者的责任，即当船舶所有人投保了一切险后，因被保险船舶与他船发生碰撞而造成第三者的财产损失时，保险人对被保险船舶的损失和第三者的财产损失都负责赔偿。

(4) 在海运货物保险中，保险单可随同货物所有权的转移而转移，并且不必通知保险人，货物一旦在保险期限内发生损失，保险单持有人有权向保险人索赔。而在船舶保险中，保险单不能因船舶所有权的转移而转移，被保险人如在保险期限内将被保险船舶出售，必须事先征得保险人的同意，否则，保险人可不予承认保险合同的效力。

7.3 陆上运输货物保险法

陆上、航空、邮包运输货物的保险法是在海上货物运输保险法的基础上发展起来的。但由于陆上、航空、邮包运输导致可能货物损失的风险种类不同，本章将主要介绍陆上、航空、邮包运输货物保险和海上货物运输保险的不同险别及承保责任范围的不同。

陆上货物保险的基本险分为陆运险与陆运一切险，及专门适用于陆运冷藏货物的陆上运输冷藏货物险。附加险主要为陆运货物战争险。

7.3.1 陆运险与陆运一切险

1. 责任范围

1）陆运险

陆运险负责的赔偿范围包括以下几种情况：①被保险货物在运输途中遭受暴风、雷电、洪水、地震自然灾害；②由于运输工具遭受碰撞、倾复、出轨，或在驳运过程中因驳运工具遭受搁浅、触礁、沉没、碰撞；③由于遭受隧道坍塌，崖崩或失火、爆炸意外事故所造成的全部或部分损失。

被保险人对遭受承保责任内危险的货物采取抢救，防止或减少货损的措施而支付的合理费用，但以不超过该批被救货物的保险金额为限。

2）陆运一切险

除包括上述陆运险的责任外，陆运一切险还负责被保险货物在运输途中由于外来原因所致的全部或部分损失。

2. 除外责任

本保险对下列损失不负赔偿责任：①被保险人的故意行为或过失所造成的损失；②属于发货人责任所引起的损失；③在保险责任开始前，被保险货物已存在的品质不良或数量短差所造成的损失；④被保险货物的自然损耗、本质缺陷、特性以及市场跌落、运输延迟所引起的损失或费用；⑤陆上运输货物战争险条款和货物运输罢工险条款规定的责任范围和除外责任。

3. 责任起讫

陆运险与陆运一切险负“仓至仓”责任，自被保险货物运离保险单所载明的起运地仓库或储存处所开始运输时生效，包括正常运输过程中的陆上和与其有关的水上驳运在内，直至该项货物运达保险单所载目的地收款人的最后仓库或储存处所或被保险人用做分配、分派的其他储存处所为止，如未运抵上述仓库或储存处所，则以被保险货物运抵最后卸载的车站满60天为止。

4. 被保险人的义务

被保险人应按照以下规定的应尽义务办理有关事项，如因未履行规定的义务而影响保险公司利益时，保险公司对有关损失有权拒绝赔偿。

(1) 当被保险货物运抵保险单所载目的地以后，被保险人应及时提货，当发现被保险货物遭受任何损失，应即向保险单上所载明的检验、理赔代理申请检验。如发现被保险货物整件短少或有明显残损痕迹，应即向承运人、受托人或有关当局索取货损货差证明，如果货损货差是由于承运人、受托人或其他有关方面的责任所造成，并应以书面方式向其提出索赔，必要时还需取得延长时效的认证。

(2) 对遭受承保责任内危险的货物，应迅速采取合理的抢救措施，防止或减少货物损失。

(3) 在向保险人索赔时，必须提供下列单证：保险单正本、提单、发票、装箱单、磅码单、货损货差证明、检验报告及索赔清单。如涉及第三者责任还须提供向责任方追偿的有关函电及其他必要单证或文件。

5. 索期赔限

陆运险与陆运一切险的索赔时效，从被保险货物在最后目的地车站全部卸离车辆后开始计算，最多不超过两年。

7.3.2 陆上运输货物战争险

1. 责任范围

陆上运输货物战争险负责赔偿的范围包括以下几方面。

(1) 直接由于战争、类似战争行为和敌对行为、武装冲突或海盗行为所致的损失。

(2) 由于上述引起的捕获、拘留、扣留、禁制、扣押所造成的损失。

(3) 各种常规武器，包括水雷、鱼雷、炸弹所致的损失。

(4) 本条款责任范围引起的共同海损的牺牲、分摊和救助费用。

2. 除外责任

陆上运输货物战争险对下列各项不负赔偿责任。

(1) 由于敌对行为使用原子或热核制造的武器所致的损失和费用。

(2) 根据执政者、当权者或其他武装集团的扣押、拘留引起的承保航程的丧失和挫折而提出的任何索赔。

3. 责任起讫

陆上运输货物战争险责任自被保险邮包经邮局收讫后自储存所开始运送时生效，直至该项邮包运达本保险单所载目的地邮局送交收件人为止。

7.3.3 陆上运输冷藏货物保险

1. 责任范围

陆上运输冷藏货物保险对下列各项负责赔偿。

(1) 被保险货物在运输途中由于下列原因造成的全部或部分损失：①暴风、雷电、地震、洪水；②陆上运输工具遭受碰撞、倾覆或出轨；③在驳运过程中驳运工具的搁浅、触礁、沉没、碰撞；④隧道坍塌、崖崩、失火、爆炸。

(2) 被保险货物在运输途中由于冷藏机器或隔温设备的损坏或者车厢内贮存冰块的溶化所造成的解冻溶化而腐败的损失。

(3) 被保险人对遭受承保责任内危险的货物采取抢救、防止或减少货损的措施而支付合理费用，但以不超过该批被救货物的保险金额为限。

2. 除外责任

陆上运输冷藏货物保险对下列损失不负赔偿责任。

(1) 被保险人的故意行为或过失所造成的损失。

(2) 属于发货人责任所引起的损失。

(3) 被保险货物在运输过程中的任何阶段，因未存放在有冷藏设备的仓库或运输工具中，或辅助运输工具没有隔温设备或没有车厢内贮存足够的冰块所致的货物腐败。

(4) 被保险货物在保险责任开始时因未保持良好状态，包括整理加工和包扎不妥，冷冻上的不合规定及骨头变质所引起的货物腐败和损失。

(5) 被保险货物的自然损耗、本质缺陷、特性及市价跌落、运输延迟所引起的损失和费用。

(6) 陆上运输货物战争险条款和货物运输罢工险条款所规定的责任范围和除外责任。

3. 责任起讫

陆上运输冷藏货物保险责任自被保险货物运离保险单所载起地点的冷藏仓库装入运送工具开始运输时生效。包括正常运输和与其有关的水上驳运在内，直至该项货物到达保险单所载明的目的地收货人仓库时继续有效，但最长保险责任以被保险货物到达目的地车站后10天为限。

4. 被保险人的义务

被保险人应按照以下规定的应尽义务办理有关事项，如因未履行规定的应尽义务而影响保险公司利益时，保险公司对有关损失有权拒绝赔偿。

当被保险货物运抵保险单所载目的地以后，被保险人应及时提货，当发现被保险货物任何部分有腐败或损失，应即向保险单上所载明的检验、理赔代理人申请检验，由其在本保险责任终止前确定腐败件数或损失程度。如发现被保险货物整体或有明显残损痕迹，应即向承运人、受托人或有关当局索取货损货差证明。如果货损货差是由于承运人、受托人或其他有关方面的责任所造成，并应以书面方式向其提出索赔，必要时还应取得延长时效的认证。

对遭受承保责任内危险的货物，应迅速采取合理的抢救措施，防止或减少货物的损失，被保险人采取此项措施，不应视为放弃委付的表示，保险公司采取此项措施，也不得视为接受委付的表示。

在向保险人索赔时，必须提供下列单证：保险单正本、提单、发票、装箱单、磅码单、货损货差证明、检验报告及索赔清单，如涉及第三者责任，还须提供向责任方追偿的有关的往来函电及其他必要的单证或文件。

5. 赔款的处理

陆上运输冷藏货物保险对同一标记和同一价值或不同标记但是同一价值的各种包、件、扎、块，除非另有规定，均视作同一重量和同一保险价值计算处理赔偿。

陆上运输冷藏货物保险的索赔时效，从被保险货物在最后目的地车站全部卸离车辆后起算，最多不超过两年。

7.4 航空运输货物保险法

航空运输货物保险的基本险分为航空运输险和航空运输一切险二种。附加险主要为航空货物运输战争险。

7.4.1 航空运输险和航空运输一切险

1. 责任范围

航空运输险对下列各项负赔偿责任。

(1) 被保险货物在运输途中遭受雷电、火灾、爆炸，或由于飞机遭受恶劣气候或其他危难事故而被抛弃，或由于飞机遭碰撞、倾复、坠落或失踪意外事故所造成的全部或部分损失。

(2) 被保险人对遭受承保责任内危险的货物采取抢救，防止或减少货损的措施而支付合理费用，但以不超过该批被救货物的保险金额为限。

(3) 除包括上列航空运输险责任外，航空运输一切险还负责被保险货物由于外来原因所致的全部或部分损失。

2. 除外责任

航空运输险和航空运输一切险对下列损失不负赔偿责任。

(1) 被保险人的故意行为或过失所造成的损失。

(2) 属于发货人责任所引起的损失。

(3) 保险责任开始前，被保险货物已存在的品质不良或数量短差所造成的损失。

(4) 被保险货物的自然损耗、本质缺陷、特性以及市价跌落、运输延迟所引起的损失或费用。

(5) 保险公司航空运输货物战争险条款和货物及罢工险条款规定的责任范围和除外责任。

3. 责任起讫

航空运输险和航空运输一切险负“仓至仓”责任，自被保险货物运离保险单所载明的起运地仓库或储存处所开始运输时生效，包括正常运输过程中的运输工具在内，直至该项货物运达保险单所载明目的地收货人的最后仓库或储存处所或被保险人用做分配、分派或非正常运输的其他储存处所为止。如未运抵上述仓库或储存处所，则以被保险货物在最后卸载地卸离飞机后满 30 天为止。如在上述 30 天内被保险的货物需转送到非保险单所载明的目的地时，则以该项货物开始转运时终止。

由于被保险人无法控制的运输延迟、绕道、被迫卸货、重行装载、转载或承运人运用运输契约赋予的权限所作的任何航行上的变更或终止运输契约，致使被保险货物运到非保险单所载目的地时，在被保险人及时将获知的情况通知保险人，并在必要时加缴保险费的情况下，本保险仍继续有效，保险责任按下述规定终止：①被保险货物如在非保险单所载目的地出售，保险责任至交货时为止。但不论任何情况，均以被保险的货物在卸载地卸离飞机后满 30 天为止。②被保险货物在上述 30 天期限内继续运往保险单所载原目的地或其他目的地时，保险责任仍按上述第①款的规定终止。

4. 被保险人义务

当被保险货物运抵保险单所载目的地以后，被保险人应及时提货，当发现被保险货物遭受任何损失，应即向保险单上所载明的检验、理赔代理人申请检验，如发现被保险货物整件短少或有明显残损痕迹，应即向承运人、受托人或有关当局索取货损货差证明。如果货损货差是由于承运人、受托人或其他有关方面的责任所造成，应以书面方式向他们提出索赔。必要时还须取得延长时效的认证。

对遭受承保责任内危险的货物，应迅速采取合理的抢救措施，防止或减少货物损失。

在向保险人索赔时，必须提供下列单证：保险单正本、提单、发票、装箱单、磅码单、货损货差证明、检验报告及索赔清单，如涉及第三者责任还须提供向责任方赔偿的有关函电及其他必要单证或文件。

5. 索赔期限

航空运输险和航空运输一切险索赔时效，从被保险货物在最后卸载地卸离飞机后起算，最多不超过两年。

7.4.2 航空运输货物战争险

1. 责任范围

航空运输货物战争险对下列各项负责赔偿。

(1) 直接由于战争、类似战争行为和敌对行为、武装冲突所致的损失。

(2) 由于上述(1)引起的捕获、拘留、扣留、禁制、扣押所造成的损失。

(3) 各种常规武器，包括炸弹所致的损失。

2. 除外责任

航空运输货物战争险对下列各项不负赔偿责任。

(1) 由于敌对行为使用原子或热核制造的武器所致的损失和费用。

(2) 根据执政者、当权者或其他武装集团的扣押、拘留引起的承保航程的丧失和挫折而提出的任何索赔。

3. 责任起讫

航空运输货物战争险责任自被保险货物装上保险单所载起运地飞机时开始，到卸离保险单所载目的地的飞机为止。如果被保险货物不卸离飞机，本保险责任最长期限以飞机到达目的地的当日午夜起算满 15 天为止。如被保险货物在中途港转运，保险责任以飞机到达转运地的当日午夜起算满 15 天为止，待装上续运的飞机时再恢复有效。

7.5 邮包运输货物保险法

7.5.1 邮包险和邮包一切险

1. 责任范围

邮包运输货物保险分为邮包险和邮包一切险两种。被保险货物遭受损失时，本保险按保险单上订明承保险别的邮包保险条款规定，负赔偿责任。

1) 邮包险

邮包险对下列各项负赔偿责任。

(1) 被保险邮包在运输途中由于恶劣气候、雷电、海啸、地震、洪水自然灾害或由于运输工具遭受搁浅、触礁、沉没、碰撞、倾覆、出轨、坠落、失踪，或由于失火、爆炸意外事故所造成的全部或部分损失。

(2) 被保险人对遭受承保责任内危险的货物采取抢救、防止或减少货损的措施而支付的合理费用，但以不超过该批被救货物的保险金额为限。

2) 邮包一切险

除包括上述邮包险的各项责任外，本保险还负责被保险邮包在运输途中由于外来原因所致的全部或部分损失。

2. 除外责任

邮包险和邮包一切险对下列损失不负赔偿责任。

(1) 被保险人的故意行为或过失所造成的损失。

(2) 属于发货人责任所引起的损失。

(3) 在保险责任开始前，被保险邮包已存在的品质不良或数量短差所造成的损失。

(4) 被保险邮包的自然损耗、本质缺陷、特性以及市价跌落、运输延迟所引起的损失或费用。

3. 责任起讫

邮包基本险的责任自被保险邮包离开保险单所载起运地点寄件人的处所运往邮局时开始生效，直至该项邮包运达本保险单所载目的地邮局，自邮局签发到货通知书当日午夜起算满 15 天终止。但在此期限内邮包一经递交至收件人的处所时，保险责任即行终止。

4. 被保险人的义务

被保险人应按照以下规定的应尽义务办理有关事项，如因未履行规定的义务而影响保险公司利益时，保险公司对有关损失有权拒绝赔偿。

当被保险邮包运抵保险单所载明的目的地以后，被保险人应及时提取包裹。当发现被保险邮包遭受任何损失，应即向保险单上所载明的检验、理赔代理人申请检验。如发现被保险邮包整件短少或有明显残损痕迹，应即向邮局索取短、残证明，并应以书面方式向其提出索赔，必要时还须取得延长时效的认证。

对遭受承保责任内危险的邮包，应迅速采取合理的抢救措施，防止或减少邮包的损失，被保险人采取此项措施，不应视为放弃委付的表示，保险公司采取此项措施，也不得视为接受委付的表示。

在向保险人索赔时，必须提供下列单证：保险单正本、邮包收据、发票、装箱单、磅码单、货损货差证明、检验报告及索赔清单。如涉及第三者责任，还须提供向责任方追偿的有关函电及其他必要单证或文件。

5. 索赔期限

本保险索赔时效，从被保险邮包递交收件人时起算，最多不超过两年。

7.5.2 邮包战争险

1. 责任范围

邮包战争险对下列各项负责赔偿。

(1) 直接由于战争、类似战争行为和敌对行为、武装冲突或海盗行为所致的损失。

(2) 由于上述条款引起的捕获、拘留、扣留、禁制、扣押所造成的损失。

(3) 各种常规武器，包括水雷、鱼雷、炸弹所致的损失。

2. 除外责任

邮包战争险不负责赔偿的有以下两项。

(1) 由于敌对行为使用原子或热核制造的武器所致的损失和费用。

(2) 根据执政者、当权者或其他武装集团的扣押、拘留引起的承保航程的丧失和挫折而提出的任何索赔。

3. 责任起讫

邮包战争险的保险责任自被保险邮包经邮局收讫后自储存处所开始运送时生效，直至该项邮包运达本保险单所载目的地邮局送交收件人为止。

本章小结

近代，欧洲海运大国都把海上保险作为海上法的重要组成部分，编入商法典。我国的《海商法》是中国关于海上运输保险的重要立法。国际货物运输保险法主要以国际货物海上运输保险法为主，航空运输保险法、陆上运输保险法及多式联运保险法的规则都是参照其保险原则制定的。国际贸易运输中处理保险纠纷的依据主要是保险合同的具体条款及其约定的国内法，我国除《海商法》，还有《保险法》、《合同法》的有关规定，英国有著名的协会货物保险条款，国际社会正在谋求统一的国际货物保险规则。

国际货物保险的基本原则包括最大诚信原则、可保利益原则、补偿原则和代位追偿原则。国际货物海上保险的责任受保险合同的约束，海运货物保险合同是一种双务有偿的、具有补偿性质的赔偿合同，在合同订立中必须注意合同的主要内容、订立方、投保时间和保险的相关凭证。其中投保人有缴保费和如实告知、严格遵守保证、通知义务和出险后的施救等义务，而保险人则承担损失赔偿的责任。国际货物海上运输中，保险事故发生时要先判断保险标的的损失，再决定相应的赔偿。在保险标的发生推定全损时，可经保险人同意，由被保险人无条件将标的物的所有权转让给保险人，并要求保险人支付全部保险金额，构成委付。

在实际问题处理中，应注意中英海运货物保险条款比较，明确两者的主要区别。

关键术语

国际货物保险　逐笔保险　预约保险　流动保险　总括保险　最大诚信　可保利益　代位追偿　海运货物保险合同　保险责任　保险单　保险凭证　暂保单　保险金额　施救费用　实际全损　推定全损　部分损失　共同海损　单独海损　委付

思考与练习题

一、选择题

1. 我国不是《汉堡规则》的签字国，但在我国海商法中适当吸收了《汉堡规则》的某些规定。下列选项中，(　　)是我国海商法从《汉堡规则》中吸收的内容。

A. 实际承运人　　B. 承运人赔偿限额

C. 承运人的责任　　D. 诉讼时效

2. 在光船租赁合同中，出租人假若要在光船租赁期间对船舶设定抵押权，必须满足(　　)。

A. 承租人利益不受影响　　B. 承租人事先书面表示同意

C. 承租人不再进行转租　　D. 出租人书面通知承租人

3. 我国山东渤海公司与日本东洋株式会社在万国博览会上签订了一份由日方向中方提供 BX2—Q 船用设备的买卖合同。其中价格条款为 USD832000/DES。运输途中由于不可抗力导致船舶起火，虽经及时抢救，仍有部分设备烧坏。之后双方就设备损失赔偿发生争议并申请仲裁。应由(　　)承担烧坏设备的损失。

A. 东洋株式会社　　B. 山东渤海公司

C. 船公司　　D. 保险公司

4. 中国甲公司与美国乙公司于 1995 年 10 月签订了购买 4 500 吨化肥的合同，由某航运公司的"NEWsWAY"号将该批货物从美国的新奥尔良港运至大连。"NEWsWAY"号在途中遇小雨，因货舱舱盖不严使部分货物湿损。下列关于货物责任的选项正确的是(　　)。

A. 承运人应赔偿货物湿损的损失

B. 承运人可依海商法的规定主张免责，但应承担举证责任

C. 乙公司应自行承担此项损失

D. 甲公司应赔偿乙公司的损失

5.(　　)不属于中国人民保险公司海洋运输货物保险中平安险承保的责任范围。

A. 被保险货物在运输途中由于自然灾害造成的货物的全部损失

B. 被保险货物在运输送中由于意外事故造成的货物的全部损失

C. 被保险货物在运输途中由于意外事浓造成的货物的部分损失

D. 被保险货物在运输途中由于自然灾害造成的货物的部分损失

6. 某国远洋货轮"亚历山大号"满载货物从 S 港起航，途中遇飓风，货轮触礁货物损失惨重。货主向其投保的保险公司发出委付通知。在此情况下，该保险公司可以选择的处理方法是(　　)。

A. 必须接受委付　　B. 拒绝接受委付

C. 先接受委付，然后撤回　　D. 接受委付，不得撤回

7. 天津甲公司与荷兰乙公司签订了出口肠衣的合同，价格条件是 CIF 鹿特丹，甲公司依合同的规定将肠衣用木桶装妥后交承运人所属的"美虹"号货轮运输。该批货物投保了水渍险并附加渗漏险。"美虹"号在途中由于突遇台风使船剧烈颠簸，当船抵达目的港时发现大部分木桶破碎，货物损失约 20 万美元。对于该案，下列选项正确的是(　　)。

A. 本案应由天津甲公司与承运人签订海上货物运输合同

B. 本案应由天津甲公司办理投保

C. 承运人可依《海商法》有关免责的规定免除货物损失的赔偿责任

D. 乙公司应向保险公司提出索赔要求

8. 深圳甲公司从日本购进线钢 4 500 吨，价格条件为 CIF 广州。由于短途运输和船速较快，该批货物先于提单到达了目的港。深圳甲公司凭副本提单加自己签署的保函提取了货物，之后该公司未去银行付款赎单。银行于是向承运人提出了索赔要求。下列关于本案

的主张正确的是(　　)。

A. 承运人可以凭副本提单加保函向深圳公司交货

B. 承运人应当赔偿银行的损失

C. 承运人应凭正本提单向收货人交货

D. 承运人与银行没有关系，不应承担任何责任

9. 关于避难港费用和必要的船舶修理费用，下列选项正确的是(　　)。

A. 避难港费用是为船货各方共同的利益而发生的，应由受益的各方来分摊

B. 船舶的修理费用是为船方利益而发生的，应由船方来承担

C. 船舶的修理费用是为安全完成本航程而发生的，应由受益的各方来分摊

D. 避难港费用是为船方的利益而发生的，应由船方来承担。

10. 在国际海上货物运输中，如承运人签发的是指示提单，下列关于该提单的表述中正确的是(　　)。

A. 提单正面载明了收货人的名称

B. 提单在转让时不需要背书，只要将提单交给受让人即可

C. 提单的转让必须经过背书

D. 提单中的收货人一栏没有具体的收货人名称，而是载明“凭指示”的字样

三、思考题

1. 什么是保险法中的可保利益？在国际货物贸易中，哪些人对运输途中的货物具有可保利益？

2. 在班轮运输的保险中，如何确定具体损失是否属于保险的承保范围？

3. 什么是保险代位权？什么是保险委付？它们有何异同？

4. 什么是保险法中的损失？什么是保险标的的全损？什么是共同海损？

四、案例分析

1. 某船舶公司与某保险公司签订货物运输和运输工具的10年航程保险合同，合同中没有其他特别规定。保险责任自2006年2月1日开始。2007年3月，船舶公司领导班子调整，新任经理认为投不投保险没什么区别，不必再花这笔钱，遂向保险公司提出终止合同的要求，保险公司未予同意，而船舶公司自此即停止交付保险费。2009年8月，该船舶公司的一艘货船发生事故，损失惨重。为此，船舶公司经理想起过去曾经向保险公司投保的事情，遂向保险公司提出赔偿请求。

问：(1) 保险合同是否已经终止？

(2) 保险公司应否承担赔偿责任？依据是什么？

2. 有一份FOB合同，货物在装船后，卖方向买方发出装船通知，买方已向保险公司投保“仓至仓”条款的一切险。但货物在从卖方仓库运往码头的途中，因意外而致10%货物受损。事后卖方以保险单含有仓至仓条款为由，要求保险公司赔偿，但遭保险公司拒绝。后来卖方又请求买方以买方的名义凭保险单向保险公司提赔，但同样遭保险公司拒绝。

问：(1) 保险公司为何拒绝赔偿？

(2)在此情况下，保险公司又有无拒赔权？

3. 中国某进出口公司与德国商人签订一份出口玉米的合同，由卖方负责与货物相关的运输和保险事

宜。中方与中国某远航运输公司签订运输合同租用“风庆”号班轮的一个舱位。2009 年 5 月，中方在大连装船，然后向中国某保险公司投保海上货物运输保险，货物在海上航行途中遭遇风险，使货物受损。

问：(1) 如中方公司投保的是一切险，而货物由轮船在海上遭遇台风遭受部分损失，中方公司是否可从投保的保险公司处获得赔偿？

(2) 如发生的风险是由于承运人的过错因其并属于承保范围，保险公司赔偿了损失后，请说明中方公司是否可再向保险公司索赔。

（案例来源：根据保运通网站提供案例整理而成，网址为 www.baoyuntong.com）

第8章 国际技术贸易法

本章教学要点

知识要点	掌握程度	相关知识
国际技术贸易和国际技术贸易法概述，国际技术贸易的法律渊源和法律框架	了解	国际技术贸易的国内立法和国际立法
知识产权的概念、特征及其国际保护，与国际技术贸易相关的知识产权保护法	掌握	世界性的知识产权国际公约
国际许可合同的概念、分类及其基本内容	重点掌握	国际许可合同按合同的标的和授权范围的各种分类及其特点
国际许可合同的适用法律及对限制性商业条款的规范	掌握	国际许可合同法律适用规则、适用法律方式选择，限制性商业条款

导入案例

我国某研究所与美国客户签订一份进口合同，欲进口一精密仪器，合同规定9月份交货。9月15日，美国政府宣布该仪器为高科技产品，禁止出口。该禁令自公布之日起15日后生效。美国公司来电以不可抗力为由要求解除合同。

问：美国客户的要求是否合理？我方应如何妥善处理？

现代社会是科学技术飞速发展的社会。技术的发展和进步，使得技术与货物、服务相分离，成为一种独立的贸易标的。随着国际贸易的繁荣和发展，技术贸易作为独立于货物贸易和服务贸易的新贸易方式得以快速发展，在世界贸易额中的比例也越来越大。由于国际技术贸易的标的主要是知识产权的所有权和使用权，因此知识产权也就随之成为各国占领国际市场并获得巨额利润的重要手段。通过国际技术贸易法规范国际技术贸易，保证国际技术贸易合同的顺利实施，并实现对知识产权有效的国际保护也呈现出越来越强化的态势。

8.1 国际技术贸易法介绍

8.1.1 国际技术贸易概述

1. 国际技术贸易的含义

1）技术的含义

关于“技术”一词的含义，目前国际上公认的比较全面而完整的定义是世界知识产权组织于1977年出版的《发展中国家许可证贸易指南》对“技术”所作的解释。根据该指南的规定，技术贸易中的“技术”，是指制造某种产品、实施某种工艺或提供某种服务的系统知识，不论这种知识是否体现为一项发明、外观设计、实用新型或者植物新品种，也不论是否反映在技术情报或技能技巧之中，或是反映在专家为设计、安装、建立、维持一个工厂或管理一个工商企业而提供的服务或协助之中。1978年联合国拟定的《国际技术转让行动守则(草案)》第1.2条的规定，技术转让中的“技术”是指产品生产、工艺适用或服务提供的系统知识。根据这些定义，技术包括3个部分的内容：制造产品的系统知识、一项工艺的系统知识、有关服务的系统知识。

在我国，根据2001年12月10日国务院公布的《中华人民共和国技术进出口管理条例》第2条第2款的规定，技术进出口中的“技术”主要包括专利权和技术秘密。此前，国务院于1985年5月24日发布的《中华人民共和国技术引进合同管理条例》(已废止)也对技术的含义作出了规定。该条例第2条规定，技术引进中的“技术”包括专利权或其他工业产权，以图纸、技术资料、技术规范等形式提供的工艺流程、配方、产品设计、质量控制以及管理等方面的专有技术。

从上述规定可以看出，虽然我国关于技术的界定与国际上的界定不尽相同，但有一点是共同的，即对国际技术贸易中的“技术”一词应作广义的理解，既包括被授予专利权的发明、实用新型和外观设计等专利技术，也包括虽不具有专利权但具有专有属性的专有技术。

2）技术贸易的含义

在国际上，技术贸易通常又被称为技术转让。严格来说，技术转让与技术贸易是有区别的。从技术转让是否给付对价为要件，技术转让包括有偿的技术转让和无偿的技术转让。有偿的技术转让，又称商业性技术转让，是指按一般的商业交易条件和方式有偿地转让技术；无偿的技术转让，又称非商业性技术转让，是指通过政府援助、技术情报交流、学术交流和技术考察等形式进行的技术转让。在国际技术转让实践中，有偿的技术转让是最主要的技术转让方式。但在国际技术转让中，“技术转让”作为一个约定俗成的专用术语，专指有偿的技术转让，即技术贸易。在我国对外贸易实务中，习惯性地将技术转让称为技术贸易，而在国家的规范性法律文件中，技术转让通常又被称做技术进出口。为与货物贸易、服务贸易相统一，本书采用“技术贸易”一词，与“技术转让”同义。但需要注意的是，与货物贸易不同，技术贸易通常并非技术所有权的买卖，而是指技术使用权的让与。

具体来说，技术贸易涉及知识的转移与传授，内容十分广泛，包括制造技术、工艺流程、咨询、服务与管理经验等。联合国《国际技术转让行动守则(草案)》第1.2条规定，技术转让是指制造某件产品、应用某种制作方法或提供某项服务的系统知识的转让，仅涉及货物销售或租赁的交易不在此列。根据该条规定，技术转让包括以下形式：①一切形式的工业产权的让与、出售和许可，商标、服务标记和商号当其非技术转让之一部分时不在此列；②提供可行性报告、计划书、设计图、模型、说明书、指南、配方、基本的或具体的工程设计、技术规范和培训设备以及提供技术咨询和技术管理人员的服务及员工培训等技术知识和专家知识；③提供工厂设备的安装、操作及运行所必需的技术知识和交钥匙工程；④提供获取、安装及使用已经以购买、租赁或其他方式取得的机器、设备、中间产品(半成品)或原材料所必需的技术知识；⑤提供工业与技术合作协议的技术内容。

在我国，根据《中华人民共和国技术进出口管理条例》第2条第2款的规定，技术进出口包括专利权转让、专利申请权转让、专利实施许可、技术秘密转让、技术服务和其他方式的技术转移。

3) 国际技术贸易的含义

国际技术贸易(international technology trade)，又称国际技术转让(international technology transfer)，是指一国的技术供应方通过签订技术合同或协议，将技术有偿地转让给另一国接受方使用的行为。根据联合国《国际技术转让行动守则(草案)》的规定，国际技术转让是指技术供方与需方之间跨越不同国境的技术交易，或者居住在或在不同国家的当事人之间的技术转让。国际技术贸易大致经历了以下3个阶段：①国际技术转移，是指技术在地理位置上的变化，即技术在不同国家或地区之间的转移。这种技术转移通常是非主动的行为，如通过技术人员的国际流动自然而然地完成技术的转移与传播。②国际技术转让，是指人们根据不同国家或地区生产力水平、经济基础、劳动力素质等因素，人为的、有意识地将技术在不同国家或地区间进行引进或让与的行为。它又分为有偿转让和无偿转让两种，只有有偿转让才是技术贸易。无偿转让通常是通过国家间的技术援助、科技合作与交流，或通过受方的技术考察、组织专业研讨等形式提供和获得技术的，第二阶段就是以这种无偿技术转让为主的时期。③国际技术贸易，即当有偿技术转让的当事人处于不同国家时，就形成了真正意义上的国际技术贸易。是否构成国际技术贸易不能看当事人的国籍是否不同，关键是看交易的当事人是否处于不同的国家，如美国人把技术转让给中国人不一定就是国际技术贸易，而美国的母公司将技术转让给中国的子公司的行为就是国际技术贸易。因此，将是否“跨越国境”作为判断一项技术贸易是否属于国际技术贸易的标准，是各国普通接受的，也是比较切合实际的。我国《技术进出口管理条例》也是将是否跨越国境作为认定国际技术贸易的标准，该条例第2条第1款规定：技术进出口，是指从中华人民共和国境外向中华人民共和国境内，或者从中华人民共和国境内向中华人民共和国境外，通过贸易、投资或者经济技术合作的方式转移技术的行为。

2. 国际技术贸易的标的

国际技术贸易是以技术为贸易标的的一种国际贸易。如前所述，这里的技术应作广义理解，既包括已被授予专利权的专利技术，也包括未授予专利权但具有专有属性的专有技术，还包括具有实用技术性的计算机软件和具有经营价值的商标等。

1）专利技术

根据国际知识产权组织的定义，专利是对发明授予的一种专有权利，发明是指提供新的做事方式或对某一问题提出新的技术解决方案的产品或方法。由此可见，专利应是各国专利主管机关依法授予发明人或合法申请人在一定期限内对某项发明创造享有的使用、制造和销售产品的独占性权利。根据我国专利法的规定，专利有发明、实用新型和外观设计三种类型。通常情况下，一项发明创造必须向专利主管当局提出申请，经其审查、批准后方能获得专利权。一旦获得专利权，在一定期限内(通常为 20 年)该发明创造就拥有了专有权和独占权。

关于专利权的保护，各国法律大都已做出明确的规定。与有形财产权相比，专利权至少应具有以下 3 个特征：①专有性。专有性也称独占性、排他性。一方面是指专利权人对其发明创造享有垄断性的使用和销售该专利的权利，其他任何单位或个人未经专利权人许可不得使用该专利或买卖、应用该专利中的方法生产的产品。专利权人在专利权期限内有权禁止他人未经许可擅自使用其专利制造、销售产品，擅自使用人(侵权人)构成专利侵权行为，应依法承担相应的法律责任。另一方面，独占性是指就同一项发明创造，国家专利管理机构只对第一个申请人授予专利权，其他人不能再获得。②地域性。所谓地域性，是指根据一国法律而取得并由该国专利主管当局授予的专利权，一般仅在该国领域内得到认可和保护，在其他未取得专利权的国家或地区不发生法律效力。③时间性。所谓时间性，是指专利权受法律保护是有时间期限的，在保护期内，专利权人享有法律保护的独占性的专利实施权。保护期限届满后，专利权人对其发明创造不再享有独占性，任何人均可自由实施而无需经过授权和付费。关于专利的保护期限，各国法律规定不一，一般为 10～20 年。我国《专利法》规定，发明专利的保护期为20年。

作为国际技术贸易标的的专利还应同时符合下列要求：①提供专利技术的一方当事人应保证其提供的专利技术享有合法、有效的专利权，即已由国家专利主管当局依法授予了专利权。②由于专利技术具有一定的保护期限，因此需方在引进专利技术时应确认供方提供的专利技术是专利权期限尚未届满而受法律保护的专利技术。超过专利权期限、专利权已被终止或者被宣告无效的技术，均不能称之为专利技术，当然也就不能作为国际技术贸易的标的。

2）专有技术

专有技术(know how)，又称技术诀窍或技术秘密，其范围十分广泛，很难给出一个确切、统一的界定，国际上的理解也不尽一致。世界知识产权组织认为，专有技术是来自经验和技艺，能够实际应用，特别是在工业上应用的工业情报、数据、资料和知识。国际商会则给出了一个更为广义的概念，认为除工业技术外，专有技术还包括生产管理和商业经营方面的知识，即是指为了制造某一特定产品或使用某一特定工艺所需要的一切知识、经验和技能，包括各种工艺流程、加工工艺、产品设计、图纸、技术资料、配方、技术规范等秘密的技术知识，在有的情况下，还包括有关管理、商业、财务等方面的知识。我国也是从广义角度对专有技术做的界定，即包括工业技术、生产管理和商业经营 3 个方面。

专有技术的突出表现为 4 个方面的特征：①知识性。专有技术是一种不受法律保护的技术知识，即未获得专利权保护的技术知识。它既包括由于本身不具备专利条件而未能获得专利的技术知识，也包括虽已具备专利条件但所有人不愿申请专利而采取自行保密的技术知识。②保密性。专有技术是一种以保密为条件的不对社会公开的技术。而且，与专利不同的是，专有技术的权利人必须自行采取严格的保密措施来保证自己对技术的独占。③经济性。专有技术必须是一种具有实用价值的技术知识，即可以应用于生产实践并能够产生经济利益或给使用者带来某种独特竞争优势的技术。④动态性。一方面，专有技术作为一种技术必须能以言传身教或以配方、图纸等形式传授给他人。另一方面，它应是一种能够不断发展和完善的动态技术。因此，法律对专有技术的保护伴随着它的不断改进而自动扩展。

由于专有技术是由权利人通过保密措施来实现对技术的自我保护，并不受专利法的保护。因此，迄今为止，绝大多数国家都没有制定保护专有技术的专门法律。各国通常援引合同法、侵权行为法、反不正当竞争法、刑事立法中的有关规定对专有技术进行保护。以合同法为例，合同法对专有技术的保护主要体现在对专有技术转让合同的保护和通过对与专有技术相关人员的劳动合同的规范实现对专有技术的保护。之所以通过劳动合同进行保护，是因为专有技术对直接使用它的技术人员是无法实现有效保密的，而这些熟练使用该技术的劳动人员如果泄露技术信息，将造成严重的不良后果。侵权行为法和反不正当竞争法对专有技术的保护主要是通过确认和保护专有技术的权利人有权采取保密措施以行使对技术的占有权和独占权来实现的。

3）商标

商标(trade mark)是指生产经营者为了使人们识别其商品，以区别于其他人所生产或销售的同种或同类的商品而使用的一种特定商业标志。商标通常由文字、图形、字母、数字、三维标志和颜色以及上述要素组合而成。商标除用于商品外，还用于服务。服务业使用的商标称为服务商标或服务标记(service mark)。商标是根据人类生产、生活实践的需要应运而生，它既是一种知识产权，又是工业产权的一部分，当然也是企业的一种无形财产。

在市场经济条件下，商标具有越来越强大的经济功能，成为成功企业不可缺少的经营手段，因而商标也就涉及注册者和使用者等相关者的重大利益问题，即商标权人对于法律赋予的注册商标的使用与转让就构成了国际技术贸易的重要标的。为了更好地维护和保障商标所有人的利益和促进以商标权为标的的国际技术贸易的发展，世界上绝大多数国家都制定了商标法即对商标实施进行法律保护。商标法就是关于商标权确立、使用、维持和保护的一系列法律规范，是国家强制调整与商标相关的社会关系的工具。需要调整的社会关系主要包括商标权人与他人的关系以及商标与社会公众的关系等。我国于1982年颁布的《商标法》中明确规定："经商标局核准注册的商标为注册商标，包括商品商标、服务商标、集体商标和证明商标；商标注册人享有商标的专有权，受法律保护。"

4）计算机软件

计算机软件，是指计算机程序及其有关文档。计算机程序，是指为了得到某种结果而可以由计算机等具有信息处理能力的装置执行的代码化指令序列，或者可以被自动转换成代码化指令序列的符号化指令序列或符号化语句序列。计算机程序一般应包括源程序和目标程序两类不同的表现形式，因此，同一计算机程序的源程序和目标程序应视为同一作品。文档，是指用来描述计算机程序的内容、组成、设计、功能、规格、开发情况、测试结果及使用方法的文字资料和图表，如程序设计说明、流程图、用户手册等。

由于计算机软件的作品属性，世界各国均将其纳入著作权法的保护范围。但是，同传统的文学艺术作品相比，计算机软件具有很强的技术性和实用性，不仅需要遵循一定的技术法规和标准，而且可用于工业生产或商业经营，并带来较高的经济利益。这就需要进行专门立法，以弥补和完善版权法对计算机软件保护的不足。因此，在实践中，计算机软件受版权法和计算机软件专门立法的双重保护。我国也通过版权法确认计算机软件为版权法保护的作品。同时，国务院又于1991年另行颁布了《计算机软件保护条例》，以强化对计算机软件的保护力度。自20世纪50年代末期开始，计算机软件便进入商业领域，并逐渐成为了国际技术贸易的重要标的。虽然在国际计算机软件转让中，双方当事人的权利和义务因计算机软件标的性质的不同而不同，但整体来说，不断完善国际技术贸易法律规范并通过这些规范对计算机软件转让贸易进行调整和约束是十分必要的。

3. 国际技术贸易的方式

国际技术贸易的方式多种多样，整体来说，可分为两种类型：①单纯的技术贸易，如国际许可证贸易、国际技术服务与咨询；②非单纯的技术贸易，是指伴随其他标的或行为的技术贸易，如国际技术投资、国际租赁、国际工程承包、国际合作生产和开发、国际BOT、特许经营、补偿贸易等。随着技术的进步和国际技术贸易的发展，一些新的技术贸易方式还将不断出现。各国一般都通过立法对国际技术贸易的具体方式作出规定，我国《技术进出口管理条例》将技术进出口分为专利权转让、专利申请权转让、专利实施许可、技术秘密转让、技术服务和其他方式的技术转移等6种方式。

1）国际许可贸易

国际许可贸易(international licensing trade)是技术贸易最基本的也是最重要的方式。它是交易双方以签订技术使用许可协议的形式所进行的技术贸易。知识产权的所有方称为许可方(licensor)或供方，引进技术的一方称为被许可方(licensee)或受方。许可贸易就是技术的许可方允许被许可方取得其拥有的专利、商标或专有技术的使用权以及制造、销售该技术项下的产品的权利，并由被许可方支付一定数额的报酬。单纯的许可贸易包括专利许可、商标许可和专有技术许可以及计算机软件技术的许可。以上这几种方式还可以与国际工程承包、BOT等方式相结合进行交易，即构成间接技术贸易。

许可贸易与工业产权、非工业产权转让不同。许可贸易的特点在于许可方允许被许可方使用其技术，而不转让其技术的所有权。而工业产权、非工业产权的转让则是将所有权和使用权全部让渡给受方。

另外，需要注意的是，许可贸易必须由贸易双方通过谈判共同签订许可贸易协议，协议中除了具有一般商品合同具备的内容外，在价格条款、支付条款、技术服务等方面与一般商品合同存在较大区别，尤其是涉及保密的问题。

2）国际技术服务与咨询

技术服务与咨询(technical consulting and service)是技术贸易中不可缺少的环节，可以通过技术许可合同中的专门条款或独立的技术服务与咨询合同进行。技术服务与咨询是指受托方应委托方的要求，针对某一特定技术课题，通过调查研究，运用所掌握的理论知识以及专业的技术技能和经验、情报等进行分析、评价、预测，为委托方提供建议或者可供选择的方案及相关知识性服务，并从中获得报酬的技术贸易方式。如果这种技术服务与咨询是跨越国境提供的，即为国际技术服务与咨询(international technical consulting and service)。国际技术服务与咨询主要适用于工业、农业、交通运输、矿业、电信工程、桥梁港口工程等领域的大中型项目的新建、扩建或技术改选，内容包括项目的可行性研究、工程计划、施工方案、生产培训、质量监督等方面。技术服务和技术咨询类似，因此本书把它们合为一个概念，其实二者有一些区别，如技术咨询则通常是在项目建成之前提供的帮助，具体以提供咨询报告或建议书的形式来给出相关建议；而技术服务通常是在项目建设中，尤其是完成后进行的指导和协助相关设备正常运转，工作任务正常进行。

3）国际技术投资

国际技术投资(international technical investment)，是指国籍或营业地位于不同国家或地区的当事人，以自己有权处置的技术作为资本，进行跨国直接投资，参与投资企业的经营管理，并获取报酬的行为。随着世界经济的不断发展，国际直接投资的规模和比重不断增长，投资形式也多种多样。在国际投资实践中，主要包括合资经营、合作经营和独资经营3种方式。合资经营是指外国投资者和东道国投资者共同投资、共同经营、共担风险、共负盈亏的合营模式，包括股份式合资经营和契约式合资经营两种类型。合作经营是指外国投资者和东道国投资者在签订合同的基础上，依合同的约定分享权益和分担风险、亏损的合营模式，包括法人式合作经营和非法人式合作经营两种类型。独资经营是指外国投资者根据东道国的法律在东道国境内设立的全部资本由外国投资者投资的经营模式，一般都是外国公司设在东道国的子公司。

4）国际租赁

国际租赁(international leasing)是指一国的出租人按一定的租金和期限把租赁物租给另一国承租人使用，租赁人按租约缴纳租金，获取租赁物使用权的一种经济合作方式。国际租赁的方式有融资租赁、经营租赁和综合租赁。融资租赁是指出租人根据承租人的选择出钱购买租赁物，然后提供给承租人使用，承租人向出租人支付租金的融资方式。合同期满，出租人通常将租赁物低价售于承租人或他人。我国国际租赁业务就是以融资租赁为主。经营租赁是指租赁公司将自有的租赁物提供给承租人，并负责设备的保养和维修，用户按租赁期缴纳租金，租用期满后退回设备的租赁方式。综合租赁是与合资经营、合作经营、对外加工装配、补偿贸易及包销等贸易方式相结合的一种租赁方式。具体由出租人将机器设备租给承租人后，承租人用租赁的设备生产出产品偿付租金，或用加工装配所获得的工缴费顶替租金的分期偿付，或把产品交给出租人包销并在包销价款中扣除租金。

5）国际工程承包

国际工程承包(international contracting for construction)是指某一国家的工程项目承包商按照合同的约定，为另一国项目所有人(可能是国外政府或企业，也可能是国际组织)完成某项工程建设任务，而由另一国当事人给付报酬的国际经济合作方式。因其通常包括大量的技术转让内容，所以属于国际技术贸易的一种。但如果承包项目只是劳务合作加上材料和设备的买卖，而不涉及技术转让的话，则属于国际服务贸易。国际工程承包分为分项工程承包和“交钥匙”工程承包两种类型。在实践中，国际工程承包主要适用于大型新建、扩建项目，如矿山开采、石油钻探、大型发电站建设和各类成套生产线的新建和扩建。

6) 国际合作生产和国际合作开发

国际合作生产(international cooperation production)是指分属不同国家的企业通过订立合作生产合同，在某项产品的研究、生产和销售方面采取联合行动，相互提供有关生产技术和零部件，共同进行产品的生产和销售，并由双方共负盈亏的方式。合作生产的产品或工程，通常是由于技术、材料或设备方面的原因，一方无力单独完成，需要外国合作者共同完成目标。这样有助于利用各方在设备、技术、劳动力等方面的不同条件，发挥各自的优势，从而比任何一方单独完成全部生产更有优越性。

国际合作开发是指不同国家的自然人、法人或其他组织，为了完成某项研究开发工作而由当事各方共同投资、共同参与研究开发活动、共同承担研究开发风险并共同分享研究开发成果与利益的活动方式。国际合作开发的内容可以是新技术、新产品、新材料、新工艺及其系统与流程等。

应用实例

近年来，中国在环境保护领域开展的国际合作研究和培训日益增多，这些合作研究与培训涉及的问题领域包括全球环境问题、区域环境问题、针对某一行业的环境保护技术和针对某种污染源控制的专项治理技术，对中国的环境保护事业起到了积极的推动作用。膜-生物反应器是一类具有良好应用前景的新型废水处理技术。1996年清华大学环境科学与工程系与日本三菱公司确定开展对膜-生物反应器的合作研究。该研究旨在运用膜技术开发一种适合中国废水水质特点和经济条件的新型废水处理设备。合作研究由日本三菱公司提供膜组件，由清华大学环境科学与工程系实施研究。研究经费由双方共同筹措，研究成果由合作双方共有。经过四年多的时间，对膜-生物反应器的原理、结构、运行过程中膜面堵塞问题进行了深入的研究。双方科学家在研究中进行了充分的交流，并召开了膜-生物反应器的国际研讨会。在上述研究成果的基础上进行了中试研究，取得了设计生产装置的基本参数。目前已设计出生产规模的膜-生物反应器，并在医院污水处理中应用，为膜-生物反应器在中国的推广应用提供了良好的基础。

问题：该项研究的意义是什么？

评析：在本案中，中日开展的膜-生物反应器的研究属于国际技术贸易中的国际合作生产与开发。成功经验表明，开展国际合作将有力地促进中国环境保护事业的发展，提高环境意识和技术水平，更加有利于国际技术交流的发展和国际合作关系的建立，提升中国的国际形象。

（案例来源：http：//wlzy. aynu. edu. cn）

7) 国际BOT方式

BOT(build—operate—transfer)，是“建设—经营—移交”的简称。国际BOT(international build—operate—transfer)是指一国有公共工程建设，另外一国的企业参与建设的合作方式。其运行特征是政府与非官方资本签订项目特许权经营协议，将基础设施项目的建设和投产后一定时间内的经营权交给非官方资本组建的投资机构，由该投资机构自行筹集资金进行项目建设和经营，在特许经营期内非官方投资机构收回项目建设成本，并取得合理利润，经营期满后将该基础设施无偿移交给政府。在BOT项目中，由于私营公司参与了全部项目的建设、经营和管理，必然涉及先进技术、工艺诀窍和机械设备的转让，而与国际技术贸易紧密结合在一起。国际 BOT 项目一般集中在电力、通信、交通、市政、环保等基础产业和功用事业，采用这一方式，可以大大提高公共项目的运作效率。

8）特许经营

特许经营(special permission management)是指有一家已经取得成功经验的企业(特许方)，将其商标、商号名称、专利、专有技术、服务标志和经营模式等授权另一家企业(被特许方)使用，特许方对被特许方的经营提供资金、技术、商业秘密、人员培训、管理等方面的援助和支持，而被特许方向特许方提供连续的提成费或其他形式补偿的贸易形式。特许经营的优点是被特许方购买特许经营权时一并获得了特许方多年的业务经验，同时获得特许方全方位的支持。换句话说，只要特许方有的优势，大部分可分享给被特许方，双方最终实现双赢。特许经营的缺点是被特许方的经营自主权、经营期限受到特许方的严格限制，因而受制于特许方，而且被特许方对特许方依赖较大，被特许方的长期发展前途不容乐观。

9）国际补偿贸易

补偿贸易(compensation trade)是指交易的一方向另一方提供技术、设备，而引进技术或设备的一方在约定的期限内以使用该机器设备或技术生产出来的产品或获得的收益偿还机器设备的价款或技术使用费的贸易方式。跨越国境的补偿贸易，即为国际补偿贸易。这种贸易方式是在 20 世纪 60 年代初期开始出现的一种国际贸易形式，其最大的特点就是，它是以信贷为基础的贸易，是货物贸易、技术贸易和信贷业务相结合的产物，即出口设备的一方或银行等第三方提供了信贷，进口方再以产品偿还。用于补偿的产品可以是引进设备生产的，也可以是双方商定的其他商品。

8.1.2 国际技术贸易法概述

1. 国际技术贸易法的概念

国际技术贸易法，是指调整跨越国界有偿技术转让关系的法律规范的总称，它是国际贸易法的重要组成部分。国际技术贸易法调整的跨国技术贸易关系是一种广义的法律关系，既包括横向的平等主体之间的交易关系，也包括纵向的各国政府和国际社会对技术交易活动进行干预和管制的管理关系。国际技术贸易法具有如下法律特点：①主体是处于不同国家境内的自然人、法人以及其他经济组织。住所地、居住地或营业所所在地处于不同国家的当事人之间进行的有偿技术转让，都是超越国界的技术转让。②客体是一种无形财产、技术知识和经验的使用权。③调整的对象是跨越国界的技术转让法律关系，性质属于债权债务关系，它必须以双方当事人的合同作为依据。

2. 国际技术贸易法的法律渊源和法律框架

在国际技术贸易实践中，由于技术的秘密性和垄断性，当事人双方实际上是处于不平等的贸易地位，技术的许可方处于优势地位，也往往会滥用其优势地位。与此同时，技术贸易广泛涉及国家利益，甚至国家安全。因此，各国均十分重视国际技术贸易的干预和管制，国际技术贸易法也主要体现为各国政府对国际技术贸易的干预和管制，以及国际社会对此所采取的协调措施，以建立和维护公平、有序的国际技术贸易秩序。因此，各国和国际社会在加强国际技术贸易促进和推动工作的同时，都十分重视国际技术贸易的法律调整。国际技术贸易法涉及一系列法律规范，而不是指某一调整国际技术转让关系的单行法规，它的渊源具有双重性，既具有国内渊源又具有国际渊源。因而，国际技术贸易法的法律框架，也就包括国内立法和国际立法两个层面的形式。国内立法主要表现为技术进出口的法律法规，在英美法系国家，还包括有关技术进出口贸易的法院判例。国际立法主要表现为涉及技术贸易的国际条约、国际惯例以及国际组织的内部决议。

1）国际技术贸易的国内立法

国家对国际技术贸易的法律调整主要体现为对技术进出口的干预与管制。由于各国科学技术发展阶段和水平的不同，各国对国际技术贸易进行法律调整的原则和侧重点也有所不同。对于发展中国家来讲，由于其科学技术发展水平低于发达国家，在国际技术贸易中往往作为技术进口方，所以，其对国际技术贸易的法律调整主要表现为对技术引进（技术输入、技术进口）的干预与管制。而发达国家科学技术发展阶段和水平均较高，在国际技术贸易中往往作为技术出口方，其对国际技术贸易的法律调整则主要表现为技术出口（技术输出）的干预与管制。

从各国对技术进出口的法律调整实践来看，对技术引进的干预和管制主要体现为对技术引进项目的管理与审批，以及对技术转让合同的管理，而对技术出口的干预和管制主要体现为对技术出口实行类别管理和国别管理，禁止或限制某些技术的出口，或者向某些国家或地区出口。从法律渊源上来说，除了国际技术贸易的专门法规外，各国还通过工业产权法、反垄断法、反不正当竞争法对国际技术贸易加以管理和控制。此外，合同法、外商投资法、外汇管理法、银行法、税法等都直接或间接涉及国际技术贸易的相关内容，也应属于国际技术贸易法的国内法渊源。

在我国，调整技术进出口的法律主要包括如下几种：①2001 年 12 月 10 日国务院公布、于 2002 年 1 月 1 日施行的《中华人民共和国技术进出口管理条例》；②1994 年 5 月 12 日第八届全国人民代表大会常务委员会第七次会议通过、2004 年 4 月 6 日第十届全国人民代表大会常务委员会第八次会议修订的《中华人民共和国对外贸易法》；③2001 年 12 月 30 日原外经贸部和科技部联合发布、于 2002 年 1 月 1 日施行的《中华人民共和国禁止出口限制出口技术管理办法》。此外，我国颁布的《专利法》、《商标法》、《反不正当竞争法》、《反垄断法》、《民法通则》、《合同法》、《计算机软件保护条例》等法律法规对技术进出口也有相应的规定。

2）国际技术贸易的国际立法

在国际立法方面，有关国际技术贸易的国际惯例和国际组织的内部决议的作用较为有限，国际技术贸易的国际立法主要体现在国际条约方面。在这些条约中，既有世界性条约和区域性条约，也有双边条约；既有调整国际技术贸易的专门性条约，也有包含国际技术贸易规则的综合性条约。目前，世界上并不存在全面的、专门调整国际技术贸易的世界性条约，其他关于国际技术贸易的专门性条约也仅限于几个区域性的协定。但是，国际上缔约了众多关于知识产权保护的国际公约，这其中有涉及知识产权和技术贸易的问题，可以作为国际技术贸易法的法律渊源。此外，两国间签订的有关技术转让或合作的双边协定，也是调整国际技术贸易的重要法律形式。

从20世纪70年代初开始，联合国贸易和发展会议开始着手进行国际技术贸易方面的立法，并于1978年拟定了《国际技术转让行动守则(草案)》提交联合国讨论。由于发展中国家和发达国家存在一些重要问题的严重分歧，致使该草案至今未获通过。但作为国际技术贸易领域内唯一的全球性的专门规则，其所涉及的一些内容和规则对各国的国内立法以及进一步进行双边或多边国际立法提供了较好的借鉴和基础。此外，联合国通过的《关于控制限制性贸易做法的多边协议的公平原则与规则》、联合国跨国公司委员会拟定的《跨国公司行动守则(草案)》、经济合作组织拟定的《关于国际投资和跨国企业的宣言》等国际法律文件中均包括有国际技术贸易准则和规则的内容，可以作为国际技术贸易法的法律渊源。

8.2 与国际技术贸易有关的知识产权保护

随着科学技术的进步和国际贸易的发展，知识产权与国际贸易的关系日益密切，尤其在国际技术贸易领域，知识产权更是直接成为贸易标的，极大地丰富了国际技术贸易的内容和形式。由于世界上并不存在全面的、专门调整国际技术贸易的国际公约，因此国际上缔约的众多关于知识产权保护的国际公约，就成为了解决国际技术贸易的各种问题、有效促进国际技术贸易快速发展的有利保障。

8.2.1 知识产权的概念与特征

1. 知识产权的概念

知识产权，是指公民或法人对自己的智力活动创造的成果和经营管理活动中的标记、信誉而依法享有的专有权利，包括人身权利(精神权利)和财产权利(经济权利)。知识产权中的人身权，是指与智力成果创造人的人身不可分离的专属权，如署名权、发表权、修改权等；知识产权中的财产权，则是指智力成果创造人基于这种智力活动成果而享有的获得报酬或其他物质利益的权利。

传统的知识产权包括工业产权和版权(著作权)两部分。但是，随着现代科学技术的进步和知识产权观念的更新，世界各国和国际组织越来越多地采用具有更为广泛意义的概念，除原工业产权包括的专利权和商标权外，又将专有技术、计算机软件、集成电路布图设计、商业秘密、地理标志等内容都纳入知识产权的范围。例如，《世界知识产权组织公约》第2条(8)款规定，知识产权包括下列权利：①与文学、艺术及科学作品有关的权利；②与表演艺术家的表演活动、与录音制品及广播有关的权利；③与人类创造性活动的一切领域内的发明有关的权利；④与科学发现有关的权利；⑤与工业品外观设计有关的权利；⑥与商品商标、服务商标、商号及其他商业标记有关的权利；⑦与防止不正当竞争有关的权利；⑧一切其他来自工业、科学及文学艺术领域的智力创造活动所产生的权利。世界贸易组织对知识产权也采用广义的理解，根据《与贸易有关的知识产权协定》第1部分第1

条的规定，知识产权的范围包括版权及其相关权利、商标权、地理标志、工业品外观设计、专利权、集成电路布图设计、未公开的信息等。

2. 知识产权的特征

与其他的民事权利相比，知识产权具有如下特征。

(1) 无形性。知识产权是人们智力创造活动的成果，不具有物质形态，也不为人们所实际占有和控制，是一种无形权利。

(2) 双重性。知识产权包括人身权利和财产权利两部分内容，人身权是与智力成果创造人的人身不可分离的专属权，不能转让、不能赠与、不能继承；财产权则是智力成果创造人基于这种智力活动成果而享有的获得报酬或其他物质利益的权利，这种权利可以转让、可以赠与、可以继承。

(3) 法定性。知识产权的存在与获得必须经国家专门机关的依法确认和授予，并由专门知识产权立法加以保护。

(4) 专有性。知识产权一经确认即为权利人专有，任何人未经权利人的同意或者法律的特别规定，都不得享有或使用。

(5) 时间性。法律对知识产权的保护有一定的期限限制，有效期满，该知识产权即进入社会公有领域，成为社会的共同财富，任何人都可以自由地、无偿地使用。

(6) 地域性。知识产权只在依法给予确认和保护的国家或地区范围内有效，超出这个范围，除非国家因参加国际条约而承担的国际义务，否则不受法律保护。

8.2.2 知识产权的国际保护

在传统的知识产权国际保护体制下，知识产权的国际保护被认为是世界知识产权组织的管理范围，与其他国际组织，包括国际贸易的相关组织并无较大关联，包括作为当时主管世界货物贸易的关贸总协定(GATT)也几乎很少涉及知识产权保护方面的问题。而传统的知识产权国际保护体制的核心在于加强知识产权的国际保护，并促进其在世界范围的广泛传播，对国际贸易领域的知识产权保护问题也未明显涉及。但是，随着科学技术的进步和国际贸易的发展，技术知识在国际经济贸易中的地位迅速上升，国际贸易的内容和形式日益多样化，不仅技术密集型产品和高科技产品在国际贸易中的比重不断上升，而且在传统有形货物贸易的基础上，出现了服务贸易和技术贸易等新型贸易方式，知识产权与国际贸易的关系日益密切，国际技术贸易领域的知识产权保护也成为世界性的贸易问题，越来越受到各国和国际社会的关注。

1. 知识产权国际保护的原因

随着科学技术的发展，科技成果越来越成为经济发展和社会进步的主要推动力。为了鼓励和刺激人们从事发明创造，公开发明创造成果，从而推动整个社会的知识传播和科技进步，世界各国均通过专门立法对知识产权给予充分的保护。但是，基于知识产权的地域性特征，在一国取得的知识产权只能在该国境内受到法律保护，其他国家或地区没有予以同样保护的义务，因而得不到他国法律有效的保护。知识产权所有人要想在其他国家或地区得到法律保护，必须依有关国家或地区的法律提出申请，得到批准后方能得到其保护。由于各国知识产权法律制度差异较大，使得知识产权的域外保护异常复杂和艰难，从而大大降低了知识产权人在国外的市场竞争力，并且令知识产权人面临着巨大的经济损失，这最终必将严重阻碍知识产权跨越国界转移与贸易，同时也令无法引进他国知识产权的国家的科学技术发展受到极大的负面影响，从而阻碍技术落后国家的经济建设和发展。有鉴于此，各国逐渐意识到解决知识产权地域性带来的不利影响的根本途径，就是加强知识产权的国际保护，突破知识产权保护中的地域局限性。各国除了签订国家与国家之间的双边协定外，还先后缔结或参加了保护知识产权的国际公约，全球性或区域性的保护知识产权的国际组织也逐渐建立起来，形成了一套世界范围内的知识产权国际保护法律体系。

2. 知识产权国际保护的概况

自20世纪开始，各国开始寻求通过双边或多边条约的形式对知识产权予以国际保护，并逐步在世界范围内形成了以世界知识产权组织为中心、以知识产权国际公约为基础的知识产权国际保护体系。在传统知识产权国际保护体制下，知识产权的国际保护主要通过双边条约和多边公约的途径来实现的。双边条约仅仅是两个国家间相互保护知识产权的方式，作用和影响都很有限，多边公约又包括区域性公约和世界性公约，区域性公约对于特定区域内的国家间知识产权保护制度的协调与统一发挥了重要作用，世界性公约为全球范围内各缔约国的知识产权保护立法规定了最低的水平和标准，对知识产权国际保护的作用巨大而深远。截至目前，已通过的世界性的知识产权国际公约有30多个，其中已生效的将近30个，包括《保护工业产权巴黎公约》(1883年)、《保护文学艺术作品伯尔尼公约》(1886年)、《制止商品来源的虚假或欺骗标志马德里协定》(1891年)、《商标国际注册马德里协定》(1981年)及《商标国际注册马德里协定有关议定书》(1989年)、《工业品设计国际保存海牙协议》(1925年)、《世界版权公约》(1952年)、《商标注册用商品和服务国际分类尼斯协定》(1957年)、《保护原产地名称和国际注册里斯本协定》(1958年)及《保护原产地名称和国际注册里斯本协定实施细则》(1976年)、《保护植物新品种国际公约》(1961年)、《保护表演者、录音制品制作者和广播组织国际公约》(1961年)、《保护录音制品制作者禁止未经许可复制其录音制品公约》(1961年)、《建立世界知识产权组织公约》(1967年)、《建立工业品外观设计国际分类的洛迦诺协定》(1968年)、《专利合作条约》(1970年)及其实施细则、《国际专利分类斯特拉斯堡协定》(1971年)、《关于播放由人造卫星传播载有节目的信号的布鲁塞尔公约》(1973年)、《建立商标图形要素国际分类维也纳协定》(1973年)、《商标注册条约》(1973年)、《国际承认用于专利程序的微生物保存布达佩斯条约》(1977年)、《保护奥林匹克会徽内罗毕条约》(1981年)、《商标法条约》及其实施细则(1994年)、《与贸易有关的知识产权协定》(1994年)、《世界知识产权组织版权条约》(1996年)、《世界知识产权组织表演和录音制品条约》(1996年)。此外，在世界知识产权组织主持下，部分国家在1999年和2000年还分别签署了《工业品外观设计国际注册海牙协议日内瓦法案》和《专利法条约》及其实施细则，但目前这两个公约尚未得到普遍应用和实施。

8.2.3 保护知识产权的国际组织

1. 世界知识产权组织

世界知识产权组织(World Intellectual Property Organization，简称 WIPO)，总部设在瑞士日内瓦，是一个始终致力于促进使用和保护人类智力成果的国际组织，它管理着涉及知识产权保护各个方面的 23 项国际条约和 16 个国际联盟。

1893 年，“国际保护工业产权联盟”(巴黎联盟)国际局和“国际保护文学艺术作品联盟”(伯尔尼联盟)国际局合并，成立一个联合事务局，并更名为“保护知识产权联合国际局”，此即为世界知识产权组织的前身。该机构曾置于瑞士政府的监督之下，因此很难充分发挥国际机构的作用。在联合国际局的建议下，经过多年的酝酿，上述两个联盟的 51 个成员国于 1967 年 7 月 14 日在瑞典斯德哥尔摩召开外交会议，在会议上签订了《成立世界知识产权组织公约》，该公约于 1970 年 4 月 26 日正式生效，并根据该公约成立一个政府间的国际机构，定名为“世界知识产权组织”。1974 年 12 月，世界知识产权组织成为联合国的一个专门机构，是联合国 16 个专门机构中的第 14 个，总部设在日内瓦。中国于 1980 年 6 月 3 日批准了《成立世界知识产权组织公约》，并加入该组织，成为该组织的第 90 个成员国。世界知识产权组织的宗旨是通过国与国之间的合作，并在适当的情况下，与其他国际组织进行协作，以促进在全世界范围内保护知识产权；以及保证各种知识产权方面的有关国际公约所建立的联盟之间的行政合作。

2. 世界贸易组织

世界贸易组织(World Trade Organization，简称 WTO)是世界上唯一个处理国与国之间贸易规则的国际组织，是一个独立于联合国的永久性国际组织。WTO 于 1995 年 1 月 1 日正式开始运作，负责管理世界经济和贸易秩序，总部设在瑞士日内瓦。WTO 的宗旨：①提高生活水平，保证充分就业，大幅度稳步地提高实际收入和有效需求；②扩大货物、服务的生产和贸易；③坚持走可持续发展之路，各成员应促进对世界资源的最优利用，保护和维护环境，并以符合不同经济发展水平下各成员需要的方式，加强采取各种相应的措施；④积极努力以确保发展中国家，尤其是最不发达国家，在国际贸易增长中获得与其经济发展水平相应的份额和利益。WTO 的基本原则是通过实施非歧视贸易、关税减让以及透明公平的贸易政策，来达到推动世界贸易自由化的目标，主要包括最惠国待遇和国民待遇原则、互惠原则、贸易自由化原则、扩大市场准入原则、公平竞争与贸易原则、鼓励发展和经济改革原则以及促进各国外贸政策法规公平透明的透明度原则等。

WTO 关于知识产权问题的谈判最终达成了《与贸易有关的知识产权协定》(Agreement on Trade Related Aspects of Intellectual Property Rights，简称 TRIPs)。TRIPs 是 WTO 框架下的一项多边贸易协定，凡 WTO 成员必须加入。需强调的是，这里所指的“贸易”主要指有形货物的贸易。TRIPs 并不涉及服务贸易，服务贸易另有《服务贸易总协定》(GATS)对其加以规范。与在世界知识产权组织管辖下的《巴黎公约》和《伯尔尼公约》等保护知识产权的国际条约相比较，TRIPs 第一次以协定的形式将知识产权的国际保护在WTO的文件中作出正式规定，第一次把版权、商标、专利等各种知识产权的保护合并为一体，从而把WTO成员应尽的义务扩大到国际知识产权保护的适用领域，其列举和规定的知识产权范围更广、内容更明确。《与贸易有关的知识产权协定》的宗旨是促进对知识产权在国际贸易范围内更充分、有效的保护，以便权利人能够从其创造发明中获益和受到激励，从而继续其在创造发明方面的努力。同时，还应减少知识产权保护对国际贸易的扭曲与阻碍，确保知识产权协定的实施及程序不对合法贸易构成壁垒。

应用实例

日本丰田与中国吉利：一场不可能赢的诉讼

丰田和吉利的商标争端其实是中国汽车行业知识产权诉讼危机的肇始，这是汽车领域第一场涉外知识产权官司。吉利是中国第一家生产轿车的民营企业，正是从这里开始，中国汽车产业拉开了“知识产权本土保卫战争”的序幕。

2002年12月，丰田公司以“商标和不正当竞争侵权”为由提起对吉利的诉讼，将浙江吉利汽车有限公司、北京联创汽车贸易有限责任公司、北京亚辰伟业汽车销售中心一并告上法庭，称吉利侵害了丰田公司的知识产权。

丰田称，从2000年5月份开始，吉利汽车公司在吉利集团旗下的美日汽车前盖、轮胎、方向盘、车辆后备箱等显著位置上使用的车标酷似丰田汽车“牛头”造型的注册商标，对消费者造成了误导，侵害了丰田公司的商标权。同时，日本丰田还认为北京联创汽车贸易有限责任公司、北京亚辰伟业汽车销售中心在对外广告宣传中打出“丰田动力，价格动心”和“使用丰田8A发动机”的宣传语，违背了诚实信用原则，是不正当竞争行为。

丰田根据吉利在被起诉时23 200辆的销量和1%的利润率，算出吉利应赔偿1 392万元，加上律师费等总计索赔1 407万元，要求吉利赔偿人民币1 400万元。

吉利适时地召开了一个“保护民族知识产权座谈会”，扛出民族大旗，声明“吉利集团要为中国汽车业争口气”，使自己的高大形象立刻光芒四射，吉利领导人顿时成为民族英雄的化身，激起了全国人民保护民族工业的爱国热情。

还有媒体认为，“对于急于完全占领中国市场的跨国汽车巨头来说，今天还弱小的吉利、奇瑞等本土企业是阻碍他们蚕食中国市场的绊脚石。情急之余，知识产权成为外方汽车企业打压国产汽车企业的筹码。醉翁之意不在酒，跨国巨头独霸中国车市的野心昭然若揭。”

在有中国著名法律界人士参加的专业鉴定会上，众专家经过仔细推敲和对比，作出了“吉利美日汽车商标和丰田商标不可能被消费者混淆”的有公信力的结论。这个结论一出，丰田立刻感觉到没有了胜诉的把握，于是在8月份的第一次开庭中，丰田让步称只要吉利停止使用疑似侵权的商标和宣传用语，丰田就撤回诉讼并放弃全部索赔。

问题：吉利能胜诉吗？

评析：2003年年底，北京市第二中级人民法院一审驳回丰田的诉讼请求。该法院经审理认为，汽车属高价商品，消费者一般都要经过深思熟虑后才会购买，因此，他们对不同品牌的汽车具有较强的识别能力。将原告的丰田图形注册商标与吉利公司所使用的美日图形商标进行隔离观察比对，凭借上述相关公众的一般注意力，能够判断出二者在整体视觉上存在着较大的差异，相关公众不会将二者混淆或误认，也不会产生对原告注册商标专用权不利的联想。因此法院判决，吉利公司使用美日图形商标的行为不构成对原告注册商标专用权的侵犯。

吉利公司在对涉案美日汽车进行宣传时使用“丰田”及“TOYOTA”文字及“丰田动力，价格动心”、“搭载日本TOYOTA8AFE四缸电喷发动机”字样，并在产品使用说明书中使用“丰田汽车公司生产”字样，带有一定的夸大成分，但尚未达到我国法律所规定的对产品的性能、用途等作引人误解的虚假宣传的程度，相关公众不会误认美日汽车发动机系日本本土制造，且8A发动机的技术实际来源于丰田株式会社，该行为不会对丰田汽车的品牌声誉产生不利影响，吉利公司的上述行为不构成不正当竞争。

至此，丰田对吉利的诉讼以失败告终，这为中国汽车行业外国企业在社会舆论上的整体失败奠定了基调，成为跨国汽车企业打着知识产权大旗无理危害民族汽车品牌的铁证。

（案例来源：http：//wenwen.soso.com）

8.3 国际许可合同及其法律适用

通常情况下，国际技术贸易大都是以技术许可方式进行的。以技术许可合同为表现形式的国际贸易方式称为国际许可贸易。国际许可贸易是国际技术贸易典型交易方式，也是单纯就技术进行交易的方式，掌握国际许可贸易的交易惯例是掌握其他混合型国际技术贸易的基础，因而国际许可贸易的内容也是掌握国际技术贸易其他交易方式协议的基础。

8.3.1 国际许可合同的概念与特征

1. 概念

国际许可合同，又称国际许可协议，指的是不同国家或地区的当事人依据相关法律所签订的，一方当事人准许另一方当事人使用其所有或持有的工业产权或专有技术，而由另一方当事人支付使用费的协议。其中，许可他人使用其所有或持有的工业产权或专有技术的一方称为许可方、出让方或供方，接受他人工业产权或专有技术的使用权的一方称为被许可方、受让方或受方。

2. 特征

一般而言，国际许可合同具有以下特征。

1）跨国性

跨国性是国际许可合同的首要特征，也是国际许可合同与国内技术许可合同的最主要区别。它是指国际许可合同的标的，即工业产权或专有技术发生了跨越国界的移动，从一个国家或地区转移到另一个国家或地区。我国《技术进出口管理条例》第2条规定：“本条例所称技术进出口，是指从中华人民共和国境外向中华人民共和国境内，或者从中华人民共和国境内向中华人民共和国境外，通过贸易、投资或者经济技术合作的方式转移技术的行为。”

2）有偿性

国际许可合同是国际技术贸易的一种具体方式，国际技术贸易的有偿性决定了国际许可合同的有偿性。在国际许可合同中，出让方的权利是收取使用费，同时承担转让使用权的义务，受让方的权利是取得协议标的的使用权，同时承担支付使用费的义务。这种权利与义务的对应性，直接体现了国际许可合同的有偿性特征。

3）时间性

国际许可合同的时间性直接涉及协议项下当事人的权利和义务及其各自的经济利益。

所以，在国际许可合同中，一般均规定明确的有效期限。规定有效期限的必要性主要有两个：①国际许可合同标的本身通常具有有效期，超过这一期限，有些标的就会进入公有领域，失去作为技术许可协议标的的价值和意义；②技术许可协议的期限与技术使用费息息相关，通常期限越长，受让方支付的使用费也就越多。因此，各国法律一般均要求对技术许可协议的有效期作出明确规定，如我国《技术引进合同管理条例》规定："合同的期限应当同受方掌握引进技术的时间相适应，未经审批机关特殊批准不得超过10年。"

4）地域性

地域性，即空间限制，是指国际许可合同只在协议规定的国家或地区发生法律效力，超出这一范围则不受法律保护和限制。国际许可合同的地域性要求主要由3个因素决定：①国际许可合同标的(如工业产权等)大都具有严格的地域性特征，专有技术和计算机软件虽不具有这一特征，但各国均对其进出口实行严格的管理，进而干预其进出口的国别流向；②国际许可合同是工业产权或专有技术的使用权的授予，授予地域的大小不仅关系到当事双方的权利和义务，还通常与许可方的专有权能否得到实现有直接关系；③技术许可协议的地域往往与技术使用权的价格及被许可方所能获得的利益密切相关，地域范围越大，被许可方需要支付的使用费就越高，也可能获得更高的利益。

5）法律性

国际许可合同具有严格的法律性。这一特点具体表现在两方面：①国际许可合同涉及的法律内容十分广泛，其法律渊源包括国内法、国际条约与协定、国际惯例等；②执行协议的过程中涉及很多程序上的法律要求，即多数技术转让协议的有效成立需要经过国家有关部门的批准或在相关部门备案。

8.3.2 国际许可合同的分类

按照不同的标准，可以对国际许可合同作出不同的分类。在国际许可贸易实践中，最主要的两种分类法是按合同标的和按授权范围进行分类。

1. 按合同的标的分类

1）专利许可合同

专利许可合同是指专利技术使用权的授权许可，具体是指许可方将自己所有的或持有的专利技术(通常包括专利、实用新型和外观设计)出让给被许可方，由被许可方支付使用费的合同。在这种合同中，许可方将其所有或持有的专利编号及专利说明书告知被许可方，并授予被许可方在约定的时间和地域范围内使用合同项下的专利技术制造、使用和销售产品的权利，并由被许可方按合同规定方式向许可方支付专利技术使用费。

2）专有技术许可合同

专有技术许可合同是以转让专有技术使用权为目的的授权许可，具体是指许可方将其所有或持有的专有技术的使用权转让给被许可方，被许可方支付约定使用费的合同。由于专有技术是秘密性的而非公开的技术，并且是一套处在动态的发展之中的能够实际应用得比较完整的技术。因此，专有技术往往比专利技术具有更高的经济价值，其在国际许可合同中的地位也日益受到重视。在这种合同中，许可方不仅应明确所提供的技术资料的详细内容，还应规定技术指导以及人员培训条款，以保证被许可方能真正掌握该项技术。同时，与专利许可合同相比，专有技术许可合同的被许可方除了要按合同规定支付专有技术使用费外，还必须对该专有技术承担严格的保密责任，因为专有技术一旦泄密，其价值将立刻遭受重大损失。

3）商标许可合同

商标许可合同即是指商标使用权的授权许可合同，具体是指商标专用权的所有人(商标许可方)将其注册商标许可给他人(商标被许可方)使用而达成的书面授权合同。在商标许可合同中，许可方应向被许可方提供其注册商标的详细情况，允许其在指定的商品或服务上在约定的时间和地区范围内使用其注册商标；被许可方在按照合同规定支付商标使用费后，即可在合同指定的商品或服务上使用该注册商标，但应保证商品或服务的质量以维护商标的一贯良好信誉。

4）版权许可合同

版权许可合同，又称著作权许可合同，是指许可方(著作权人)与被许可方签订合同，将其作品中的财产权的一项或几项内容许可被许可方使用，由被许可方支付使用费的合同。版权包括人身权和财产权，人身权与作者的人身不可分离，不可转让，所以作者授权许可的仅限于其财产权中的一项或几项内容，包括复制权、表演权、播放权、展览权、发行权、改编和摄影权、翻译权、注释权、编辑权等。

5）计算机软件许可合同

计算机软件许可即关于计算机软件使用权的许可。所谓计算机软件的使用权，是指通过复制、展示、发行、修改、翻译、注释等方式使用计算机软件的权利。在计算机软件使用权许可合同中，许可方向被许可方提供计算机软件登记证明文件或软件资料，授权被许可方在约定的时间和地域范围内使用该软件并按合同规定收取使用费。需要注意的是，计算机软件受版权法的特别保护，在签订许可合同时，应注意相关国家版权法中对许可合同的有效期限与范围等方面的规定。

6）混合许可合同

混合许可合同即同时转让专利、商标、专有技术、著作权或计算机软件等标的中的两种或两种以上内容的使用权合同。随着科学技术的进步和国际贸易的发展，混合许可合同越来越频繁出现，在国际技术贸易中起着越来越重要的作用，尤其是专利技术和专有技术混合许可合同，最为突出和常见。这是因为在实践中，专利申请人通常将技术中的某些关键部分隐藏起来，使得这些关键部分成为秘密性的专有技术，而在专利许可时，为了使转让的技术真正得到实际应用，必须伴随着相关专有技术的转让和使用。因此，在国际许可贸易实践中，许可方和被许可方在签订专利许可合同的同时，通常要加订专有技术转让条款，或者单独签订专有技术许可合同。

2. 按授权范围的分类

1）普通许可合同(见图8.1)

普通许可合同(simple licencing contract)指在合同规定的时间和地域范围内，被许可方不仅可以使用某项技术，许可方也可使用或许可第三方使用该项技术。通常情况下，如果许可合同未明确性质，应视为普通许可合同。普通许可合同的许可方保留有较多的权利，因此，转让费比独占许可合同和排他许可合同的转让费要低。

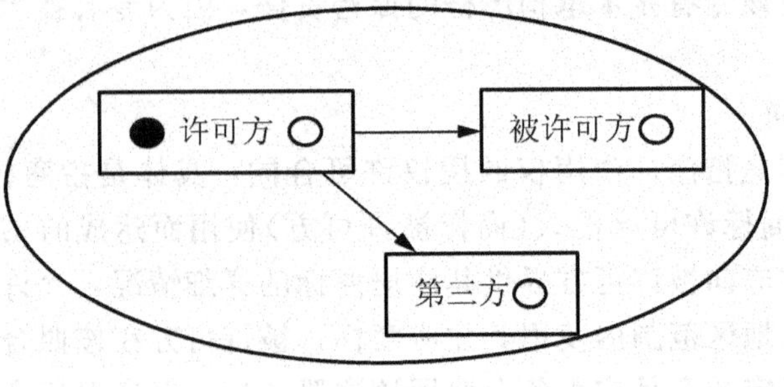

图 8.1 普通许可协议

2）独占许可合同(见图 8.2)

独占许可合同(exclusive licensing contract)指在合同规定的时间和地域范围内，被许可方对受让的技术拥有独占的使用权，许可方不能将该技术使用权另行转让给第三方，同时许可方也不能在该时间和地域范围内自行使用该项出让的技术。

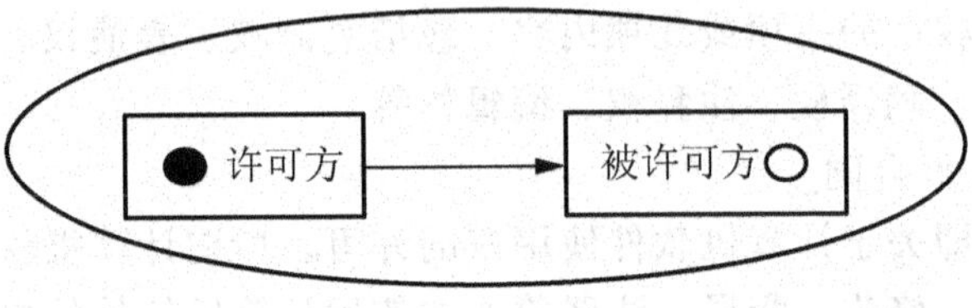

图 8.2 独占许可合同

3）排他许可合同(见图 8.3)

排他许可合同(sole licensing contract)指在合同规定的时间和地域范围内，被许可方对受让的技术拥有使用权，许可方不能将该项技术的使用权另行转让给第三方，但许可方自己仍保留在该时间和地域范围内的使用权。

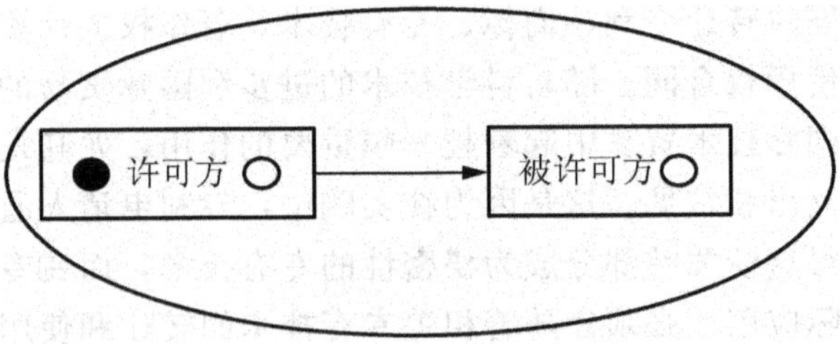

图 8.3 排他许可合同

4）分许可合同(见图 8.4)

分许可合同(sub－licensing contract)指合同中的被许可方可以将其受让技术的使用权再行转让给第三方。由于该类型的许可合同赋予被许可方的权利较大，因此，转让费要高一些。而且，这里先前签订的原专利许可合同通常是独占许可合同或独家许可合同。被许可方必须在原专利许可合同已明确规定或订立新的补充规定的情况下才有权对第三方签订分许可合同。一般情况下，原专利许可人——专利权人有权从分许可合同中收取部分费用。

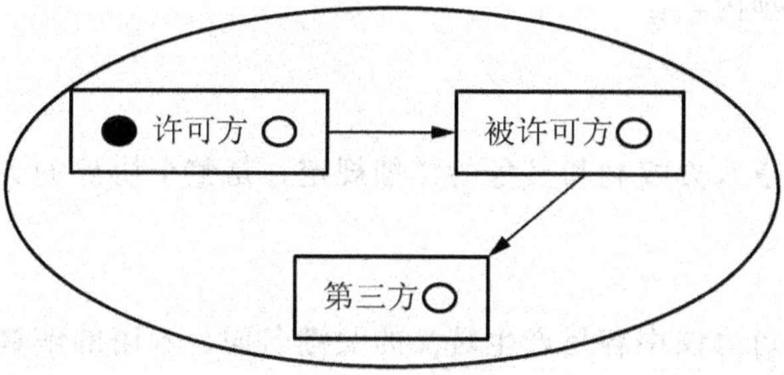

图 8.4　分许可合同

5）交叉许可合同(见图 8.5)

交叉许可合同(cross licensing contract)也称互惠许可合同，指技术许可方和被许可方在合同中规定，将其各自的技术使用权相互交换，供对方使用。此种许可可以独占，也可以排他；可以有偿，也可以无偿。

交叉许可通常发生在双方存在合作生产或开发研究关系的情况，双方都有改进技术的需要，各自的改进又以使用对方技术为前提。例如，2003 年诺基亚与华为相互授权使用对方与各自完善 WCDMA 有关的技术专利，包括在全球范围内制造和销售 WCDMA 的基础设施等，借此合作双方实现了强强联手，增强了各自实力。交叉许可的另一种情况就是在改进发明的专利权人和原专利权人之间进行的，即改进发明的专利权人使用其专利时需要利用原专利，而原专利权人要发展其技术也需要使用改进专利，因此二者可采取合作。

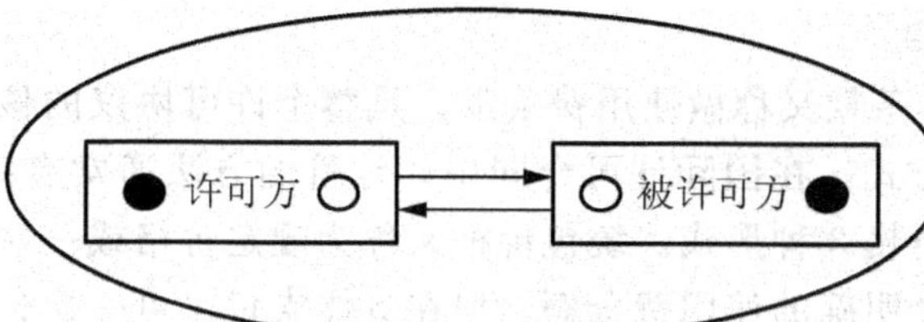

图 8.5　交叉许可合同

8.3.3　国际许可合同的基本内容

国际许可合同的内容，主要指的是许可方和被许可方就双方的权利和义务所达成的协议条款，它是双方履行协议以及解决协议争端的依据。虽然不同标的的技术许可协议的具体内容有很大差异，但其中有一些内容是共同具有的。一般而言，国际许可合同包括约首、约文和约尾三部分。

1. 约首

约首包括协议的名称、编号、缔约双方的名称及住址、缔约时间和地点、鉴于条款等内容。鉴于条款主要用来阐明该项技术转让活动的背景以及当事双方订约目的、原则、谈判过程、被许可方引进技术的目标以及许可方出让该技术的合法性等问题。鉴于条款可以包括许多内容，一般至少应该包括签订许可协议的目的和愿望、许可方的职业背景及协议标的物的法律地位3项内容。

2. 约文

约文部分是对当事双方权利和义务的详细规定，是整个协议的关键和核心部分，具体应包括以下内容。

1）定义条款

定义条款是对许可协议中容易产生歧义的关键名词、术语的解释，以避免协议履行中因不同理解而产生争议。通常需要定义的关键词语包括“专利”、“专有技术”、“技术资料”、“许可方”、“被许可方”、“合同产品”、“合同工厂”、“净销售价”、“净销售额”、“年度”以及一些专业术语等，如关键词过多，可专门列于附件中，以简化协议正文。

2）授权条款

授权条款，又称为标的条款或项目条款，载明许可方许可被许可方使用的技术内容及其获取途径以及授权的种类、性质、地域范围及其有效期限等，其中最主要的当属技术的使用权、制造权和销售权。使用权是指技术许可方允许被许可方使用技术的范围，即使用全部技术还是部分技术。制造权是指许可方允许被许可方制造协议产品的地区和单位，一般只允许被许可方自身在其自己的国家制造，如需扩大范围，必须在协议中明确。销售权是指许可方允许被许可方销售合同产品的地区范围。一般来说，许可方肯定不愿被许可方成为自己市场上的竞争对手，所以当事双方必须在协议中明确被许可方销售合同产品的地域范围。

3）价格和支付条款

（1）价格条款。本条款又称做使用费条款，是整个许可协议的核心，用以规定被许可技术的价格及其支付方式。在国际许可合同中，计价的方法通常有统包价格、提成价格、固定与提成相结合的价格3种形式。统包价格又称为规定价格或一次总算价格，是指在签订协议时一次算清一个明确的使用费金额。但在具体支付时可一次付清，也可分若干期付清。提成价格，又称滑动价格，是指在协议中规定，在项目建成投产后，按照协议产品的产量、净销售额或利润提取一定百分比作为技术使用的报酬。这里的百分比即为提成率。之所以又称做滑动价格，是因为在实践中，双方当事人通常规定提成率可随产销量和利润的变化呈反方向变化。固定与提成相结合的价格，又称做入门费加提成价。它是在协议中规定，在协议生效后，被许可方先支付一笔固定费用，然后在项目投产后一定年限内按照协议产品的产量、净销售额或利润支付一定百分比的提成费。这种方法有利于平衡前两种方法中存在的双方当事人风险、利益不均衡的问题，因此在实践中较为常用。

（2）支付条款。支付条款一般包括对支付货币、汇款方式、付款单据、结算银行以及付款时间和地点等方面的规定。

4）技术资料交付及检验条款

在国际许可贸易中，技术资料的交付是非常重要的环节，是许可方将其技术使用权转让给被许可方的必要的前提条件。如果许可方不交付技术资料，使用权的真正转让不可能实现。技术资料交付条款主要规定许可方向被许可方转让技术资料的质量、数量、时间、地点、方式以及验收的时间、地点、方法、标准以及交付的技术与约定不符时的处理方法。技术资料是表达和说明技术内容的基本文件，技术能否实现顺利转让，受让方能否实现引进技术的目的，主要取决于技术资料的交付及其完整度。当然，技术资料的交付不仅简单的表现为资料由许可方转移至被许可方，还应包括被许可方对技术的真正吸收与应用。美国学者科恩在其《商业性技术的国际转让》一书中指出：技术转让必须是“引进方对引进技术的吸收，如果技术仅仅从一方转移到另一方，并不构成技术转让。如果仅仅是技术的转移而不包括技术的消化吸收，则是不完全的转让。”可见，技术转让最重要的不是技术资料的简单交付，而是受让方消化吸收技术资料，学会相关技能和经验。是否达到技术标准，关键又要看生产的产品是否符合许可合同规定的产品技术性能指标。而技术资料的验收条款则明确规定了被许可方考核验收许可方所提供的技术资料是否符合协议约定的保证。

5）技术服务与培训条款

由于在技术转让中，被许可方难以单纯依靠技术资料实现技术引进的目的，而通常需要许可方派技术人员提供必要的技术指导和服务，协助培训技术人员以利于其掌握技术。技术服务包括设计和安装、调试、操作等方面的指导。在许可合同技术服务条款中应就技术服务的内容、许可方所派技术人员的性质及人数、承担的任务及工作量、服务时间、工作与生活条件、费用的支付等作出规定。需进行人员培训的，还应写明培训内容、方法、时间、地点、培训人数及相关费用(如提供住宿费、交通费)等。

6）技术改进的归属条款

国际许可合同是一种长期合同，在合同有效期内，许可方和被许可方一般都会根据自己的生产经营需要对引进的技术进行研究，从而推动技术的改进和提高。对技术的改进和提高的归属问题及使用问题，应事先在协议中予以明确。因此，该条款主要规定许可合同的各方在改进和发展了原有技术并取得专有权之后所面临的问题，包括“改进”的判定标准、改进或发展技术的所有权归属对象、许可方和被许可方能否相互交换改进或发展成果以及交换条件等。

7）保证与索赔条款

保证条款是技术许可方对其许可的技术所作的权利保证和技术保证。权利保证要求许可方对其所提供的技术享有合法、有效的处分权；技术保证则要求许可方既要保证其提供的技术或文件资料的完整、准确、有效，能够达到协议规定的技术目标，技术文件交付的时间符合被许可方工程计划的进度要求，又要保证协议产品的性能，还要保证提供必要的技术指导和服务。如果出让方提供的技术或者技术交付不符合上述要求，由此给受让方造成损失的，受让方享有要求赔偿的权利。具体来讲，权利保证一般包括以下几项条款：①保证许可方是技术和资料的合法持有人，并有权向被许可方转让；②保证到合同签订日止对日后任何可能导致转让专利无效的情况不知情。技术保证一般包括的条款如下：①保证所提供的技术是完整的、正确的；②保证技术的实用性和成熟性；③保证按协议规定方式和时间交付技术资料；④保证提供良好的能够达到合同要求的技术服务；⑤保证在被许可方正确使用技术的情况下能达到合同规定的技术和性能指标等。

8）保密条款

保密条款主要适用于专有技术许可合同，或者涉及专有技术的其他许可合同。如专利许可转让过程中通常涉及一些未申请专利也未公开的技术秘密，可能是技术方面的，也可能是经营管理方面的。在国际许可合同中，保密义务是双方的，一方面被许可方对许可方提供的尚未进入公有领域的秘密部分负有保密的义务，另一方面，技术的许可方对技术被许可方提供的工厂的厂址、水文地质资料、生产能力以及产品种类等信息，同样要承担保密义务。所以，在合同中应明确双方保密的范围、措施和期限，以及违反保密条款的处理办法等。

9）违约救济条款

国际许可协议生效以后，双方当事人应当按照合同的规定履行义务，但如果一方或双方当事人不履行或者不完全履行协议义务，则应承担相应的违约责任，而受害方也有权采取相应的救济措施。违约实际上涉及许可方和被许可方双方。许可方的违约主要是由于技术转让不符合合同造成的；被许可方的违约大多是由于未按照合同支付费用和泄密造成的。因此，在国际许可合同中，应明确规定违约的构成以及违约救济办法，即应明确当事人违约的具体情形、损失的计算方法以及受害方可采取的补救措施，如加强实际履行但支付罚金和进行损害赔偿，严重的则要解除合同。这些规定，既可以在有关条款中分别规定，也可以单独予以规定。

10）不可抗力条款

不可抗力，是指合同签订以后，遇到一些不是许可方和被许可方的过失或主观意愿造成的特殊情况，这些情况也是任何一方的不能预见、不能避免并不能克服的客观情况(如战争、水灾、火灾、地震、台风、海啸以及国家政策法律的变化等)致使一方当事人不能履行或者不能按期履行协议。在此情况下，遭受不可抗力的一方当事人可延期履行合同或免除履行合同，而对方无权对此提出索赔。不可抗力条款是国际贸易中的惯例，各国的国内立法和相关国际条约均有明确规定。不可抗力条款主要包括不可抗力事故的范围，发生不可抗力时双方当事人应采取的措施，不可抗力的法律后果以及延迟履行合同的最长期限等内容。

11）争议解决与法律适用条款

在国际许可合同履行的过程中，因各种主客观因素的影响，当事人之间难免会产生各种各样的纠纷和争议。根据国际惯例，争议解决方式通常有协商、调解、仲裁或司法诉讼。至于具体采用哪一种方法，应由双方当事人自行商定并载明于合同中。但当事人的选择必须是善意和合法的，并不得违背公共利益。在采取司法诉讼方式时，所适用的法律可以是许可方所在国家法律，也可以是被许可方所在国家法律，还可以是双方协商选择的其他国家法律或国际法。但大多数发展中国家规定必须适用被许可方所在国法律。

12）合同的生效、有效期、延期及终止条款

(1) 合同的生效。国际许可合同应写明合同签字和生效的日期。同时，由于各国对国际技术贸易大都实行较为严格的管制，对国际技术贸易合同实行审批制度，因此一般以最后一方的批准日期为生效的日期。

(2) 合同期限。国际许可协议应当规定一个有效期限，具体可由双方当事人根据引进

技术的复杂程度、消化吸收和更新速度协商确定，但一般不超过10年。

(3) 合同的延期。合同的延期，指合同期满后双方当事人根据具体情况确定延长合同有效期的行为。合同的延期一般有两种情况：①因双方进一步合作的需要，如双方合作良好或有重要技术改进与发展而需要进一步合作；②专利期剩余几年即将届满，为了充分利用，双方在延期到专利失效时为止。

(4) 合同的终止。合同的终止通常包括两种情况：①合同期满自然终止；②因一方违约或遭遇不可抗力而终止。当然终止后，还要涉及相关义务、费用的处理清算问题。

3. 约尾

约尾是合同的结束部分，包括合同的附件、份数、使用文字及其效力、合同生效日期、签字等内容。

8.3.4 国际许可合同的法律适用

1. 国际许可合同的法律适用规则

法律适用是指合同的成立和条款的解释受哪些法律的约束或应当以哪些法律为标准的问题。国际许可合同属于涉外合同，即是当事人一方是外国人，或者交易的标的在国外，或者合同的权利义务关系发生在国外的合同。涉外合同的特点是，同一合同涉及不同国家的法律管辖，从而导致不同国家的法律对合同的部分内容的解释有所不同，这就产生了同一合同适用法律的冲突问题。当事人在不能通过协商或调解解决问题时，将会依照一定的规则，解决合同冲突。由于国际技术贸易法律适用的规则主要是国内立法、国际条约、国际惯例，而国际许可贸易又是最主要的国际技术贸易，因此国际许可合同的适用法律也主要是以上这些，在此不再赘述。

2. 国际许可合同适用法律方式的选择

国际许可合同中的法律方式的选择，一般适用以下3种情况。

1) 明示选择

明示选择即当事人双方在合同中有明确的意思表示，指明当遇到合同权利义务冲突时愿意依据的国家或国际法律。例如，在合同中明确规定"本协议适用中国法"或"本协议适用法国法"等。明示选择的优点在于双方一旦发生争议，有明确的解决问题的法律依据。当事人双方一旦在合同中明确了一种有效的适用法律，双方应无条件遵从。除非有非常充足的理由，否则任何一方不得再提出新的适用法律。

2) 暗示选择

暗示选择即当事人双方未在合同中明确指明合同的适用法律，当双方对合同的权利义务产生争议并提交法院或仲裁机构时，由法院或仲裁机构根据合同及一切与合同有关的事项推定应该适用的法律。国际上实行暗示法的一般原则是，其所推定的适用法律必须是"合同参照此法律体系而签订的，或交易行为与法律体系具有最密切的和最实际的联系"的法律。

3）适用国际公约

如果当事人双方所属国为某一双边条约或多边条约的缔约国，当事人所签订的合同应适用于该国际条约。在此种情况下，通常合同当事人应遵循国际条约的规定履行相关义务，而无权自由选择。

3. 国际许可合同中限制性商业条款

1）限制性商业条款的概念

限制性商业条款，又称为限制性商业惯例或限制性商业做法，是现今国际经贸合作中经常出现的一种协议条款。联合国 1980 年 12 月 5 日第 35 届大会通过的《关于控制限制性商业惯例的多边协议的原则和规则》中对限制性商业惯例的定义为："凡是通过滥用或者谋取滥用市场力量的支配地位，限制进入市场或以其他方式不适当地限制竞争，对国际贸易、特别是对发展中国家的国际贸易及其经济发展造成或可能造成不利影响，或者通过企业之间的正式或非正式的、书面的或者非书面的协议以及其他安排，造成了同样影响的一切行动或行为，都叫做限制性商业惯例。"限制性商业条款的本质是占据市场支配地位的企业通过滥用其支配地位而谋求高额垄断利润的行为，也是违背公平竞争原则的行为，在实践中成为发达国家限制发展中国家发展本国经济的手段。当前，限制性商业惯例问题已成为阻碍国际技术贸易发展的一个重要因素，许多技术贸易因此项条款而无法达成协议，这已成为涉及整个国际技术贸易发展的全球化问题。因此，各国都通过国内立法对限制性商业惯例进行管制，联合国也着手通过制定有关的国际规章来解决这个问题。但由于发达国家与发展中国家存在认识上的诸多分歧，至今国际社会仍未能达成一份有效管制限制性商业条款的国际规则。

2）国际许可合同中的限制性商业条款

国际技术许可合同中的限制性商业条款，是指在国际技术许可合同过程中，技术许可方为了保障自身技术的垄断地位，获取高额利润，凭借其技术优势，在合同中对技术的被许可方施加的不公平、不合理的限制行为的条款。这些条款或者直接影响市场竞争，或者对国际技术贸易尤其是对发展中国家引进技术造成不利影响。对于哪些行为属于限制性商业条款，联合国 1981 年 4 月拟定的《国际技术转让行动守则(草案)》中列举了 20 条条款。1985 年 6 月，联合国贸易和发展会议对该守则进行了进一步协商，虽然由于发达国家与发展中国家的分歧较大而未能就全部条款达成一致，但各国基本上都同意将下列 14 种限制性商业条款列在《国际技术转让行动守则(草案)》中，即单方面回授予条款、权利不争条款、独家交易条款、限制研究和发展条款、限制人员使用条款、限定价格条款、限制改进转让技术条款、专卖权与独家代理权条款、搭售条款、出口限制条款、共享专利与交叉许可条款、广告宣传限制条款、对使用失效工业产权的限制条款、合同期满后的限制条款。以上 14 项基本概括了国际许可合同中限制性商业行为的主要内容。虽然《国际技术转让行动守则(草案)》尚未获得最后通过，但这些内容是经过多次国际会议讨论和磋商后达成的比较一致的意见，具有很强的代表性，并对各国国内法律具有明显的示范作用。

本章小结

在国际上，技术贸易通常又被称为技术转让。严格来说，技术转让与技术贸易是有区别的。技术转让包括有偿的技术转让和无偿的技术转让。但在国际技术转让中，技术转让作为一个约定俗成的专用术语，专指有偿的技术转让，即技术贸易。在我国对外贸易实务中，也习惯性地将技术转让称为技术贸易。与货物贸易不同，技术贸易通常并非技术所有权的买卖，而是指技术使用权的让与。

国际技术贸易又称国际技术转让，是指一国的技术供应方通过签订技术合同或协议，将技术有偿地转让给另一国接受方使用的行为。国际技术贸易的标的既包括已被授予专利权的专利技术，也包括未授予专利权但具有专有属性的专有技术，还包括具有实用技术性的计算机软件和具有经营价值的商标等。

国际技术贸易法，是指调整跨越国界有偿技术转让关系的法律规范的总称，它是国际贸易法的重要组成部分，它调整的跨国技术贸易关系是一种广义的法律关系，既包括横向的平等主体之间的交易关系，也包括纵向的各国政府和国际社会对技术交易活动进行干预和管制的管理关系。

知识产权与国际贸易的关系日益密切，尤其在国际技术贸易领域，知识产权更是直接成为贸易标的。传统的知识产权包括工业产权和版权(著作权)两部分。但是，随着现代科学技术的进步和知识产权观念的更新，世界各国和国际组织越来越多地采用具有更为广泛意义的概念，除原工业产权包括的专利权和商标权外，又将专有技术、计算机软件、集成电路布图设计、商业秘密、地理标志等内容都纳入知识产权的范围。由于世界上并不存在一个全面的、专门调整国际技术贸易的国际公约，因此国际上缔约的众多关于知识产权保护的国际公约，就成为了解决国际技术贸易各种问题，有效促进国际技术贸易快速发展的有利保障。目前，世界上最具权威性的保护知识产权的国际组织是世界知识产权组织和世界贸易组织。

以技术许可合同为表现形式的国际贸易方式称为国际许可贸易，它是国际技术贸易的最典型交易方式。国际许可合同，又称国际许可协议，指的是不同国家或地区的当事人依据相关法律所签订的，一方当事人准许另一方当事人使用其所有或持有的工业产权或专有技术，而由另一方当事人支付使用费的协议。国际许可合同的内容，主要规定的是许可方和被许可方的权利和义务，它是双方履行协议以及解决协议争端的依据。一般而言，国际许可合同包括约首、约文和约尾三部分。

国际许可合同属于涉外合同，即是当事人一方是外国人，或者交易的标的在国外，或者合同的权利义务关系发生在国外的合同。由于国际许可贸易是最主要的国际技术贸易，因此，其法律适用的规则主要也是国际技术贸易适用的国内立法、国际条约和国际惯例等。

关键术语

技术贸易　国际技术贸易　专利技术　专有技术　商标　计算机软件　国际许可贸易　国际技术服务与咨询　国际技术投资　国际租赁　国际工程承包　国际合作生产　国际合作开发　国际 BOT 方式　特许经营　国际补偿贸易　知识产权　国际许可合同　限制性商业条款

思考与练习题

一、选择题

1. 知识产权领域最著名的世界性公约是(　　)。

A.《保护文学艺术作品伯尔尼公约》　　B.《保护工业产权巴黎公约》

C.《商标国际注册马德里协定》　　D.《世界版权公约》

2. 根据《保护工业产权巴黎公约》规定，工业品外观设计和商标的优先权申请期限是(　　)。

A. 6 个月　　B. 12 个月　　C. 20 个月　　D. 25 个月

3. 在国际许可合同中，如果规定在合同规定的范围和期限内，受让方对受让的技术拥有使用权，许可人不能将该项技术另行转让给第三方，但许可方自己仍保留在该时间和地域范围内的使用权，这种许可合同属于(　　)。

A. 普通许可合同　　B. 交叉许可合同

C. 独占许可合同　　D. 排他许可合同

4. 下列许可证协议中，受让方所获使用权范围最大的是(　　)。

A. 普通许可合同　　B. 交叉许可合同

C. 独占许可合同　　D. 排他许可合同

5. 下列公约中，我国已经加入的有(　　)。

A.《罗马公约》　　B.《保护工业产权巴黎公约》

C.《商标国际注册马德里协定》　　D.《世界版权公约》

6.《保护工业产权巴黎公约》的基本原则是(　　)。

A. 国民待遇原则　　B. 独立性原则

C. 优先权原则　　D. 自动保护原则

7.《保护工业产权巴黎公约》的原则适用于(　　)。

A. 发明专利　　B. 商号

C. 工业品外观设计　　D. 产地名称

8. 国际技术贸易的形式包括(　　)。

A. 国际合作生产　　B. 国际许可证贸易

C. 国际技术咨询与服务　　D. 国际技术工程承包

9. 技术贸易的标的有(　　)。

A. 工业产权法保护的技术　　B. 专有技术

C. 公开的技术　　D. 版权法保护的技术

二、思考题

1. 简述国际技术贸易的含义及标的。
2. 简述国际技术贸易的主要方式及其特点。
3. 简述知识产权的概念及特征。
4. 国际许可合同的标的有哪些?
5. 国际许可合同的特征有哪些?
6. 按照授权范围的大小，国际许可合同可分为哪几种类型?
7. 国际许可合同中的技术转让费有哪几种支付方式?
8. 国际许可合同适用的法律可以有哪几种选择方式?
9. 简述国际技术转让中的限制性商业条款及其主要形式。

三、案例分析

1. 2010年年初，由来自15个国家和地区的45家知名技术转移与创新服务机构共同发起成立、致力于为跨国技术转移提供全面支持的开放式创新服务平台——国际技术转移协作网络(ITTN)在北京启动。据悉，ITTN将通过挖掘中国企业技术创新需求，筛选国际先进、适用高技术成果，组织跨国技术转移展示对接，广泛与国际知名技术转移机构联系协作，推进战略性新兴产业发展与全球技术、创新资源对接。有关专家表示，ITTN的成立显示出我国政府对国际技术转移的高度重视，该平台将通过整合资源为国际技术转移提供全方位的服务。

经济全球化加速了国家间的知识流动和技术贸易。在2010年11月中意创新论坛举行期间，中国、意大利两国政府签署了建立中意技术转移中心的协议，按计划中意技术转移中心将于2011年上半年建成。据了解，中意技术转移中心将设在北京，建成后主要发挥3方面功能：①搭建信息资源共享平台，实现合作信息和科技资源共享；②搭建以企业为核心的产学研合作平台，推动中意创新联盟、联合研发中心以及联合实验室的建设，促进两国科技创新成果的创造与转化；③搭建产业化合作平台，支持中意双方企业实现进入对方市场的软着陆。

2010年，由北京技术交易促进中心牵头组建的北京协同创新服务联盟在成员数量、质量、服务能力、运作模式等各方面都得到较快发展，联盟成员达到170家，与长三角、东北、甘肃、武汉城市圈、广西北部湾等国内5家重点技术转移服务联盟形成了紧密的合作关系，与上海、天津、浙江、广东、江苏等10多个省市的相关部门开展合作与交流，与来自英国、法国、意大利、韩国、美国、德国等22个国家近80家国际机构建立了国际合作渠道，初步形成了跨区域、国际化的技术转移合作网络。

北京协同创新服务联盟积极开展国际技术转移实践工作，努力探索大范围、高效率的跨国技术转移合作，如承办中英现代农业技术转移合作论坛，联合中英科技创新计划，以技术转移为桥梁，通过论坛和对接会的方式将英国的现代农业先进技术与北京市国家现代农业科技城的建设需求和发展需求结合起来进行了有益实践；与美国、德国专利律师事务所合作，为企业提供知识产权相关服务，帮助企业更好地开拓欧美市场。

当前我国应该从加强国别政策研究、提高技术转移机构的相关业务能力、完善针对国际技术转移的优惠政策体系等方面着手，推动国际技术转移工作的开展，努力营造一个有利于国际技术转移的良好氛围。

问：(1) ITTN的主要任务是什么？

(2) 在推进国际技术转移的过程中，当前我国政府和企业应做好哪些方面的工作？

（**案例来源**：http：//news. hexun. com/2011－03－21/128095424. html）

2. 历时1年多，被通信业界誉为“诉讼第一案”的思科诉华为侵犯知识产权的官司最终以当事双方的和解收场。美国当地法院鉴于华为、思科以及3Com公司已分别提交终止诉讼申请，终止了思科对华为的诉讼，并宣布思科今后不得再就此案或相同事由向华为提起诉讼。下面是案件进程：2003年1月23日，思科正式起诉中国华为公司及华为美国分公司，要求停止侵犯思科知识产权。2003年1月24日，华为公司回应，一贯尊重他人知识产权，并注重保护自己的知识产权。2003年2月7日，华为公司宣布停止部分被指侵权产品在美国市场上的销售。2003年3月14日，思科拒绝对华为公司涉嫌窃取其商业机密研发类似产品进行进一步刑事调查。2003年3月18日，华为一名前雇员周一在递交联邦法庭的文件中声称，华为抄袭思科，连瑕疵都一样。2003年3月19日，华为否认剽窃思科的知识产权，并指控思科出于垄断市场的目的诋毁自己公司的形象。2003年3月20日，华为公司与美国3COM公司联合宣布，双方将组建合资企业，华为-3COM公司。2003年3月25日，3COM公司CEO为华为作证，称华为没有侵权行为。2003年3月26日，思科坚持要求美国地方法院下令禁售华为产品。2003年4月14日，华为回应思科指责，声称早已采取有效步骤从美国市场上撤回了那些产品。2003年6月7日，美地方法院判华为停止使用有争议的代码，但认为思科没足够证据证明华为抄袭。2003年6月10日，思科、华为互不相让，分别称将继续寻求法律手段解决和保护公司正常权益。2003年6月11日，3Com要求法官裁决与华为合资生产产品没有侵权。2003年10月1日，两公司达成初步协议，同意在独立专家完成审核的过程中中止诉讼，暂停6个月。2004年4月6日，思科向美地方法院提交申请，请求法院继续延期审理该公司同华为的专利纠纷6个月。2004年7月28日，思科与华为最终达成和解，法院终止思科对华为的诉讼，全部解决了该起专利争议。

问：(1) 你认为该案达成的结果是否合理？

(2) 该案对中国企业具有哪些启示作用？

（**案例来源**：http：//wlzy. aynu. edu. cn/jj/wlkc/gjjsmy/page/aljx/aljx13. html）

第9章 产品责任法

本章教学要点

知识要点	掌握程度	相关知识
代理关系中代理人、本人、第三人各自的权利和义务	重点掌握	大陆法系和英美法系关于代理的权利和义务
代理权的产生、代理关系的终止和无权代理	掌握	无权代理的特殊规定
代理的概念、特征和种类	熟悉	不同国家代理的概念
几种特殊的代理制度	了解	中国外贸代理制

导入案例

2008年4月10日，李某从某商品批发店购买了20箱可乐，并且用卡车将可乐拉回家中。当李某卸货至第10箱时，其中一瓶可乐突然爆炸，致使张某脸部受伤。由于李某在运输和搬动可乐的过程中没有任何过错，于是他向某商品批发店要求赔偿，但商店称可乐的爆炸可能是由于厂家生产时因质量不合格而致，自己并没有过错，因此要李某向厂家索赔，李某遂诉至法院。

问：谁应该对李某承担赔偿责任？

9.1 产品责任法概述

9.1.1 产品责任的概念和构成

1. *产品责任的概念*

产品责任是指由于产品存在缺陷而导致消费者、使用者或其他任何第三者蒙受人身伤害或财产损失时，该产品生产者或销售者应当承担的一种损害赔偿责任。从广义上讲，产品责任包括合同关系的产品责任和侵权行为的产品责任两种。一般所讲的产品责任主要指产品的侵权责任。

理解产品责任需明确产品责任中的产品的含义。目前，各国产品责任法对产品的含义表述不同。例如，美国产品责任法中所指的产品包括几乎任何经过工业处理的东西，所有有形物，不论是否可以移动，不论是工业还是农业的，凡涉及任何可销售、可移动或可使用的制成品，都可视为发生责任的“产品”。欧洲理事会制定的《斯特拉斯堡公约》，把产品限于“一切可移动的产品”，不论是加工的还是未加工的，天然的或者工业的，甚至组合到另一可移动或不可移动的东西中的物品。欧共体的《关于对有缺陷的产品的责任的指令》则把产品限于除初级农产品和产品以外的所有可移动的产品。中国的《产品质量法》所指的产品是“经过加工、制作、用于销售的产品”。

2. 产品责任的构成

1）产品存在缺陷

所谓缺陷是指产品不能提供人们有权合理期待的安全或存在着不合理的危险。缺陷必须在产品离开生产者、销售者控制之前，即投入流通前已经存在。关于产品的缺陷，各国的产品责任法作出了不尽相同的规定。例如，美国《侵权行为法重述》（第二版）规定，所谓缺陷是指商品具有不合理的危险性；《斯特拉斯堡公约》第 2 条规定：“考虑到包括产品说明在内的所有情况，如果一项产品没有向有权期待安全的人提供安全，则该产品为有‘瑕疵’。”各国的产品责任法多将产品缺陷分为以下几种类型。

（1）产品设计的缺陷。产品的设计存在不合理的危险性，一般由配方错误、原理错误、结构设计的错误等方面造成。

（2）产品制造的缺陷。产品在生产或制造中，由于质量管理不善，技术水平落后等原因使产品存在的不合理危险性。具体表现为生产者制作产品时粗制滥造的差错，产品生产中质量控制和检验手段的欠缺等。

（3）原材料的缺陷。在产品原材料的选择上或产品的生产制造或装配方面存在疏忽而缺乏必要的考虑致使产品存在不合理的危险性。

（4）产品指示的缺陷。产品没有充分标识使消费者在使用过程中受到侵害而出现的缺陷。指示缺陷有两类：①产品存在危险性的情况下未做出有效的预先通知；②产品的制作没有问题，但没有提出适当告诫以防止不适当的使用。对于一些具有特殊性质或必须采用特殊的使用方法的产品未做必要的说明或指示，或做了不真实或不充分的说明或指示，都可视为有关产品存在瑕疵。

（5）科学上不能发现的缺陷。一般是指受现有科技水平的局限，产品在投入流通时的技术水平无法发现而后又被证明确实存在的缺陷。对于带有这种科学上不能发现的缺陷的产品造成他人损害，制造商应否承担责任，各国规定不一。例如，英国 1987 年《消费者保护法》明确规定，对因科学发展状况决定商品制造人不能预料的缺陷致害，产品提供人不负责任。美国许多州都采取这种做法，欧盟多数国家对此问题倾向于生产经营者不对发展缺陷导致的损害承担责任，但德国法律出于平衡各方利益的考虑，规定产品提供人承担部分赔偿责任。

2）有损失事实

生产者、销售者承担产品责任，必须以消费者、使用者或第三人的人身伤害或财产损失为前提条件。蒙受人身伤害或财产损失的可以是狭义上的消费者，即从销售者或生产者那里购买并亲自使用有关产品的人，也可以是广义上的消费者，即包括直接购买人和基于其他任何原因而亲自使用有关产品的其他人，以及直接蒙受损害的其他任何第三者。受害者蒙受的损失完全是由于产品存在缺陷所致。

（1）人身损害。产品责任法中的人身损害是指因产品缺陷导致的对人身的健康权、生命权的损害，即产品存在危及人身、财产安全的不合理危险，造成了消费者、使用者人体和健康的损害，包括人的肢体及器官的损伤、残废、灭失以及人身心的疾病、死亡等。遭此损害，受害人及其家属的财产往往受到某种损失，受害人精神方面也会受到不同程度的伤害，因此对人身损害的救济方法以财产赔偿为主要方式，以精神损害赔偿为辅助方式。但因精神损害的损害程度以及赔偿标准不易衡量，各国对精神损害的处理都比较谨慎。

（2）精神损害。精神损害通常是指因产品缺陷导致的受损者在精神上与心理上所遭受的痛苦，或者指精神上的悲伤、失望和忧虑等而产生的损害。精神损害是由于对他人合法人身权和人格非财产权的侵害而致其心理上的损害。这种损害不直接表现为财产上的增减，而是直接表现为一种“人身无形损失”或“人格无形损害”。关于精神损害是否可以视为应承担产品责任的产品损害，目前各国的产品责任立法和司法实践的做法各不相同。大陆法系国家一般认为民法上最早规定精神损害的是1896年的《德国民法典》。《德国民法典》第847条明确指出了“非财产损害”的概念，对一部分人格权益如生命、身体、健康、自由、妇女贞操等作为精神损害的客体加以保护。但是，对于金钱赔偿非财产损害，严格限制为：“对于财产损害以外的损害，只限于法律有特别规定的情形，才能请求金钱赔偿。”

（3）财产损害。产品责任法中的财产损害是指因产品缺陷而使受损人遭受的财产损失，造成受损害者的财产减少、毁灭等。这种损害通常是在产品的使用、消费过程中给他人造成的，受损害者是“他人”，即指产品生产经营者之外的其他人，如产品的购买者、使用者以及其他相关者；它与合同责任的损害有别，不包括缺陷产品本身的损害，而仅指缺陷产品以外对其他财产的损害；它一般指供个人占有、使用或消费类型的财产遭受的损害，非此范围的损害则不属于产品责任法中的财产损害；在有的国家财产损害有数额的限定，即财产损害必须是超过一定价值的损害。

3）产品缺陷与损害之间有因果关系

产品损害必须是因产品缺陷而造成的，二者之间的这种因果关系是构成产品责任的必要条件。在产品责任事故中，损害后果的发生往往是由多种原因导致的，因此，必须确定产品缺陷是引起损害后果的唯一原因或直接原因，产品责任才能成立，如果是消费者、使用者或其他第三者本身的过错或其他任何人的过错而造成了损害事故的发生，就不存在产品责任的问题。例如，使用者本身违反说明书上所指示的使用方法使用有关产品而造成的损害就不能要求产品的生产者或者销售者承担产品责任。

在一般的侵权行为中，确定因果关系一般采用直接认定的方式。在产品责任中，因产品设计、制造过程十分复杂，消费者很难证明受到损害与产品缺陷之间存在相互关系，因而往往采用推定的方式来进行。因果关系的推定有两种适用情况：①原告如果能够证明产品缺陷在事实上导致了其遭受产品损害，那么因果关系就可以在法律上成立；②只要有产品缺陷，而且事实上发生的损害可能是该缺陷导致的，那么产品缺陷与产品损害之间的因果关系就可被认为是成立的。相应地，在推定因果关系时，举证责任也发生了转换，即“举证责任倒置”的方法。在产品责任中，受害人证明有一定的困难，产品受害人只要能合理地推定因果关系即可，而生产经营者则负有自己是否要承担产品责任的举证责任。

9.1.2 产品责任法概述

产品责任法是调整产品的制造者或经营者因所制造或经营的产品具有某种瑕疵或缺陷所形成的侵权赔偿关系的法律规范的总称。产品责任法首先以判例的形式出现在工业发展比较早的英美国家，第二次世界大战后在欧美国家尤其在美国得到很大发展。1975 年 9 月至 1976 年 5 月，欧洲理事会讨论并通过了世界上第一个有关产品责任的实体法规范国际公约——《关于人身伤亡的产品责任欧洲公约》(通常被称为《斯特拉斯堡公约》)；1985 年 6 月，欧洲共同体发布了《关于对有缺陷的产品的责任的指令》(以下简称《指令》)。目前，国际上产品责任立法体例主要有 3 种：①判例法与成文法相结合的美国式产品责任立法；②以单行法规专门予以规定的德国式产品责任立法；③将产品责任写在民法中的法国式产品责任立法。

1. 产品责任法的特征

(1) 产品责任法属于国家的经济立法。它的各项规定或原则大都是强制性的，除法律另有规定外，当事人不能通过合同的订立加以修改、补充或排除，这属于“公法”的范畴。而合同法、买卖法则不同，它们的规定大多是任意性的，当事人可以在合同中对其权利义务加以排除或更改，属于“私法”的范畴。

(2) 产品责任法调整的对象是因产品缺陷而导致人身或财产损害所发生的社会关系。不仅包括有合同关系的当事人之间的产品责任关系，而且包括没有合同关系的当事人之间的产品责任关系。这种损害是指因产品存在缺陷而使消费者、使用者或第三人所蒙受的人身伤害或财产损失，但不包括缺陷产品本身的损失，缺陷产品本身的损失属于合同责任。

(3) 产品责任法实行侵权的严格责任原则。根据侵权责任的严格责任原则，不论生产者是否知道该产品有缺陷，都应当对该产品缺陷所造成的损害承担责任。

(4) 产品责任法立法的目的是保护消费者的权益。在产品责任诉讼中，凡是遭受该产品伤害或涉及的人(消费者，包括使用者和其他任何第三者)都可以向法院起诉。作为承担责任的被告，不仅仅限于该产品的生产者，还包括销售者。而销售者则包括产品的进口商、批发商、经销商、零售商与代理商等。产品责任法的这些规定，旨在确立与加强生产者与销售者对其生产与销售的产品应当承担相应的责任，从而最终保护消费者的权益。因此，从这种意义上说，产品责任法相当于我国的消费者权益保护法。

2. 产品责任法的作用

(1) 能迫使企业推行全面的质量管理，切实提高产品质量。产品责任法通过对产品生产者和销售者的产品责任的规定，迫使期不断改善产品的生产和销售方式，对产品从设计、试制、生产制造到售后服务这一整个过程进行全面的质量管理，以提高产品及有关服务的质量。

（2）能增强消费者对使用产品的信任感和安全感。产品责任法通过对产品生产者和销售者的严格责任规定，迫使产品生产者和销售者在全面切实提高产品质量的同时，也增强了消费者对使用产品的信任感和安全感。

（3）能切实保护消费者的合法权益。产品责任法在规定了产品生产者和销售者的严格责任的同时，也为消费者的损害赔偿请求提供了法律依据和法律保障。消费者，包括使用者和其他任何第三者，如果因为产品的缺陷而蒙受人身伤害或财产损失，就可以基于产品责任法和其他相关立法的规定，从产品的生产者和销售者那里得到切实合理的补偿。

（4）能维护国际贸易的正常秩序，保证国际贸易的健康发展。国际社会通过共同努力签订国际条约来调整不同国家的产品生产者和销售者之间的产品责任，形成和发展了国际产品责任法，保护了各有关国家当事人的合法权益，使国际的经济贸易交往和合作不至于因为产品责任问题而受到不必要的影响，从而保证了国际经济贸易的健康发展。

9.2 美国的产品责任法

美国的产品责任法是目前世界上发展最迅速、最完备、最具代表性的产品责任法，在美国，产品责任法不属于联邦法范畴，一般由各州的法律加以调整，各州的法律规定大同小异。本节将着重介绍美国产品责任立法中的一些主要内容。

9.2.1 产品责任的法律理论

美国产品责任法经历了由合同法向侵权行为法的演变过程，因而涉及以下几方面的法律理论：①疏忽说；②虚伪陈述说；③违反担保(明示担保与默示担保)说；④严格责任说。在美国，消费者或使用者因产品有瑕疵而遭到人身或财产损害，在向法院起诉时，必须以上述某一理论作为控告的依据。

各国在处理产品责任问题时，归责原则大多经历了从合同责任原则到严格责任原则的转变。目前在各国产品责任的相关规定中，一般都已不再采用合同责任原则，而是以侵权行为理论中的疏忽原则、违反担保原则和严格责任原则中的一个或两个作为自己的原则。

按照各州法律的规定，产品的销售者和制造者，具有以下3种情况之一的，就应承担因产品缺陷所引起的法律责任。

1. 疏忽责任理论

按照疏忽责任的原则，原告必须证明以下两点。

（1）该产品的销售者或制造者主观上有过失，没有按照在该行业内正常的销售者或制造者在同样的情况下应该引起的警觉，如果产品的销售者或制造者在主观上未尽到合理的注意义务，就被认为有过失。

（2）该产品所造成的损失是由销售者或制造者的过失行为所引起的。

2. 违反担保原则

按照这一标准，原告必须证明以下几点。

(1) 销售者对其销售产品的质量有一定程度的保证。

(2) 原告根据销售者对其质量的保证而购买了其产品。

(3) 该产品没有符合或者没有达到销售者所保证的质量。

(4) 原告或购买者因此造成了损失。

保证质量的条款又可以分为明示的和默示的两种，明示的保证质量条款一般是有该销售者书面的协议或产品的书面介绍等，默示的保证质量条款是由销售者的行为给购买者造成了一种保证，如销售者在介绍或出售某种产品时，保证该项产品符合正常用途，但实际上该项产品并没有达到其所保证的质量。为了避免这些默示的保证，一般销售者都使用明确的语言在销售前否认这种潜在的保证质量条款。在以此种条款为由起诉时，采用举证责任转换原则，原告无须证明被告有疏忽，只需证明产品的确有缺陷和有损害事实在，就可以要求被告赔偿。根据美国判例，广告也有可能构成卖方的明示保证。如广告与事实不符，因产品的缺陷蒙受损失，原告亦可以据此原则要求被告赔偿。

3. 严格责任原则

按照这种原则，原告只要证明某项产品有瑕疵并且引起了损害，就可向法院起诉追究销售者或制造者的责任。原告无须证明被告主观上的过错。按照这种原则，尽管销售者和制造者已经对于加强产品质量作了努力，但仍有责任对其出售的产品所造成的损失承担法律责任。在适用严格责任原则的场合下，从产品制造一直到最后零售，每一环节上的销售者、批发者、零售业者和制造者都有可能为其经营的产品承担责任。1936 年“严格责任”在加州最高法院审理“格林曼起诉尤巴电器公司”一案中，原告格林曼在使用作为礼物的被告生产的电钻时，因零件从机器中跳出来击中原告头部，造成原告损害。原告以违反质量担保为由起诉，但法院认为此案中的原、被告双方没有合同关系，不属于违反担保责任而属于侵权法上的严格责任。美国 1965 年《侵权行为重述》中第 402A 和 402B 条中确认了这一来自判例法的原则。

9.2.2 美国产品责任诉讼中的抗辩

根据美国产品责任的规定，在产品责任诉讼中，被告可以提出某些抗辩，即设法证明原告的损失是由原告自身原因造成的，从而减轻或免除自己的责任。被告的抗辩理由主要有以下几种。

(1) 原告自己的疏忽行为。原告自己的疏忽行为也称为过失分担或共有过失，是指原告因其自己疏忽未能发现产品中的缺陷或对于缺陷产品引起的损害没有采取适当的预防措施，原告对此也应承担一部分责任。例如原告在操作机器时因不小心而受伤，应由操作者本人负责。

(2) 风险的承担。原告明知产品有危险而仍故意不当使用该产品造成损害时，责任应由原告自己承担。例如，药品说明书上明示“多服有副作用”而不依其指示擅自多服遭受伤害时，应由受害人自己负责，该药品的生产者和销售者可以免责。

(3) 非正常使用产品。原告将产品使用于其原有用途以外的用途，或用不适当的方法使用有关产品而造成损害时，应由受害人自己负责，产品生产者可以以该损害不是由于产品的缺陷所致为由提出抗辩。

(4) 合同的特殊约定。当事人之间在法律所允许的范围和限度内，对产品缺陷可能引起的损害用合同做了特别的责任限制时，生产者或者销售者可以依合同的这种特殊约定来减免其责任。但是特殊约定不得违反法律的强制性规定、不得妨碍社会公共利益，否则这种约定是无效的。

9.2.3 美国产品责任诉讼中的损害赔偿

在美国的产品责任诉讼中，原告利用提出的损害来要求的赔偿范围非常广泛，主要包括以下几种情况。

1. 对人身伤害的损害赔偿

对于原告由于产品缺陷所导致的人身伤害，可以向被告要求以下赔偿：肢体伤残所遭受的痛苦；精神上遭受的痛苦；生活收入的损失以及失去谋生能力的补偿；过去和将来必要的医疗费用开支。其中，补偿受害人精神痛苦的金额往往占赔偿总额的大部分。

2. 对财产损失的赔偿

对财产损失的赔偿不仅仅限于直接损失，还包括间接损失。例如，替换受损财产或修复受损财产所支出的合理的费用就属于直接损失；在修理期间不能使用该产品而产生的损失也属于间接损失。对于这些损失，生产者或销售者应给予赔偿。

3. 惩罚性赔偿

如果产品责任事故异常严重，受害人可以要求法院给予惩罚性的损害赔偿。惩罚性赔偿的金额一般很高，其目的是为了惩罚被告的恶意行为，以防止其再次实施类似行为。

9.2.4 损害赔偿的范围

赔偿的数额一般根据所造成的损害程度确定。在财产损害中，损害包括对该产品的直接损害或者替代产品的价值或者修理该产品的费用，以及造成的利润损失。在人身伤害方面，通常包括医疗费用、实际的工资损失和将来的工资损失，以及对将来工作能力所造成的影响，或者对减少家务劳动所带来的损害等。美国还规定了原告有权要求采用经济赔偿的方法赔偿一些非经济性的损失，如精神损失、肉体痛苦或对婚姻关系的损害等。大多数州还规定了对产品责任者惩罚性赔偿制度。在产品的制造者和销售者故意或极其不负责任地对待其制造和销售产品的行为，法院可以要求在赔偿了财产和实际损失后，还要支付惩罚性的赔偿金，以对其行为进行惩罚。

9.2.5 美国产品责任诉讼中的诉讼管辖

在美国，由于产品责任法属于各州的立法权限范围，因此，产品责任的诉讼案件最初一般也由各州的法院审理。后来，随着各州之间政治、经济贸易联系的不断加强，美国的法院逐渐采取了本州法院对另一州的居民也有管辖权的原则，即所谓的“长臂管辖”原则，只要非居民的被告与该州有最低限度的接触，该州的法院就对该被告享有管辖权。这里“最低限度的接触”通常是指被告经常直接或通过代理人在该州境内从事商业活动，或因其作为或不作为在该州境内造成了损害。只要符合这个标准，法院就可以取得对该被告的管辖权。

9.3 产品责任的国际立法

1. 产品责任国际立法概述

随着产品责任事故的频繁发生，世界各国都在进入20世纪以后，特别是在进入20世纪五六十年代以后，加快和完善了其有关产品责任方面的立法和司法实践。同时，受各自社会、政治、经济发展水平的影响和限制，各国产品责任立法和司法实践对产品、产品责任、消费者、生产者和销售者等基本概念和问题又作了各不相同的规定，并确定了各不相同的产品责任原则。随着国际经济贸易交往的飞速健康发展，国际性的产品责任事故也不断发生，产品责任问题早已超出了一个国家的界限而成为国际性的问题，这一问题的解决也就需要各有关国家的共同合作。国际社会为消除世界各国在产品责任问题上的立法冲突，为妥善解决存在这种法律冲突的情况下所发生的各种国际性的产品责任纠纷，作出了积极而不懈的努力，签订了一系列有关产品责任的国际条约，逐渐形成了国际产品责任法。在此主要介绍目前国际社会最具有代表性的3个国际公约，即《斯特拉斯堡公约》、《产品责任指令》以及《产品责任法律冲突规则公约》。

2.《斯特拉斯堡公约》

《斯特拉斯堡公约》是《欧洲共同体关于造成人身伤害与死亡的产品责任的欧洲公约法》的简称，由欧洲理事会各成员国于1977年1月27日签订于斯特拉斯堡。其主要内容共有19条正文和一个附件，包括以下几个方面的主要内容。

适用范围。公约适用于因生产者提供的产品存在缺陷而造成消费者人身伤害或死亡的赔偿责任问题。在这里，公约所指的产品是所有动产，包括天然动产和工业动产，无论是未曾加工的还是加工过的。公约所指的生产者主要是指成品或零配件的制造商；公约所指的消费者即社会大众，也就是广义上的消费者，包括产品的购买者、使用者和任何受到损害的第三者及其利害关系人。

生产者所应承担的责任范围则以其缺陷产品给消费者造成残废或人身伤害的赔偿责任为限。也就是说，只有当其缺陷产品给消费者造成人身伤害或死亡时，才有责任给予损害赔偿。不过生产者在这里承担的是一种无限连带责任，即当存在公约所规定的数个生产者时，每一个生产者作为责任人都应以其所有全部财产承担赔偿责任，消费者可以向其中的任何一人或同时向所有责任人提出全部的损害赔偿要求。

产品责任原则。根据公约的规定，生产者依本公约所承担的产品责任是一种严格责任。只要产品存在缺陷，而这种缺陷使消费者受到了人身伤害或死亡，该产品的生产者就应承担损害赔偿责任。而且，即使有关损害是由产品的缺陷和第三人的行为或不作为造成，也不能减轻生产者的责任。此外，本公约所规定的这种产品责任不得以任何免责或解除义务条款给予排除或加以限制。

免责条款。为兼顾生产者的合法权益，公约在为生产者规定了严格责任的同时，也规定了一些减免生产者责任的条款。①如果生产者能举证证明：第一，他并没有将产品投入流通领域；第二，他把产品投入流通领域时并不存在缺陷，或产品的缺陷是在投入流通领域以后才产生的；第三，有关产品并非为销售、出租或其他经济目的而制造，也不是按惯常商业做法制造或分销时，生产者不承担损害赔偿责任。②如果是受害人或有权索赔的人自己的过失造成了损害事故的发生，在考虑了所有情况后，可以减免生产者的责任。

诉讼时效。公约规定的一般诉讼时效为3年，即受害人及其利害关系人应该自知道或理应知道损害、缺陷及生产者身份之日起3年内提起损害赔偿之诉。而且，这种诉讼无论如何应于自生产者将造成损害的产品投入流通领域之日起10年内提起，否则，将失去本公约所规定的损害赔偿请求权。

3.《产品责任指令》

《产品责任指令》是欧共体国家签订的一个有关产品责任的国际公约。其主要内容如下。适用范围。①该指令所指的产品不包括未曾加工过的天然动产；②与产品的定义相联系，有关天然动产的生产者不属于指令所指的生产者的范畴；③生产者所应承担责任范围除其因缺陷产品所造成的消费者人身伤亡损害以外，还应包括一定范围的财产损害。

产品责任原则。基本原则与《斯特拉斯堡公约》基本上相同。强调受到损害的消费者只须证明有关产品存在缺陷，而且该缺陷的存在与其所受到的损害之间有因果关系，就可以依法请示有关缺陷产品生产者给予损害赔偿。

免责条款。该指令还规定了一些减免生产者责任的事项。例如，根据指令的规定，如果有关缺陷是遵守公共当局发布的有关强行性规定所致，或基于生产者将产品投入流通领域时的科学技术水平不能发现有关产品缺陷的存在，该缺陷产品的生产者可以不承担责任。

诉讼时效。在诉讼时效问题上，产品责任指令作了与《斯特拉斯堡公约》完全相同的规定。

4.《产品责任法律冲突规则公约》

《产品责任法律冲突规则公约》是1972年第12届海牙国际私法会议制定通过的，目前对加入该私法会议组织的各成员国开放。

《产品责任法律冲突规则公约》以对国际产品责任案件的审理制定共同的法律适用规则为宗旨，首先明确规定了《产品责任法律冲突规则公约》所应适用的范围。

从案件的性质来说，根据公约规定，凡因缺陷产品造成损害而引起生产者和销售者产品责任纠纷案件都应适用产品责任法律冲突规则公约。其中的“产品”一词是指一切可供使用或消费的物，包括天然产品和工业产品，而不论是加工过的还是未曾加工过的，不论是动产还是不动产。“损害”一词是指因产品本身存在缺陷，或因对产品的质量、特性或使用方法等未作适当的说明或作了错误说明而造成的人身伤害或财产损害以及其他经济损失。就地域范围来看，《产品责任法律冲突规则公约》应在准据法的适用方面适用于任何国家，不管是公约的缔约国还是非缔约国。

本章小结

产品是指由生产者生产并已投入流通领域的可供使用的有形物品。

产品责任法是调整产品的制造者或销售者因所制造或销售的产品具有某种瑕疵或缺陷给消费者或第三人造成损害而引起的赔偿关系的法律规范的总称。它在性质上属于侵权法的范畴。

承担产品责任必须具备3个条件：①产品存在瑕疵；②必须使产品的消费者、使用者或其他第三者遭受人身伤害或财产损失；③消费者、使用者或其他第三者所遭受的损害必须与产品的瑕疵之间存在因果关系。

产品责任的免责，是指责任主体基于法定事由而免除对损害责任的承担。具体的免责事由各国及国际公约的规定不尽相同。

美国产品责任法经历了由合同法向侵权行为法的演变过程，涉及的法律理论有如下几种：①疏忽说；②虚伪陈述说；③违反担保(明示担保与默示担保)说；④严格责任说。

关键术语

产品责任　产品缺陷　疏忽责任原则　违反担保责任

思考与练习题

一、选择题

1. 下列各项学说中，不属于美国产品责任法的法学理论依据的是(　　)。

A. 疏忽说　　B. 违反担保说

C. 违反条件说　　D. 严格责任说

2. 在美国的产品责任法中，对于消费者来说是最有利的保护的学说是(　　)。

A. 疏忽学说　　B. 担保学说

C. 严格责任学说　　D. 过错责任学说

3. 我国产品责任法所指的产品缺陷是(　　)。

A. 不安全因素　　B. 不合格产品

C. 不合理的危险　　D. 不安全产品

4. 根据世界主要国家产品责任法律的规定，承担产品责任采取的原则是(　　)。

A. 过失责任原则　　B. 无过失责任原则

C. 公平责任原则　　D. 严格责任原则

5. 依美国产品责任法，原告以严格责任提起诉讼，其举证责任不包括(　　)。

A. 产品确实存在缺陷或不合理的危险　　B. 由于该产品缺陷给原告造成了损害

C. 原告与被告之间存在合同关系　　D. 产品缺陷与损害之间有因果关系

6. 依美国产品责任法，原告以违反担保为理由诉讼时，对原告的有利之处在于，他只需证明(　　)。

A. 与被告有合同关系　　B. 产品有缺陷

C. 被告未尽合理注意　　D. 产品缺陷与损害之间有因果关系

7. 美国的产品责任法主要是(　　)。

A. 州法　　B. 联邦统一的宪法

C.《统一产品责任法(草案)》　　D. 国际公约

8. 违反担保之诉是根据(　　)提起的诉讼。

A. 买方过错　　B. 卖方过错　　C. 担保合同　　D. 买卖合同

9. 产品的缺陷包括(　　)。

A. 设计缺陷　　B. 生产缺陷　　C. 说明缺陷　　D. 包装缺陷

10. 原告对被告起诉的理由中，对原告最为有利的是(　　)。

A. 疏忽　　B. 疏忽承担　　C. 违反担保　　D. 严格责任

11. 被告可以提出的抗辩有(　　)。

A. 担保的排除或限制　　B. 相对疏忽

C. 自担风险　　D. 擅自改动产品

12. 美国产品责任法中，原告可以请求赔偿的范围包括(　　)。

A. 精神上的痛苦和苦恼　　B. 商业上的损害赔偿

C. 惩罚性的损害赔偿　　D. 难受与疼痛

13. 美国的产品责任学说有(　　)。

A. 违反担保说　　B. 疏忽说

C. 严格责任说　　D. 违规使用学说

14. 根据《关于产品责任的法律适用公约》规定，所谓的产品包括(　　)。

A. 天然产品　　B. 经过加工的工业产品

C. 未经加工的产品　　D. 动产

二、思考题

1. 何谓产品责任？产品责任和产品质量责任有何区别？

2. 法律所称的产品缺陷的含义是什么？包括哪些方面？

3. 产品责任的规则和原则有哪些？

4. 产品责任为什么呈现从合同责任到侵权责任再到特殊侵权责任的发展趋向？

5. 美国的产品责任法规定了哪些减责或免责条款？

6. 美国有关的产品责任法对损害赔偿是如何规定的？

三、案例分析

原告：被告的汽车用户

被告：日本丰田汽车公司

原告得知被告在中国推出一种名叫“赛利卡”的新车，当时速超过20公里而前部受到坚硬物体碰状时，该车SRS空气囊将于瞬间自动弹出，以保护驾驶员的头部和胸部不受到伤害。原告随后购买了一辆。

1993年10月10日晚上11时左右，原告以70公里以上的时速驾驶该车，不慎撞上清华大学南墙，车身前身穿入墙内约2米，但安全气囊并未弹出。原告头部撞在方向盘上，造成鼻骨骨折，顿时血流满面，当场昏迷。出院后，原告经常头痛，并伴有记忆力下降、嗅觉丧失等症状。原告以被告提供的产品不合格为由提出诉讼，要求被告赔偿医药费、误工费、护理费、休养费等10 000元；补偿经济、精神损失99万元。被告辩称带有空气囊装置的产品是专为美国市场设计、制造和销售的，且在撞击能量达到一定标准时才能打开；中国的汽车标准无此要求，故该车没有任何缺陷。

法院认定被告虽未违反中国的汽车标准，但没有满足原告所期望和信赖的特殊要求，对原告的伤害承担赔偿责任，遂判决被告赔偿原告20 000元人民币及少量律师费，诉讼费大部分由原告承担。驳回原告的其他诉讼请求。

问：（1）何种产品责任的规责原则对原告最有利？

（2）产品责任诉讼是否以合同为前提条件？

（3）当合同对产品质量有特殊约定时，产品合格但不符合约定的，是否构成违约？

（4）产品质量本身并无问题，供方未尽说明义务，是否承担产品责任？

（5）中国法院审理产品责任案件的理念和做法与美国法院的最大区别在哪里？

（案例来源：http：//china.findlaw.cn）

第10章 票 据 法

本章教学要点

知识要点	掌握程度	相关知识
票据和票据法	掌握	票据的法律特征、票据的功能、国际票据法体系
票据的法理	重点掌握	掌握票据的基础关系、票据法律关系、票据的权利和抗辩
票据使用中的相关法律规定	重点掌握	票据伪造、票据变造、票据抗辩、票据丧失与救济
汇票的票据行为及其法律效力	熟悉	汇票的概念、种类、其票据行为和法律效力
本票和支票的票据行为及其法律效力	了解	汇票和本票的概念、种类、其票据行为和法律效力

导入案例

国华公司是OLC公司化妆品在江苏地区的代理销售商。2009年，国华公司以购买OLC化妆品为由，先后对OLC公司签发了4张商业承兑汇票，并在汇票上签章承诺，本汇票已经本单位承兑，到期日无条件付款。OLC公司收票后，即按约定发出货物。国华公司对收到的货物提出质量异议，双方数次传真往来，未能协商一致。国华公司将OLC公司生产的化妆品送国家化妆品质量监督检验中心检验，检验结果为不合格。OLC公司持上述4张汇票于到期后，委托银行收款时，均被银行以付款人无款支付、该账号已结清等为由拒付，OLC公司遂以票据纠纷为由诉至法院。

问：法院会如何判决？

10.1 票据与票据法概述

10.1.1 票据的概念

票据是按照一定形式制成、写明有付出一定货币金额义务的证件，是出纳或运送货物的凭证。广义的票据泛指各种有价证券和凭证，如股票、债券、提单、仓单、发票、存单等；狭义上的票据则是指以支付为目的的有价证券，是由出票人依法签发的，委托他人或由自己在见票时或约定的某一日期无条件支付确定金额给收款人或持票人的一种有价流通证券。票据法中的票据是指狭义的票据。

票据有三种类型：①由出票人签发，委托他人在一定日期向指定人无条件支付确定金额的票据称为汇票；②由出票人签发，承诺自己在见票时无条件支付确定金额的票据称为本票；③由出票人签发，委托银行等金融机构在见票时无条件支付确定金额的票据称为支票。本书所指的票据包括汇票、本票和支票3类。

10.1.2 票据法的概念

广义的票据法，又称“实质票据法”，指一切有关票据的法律规范。它不仅包括名为票据法的票据规范，还包括其他法律中对票据的规定，如民法中可以适用于票据设置的规定、民事诉讼法中关于票据诉讼的规定、刑法中有关伪造有价证券罪的规定、公证制度中关于拒绝证书的规定及破产法中关于票据当事人受破产宣告的规定等。

狭义的票据法，也叫“形式票据法”，是指由国家立法机关按照一定体系编制颁行的名叫票据法的法律，即专门的票据法规范。它是规定票据的种类、形式和内容，明确票据当事人之间的权利义务，调整因票据而发生的各种社会关系的法律规范。如我国《票据法》、《德国票据法》等。

10.1.3 票据的法律特征

票据作为一种有价证券，与股票、债券等其他有价证券相比，有共性，但更有其自身独特的法律特征。

1. 票据是设权证券

证券是记载并代表一定权利的法律凭证。就证券上权利的发生与证券的关系不同，证券可以分为证权证券和设权证券两种。证权证券上的权利在证券做成之前已经存在了，做成证券就证明了这种权利的存在；当证券灭失、毁损而无法提示时，只要通过其他途径证明这种权利的存在，则该权利仍可行使，如股票、债券、提单等。设权证券上的权利在证券做成之前并不存在，做成证券就创设了证券权利；当证券灭失或毁损无法提示时，该证券权利也随之无法行使。票据就属于典型的设权证券。

2. 票据是债权证券

就证券的权利所表示的法律性质不同，证券分为物权证券、债权证券和社员权证券3种。物权证券是用以证明财产权的，如提单、仓单等；债权证券是证券的持有者为公司债权人的证券；社员权证券是用以证明社员权利的，如公司的股东权即为社员权，股票就属这类证券。票据上所示的权利，是一种以一定的金额为请求权的债权。票据权利人(即受款人或持票人)对票据义务人(即付款人、承兑人及其保证人或被追索人)可行使付款请求权和追索权。

3. 票据是金钱证券

债权证券，就其表彰的权利的经济内容不同，可以分为两种：①以请求支付金钱为内容的金钱证券；②以请求支付物品为内容的物品证券。票据是以一定的金钱为支付标的的，支付票据金额是发行票据的唯一目的，因此票据是金钱证券。

4. 票据是流通证券

票据是一种债权证券，就应该具有流通性。因此，各国票据法都强调票据的流通证券属性，即票据可以通过背书或交付而转让，并可以在市场上自由流通，而不像一般的债权的转让需要按民法规定通知债务人才能对债务人发生效力。有的国家规定票据有绝对的流通性，例如，在美国，票据被称为流通证券，其票据法称为流通证券法。

5. 票据是无因证券

票据的设立基于一定的原因，但票据权利的成立，不以债权人与债务人的原因关系的成立和有根据为前提。票据关系和原因关系各自独立。持票人持有的票据只要要式具备，即可行使票据上的权利；只要票据要式具备，背书连续，即须债务人无条件付款。票据的无因性是世界票据法的立法原则，是其流通性的保障。例如，我国现行《票据法》第10条、第21条规定票据为有因证券，但最高人民法院《关于审理票据纠纷案件若干问题的规定》第14条实际上修正了法律规定，将票据规定为无因证券。

6. 票据是文义证券

票据上所创设的权利和义务，均依票据上记载的文字内容来确定，不受票据上文字以外的事项的影响。在票据上签名的人，均应依签名时的票据文义对票据负责，不得以票据以外的证据来变更或补充其文义。因此，票据的文义性维护了善意持票人的正当权益，以达到保护交易安全的目的。

7. 票据是要式证券

票据必须根据法定形式制作才有效。各种票据除必须采用书面形式外，还必须标明其票据种类，严格依据票据法的规定记载应载明的事项，如出票人姓名、票据金额、付款人和受款人姓名、日期、地点、签名等。票据如果不符合这些法定形式，则该票据无效。此外，票据的签发、转让、承兑、付款、追索等行为，也必须严格依票据法规定的程序和方式进行才有效。据此，票据的要式性使其有别于一般债权凭证的任意记载性，即不要式证券。

8. 票据是占有证券

票据权利人行使票据权利，必须实际占有票据。如果票据失窃、毁损、灭失或出质，则无法向付款人主张权利。因此，票据权利主张须以占有票据为前提。

9. 票据是提示证券

票据权利人请求付款或行使追索权时，须向义务人提示票据。义务人经审查票据是否真实及是否具备要式之后，才可按票据文义履行付款义务。可见，票据是提示证券。

10. 票据是返还证券

票据的占有性和提示性特征决定了票据必须是返还证券，即权利人的票据权利实现后，必须将票据返还给义务人。因此，票据上的权利与票据的占有是不可分离的，持票人须交出票据，才能取得票面上所载的金额。付款人是主债务人时，付款后票据关系消灭；付款人是次债务人时，付款后持该票据向其前手追索。

票据的法律特征虽多，但它们并不是简单、杂乱的排列，而是有着内在的有机联系。设权、债权、金钱特征表彰着票据所创设的是一种以金钱为标的的债权凭证。这种债权凭证有极强的流通性，票据的无因性、要式性和文义性，又充分保障了流通的顺畅。占有、提示和返还特征则表彰着票据同时也是一种完全证券，即证券权利的行使必须以占有、提示和返还为条件。

10.1.4 票据的功能

票据是一种金融工具，是商业信用的载体。票据具有多种功能，一般可归纳为以下几个方面。

1. 汇兑功能

汇兑功能指票据是代替异地输送现金的良好的汇兑工具。特别是汇票出现后，更体现了票据的汇兑功能。用汇票汇款，通常是汇款人将款项交付银行，由银行作为出票人将签发的汇票寄往或交汇款人寄往异地，持票人在异地银行凭票据兑取现金或办理转账。这比现金汇兑更方便、安全，又能节约费用。

2. 支付功能

汇票、本票作为汇兑工具的功能形成后，在交易中票据又形成了支付功能可以代替现金使用。以票据作为支付工具，可以减少通货，减少国家的货币发行量，还可以减少不必要的携带和点检现金的麻烦，达到资金运转安全、迅速、准确的目的，从而提高资金的使用效益。

3. 结算功能

在经济交往中，当双方当事人互为债权人和债务人时，可运用票据代替现金起支付和流通作用，从而偿清债券债务，成为国际结算中的重要工具。

4. 流通功能

流通功能是指票据的转让无需通知债务人，而只要票据符合要式就可以交付或以背书方式转让票据权利。背书转让时，背书人对票据的付款负有连带保证责任，背书次数越多，则保证人越多，因而票据的可靠性越强。因此，票据作为流通证券，其流通性几乎与货币不相上下。

5. 信用功能

由于票据法规定了对票据债务人抗辩的种种限制和票据债权人的严密保护，使票据成为一种可靠的信用工具。特别是远期票据，它可以使付款人凭信用调剂资金的暂时短缺，使经营活动不受时间障碍而得以及时顺利进行；对收款人来说，在规定时间内可凭票据兑取现金或转账，使其债权有了保障；如票据没有到付款期，而需要履行债务，同样可以将票据背书转让他人。因此，双方的当事人都可以利用票据的信用功能来满足各自的需要。此外，对于以往信用欠佳的人来说，也可利用信用较好的人所签发、承兑或保证的票据用以支付，从而使经济活动得以顺利进行。

6. 融资功能

票据的融资功能主要指收款人或持票人将未到期的票据向银行等金融机构申请贴现，后者按票面金额扣除贴现利息后将余款支付给收款人，到期向承兑人收款，以减轻持票人的资金压力。金融机构之间可进行票据的再贴现，金融机构也可向央行申请票据的转贴现，从而扩展了票据的融资功能。

10.1.5 国际票据法的体系

1. 世界两大票据法系

在票据法的历史发展中，国际上曾存在有代表性的三大法系，即法国法系、德国法系和英美法系。由于历史原因和习惯做法的不同，各国票据立法存在差异和分歧，这严重阻碍了票据在国际的流通。为充分发挥票据职能、扩展国际商品市场并发展国际贸易，国际上开始了统一票据法运动：在《日内瓦统一票据法》的推动下，法国法系和德国法系逐渐融合成日内瓦统一大法系；联合国虽于1987年正式通过了《国际胡票和国际本票公约》，但未能得到多数成员国的签字认可。至此，国际上的票据法系统演变成以日内瓦统一大法系和英国票据法为代表的两大法系。两大法系的主要分歧体现在以下几个方面。

1）票据分类

日内瓦统一大法系将汇票和本票归为一类订立《汇票与本票统一法公约》，支票另成一类订立《支票统一法公约》；英国票据法则规定票据包括汇票和本票，而支票是汇票的一种，由《英国支票法》对《英国票据法》中的支票内容加以补充。

2）持票人权利

前者认为持票人能够满足票据上的背书连贯，即为合法持票人，对票据拥有合法权利。后者则把持票人分为对价持票人和正当持票人，并赋予不同权利。对价持票人可以是任意一个持票人，只要某一前手付过对价即可，其权利不优于前手。正当持票人的权利优于前手，不受前手中任何权利缺陷的影响，英国票据法对持票人权利的规定更大限度促进了票据的流通和信贷。

3）票据要件的要求

前者对票据要件有明确的规定，如规定了汇票的8项绝对必要形式要件。后者对票据要件的要求比较宽松，如并不要求票面上必须写明票据名称等。

4）伪造背书的处理

前者认为持票人只要以合法形式取得票据，并没有与伪造背书人勾结，就不必承担责任，丧失票据的人应承担伪造背书的风险。后者则认为背书加签名才能是票据权利转让，伪造的背书根本无效，权利没有让出，后手根本未获得票据权利。

2. 我国票据法

我国现行的《中华人民共和国票据法》订立于1995年，修改于2004年8月28日并于当日开始实施。我国《票据法》充分借鉴了外国票据立法的经验，尽量采用国际通行的规则，力求与国际惯例相一致，同时基于我国的基本国情，其某些内容与西方国家票据法存在明显差异。这就产生了涉外票据在法律上的适用问题。我国《票据法》充分体现了“国际条约优于国内法”的原则：涉外票据首先适用国际公约，然后适用我国《票据法》，如国际公约和我国《票据法》都没有规定的，则按国际惯例办理。

我国的《票据法》中有一些特殊的规定，具体内容如下：①我国票据法中未采用无记名背书的方式；②承兑不得附条件，否则，视为拒绝承兑；③不允许一部分付款；④本票仅指银行本票；⑤允许持票人在到期日前进行追索；⑥拒绝证明分为拒绝承兑证明和拒绝付款证明；⑦拒绝承兑人或拒绝付款人分别为拒绝承兑或拒绝付款证明的做成义务人；⑧做成拒绝证明规定为拒绝承兑人和拒绝付款人的法定义务；⑨在法定情形下，人民法院的司法文书，有关行政主管部门的处罚决定及其法定证明可以替代拒绝证明；⑩持票人如果不能出示拒绝证明、退票理由书或未按照规定期限的其他合法证明的，丧失对其前手的追索权；⑪拒绝事由通知必须采用书面形式；⑫拒绝事由通知为追索权人应履行的义务或手续，未尽通知义务的，并不因此而丧失追索权，仅对因怠于通知而产生的损害负赔偿责任；⑬支票持票人超过提示付款期限后，付款人可以不付款。

10.2 票据的法理

10.2.1 票据法律关系与其基础关系

1. 票据法律关系

票据的法律关系是指票据当事人在票据的签发和转让过程中产生的权利义务关系。票据的法律关系分为票据关系和票据法上的非票据关系。

票据关系是基于票据行为，当事人之间发生的债券债务关系。票据行为是票据法规定的能够发生票据关系的法律行为，包括出票、背书、保证、承兑与参加承兑(汇票)和保付(支票)6种。在上述所说的各种票据行为中，出票行为产生的法律关系为基础票据关系，其他票据行为产生的法律关系为附属票据关系。除上述行为外，即使票据法中有规定，也不能发生票据权利义务，即不是发生票据关系的法律事实。

票据法上存在非票据关系，如票据上的正当权利人对恶意取得票据方行使票据返还请求权而发生的关系，票据付款人付款后请求持票人交还票据的关系等，因其不是基于票据行为直接发生的，关系的内容也不是票据金钱债券债务，所以不是票据关系。

总体而言，票据关系是票据当事人之间的基本法律关系。票据法上的非票据关系是经法律另行规定，对票据当事人基本法律关系中的权利和义务的保障。

2. *票据关系与其基础关系*

票据的基础关系是指票据当事人之间签发或授受票据前形成的民事关系，其虽与票据关系有密切联系，但票据法不对其进行规范，票据的基础关系只适用民法上的一般债权制度。票据的基础关系分为原因关系、资金关系和对价关系。

1）票据原因关系

票据原因关系又称票据原因，是票据当事人授受票据的原因所形成的权利义务关系。票据原因包括支付价金、支付劳务费、借贷、票据买卖、租赁金、债权担保及赠与等。票据原因关系和票据关系之间存在着一般情况下相分离、特殊情况下牵连的关系。

票据关系与其原因关系分离：票据关系虽建立在原因关系基础上，票据法从保障票据的安全和实用性角度出发，规定票据为无因票据，票据关系为无因关系。票据关系一经形成，就与原因关系相分离，两种关系分属于不同的法律制度规范，原因关系是否存在及合法，对票据关系没有影响。

票据关系与其原因关系的牵连：在票据关系与其原因关系相分离的前提下，在法律规定的某些情况中，票据关系的效力受原因关系的影响。具体情况如下：票据关系的当事人在原因关系中为当事人的，票据债务人可根据原因关系，对票据债权人行使抗辩权，然后需承担举证责任，证明原因关系中的抗辩理由。这种情况发生在票据授受的直接当事人之间。例如，买方向卖方签发票据用以付款，卖方受票后不予交货反持票请求付款，此时票据债务人即可以票据债权人不履行原因关系中的债务为抗辩事由，对票据债权人行使抗辩权。

对不法取得票据的持票人，票据债权人可以其取得票据之原因关系有瑕疵而进行抗辩。《票据法》第 12 条规定，持票人以欺诈、偷窃或胁迫等手段取得票据，或明知有上列情形，出于恶意取得票据的，不得享有票据权利；持票人因重大过失取得不符合票据法规定的票据，也不得享有票据权利。这里的重大过失是指持票人取得票据时应当知道所取得票据不符合票据法的规定，但未予应有的注意。例如，甲方将伪造得十分拙劣的票据转让给乙方，乙方却毫未注意的受取票据，即构成重大过失。

在原因关系总无对价后无相当对价取得票据者，不能享有前手的票据权利。《票据法》第 11 条规定，因税收、继承、赠与等无偿取得票据的，所享有的票据权利不得优于前手的权利。例如，持票人甲与出票人乙之间有抗辩事由，乙对甲得行使抗辩权，如果甲将票据转让给丙，那么，丙不知情且以相当对价取得票据时，不但完整得取得了票据的权利，而且乙不得以其与甲之间得抗辩事由对抗丙得权利；相反，丙若无对价或无相当对价取得票据，就有继受甲得地位，享有与甲相同的票据权利，乙得以对甲之抗辩事由对抗丙。票据法作这样的规定，是为了维护票据债务人的正当利益，实现公平。防止持票人损害票据债务人。

为支付而授受票据时，原因关系中的债务不因票据授受而灭失。与票据债务同时并存，票据权利实现，原因关系中的债务随之消灭。票据虽为支付工具，但不是同伙，不具有强制通用力，取得票据并不完全等同于取得货币，不获付款的票据常常发生，一般说，当事人之间无特别约定的，均应推定为“为支付而授受票据”。在此场合，只有将原因关系中债务偿清与票据债务的履行结合在一起，才能保证债权人的利益。

为担保债务而授受票据时，被担保的债券未受清偿，票据关系存在，一旦被担保的债权得以清偿，为担保而成立的票据关系即告灭失。

2）票据资金关系

票据资金关系是汇票和支票的出票人与付款人之间存在的金钱、实物、信用关系和其他财产性债权关系，又称“票据资金”或“资金关系”。

汇票和支票都是委托证券，票面上记载的付款人是受托人。但是，付款人一般不会毫无缘由地接受付款义务，通常，付款人与出票人之间有下列情形之一的，才会按照票据接受付款委托：①出票人在付款人处存有资金；②付款人对出票人有财产给付性债务；③出票人和付款人之间有信用合同关系。

此外，付款人也可处于无因管理付款，还可因与出票人之间有交互计算合同、继续供给合同等关系而付款。

本票是自付证券，不存在受委托付款人。例外的是，本票上记载由第三人充当“担当付款人”的，出票人与担当付款人之间应有资金关系，即准资金关系。此外，汇票承兑人与其指定的担当付款人之间的关系，参加付款人与被参加人之间的关系，票据保证人之间的关系，都是准资金关系。资金关系与票据关系相分离，但在特殊情况下有牵连。

资金关系与票据关系的分离：资金关系虽然存在，付款人拒绝承兑是不负担付款义务，承兑之后，方成为票据债务人。相反，资金关系不存在，付款人按汇票上的记载，应持票人的请求，出票人对付款人有偿付义务。

资金关系不存在而签发票据或予以承兑是出票行为或承兑仍有效。出票者，承担出票的责任，包括担保承兑和担保付款的责任，即在持票人不获承兑或获付款是被追索的责任。承兑者应就承兑的汇票承担付款义务。在此情况下，票据关系和资金关系彻底分离，互不牵连和影响。

资金关系与票据关系的牵连：汇票承兑人与出票人无资金关系者，不得以资金关系不存在为由对抗出票人之外的善意持票人，因为已为承兑之票据法律行为，已票据行为之效力，承兑人应履行付款义务。《票据法》第 14 条规定，付款人承兑汇票后，应当承担到期付款的责任。例外的是，持票人为出票人的，承兑人可以以资金关系不存在而抗辩。

支票的付款人，对出票人存款足以支付或在与出卖人信用合同所定数额内的支票，应当无条件支付。就支票而言，无资金关系者，付款人有权拒付，由持票人向前手或出票人追索，有资金关系者，付款人应无条件支付。

3）票据预约关系

票据预约关系是当事人之间预先约定使用票据的合同关系，也称预约关系或票据预约。票据虽为有效的支付结算工具，但毕竟不能取代通货。原因关系发生时，当事人是否使用票据，使用何种票据，一般要预先约定，并具体商定票据种类、日期等，然后再出票，授受票据。此种关于使用票据的预先约定，与票据行为有关，却与票据关系无关。换言之，原因关系发生是因有票据预约，才有票据行为，继而产生票据关系。票据预约是民法上的预约合同，应依照民法上的债权合同制度办理，票据法不作规定。即票据预约是否成立，票据行为是否按预约实施，对票据关系无影响。票据行为实施，票据关系发生，票据预约灭失。

10.2.2 票据行为

1. 票据行为的种类

票据行为，是指以发生票据权利义务为目的而依照票据法所实施的法律行为，包括出票、背书、保证、承兑、参加承兑(汇票)和保付(支票)6 种。票据行为中，出票和背书为各种票据共有行为，承兑和参加承兑是汇票特有行为，保付是支票特有行为，保证是汇票和本票都有的行为。其中，出票即出票人签发票据并交付给收款人的行为，出票为主票据行为或基础票据行为，是其他票据行为的基点，其他几种均为附属票据行为或从票据行为。背书，即持票人(背书人)在票据背面或粘单上记载相关事项并签章的票据行为；保证，是由票据债务人以外的第三人，以担保票据债务为目的在票据上记载担保文字并签章的票据行为；承兑，是付款人在汇票上签名承诺到期付款的票据行为；参加承兑，是指当汇票不获承兑时，为了防止追索权的行使而由付款人以外的第三人替付款人作出承兑的行为；保付，是指付款银行在支票上加盖“保付”戳记，表明在支票提示时一定付款的票据行为。

2. 票据行为的特点

1）要式性

要式法律行为是指必须履行某种特定的形式才能成立的法律行为。票据行为的法定形式具体表现为票据记载事项，记载事项的总和为票据行为的形式，符合法定形式的票据才发生票据行为的效力。

2）无因性

票据行为以签署和交付为成立要件，但一旦完成，则与基础关系相分离，即票据行为的效力不受其赖以做出的基础关系的影响。

3）文义性

票据行为的内容仅以票据上文字记载确定，不得以票据上的记载内容与实际情况不符为由对票据行为另行解释。票据当事人的票据权利义务也以票据记载为准。

4）独立性

为保护票据权利人，保障票据的安全可靠，促进票据的使用和流通，票据法规定票据上的各个票据行为独立生效，互不影响，一票据行为的失效不影响其他票据行为的效力。

5）连带性

票据行为的连带性是指票据的行为人对持票人须承担连带责任，即票据行为人应对统一票据债务共同负责。

3. 票据行为的要件

票据行为的要件是构成票据行为的必要条件，包括一般要件和特别要件。

1）一般要件

一般要件包括票据行为人有民事行为能力和意思表示真实两个要件。具体讲，票据行为人要有为自己的行为后果负责的能力，故行为能力欠缺者不能为票据行为。票据上记载的事项即为行为人的真实意思，即使事实上的意思表示有瑕疵导致直接当事人发生无效票据行为，也仅对票据直接当事人有法律约束力，而不影响善意第三人的票据权利。

2）特别要件

票据行为的特别要件是指票据法上规定的使票据权利发生的必要条件，包括票据的记载事项和票据交付两个条件。

票据的记载事项是票据意思的文字化，分为绝对必要记载事项、相对必要记载事项、任意记载事项和禁止记载事项。绝对必要记载事项必须记载，否则票据无效，如票据文句(本票、汇票等)、确定的金额和出票日期等。相对必要记载事项是应当记载，但若不记载，法律另行拟定，对于票据无效的事项，如付款日期和地点等。任意记载事项是一经记载就发生票据效力的事项，一般由当事人特别约定，记于票据后，对直接当事人和第三人均有效，如“不得转让”字样。禁止记载事项是该记载事项本身不发生票据效力或导致票据无效的事项，前者被视为未记载，后者则为有害记载。

票据交付是建立在票据记载事项合法基础上使票据行为生效的必要条件。在出票行为中，应将票据交给收款人；在背书中，应将票据交给被背书人，票据行为才算完成。

4. 票据行为代理

票据的代理行为是指授权他人代本人行使票据行为，其发生以票据当事人的委托为必要条件。票据代理委托权适用于民法上代理权授予的规定，票据法上只要求载明代理关系。票据的代理为严格的显名代理，即在票据上明示代理人姓名或名称及代理行为。如票据签名者未得本人授权而以自己为代理人实施的票据行为，是无权代理，前者应对票据行为承担全部责任。如代理人超越代理权，应就超越部分承担责任。

10.2.3 票据权利与抗辩

1. 票据权利

票据权利是指票据持票人向债务人请求支付票据金额的权利，包括付款请求权和追索权。

1）票据权利的内容

票据权利具有双重性。付款请求权是持票人有向付款义务人请求付款的权利，这是票据的主要权利。追索权是在前者请求权得不到满足时，持票人向付款人以外的债务人要求偿清票据金额及相关费用的权利，这是附有条件的从属票据权利。票据权利的双重性有利于促进票据的流通和使用的安全。

2）票据权利的取得

依法取得票据即获得了票据的权利。一般情况下，持票人因出票人的出票行为或出资善意的从后者处取得票据权利，称为票据权利的原始取得。持票人从背书人、付款人处取得票据，为票据法上规定的继受取得；出票人如以普通债权转让的方式如税收、继承、赠与、企业兼并等获得票据并依法享有票据权利，则属于非票据法上的继受取得。

3）票据权利的保全

由于票据的流通性，票据权利人在票据到期时很难确定票据的债权人。因此，为行使票据权利，防止票据行为的丧失，票据法特别规定了票据行为的保全。票据权利保全的方式主要有以下几种：保全付款请求权，即在票据权利将因时效而消灭时，依法采取时效中断的行为，如提示票据并催告履行、向前手通知提起诉讼或向法院提起诉讼等；保全追索权，如依期向债务人提示或当依法要求付款遭到拒付时及时由法定机关做成拒绝证书。

4）票据权利的补救

票据权利与票据是紧密相连的，一旦票据丧失，票据权利人就无法对票据债务人行使票据权利。为最大限度保证合法票据权利人的利益，票据法规定了票据丧失后的补救措施，包括挂失止付，即失票人将失票情况及时通知付款人，请求停止付款；公示催告，由法院以公示方式催告利害关系人在一定时期内向法院申报权利，逾期宣告所失票据无效的裁决，事后失票人依法请求付款人付款的制度；普通诉讼，即由人民法院依法确认失票发生的票据权利的归属。

2. 票据抗辩权

1）票据抗辩的概念

票据抗辩权指票据债务人对票据的债权人依法行使拒绝履行票据记载的义务的权利。与票据权力相对应，票据抗辩权是债务人的权利。作为流通证券，票据的每个转让环节都可能使其出现缺陷，因此，票据法规定的票据抗辩权是对债务人合法权利的保障。

2）票据抗辩权的种类

票据抗辩权根据抗辩事由的性质可分为对物抗辩权、对人抗辩权两种，根据抗辩主体可分为任何票据债务人的抗辩权、特定票据债务人的抗辩权。

对物抗辩权，是因票据权利不存在或票据行为不合法使债务人可对任何持票人主张的抗辩权利。任何票据债务人有权因票据权利不存在对任何持票人行使抗辩权，其具体情况有如下几种：①票据上记载事项不符合票据法的规定，如票据欠缺绝对必要记载事项，票据上的金额记载、签章不合法，对票据的更改不合法等；②票据未到其记载的到期日；③因付款、提存或除权判决票据权利已灭失。特定票据债务人有权因票据行为不合法对任何持票人行使票据的抗辩权，这里的特定票据债务人是该不合法行为的直接相对人。如被代理人因无权代理和越权代理向任何持票人行使抗辩权，被付款人因付款请求权失效期间届满对任何持票人行使物的抗辩权等。

对人抗辩权，是因持票人的票据权利无合法基础，票据债务人拒绝履行债务的权利。

任何票据债务人行使对人抗辩权的情形有如下几种：①票据债权人丧失受偿能力，如票据债权人依法宣告破产、票据债权被依法冻结等；②持票人因取得票据形式不合法而不具受领资格，如以背书形式获得票据时票据背书不连续；③持票人欠缺实质票据受领资格，如持票人冒填空白授权票据的收款人而骗领票面金额。

特定票据债务人行使对人抗辩权有如下几种情形：①直接当事人之间的原因关系无效；②直接当事人之间的票据行为无效；③直接当事人间有特约而违反特约的；④持票人从前手无偿、无对价或无相当对价取得票据；⑤持票人的票据权利已灭失但因故未记载；⑥恶意取得票据的。

3. 票据的风险

1) 票据伪造

票据伪造是指没有接受授权而蓄意假冒他人名义而进行的票据行为，一般分为票据本身的伪造和票据签章的伪造。前者指假冒他人名义作为出票人创立原始票据的行为，后者指假冒他人名义进行出票之外的其他票据行为，如背书、承兑、保证等。对票据伪造的处理，票据法规定伪造票据是无效票据；被伪造者并未真正出票或在票据上签章，即使持票人是善意取得，对被伪造人也不能行使票据权利；伪造者未在票据上留有自己的签章，即无须承担票据责任，但如票据伪造者的行为给他人造成损害，须承担民事责任，如构成犯罪还应承担刑事责任。

应用实例

票据伪造的案例

王某是上海B公司职工。上海B公司在宝山区工商银行开立结算户头，曾买过银行承兑汇票(全是空白汇票)。王某窃取其中一张，伪造了一张100万元的银行承兑汇票。该汇票以杭州A公司为收款人，以上海B公司为承兑申请人，汇票的“交易合同号码”栏未填，在承兑银行盖章处盖有三省一市银行汇票结算章。王某将这张伪造的银行汇票转让给杭州C公司，杭州C公司背书转让给D公司。杭州D公司持这张伪造的汇票到杭州农行申请贴现，杭州农行未审查出该汇票的真伪，予以贴现人民币96万元。杭州农行通过同城票据结算，交换给杭州建行，杭州建行又以联行票据结算将汇票转让给上海第四支行。上海第四支行从未办理过银行承兑业务，在收到汇票后，立即向公安机关报案，汇票退给杭州农行，而农行以多种借口拒收汇票。

问题：王某假冒出票人的名义进行原始的票据创设的行为称为什么？在这个案例中，各方应负什么票据责任和法律责任？

评析：王某假冒出票人的名义进行原始的票据创设的行为已构成票据伪造。在此，王某虽应承担民事责任和刑事责任，但不承担票据责任。由于票据伪造人在伪造票据时，并没有在票据上以自己的名义签章，故根据文义性的特点，不负票据上的责任。票据伪造是伪造人假冒被伪造人所为的票据行为，所以被伪造人不负票据责任。除非被伪造人事后对伪造人的行为进行追认。凡真正签章于票据上的人，仍然应各负票据上的责任，不受伪造成签章的影响。所谓真正签章就是对伪造的票据进行背书、承兑或保证等票据行为的人。付款人付款后，票据关系因付款而消灭，付款人对出票人伪造付款人和其他真实签章的债务人，都不得基于票据关系而主张权利，但可基于非票据关系请求追还其利益。但付款人对伪造的票据在认定时，有过失而予以付款的，应自负其责。杭州农行审查票据时有明显过错，应承担责任。

2）票据变造

所谓票据变造是指无权变更票据记载事项的人对有效票据上除签章以外的内容进行更改的行为。票据变造是违法行为，但被变造的票据仍为有效票据。如当事人在票据变造之前签章，按变造之前的事项承担票据责任；如当事人在票据变造之后签章，按变造之后的事项承担票据责任；如不能确定当事人签章与票据变造的先后，当事人则按票据变造前事项承担责任。票据变造人的变造行为如给票据行为人造成损失或构成犯罪的，应承担相应的民事或刑事责任。

应用实例

票据变造的案例

某银行接受中方A公司的委托签发了一张金额为8 600美元的银行本票，收款人为外方B公司。B公司将票据背书转让给了C公司，C公司又将该票据金额改为10 000美元，背书转让给了某金融机构D公司。当该D公司向付款银行提示付款时，付款银行以票据有瑕疵为由退票。

问题：C公司改写票据金额的行为，在票据法上属于什么行为？如果最后的持票人向前手行使追索权，各位前手应承担怎样的票据责任？

评析：根据我国《票据法》规定，“任何人不得将大于自己所持有的权利移转与他人”。C公司是没有合法变更权限的人，其变更票据上除签章以外的其他记载事项的行为已经构成了票据变造。本票出票的效力在于，使出票人成为本票的付款人或者主债务人，负有无条件支付本票金额的绝对付款义务；使本票上记载的收款人取得本票的付款请求权和追索权。本票自出票之日起，付款期限最长不得超过2个月。本票的背书、保证、付款行为和追索权的行使，除票据法有规定外，适用有关汇票的规定。最后持票人向前追索C公司与最后持票人之间的人按改后金额负表，B公司和A公司只按原金额负责。

10.3 汇　票

10.3.1 汇票的概念

《英国票据法》第三条将汇票定义为，由出票人向另一人签发的，要求受票人见票或定期或在某一可预定日期，无条件支付一定金额的款项付与规定之人或其指定人或来人的书面命令。

我国《票据法》第十九条规定汇票是出票人签发的，委托付款人在见票时或者在指定日期无条件支付确定的金额给收款人或者持票人的票据。

10.3.2 汇票的种类

1. 即期汇票和远期汇票

以付款期限为标准，汇票可分为即期汇票和远期汇票。

1）即期汇票

即期汇票是指见票即行付款的汇票。它包括以下几种情况：①汇票的票面上载明“见票即付”文句的，持票人向付款人提示汇票时，付款人应该当即付款；②汇票票面上载明的到期日与出票日是一天的，付款人应于当天付款；③票面上没有载明到期日的，相当于“见票即付”。

2）远期汇票

远期汇票是必须到约定日期方可请求付款的汇票。它包括以下几种情况：①票面上载明将来某一确定日期为到期日，即定期付款；②票面上载明见票后经过一定期限为付款日期，即见票后定期付款；③票面载明出票日起经过一定期限为付款日期，即出票后定期付款。

2. 商业汇票与银行汇票

以商业性质为标准，汇票可分为商业汇票和银行汇票。

1）商业汇票

商业汇票是由工商企业或个人开立，指定另一人(可能是企业、个人或银行)付款的票据。商业汇票分光票和跟单汇票两种：前者不附带运输单据；后者则附带货运单据，如提单、商业发票、保险单等，汇票的付款人必须付清票据金额方能获得货运单据的所有权以提取货物或依法对其进行转让。

2）银行汇票

银行汇票则是指由汇款人将款项交给某一银行，由该银行签发后交给汇款人，由汇款人寄交收款人向其指定的付款银行取款的票据。此种汇票的出票人为银行，付款人为异地兑付银行。出票行签发汇票时，必须同时将付款通知书寄给付款行，以便付款行在收款人持票取款时进行核对。银行汇票一般为光票，不随附货运单据。

3. 商业承兑汇票与银行承兑汇票

以信用基础为标准，汇票可分为商业承兑汇票和银行承兑汇票。

1）商业承兑汇票

商业承兑汇票是建立在商业信用基础上，由企业或个人承兑的远期汇票，其出票人也是企业或个人。例如，在国际贸易中，由出口企业出票，由进口企业承兑。

2）银行承兑汇票

银行承兑汇票是由出票人按照某银行的授权签发以该银行指定银行为付款行的远期汇票。经付款银行承兑后，该付款银行即是该汇票的主债务人，持票人在到期日向该银行提示请求付款。

汇票还有其他的分类方式。例如，按汇票上收款人一栏的不同记载，可分为记名式汇票、指示式汇票和不记名式汇票；依据汇票当事人是否重叠，可分为普通汇票和变式汇票。此外，还可以根据汇票签发与支付地点不同将其分为国内汇票和国外汇票。同一张汇票可以根据不同的分类具备多个特征，如国外记名式银行即期汇票。

10.3.3 票据行为及其法律效力

汇票的票据行为包括出票、背书、承兑和保证。但在汇票处理中还有一些特别定义的准法律行为，如提示、付款、拒付与追索权等。下面将对汇票票据行为的法律关系进行一一讲述。

1. 出票

出票是由出票人在制成的汇票上签字并交付给收款人的主票据行为。由于出票行为的完成，票据权利由出票人转移至收款人。出票是创立票据法律关系的行为，是票据流通过程的起始，是其他票据行为的基础。出票对汇票的3个基本票据当事人均发生法律效力。

1）对出票人的效力

汇票的出票人委托他人付款，自己不负担付款责任，仅承担担保承兑和担保付款责任。担保承兑是指汇票付款人拒绝承兑时，合法持票人可对出票人行使追索权，出票人应负偿还责任。担保付款是指汇票到期不获付款时，出票人应负偿还债务的责任。但《英国票据法》第18条规定出票人可在汇票上著名“不得向出票人追索”字样，以免除出票人担保付款的责任。

2）对付款人的效力

汇票一经签发，出票对于付款人发生委托付款的效力，从而使付款人处于可为出票人付款的地位。汇票未得付款人承兑前，付款人无付款责任。取得付款地位并经承兑后，付款人才成为票据关系的主债务人。付款人可以在持票人提示承兑时视与出票人的关系决定是否承兑付款。如付款人拒绝承兑，持票人无权强制其承兑，只能请求出票人偿还票款。

3）对收款人的效力

当收款人合法获得汇票时，就获得了受领票款的权限，即付款请求权。收款人的这种请求权在汇票未经承兑前仅是一种期待权。如经承兑，收款人可从付款人处得到付款；如当付款人提示承兑或提示付款遭拒绝时，收款人可依法定程序向出票人或其他前手行使追索权。当然收款人还可将这些权利通过背书等形式转让出去。

2. 背书

背书是指汇票背面的签字。在汇票背面签字或加上受让人以表明背书人转让票据权利的意图，并将其交给受让人以完成票据权利的转让。背书是票据权转让的行为，它具有转移、担保和权利证明3种效力。

1）转移效力

转移效力表现为通过背书，背书人将票据权利转让给被背书人。票据权利的转让具有不可分性，即不可通过背书将票据金额的一部分进行转让或将汇票金额转让给数人，这样票据权利的转让是无效的。英美票据法还规定，通过背书转移票据权利具有单纯性，即背书不得附有条件，如违反票据背书的单纯性，受让人应视附加的受让条件为无效，依背书获得票据权利。

2）担保效力

转移效力表现在背书后，背书人依票据文义担保付款和承兑，即当票据遭拒付或拒绝承兑时，背书人对被背书人及其后手负有偿还义务。

3）权利证明效力

权利证明效力表现为在背书的连续性情况下合法持票人可行使票据权利，如票据债务人不能证明该持票人无此权利，不得拒绝履行票据义务。

3. 提示

提示是请求承兑或付款的行为。提示是持票人为行使或保全票据权利所必须作出的一种行为。提示可分为承兑提示和付款提示。远期汇票应先向付款人做承兑提示，然后再于到期时作付款提示；见票后定期付款的远期汇票须及时向付款人作承兑提示，以便从承兑之日计算付款到期日；出票后定期付款的汇票，也要向付款人提示，以便确定其付款义务；即期汇票只需作付款提示，而无须作承兑提示。另外，提示必须在法定期限内进行，或按票据上的记载办理，否则，持票人将丧失对出票人及其前手的追索权，只能要求付款人付款，付款提示也应在一定期限内完成，否则丧失汇票权利。

4. 承兑

承兑是付款人在汇票上签章表示承诺将来在汇票到期时承担付款义务的一种附属票据行为，是汇票特有的一种制度。汇票的承兑包括提示承兑、付款人承兑及相关的参加承兑等程序。承兑将对持票人、付款人及参加承兑人发生相应的法律效力。

1）付款人承兑的效力

承兑的作用在于确定付款人的付款义务，在付款人没有承兑前，由出票人单方面指定的付款人是非票据债务人，即如果付款人拒绝承兑，持票人不能对其而只能对前手背书人或出票人行使追索权。一旦付款人承兑汇票后，就成为汇票的第一债务人，即承担主要付款责任的主债务人，出票人则退居为从债务人。承兑后，承兑人的付款义务是绝对的，承兑人不能因与出票人的基础关系发生变化为由拒绝付款，也不能因此否认出票人的存在。出票人签字的真实性和出票人签发汇票的行为能力或授权而拒付。

2）参加承兑的效力

参加承兑是指当汇票不获承兑且持票人尚未追索前，非汇票债务人参加承兑的附属票据行为。参加承兑人是预备付款人即票据债务人以外的第三人，其行为将为票据信用增加新的保证。被参加承兑人是指参加承兑人为其担保新的某个票据债务人。虽然我国《票据法》不承认参加承兑，但英美票据法规定了参加承兑的法律效力。

参加承兑人是票据的第二债务人。在票据到期日，如第一债务人拒付，持票人可向参加承兑人请求付款。

参加承兑的效力主要指对参加承兑人的效力和对持票人的效力。

参加承兑可能是由参加承兑人主动而为或受被参加承兑人的委托而为。如是前者，参加承兑人应在一定时期内，将参加承兑事由通知被参加承兑人，使被参加承兑人做好到期偿还和向前手追索的准备。若被参加承兑人是出票人且已向付款人提供了资金的，可及早向付款人追索。如因怠于通知而造成的损失，参加承兑人应依法赔偿。

参加承兑人在参加承兑后，应承担参加承兑部分的偿还责任。如汇票金额在到期日或在持票人同意的延期内仍不能得到偿付，参加承兑人应支付汇票金额、利息、做成拒绝证书的费用及其他必要的费用。

如持票人同意参加承兑人参加承兑，在汇票到期日前不得行使追索权。当汇票到期时，也应先向付款人请求付款，如遭拒付，持票人才可向参加承兑人请求付款。如持票人此时未向参加承兑人提示并请求付款，则丧失对被参加承兑人及其后手的追索权。

应用实例

票据承兑纠纷案

2008年1月22日，原告赛格公司根据与案外人深圳市联京工贸有限公司和无锡市北塘恒昌车辆贸易总公司(以下简称恒昌公司)签订的代理进口摩托车发动机总协议，对外开立了信用证。为此，恒昌公司按照约定签发了金额分别为450万元和650万元，到期日分别为同年11月16日和12月16日，收款人均为赛格公司的两张银行承兑汇票，均为被告郊区农行承兑。这两张银行承兑汇票，被恒昌公司在交付给原告赛格公司前遗失。恒昌公司曾于2008年8月2日登报声明汇票作废，又于同年9月2日向无锡市郊区人民法院申请公示催告。无锡市郊区人民法院于当天通知被告郊区农行停止支付。在法律规定的公示催告期届满时，恒昌公司未向无锡市郊区人民法院申请除权判决。恒昌公司后来交付给原告赛格公司的是遗失的银行承兑汇票第一联(此联由承兑行支付票款时作借方凭证)复印件和被告郊区农行于2008年8月28日出具的说明函。在银行承兑汇票第一联复印件上的汇票签发人签章栏内，加盖了郊区农行的汇票专用章，但是没有恒昌公司的签章。郊区农行说明函的内容是，由于银行承兑汇票被出票人遗失，出票人已登报声明作废，因此同意在遗失汇票的底联复印件上加盖本行汇票专用章，作为收款人向本行收款的有效依据；汇票到期后，收款人必须派员凭此复印件结算票面款项。赛格公司按复印件记载的日期，在到期后持上述遗失汇票第一联的复印件向郊区农行提示付款时，遭到郊区农行拒付，因此提起诉讼。

问题：法院会如何处理？

评析：无锡市中级人民法院认为，《中华人民共和国票据法》第20条规定，“出票是指出票人签发票据并将其交付给收款人的票据行为。”案外人恒昌公司虽然签发并经被告郊区农行承兑了两张银行承兑汇票，但是这两张银行承兑汇票在向原告赛格公司交付之前即被恒昌公司遗失，故恒昌公司并未完成出票的票据行为，赛格公司也未实际持有该银行承兑汇票。现赛格公司据以主张票据权利的，只是恒昌公司交给它的银行承兑汇票第一联复印件。该复印件上虽然有“汇票”字样、金额、付款人名称、收款人名称等复印内容，但是没有出票人恒昌公司的签章且未经郊区农行同意承兑，另附的郊区农行说明函又对支付限定了条件，这些内容都不符合票据法第22条对汇票的规定，所以复印件上虽然有郊区农行加盖的汇票专用章，也不能作为有效的汇票使用。赛格公司持此复印件请求行使票据权利，不符合票据法第4条第2款的规定，应当驳回。

5. 保证

保证是为了担保已经存在的票据上的债务而为的票据行为。我国《票据法》第45条规定，保证人由汇票债务人以外的他人担当以增加票据的信用，而《日内瓦统一票据法》则允许保证人为第三人或甚至是汇票上签名的当事人。在汇票的票面或贴单上必须记载“保证”字样、保证人的名称和住所及被保证人的名称。保证日期和保证人签章，保证方有效。如未记载被保证人的名称，已承兑的汇票，被保证人为承兑人；未承兑的汇票，被保证人为出票人。如未记载保证日期，保证日期为出票日。

保证的效力在于保证人与被担保人负有相同性质和内容的票据义务。汇票到期遭拒付时，持票人有权向保证人请求付款，保证人付款后，取得对被保证人及票据上债务人的票据权利。保证可以就票据金额的一部分作出，也可以由多人共同作出。共同保证中保证人之间承担连带责任，如其中一保证人偿清票款后，可依民法向其他保证人行使追索权。

6. 付款

付款是票据流通过程的终结，是票据法律关系的结束。付款使票据上的债权债务得以完结。持票人应在合理的时间和地点提示付款，如遭拒付，可由参加付款人参加付款，持票人不得拒绝。参加付款人付款后取得对票据上债务人的票据权利，可对被参加付款人、承兑人及其前手行使追索权。

付款的效力在于付款人依法足额付款后，全体汇票债务人的责任解除。付款人依照票据文义支付票据金额后，票据关系随之消灭，汇票上全体债务人的责任便予以解除。但如果付款人付款存在瑕疵，即未尽审查义务而对不符法定形式的票据付款，或其存在恶意或重大过失而付款的，则不发生法律效力，付款人的义务不能免除，其他债务人也不能免除责任。

7. 追索

追索是当汇票遭到拒付时，为了保护其利益，持票人行使的附属票据行为。

追索权的发生必须具备一定的实质条件和形式条件。其实质条件包括以下几方面：①汇票到期被拒绝付款；②汇票到期日前，出现汇票被拒绝承兑；③承兑人或付款人死亡、逃匿或被宣告破产，或付款到期日提示付款遭拒绝等。发生上述任一条件时，持票人都可以行使追索权，请求被追索人支付遭拒付的汇票金额、法定利息、取得有关拒绝证明和发出通知的费用。

但持票人在行使追索权之前，必须进行行使或保全汇票权利的行为，即具备追索权发生的形式条件，该条件包括以下几方面：①按期提示承兑或提示付款；②在不获承兑或付款时，按期做成拒绝证书或退票理由书或直接在汇票上记载拒绝事项等。持票按照法定手续保全追索权后，可由持票人发出追索通知、确定追索对象、请求偿还、受清偿还金额等。

1）对追索人的效力

追索人的权利是向前手请求偿还票款，并且可不按票据前后手关系，对票据债务人中的任何一人或多人或全体行使追索权，并且不丧失对其他票据债务人的追索权。

2）对被追索人的效力

被追索人是在追索关系中的追索对象，被追索人可为出票人、背书人、承兑人和保证人。该等票据债务人在持票人向其行使追索权时，必须承担全部偿清的责任，而不得以持票人未向其他票据债务人请求偿清为由拒绝履行偿清责任；同时，也不得只为部分金额的偿清，而要求持票人就其余部分金额再向其他票据债务人请求偿清。被追索人偿清债务后，与持票人享有同样的票据权利，如再追索权、对付款人的付款请求权等。

10.4 本票和支票

10.4.1 本票

1. 本票的概念

1）本票的定义

本票是指由出票人签发的承诺在该票据的到期日，由自己无条件支付确定的金额给收款人或持票人的自付票据。

2）本票与汇票的异同

本票和汇票在基本内容方面有相似之处：①以货币形式表现、金额一定；②以书面形式做成的无条件支付；③可近期或远期付款；④可以某人或他人为付款人。

而本票与汇票最根本的区别在于：本票只有出票人和收款人两个基本当事人，因此，本票无需进行承兑，也不存在参加承兑制度。本票多由银行发行，我国票据法则规定本票只能由银行签发。见票后定期付款的本票，持票人应向出票人提示，在票面上签章，并记载“见票”字样和日期，但本票的这种提示仅为确定付款到期日，而汇票的提示承兑是为了确定付款人的付款义务。

3）本票的种类

本票依照不同的标准，可作如下分类。

根据商业性质不同，本票可以分为银行本票和商业本票。前者的发行是建立在银行信用基础上，后者则是建立在商业信用基础上。本票有很强的信用，具有货币的功能，发行本票相当于扩大流通中的货币量，过度发行本票易引起通货膨胀。因此，我国《票据法》第73条规定，本票仅限银行本票。

根据记载收款人的方式不同，本票可分为记名本票和不记名本票。前者在本票上记载收款人姓名和商号做成限制性抬头；后者不记载上述内容，而附上“指定人”字样做成指示性抬头。我国《票据法》第75条规定，本票必须记载收款人姓名，即为记名式本票。

根据付款期限的不同，本票可分为即期本票和远期本票。前者指见票即付的本票，后者指定期付款、出票后定期付款和见票后定期付款的本票。银行本票都是即期本票，因此，我国票据法中规定的本票是即期本票。

2. 本票的票据行为

本票是流通票据的一种，它具有与其他票据相同的一般性质及特征，和汇票必然有许多共同之处，票据法关于汇票出票、背书、付款以及追索等具体制度都适用于本票。因此，本节仅对其个性方面进行说明。

1）出票

本票是自付证券，出票人承担付款责任。出票人一经出票，即成为本票的主要债务人，在本票时效内，出票人不能免除付款责任。持票人在本票到期日可直接向出票人请求付款，出票人于到期日付款的责任不应附加任何条件，即无条件付款。

如出票人委托银行担当付款人，出票人应在银行存有足够支付本票金额的款项，如因存款不足导致退票的，持票人可向出票人请求付款。付款人的存在不影响出票人的付款责任。

如出票人具备付款能力却不承担付款义务是，持票人可申请法院强制执行，以确保本票的索偿性。

2）见票付款

见票付款是远期本票中见票后定期付款本票特有的票据行为。本票的出票人本身是付款人，因其付款没有承兑制度的保证，法律特别设定了见票付款制度以保证持票人的利益。见票付款是指见票后定期付款本票的持票人向出票人提示票据，出票人在本票上记载见票字样及日期并签名的行为。当持票人提示见票时，出票人拒绝做有关记载和签名，持票人应在见票提示期限内，做成见票拒绝证书。此后持票人不必再做付款提示或做付款拒绝证书，可直接向前手行使追索权。见票付款是本票持票人保全追索权的要件。

10.4.2 支票

1. 支票的概述

1）支票的定义

我国《票据法》规定，支票是出票人签发的，委托办理支票存款业务的银行或者其他金融机构在见票时无条件支付确定金额给收款人或持票人的票据。

《英国票据法》规定，支票是银行存款户对其开立账户的银行签发的，授权该银行对某人或其指定人或持票人即期支付一定金额的无条件书面支付命令。

《日内瓦统一票据法》规定，支票的付款银行必须是持有出票人根据协议、有权开立支票处理存款的银行。

2）支票的种类

依照不同的分类标准，可对支票做不同分类。

根据记载收款人的方式不同，支票可分为记名本票和不记名支票。前者记载收款人的名称，又称抬头支票。后者则不记载收款人的名称，收款人可为任何合法持票人，故又称来人支票。

根据支付票款的方式不同，支票可分为普通支票、现金支票和转账支票。其中普通支票兼有支取现金和转账的功能。

为防止支票丢失及冒领，可由出票人、背书人或持票人在支票正面划两条平行线，做成划线支票。划线支票只能由银行或其他金融机构受领，而不能由持票人直接提取现款，保证了支票的安全。划线支票根据是否注明收款银行名称，分为普通划线支票和特别划线支票。任何普通划线支票都可加上收款银行名称而改变为特别划线支票。

在有些国家，如美国，支付银行可在支票上加保付文句并签字，做成保付支票，保付支票有更好的信用和流通性。实施保付行为的银行成为保付人，对保付人来说，保付人对支票负有绝对的义务，即使付款提示期已过，保付人也不得以此为由拒绝付款。保付成立后，付款人应从出票人账户提存支票金额存在专门账户以备付款。

2. 支票的票据行为

支票与汇票及本票有共同的特征，所以在各国的票据法或独立的支票法中均有有关事项准用汇票的规定。如我国《票据法》第93条规定，支票的出票、背书、付款行为人追索权的行使，除本法第4章规定外，适用本法第2章有关汇票的规定。本节仅对支票与汇票及本票不同的票据行为加以说明。

1）出票

支票的出票行为应按法定格式签发票据，并符合其他法定条件。我国《票据法》第88条规定，支票的出票人不得签发空头支票，即出票人签发的支票金额不得超过其付款时在付款人处实际有的存款金额。签发空头支票是违法行为，对责任人应依法追究其民事责任，构成犯罪的，应依法追究其刑事责任。我国《票据法》第89条规定，支票的出票人应签发与其在付款人处预留本名的签名式样或者印鉴相符的支票。否则，支票无效。

支票出票人出票后，必须按照签发的支票金额承担保证向持票人付款的责任。除在付款人处存有足以支付支票款项的金额外，当付款人拒付支票或超过支票付款提示期限时，出票人应向持票人承担付款责任。

2）付款

支票是一种即期汇票，必须见票即付。这里的即期是指以支票出票日为标准计算的有效期内。各国对支票有效期的规定不同：我国《票据法》第91条规定，支票的持票人应当自出票日起10天内提示付款；《日内瓦统一票据法》则将支票的提示期限按出票和付款的地域差别分为8天(同国)、20天(同洲)和70天(跨洲)不等。但在实践中，常出现票载出票日晚于实际出票日的情况，对于这种情况，各国立法如下：我国《票据法》第90条规定，支票限于见票即付，不得另行记载付款日期，如若记载，该项无效；《日内瓦统一票据法》规定出票人无论在票载日期之前或之后提示，付款人都应无条件付款；英美票据法则规定持票人在票载日期之前提示，付款人可不予付款，且不构成拒绝付款事由，持票人不能行使追索权。

支票的付款人只能是银行。支票由有银行的支票存款储户根据协议向银行开立的付款命令，没有存款的出票人签发的支票得不到付款，有存款没有银行协议的出票人签发的支票同样得不到付款。由于支票的付款人有严格的限制，所以付款人的名称必须指明，不能省略，否则支票无效。

本章小结

票据是按照一定形式制成、写明有付出一定货币金额义务的证件，是出纳或运送货物的凭证，具有无因性、要式性和流通性等基本特征。从经济角度讲，票据具有汇兑、支付、信用和融资等基本功能。一切有关票据的法律规范，统称为票据法，国际上的票据法系统经历了多阶段的演变，形成了以日内瓦统一大法系和英国票据法为代表的两大法系，我国的《票据法》于2004年开始实施。

票据的法律关系是指票据当事人之在票据的签发和转让过程中产生的权力义务关系。票据的法律关系分为票据关系和票据法上的非票据关系。票据的基础关系是指票据当事人之间签发或授受票据前形成的民事关系，主要包括原因关系、资金关系和对价关系。票据行为，是指以发生票据权利义务为目的而依照票据法所实施的法律行为，包括出票、背书、保证、承兑、参加承兑(汇票)和保付(支票)6种。票据权利是指票据持票人向债务人请求支付票据金额的权利，包括付款请求权和追索权。与票据权力相对应，票据抗辩权是债务人的权利。

现代票据制度主要包括汇票、本票和支票，票据法主要规范了各票据的票据行为及其法律效力。

关键术语

票据　汇票　支票　本票　票据法　票据关系　票据的基础关系　票据行为　出票　背书　承兑　保证　付款　追索权　票据行为代理　票据权利　票据抗辩　票据伪造　票据变造

思考与练习题

一、选择题

1. 甲是出票人，乙、丙、丁为依次背书人，戊从丁处取得票据，为持票人。甲在出票时在票面记载“不得转让”字样；丙是限制民事行为能力的人。在戊提示付款遭到拒绝后，他可以采用的救济方法是(　　)。

A. 因为甲、丙不对票据承担保证责任，戊只能向乙、丁行使追索权

B. 丙的背书无效，但戊可以向甲、乙、丁行使票据权利，请求支付票面金额

C. 付款人的拒绝付款没有理由，戊可以向人民法院起诉，判令付款人履行票据义务

D. 上面说法都不对，因为甲在出票时已在票面记载不得转让，所以乙之后的背书行为都无效，戊不是票据权利人

2. 下列有关票据责任的叙述正确的是(　　)。

A. 票据付款人故意压票拖延支付，给当事人造成损失的，主要责任人员除应依法受到金融行政管理部门的处分外，还应承担因此而给持票人造成的损失

B. 金融机构的工作人员在票据业务中玩忽职守，给持票人造成重大损失的，应当承担赔偿责任

C. 付款人与持票人恶意串通，故意使用伪造票据的，应当依法承担刑事责任

D. 金融机构工作人员在票据业务中玩忽职守，给当事人造成损失的，应当依法追究刑事责任

3. 汇票的背书人在汇票上记载“不得转让”字样，其后手再背书转让的，导致下列

何种后果(　　)。

A. 汇票因持票人违背背书人的意思而再背书转让无效

B. 汇票的原背书人对其后手的背书人不承担保证责任

C. 新的持票人的票据权利因“不得转让”的记载而变得毫无意义

D. 新的持票人不能以所持汇票向付款人提示付款

4. 有关汇票付款人的付款行为，下列说法中错误的是(　　)。

A. 持票人在提示付款期限内向付款人提示付款的，付款人应当当日足额付款

B. 汇票金额为外币的，按照付款日的市场汇价，以人民币支付，汇票当事人不得约定以人民币以外的其他货币偿付汇票金额

C. 付款人依法足额付款后，全体汇票债务人的责任解除

D. 付款人及其代理人付款时，应当审查汇票背书的连续，并审查提示付款人的合法身份证明或有效证件。因恶意或重大过失付款的，应当自行承担责任

5. 下列情况出现时，(　　)不构成持票人行使追索权的条件。

A. 付款人以其与持票人的债务纠纷正在诉讼期间为由，而不予付款时，持票人可对其前手行使追索权

B. 在汇票到期日之前，承兑人或者付款人因违法行为而被责令暂停业务活动的

C. 在汇票到期日前，承兑人或付款人被依法宣告破产的

D. 在汇票到期日之前，承兑人因为犯罪行为而畏罪潜逃的

6. 小王是限制行为能力的人，因和小李之间的债务关系，签发给小李一张支票，小李收到支票后背书转让给小孙，小孙又背书转让给小刘，小刘向银行请求付款时，银行以出票人印鉴不清拒付。小刘可向(　　)行使追索权。

A. 小王　　B. 小李　　C. 小孙　　D. 银行

7. 下列关于票据权利的表述，正确的是(　　)。

A. 凡是无代价或不以相当代价取得的票据，不得享有优先于前手的权利

B. 票据权利是专指持票人向票据债务人请求支付票据金额的权利，包括付款请求权和追索权

C. 持票人对出票人和承兑人的票据权利自票据到期日起2年内不行使而消灭

D. 持票人对出票人的票据权利，自出票之日起，6个月内不行使而消灭

8. 下面有关票据背书问题的叙述，正确的是(　　)。

A. 出票人在汇票上记载“不得转让”字样的，汇票转让无效

B. 票据凭证有满足背书人记载事项的需要，可以加附粘单，附于票据凭证上。粘单上的第一记载人应当在汇票和粘单的粘接处签章

C. 非经背书转让而取得的票据无效

D. 汇票以背书转让或者以背书将一定的汇票权利授予他人行使时，必须记载被背书人的名称

9. 支票上必须记载的事项有(　　)。

A. 无条件支付的委托　　B. 付款人的名称、地点

C. 出票人的名称、地点　　D. 出票人签章

10. 丙拾得一张甲为出票人、乙为从甲处直接取得票据的票据权利人的汇票。票面金额为 3 万元，见票后 2 个月内付款。丙拾得票据后，立即伪造乙签章，将汇票转让给自己，然后拿到 A 银行贴现。A 银行审查了汇票背书的连续性后，给予贴现，这时乙发现汇票丢失，并立即向法院申请公示催告，并向付款人 B 银行提出挂失止付，则下列选项中正确的是(　　)。

A. 丙除了承担票据责任之外，还应承担其他法律责任

B. 被伪造人乙可以追究丙的民事责任，但应承担票据责任

C. 付款人 B 银行不承担任何票据责任

D. A银行因为善意取得而成为真正的票据权利人，乙不得以丙的伪造背书行为而主张 A 银行的票据权利无效

三、思考题

1. 简述票据的法律特征的内在联系。
2. 票据既然是完全有价证券，是否可以认为凡是持票人均享有票据权利？为什么？
3. 在行使票据追索权时应注意哪些问题？
4. 比较票据债权的转让与合同债权转让有何区别？
5. 简述承兑与参加承兑、参加付款与参加承兑、付款与参加付款有何区别？
6. 汇票的各项票据行为对于各当事人具有什么法律与效力？
7. 分析汇票在国际贸易结算中的使用及与信用证的关系。
8. 比较《日内瓦统一票据法公约》、《英国票据法》、《中国票据法》对于汇票各项票据行为应记载事项的规定有什么不同？
9. 比较票据转让与提单转让的异同。

四、案例分析

1. 2006 年 1 月 16 日，甲公司与乙公司签订了一份空调购销合同，双方约定：由乙公司向甲公司供应空调 100 台，价款为 25 万元，交货期为 2006 年 1 月 25 日，货款结算后即付 3 个月的商业承兑汇票。1 月 24 日，甲公司向乙公司签发并承兑商业汇票一张，金额为 25 万元，到期日为 2006 年 4 月 24 日。2 月 10 日，乙公司持该汇票向 S 银行申请贴现，S 银行审核后同意贴现，向乙公司实付贴现金额 23.6 万元，乙公司将汇票背书转让给 S 银行。该商业汇票到期后，S 银行持甲公司承兑的汇票提示付款，因该公司银行存款不足而遭退票。S 银行遂直接向该公司交涉票款。甲公司以乙公司未履行合同为由不予付款。2006 年 11 月 2 日，S 银行又向其前手乙公司追索要款，亦未果。为此，S 银行诉至法院，要求汇票的承兑人甲公司偿付票款 25 万元及利息；要求乙公司承担连带赔偿责任。甲公司辩称，论争的商业承兑汇票确系由其签发并经承兑，但乙公司未履行合同，有骗取票据之嫌，故拒绝支付票款。乙公司辩称，原合同约定的履行期太短，无法按期交货，可以延期交货，但汇票追索时效已过了 6 个月，S 银行不能要求其承担连带责任。

问：(1) 甲公司是否应履行付款责任，为什么？

(2) 乙公司应否承担连带责任，为什么？

（案例来源：中国票据网 www.zgpj.net）

2. 2009 年 1 月，某市 A 公司与马来西亚 B 公司签订了一份 6 个月内分批交货的进口轮胎的合同。合

同总金额为800万美元，A公司作为买方应对方要求，给B公司开出一张见票后6个月付款的远期汇票，并请某银行某市分行承兑。事实上，B公司将这张经承兑的远期汇票在马来西亚的美国银行贴现700万美元，A公司只收到第一批货后，B公司消失。6个月后，马来西亚的美国银行持上述汇票请保兑行，即某银行某市分行付款。

问：作为保兑行，某银行某市分行是否应对马来西亚的美国银行履行付款责任，为什么？

（案例来源：案例根据梁琦编著，高教出版社出版《国际结算》，第二章票据中的案例整理而成）

3. 甲方拾得某银行签发的金额为5 000元的本票一张，并将该本票背书无偿赠与乙方，乙方不知本票系甲方拾得，按期持票要求银行付款。

问：假设银行知晓该本票系甲方拾得并送给乙方，对于乙方的付款请求该银行应如何处理，其法律依据是什么？

（案例来源：http：//china. findlaw. cn）

第 11 章 世界贸易组织法

本章教学要点

知识要点	掌握程度	相关知识
世界贸易组织法概述	了解	WTO 与 GATT 的关系，WTO 的相关法律文件、组织结构、决策机制及基本原则
WTO 货物贸易法	掌握	GATT1994 及其所属多边货物贸易协议
WTO 服务贸易法	掌握	服务贸易壁垒、GATS 宗旨、对服务贸易的界定和 GATS 规定的成员义务
WTO 与贸易有关的知识产权法	掌握	TRIPS 的内容、目标、特点、基本原则，TRIPS 保护的知识产权的类别和时间
WTO 争端解决机制	重点掌握	争端解决机制适用范围、争端类型、争端解决途径和程序

导入案例

看巴西如何制裁美国

2005 年 8 月 31 日，世界贸易组织(WTO)判定美国为其国内棉农提供巨额补贴的做法违反了相关贸易规则，并批准巴西对美国实施总额为 2.95 亿美元的制裁措施。

巴西是借助 WTO 争端解决机制提出贸易诉讼最多的国家之一，算上这场与美国棉花补贴贸易胜诉后，巴西在近几年中已取得了对发达国家贸易诉讼的两次“大捷”。在 2005 年，巴西便赢得了对欧盟糖类补贴的贸易诉讼。该国的一些成功经验值得借鉴。

(1) 巴西将“WTO 贸易谈判”、“联合国改革”与“南美洲一体化”一同视为其外交政策的三大目标。

(2) 巴西在 WTO 贸易争端和其他谈判问题上拥有一个非常专业的团队。除常驻 WTO 官员之外，巴西还多次派出专家参与争端解决机构专家组的工作，其中包括资深外交官和贸易专家。更重要的是，巴西培养出了一批精通贸易规则、争端处理和谈判技巧的人才。

(3) 巴西建立了监测预警机制和跨部门的协调机制。经过多年的努力和实践，巴西政府已建立了贸易壁垒和贸易争端的监测预警机制，将贸易争端的解决重点从事后处理转向事先预防。巴西在处理贸易纠纷方面已形成一套纵向指挥管理、横向密切配合的组织机构。其中，巴西发展、工业和外贸部下设的外贸委员会发挥着重要作用，该委员会是一个跨部门的专门负责贸易和旅游事务的机构，该机构为巴西在解决贸易争端时实现部门间协作提供了保障。

另外，巴西在WTO贸易争端解决和谈判中还有一个很重要的特点，是充分利用WTO的“非歧视”和“成员国平等”原则，敢于在事关本国核心利益的贸易争端中开展“持久战”，这也是巴西为何成为最善于利用WTO争端解决机制的国家之一的原因所在。而敢于向发达国家叫板的精神，更是在对欧盟和美国的这两起胜诉中发挥着更重要作用。

问：入世10年的中国如何向巴西学习这些成功的经验？

（案例来源：周志伟．看巴西如何制裁美国．环球时报第14版，2009年9月3日．）

11.1 世界贸易组织法概述

11.1.1 世界贸易组织的诞生

世界贸易组织(the World Trade Organization，以下简称WTO)成立于1995年1月1日，其前身是《关税与贸易总协定》(General Agreement on the Tariff and Trade，以下简称GATT)。GATT是1947年4月联合国经济与社会理事会在日内瓦召开的世界贸易与就业会议第二次筹委会期间，美国、英国、法国等23个国家根据会议安排进行了减让关税的谈判，最后达成了123项有关关税减让的双边协议。为了尽快实施这些关税减让协议，参加国把《国际贸易组织宪章》(《哈瓦那宪章》)中有关关税和贸易的内容与已达成的关税减让协议合并成为一项单独的多边协定，称为《关税与贸易总协定》(简称《1947年GATT》或GATT1947)。由于当时拟成立的国际贸易组织(the International Trade Organization，以下简称ITO)前途未定及其他一些原因，各谈判方认为GATT不能等到ITO成立后才生效，而应该尽快开始临时适用。因此，1947年10月，上述23个国家中的8个国家签署了《GATT临时适用议定书》，并宣布从1948年1月1日起在8国范围内正式开始临时生效。后来由于美国和其他绝大多数国家未能批准建立ITO的《哈瓦那宪章》，使得ITO的愿望落空，因此，在WTO成立以前，GATT就一直以临时适用的多边协定的形式存在，共存续了47年。GATT虽然只是一个临时适用的协定，而不是一个具有国际法人地位的正式的国际组织，但它在40多年的实践中已经成为一个事实上的国际组织，代替ITO担负起管理、监督和发展多边贸易体系的职能，成为调整各缔约国经贸关系，解决国际贸易争端，不断推进多边贸易自由化的准国际贸易组织，和国际货币基金组织及世界银行一起构成了调节世界各国经济贸易关系的三大支柱，对全球经济产生了积极的作用。缔约方大会、代表理事会和ITO筹委会是GATT的3个负责管理的主要机构。GATT的最高决策机构是缔约方大会，代表理事会是GATT的常设执行机构，ITO筹委会在组建ITO计划流产后则演变成了GATT事实上的秘书处，由GATT总干事领导，负责处理日常事务。我国曾是《1947年GATT》的23个原始缔约国之一，后来由于台湾当局宣布退出GATT而一度中断了与GATT的联系。后来，我国政府自1986年7月开始启动复关谈判，至2001年12月11日，我国正式成为了WTO的第143个成员。

在 GATT 存续期间的 47 年中，共进行了 8 个回合的谈判，前 4 个回合使得缔约国之间的关税水平大幅下降，后 4 个回合逐步开始对各种非关税壁垒加以规范和约束，对国际贸易的有序发展起到了十分积极的促进作用。GATT 最后一个回合是乌拉圭回合，谈判之初并未涉及成立 WTO 的议题，但随着谈判领域的不断深入，各缔约国愈发意识到成立一个正式的国际组织以取代 GATT 的重要性，后来在欧洲共同体的提议和其他成员的支持下，根据乌拉圭回合谈判达成的《建立世界贸易组织协定》终于于 1995 年 1 月 1 日成立的世界贸易组织。由于 WTO 是一个正式的政府间国际组织，拥有国际法人地位，就解决掉了 GATT 的诸多先天不足，即根据《建立世界贸易组织协定》第 8 条的规定，WTO 具有国际法律人格，WTO 的每一成员均应给予 WTO 履行其职能所需的法定资格，WTO 及其官员均享有履行其职能所必需的特权与豁免，WTO 还具有缔约能力。总之，新成立的 WTO 和其他国际组织一样，具有履行其诸多职能所需的权利能力，争端解决机制和贸易政策审议机制就是履行职能的两大重要机制保证。

《建立世界贸易组织协定》的序言明确规定 WTO 的宗旨是提高生活水平，保证充分就业，大幅度稳步提高实际收入和有效需求；扩大货物、服务的生产和贸易；坚持走可持续发展之路，各成员应促进对世界资源的最优利用、保护和维护环境，并以符合不同经济发展水平下各成员需要的方式，加强采取各种相应的措施；积极努力以确保发展中国家，尤其是最不发达国家，在国际贸易增长中获得与其经济发展水平相应的份额和利益。与 GATT 相比，WTO 的宗旨在诸多方面有了明显的进步与发展：①贸易规范的内容从货物贸易扩大到服务贸易和知识产权领域；②明确将可持续发展、世界资源的最佳利用、保护和维护环境等作为世界贸易发展的前提条件；③更加突出对发展中国家，尤其是最不发达国家贸易发展的关注和支持；④对关税和贸易壁垒的削减从大幅度到追求实质性；⑤表明建立完整、可行和持久的多边贸易体制，并决心维护其机制的作用和促进其各项目标的实现。

11.1.2 世界贸易组织的法律文件

WTO 的法律文件既包括实体法性质的法律文件，也包括程序法性质的法律文件。与 GATT 相比，WTO 协议调整的范围要宽得多，不仅包括 GATT 1947 调整的货物贸易，还扩大到服务贸易和与贸易有关的知识产权。同时，WTO 协议还确立了适用于货物贸易、服务贸易和与贸易有关的知识产权的贸易政策评审机制和争端解决机制。

WTO 的法律文件主要指《建立世界贸易组织协定》及其附件。《建立世界贸易组织协定》是 WTO 的章程性文件，是建立在关税与贸易总协定规则基础上的，对 GATT 规则的继承和发展，其内容包括前言、16 条正文和 4 个附件，这些内容构成了世界贸易组织的整个法律制度，也构成了一揽子的权利义务，对所有的成员都有约束力。其中前言和 16 条正文主要是对 WTO 的成立、宗旨、职能、机构设置、决策方式、成员资格及成员的加入、退出等原则性和程序性的问题作出的规定，并未涉及规范和管理多边贸易关系的实质性内容，而其最实质性的内容都基本都包含在它的 4 个附件当中。

附件 I：多边贸易协议。

附件 IA：货物贸易多边协议。包括 GATT 1994、《农产品协议》、《动植物卫生检疫措施协议》、《纺织品与服装协议》、《技术贸易壁垒协议》、《与贸易有关的投资措施协议》、《反倾销协议》、《海关估价协议》、《装运前检验协议》、《原产地规则协议》、《进口许可程序协议》、《补贴与反补贴措施协议》和《保障措施协议》。

附件IB:《服务贸易总协定》及各附件。

附件IC:《与贸易有关的知识产权协定》。

附件Ⅱ:《关于争端解决规则和程序的谅解》。

附件Ⅲ:《贸易政策审议机制》。WTO对成员的贸易政策及其对WTO的影响定期进行审议,以促进贸易政策措施的透明度,实现公平、公正、公开的贸易秩序。

附件Ⅳ:诸边贸易协议,包括以下4个协议:①国际民用航空器协议;②政府采购协议;③国际奶制品协议;④国际牛肉协议。不过,国际奶制品协议和国际牛肉协议已于1997年被废除。与多边贸易协议不同,诸边贸易协议只有极少数成员参加,也只对参加了诸边贸易协议的成员有约束力。

11.1.3 世界贸易组织的组织结构及决策机制

1. 组织结构

1) 部长级会议

部长级会议(Ministerial Conference)是WTO的最高权力机构。它由各成员主管经贸事务的部长、副部长级官员或其全权代表组成,一般至少每两年举行一次。部长会议有权按照《建立世界贸易组织协定》及有关多边贸易协议关于决策的具体规定,对各种多边贸易协议中的任何事项作出决定,履行WTO的各项职能,并采取必要的措施。其职能主要是任命WTO总干事并确定总干事的权力、职责、任职条件和任期以及秘书处工作人员的职责及任职条件、立法决策权和对世贸组织协定和多边贸易协定的解释权、准司法权、豁免某个成员在特定情况下的义务和批准非WTO成员所提出的取得世贸组织观察员资格申请的请示等。WTO成立以来,迄今已经召开6次部长会议。

2) 总理事会

总理事会(General Council),它是部长级会议休会期间的常设机构,由各成员政府委派的代表或常驻WTO总部大使组成。总理事会主要负责在部长级会议休会期间,执行部长级会议的各项职能以及《建立世界贸易组织协定》授予的职能,如争端解决职能、贸易政策评审职能等。总理事会下设货物贸易理事会、服务贸易理事会和与贸易有关的知识产权理事会,指导其相关工作。

3) 贸易政策审议机构与争端解决机构

贸易政策审议机构(Trade Policy Review Body)与争端解决机构(Dispute Settlement Body)是直接隶属于部长级会议,与总理事会平行的两个机构。贸易政策审议机构的职责就是定期审议各成员的贸易政策、法律和各项具体措施,看其是否与WTO的各项协议和协定相符。争端解决机构的职责是解决成员间的所有贸易争端。争端解决机构还下设有两个分支机构,即争端解决专家小组和上诉机构。争端解决机构主要是通过专家小组和上诉机构的工作报告对争端进行裁定。上诉机构也是一个常设机构,由7人组成,他们是知名的法律或国际贸易专家，不代表任何一国政府。从上诉机构中挑选出3人组成的复审小组，负责审理上诉案件。

4）理事会

理事会为总理事会的附属机构，包括货物贸易理事会、服务贸易理事会和知识产权理事会，由所有成员代表组成，分别负责各相关协议的执行监督工作。具体来说，货物贸易理事会(Council for Trade in Goods，CTG)负责《1994年关贸总协定》及其他货物贸易协议有关事宜；服务贸易理事会(Council for Trade in Services)监督执行《服务贸易总协定》及分部门协议的有关事宜；知识产权理事会(Council for TRIPs)监督执行《与贸易有关的知识产权协定》。3个理事会在总理事会的指导下开展工作，行使相应协议规定的职能以及总理事会赋予的其他职能。

5）委员会

WTO设有3类专门委员会，分别由相应的机构授权履行职务。第一类由部长级会议设立，分别是贸易与发展委员会，国际收支限制委员会，预算、财政和行政委员会，履行WTO协定及总理事会授予的职能；第二类是由总理事会设立的贸易与环境委员会和区域贸易安排委员会；第三类由各分理事会设立，负责监督各自协议的执行。

6）秘书处

秘书处为WTO的日常办事机构，它由部长级会议任命的总干事领导。秘书处的主要职责是给部长级会议、各理事会以及各专门委员会提供专业性服务，如为WTO各方谈判和实施各项协议服务，按照WTO原则为发展中国家提供贸易政策管理方面的技术援助，分析、预测世界贸易形势，向各成员方大众和媒体解释WTO的活动等。此外，秘书处还负责为贸易争端解决过程提供法律和信息服务，对WTO潜在成员政府给予咨询等。在履行职务中，总干事和秘书处工作人员均不得寻求和接受任何政府或WTO以外组织的指示，各成员应尊重其职务的国际性，不能有碍其履行职责。

在GATT时期，秘书处由于缺乏法律上的地位，其工作通常较为被动，大多从事研究和服务性的工作；由于制定了《建立世界贸易组织协定》，秘书处正式取得了合法资格，其地位得到提高，职责也进一步拓宽，姿态也积极主动了，从而起着不断促进国际贸易发展的作用。尤其是在贸易政策审议机制（TPRM）方面，秘书处负责定期审议各国的贸易政策，如写出被审成员的贸易报告，要求有关成员“澄清其贸易政策和实践”等方面取得了成绩。秘书处甚至可指出成员方应予纠正或改进的贸易实践，敦促其做出必要的改革。

2. WTO的决策机制

与其他国际经济组织如国际货币基金组织、世界银行等不同，WTO没有采取前者的加权表决制度，而是采用了一成员一票的方式，体现了各成员的平等。WTO基本上沿袭了在GATT时期长期采用的决策方式，并做了适当的完善和发展。GATT时期遵循的决策方式是“以协商一致(consensus)做出决定”。也就是说在讨论一项提议或拟议中的决定时，应首先寻求协商一致，所有成员都表示支持，或者没有成员反对，即为协商一致通过。WTO中除争端解决机制采用了反向协商一致外，其决策体现了下列特点，即协商一致与投票表决相结合，协商一致为常规和先导，投票表决为例外和后盾，也就是说，除特定事项外，WTO的决策均采取协商一致方式，而且即便是需要投票的事项，根据具体情况也可以先采取协商一致决策方式，只有在无法协商一致时才通过投票表决决定。

所谓协商一致，根据《建立世界贸易组织协定》的规定，是指如果在做出决定时，出席会议的WTO成员无人提出正式反对，即通过有关决定。缺席、弃权、不表态均不妨碍决定的做出。所谓反向协商一致，是指如果出席会议的成员没有能够全体做出反对，则该决定视为通过。

此外，WTO协议规定以下事项应由WTO成员以投票表决的方式决定：①部长级会议和总理事会有权根据分理事会的建议解释WTO协议所属的多边贸易协议，对协议条款的解释需经WTO成员3/4多数通过。②前述协议的一般条款修改以2/3多数通过，某些重要条款如“最惠国待遇”的修改需经全体成员通过才有效。③豁免某成员WTO协议的义务需经3/4多数通过。④申请加入WTO的决定应由部长级会议或总理事会做出，需经WTO成员2/3多数通过。

11.1.4 世界贸易组织的基本原则

GATT为了实现贸易自由化的宗旨，制定了一整套为缔约方所普遍接受的多边贸易原则，包括最惠国待遇原则、国民待遇原则、关税减让原则、一般性取消数量限制原则，这些原则是GATT的主要法律规范，其精神贯穿于GATT的所有文件。WTO继承了GATT的基本原则，同时又对其进行了发展和完善。

1. 最惠国待遇原则

最惠国待遇是WTO多边贸易制度中最重要的基本原则和义务，是多边贸易制度的基石。GATT中的最惠国待遇，是指缔约一方现在和将来给予任何第三方(包括非缔约方)在贸易上的特权、优惠和豁免，应当立即无条件地给予缔约对方。例如，甲国、乙国和丙国均为世界贸易组织成员，当甲国把从乙国进口的汽车关税从15%降至10%时，这个10%的税率同样要适用于从丙国等其他成员方进口的汽车。又如，甲国和乙国均为世界贸易组织成员，丁国为非世界贸易组织成员，当甲国把从丁国进口的汽车关税税率从20%降至10%时，这个10%的税率也应自动地适用于从乙国等其他成员方进口的汽车。但当甲国降低从乙国等成员方进口的汽车关税税率时，降低后的关税税率并不能自动地适用于丁国。最惠国待遇最初是双边协定中的一项规定，要求一方保证把给予任何其他国家的贸易优惠(如低关税或其他特权)同时给予对方。GATT将双边协定中的最惠国待遇作为基本原则纳入多边贸易体制，适用于缔约方之间的货物贸易，“乌拉圭回合”将该原则延伸至服务贸易领域和知识产权领域。在国际贸易中，最惠国待遇的实质是保证市场竞争机会均等，它主要适用于5个方面：①与进出口有关的任何关税和费用；②进出口关税和费用的征收方法；③与进出口有关的规则、手续；④国内税或其他国内费用；⑤影响产品的国内销售、分销、购买、运输、分配和使用的全部法令、条例和规定。

最惠国待遇原则也存在一些例外，主要有以下3种情形：①以关税同盟和自由贸易区等形式出现的区域经济安排，在这些区域内部实行的是一种比最惠国还要优惠的“优惠制”。WTO成员可参加此类区域经济一体化安排，对相互间的货物贸易或服务贸易实质上取消所有限制，而区域外的WTO成员则不能享受这些成果。②对发展中国家实行差别和特殊待遇(如普惠制)。在关税方面，允许发达国家通过制定“普惠制方案”对发展中国家出口的制成品和半制成品以及某些初级产品提供普遍的和非互惠的、比最惠国关税还要优惠的关税优惠。在履行有关非关税措施的规则方面，发展中国家可享受差别的和更为优惠的待遇。③边境贸易。WTO允许其成员为便利毗邻国家间的边境贸易，对毗邻国家给予更多优惠，包括关税优惠。

应用实例

巴西诉欧共体影响家禽制品进口的措施案

1992年6月19日，在通过《欧共体对油籽及有关的动物食用蛋白质的加工商和生产商给予补贴》专家组报告后，总协定缔约方全体授权欧共体据总协定第28条与利害关系的缔约方进行谈判。欧共体与巴西及其他9个缔约方进行了谈判。与巴西的谈判于1993年7月终止，并于1994年1月31日签署了备忘录。备忘录中的双边协议规定了冷冻禽肉的全球免税关税配额。据1994年3月理事会规章，774/94税率配额自1994年1月1日起开始。委员会规章1432/94规定了适用的详细规则，并规定关税配额下的所有进口都需提交进口许可证。对配额外产品进口没有许可证要求。

欧共体在实施这项配额时，也向其他成员提供禽肉配额。巴西对欧共体的这项措施提出指控，要求成立专家组。巴西声称，欧共体没有按与双边达成的油籽协议实施关税配额，巴西应是该协议唯一的受益方；欧共体也没有按GATT第13条实施关税配额；巴西进一步主张，在实施进口许可时欧共体没有满足许可协议第1条和第3条的要求；在适用于配额外的家禽制品的特别保障方面，欧共体没有遵循农产品协议第4条和第5条的规定。巴西认为其利益得以丧失或受损。而欧共体则认为它的这一措施是严格按照GATT的有关原则和规定执行的。

问题：如何分析此案例？

评析：专家组和上诉机构最终都裁定：没有充分的证据支持巴西提出的巴西是欧共体禽肉制品关税配额唯一受益方的主张，巴西所主张的油籽协议的双边性本身意味着禽肉制品配额纯是为了巴西自己利益而不应该扩大的理由是不充分的。因为虽然巴西与欧共体之间关于禽肉制品关税配额的谈判是双边的，但根据最惠国待遇原则，双边谈判的结果应最终适用于多边各国。即应遵循WTO双边谈判，多边受益的原则。

(案例来源：根据全国文化信息资源共享工程．欧共体影响家禽制品进口的措施．http：//www.dhbc.net.相关案例整理．)

2. 国民待遇原则

国民待遇是指对其他成员方的产品、服务或服务提供者及知识产权所有者和持有者所提供的待遇，不低于本国同类产品、服务或服务提供者及知识产权所有者和持有者所享有的待遇。国民待遇义务适用于每一具体产品，该义务基本可以分为两类：一类涉及国内税费；另一类涉及影响产品销售等的国内法律、规章。

GATT对国民待遇原则也规定了一些例外：①国民待遇不适用于政府机构。但这一例外在东京回合谈判制定的《政府采购协议》中已经被修改，新的《政府采购协议》引进了国民待遇。②国民待遇不妨碍政府对国内生产商给予特殊补贴。但该例外不表示对国内生产商的补贴不受任何约束，而只是表明这样的补贴不依据国民待遇原则进行调整。

应用实例

国民待遇与WTO第一案

1995年1月，世界贸易组织成立伊始就受理了一起非常棘手的贸易争端：委内瑞拉申诉美国。事情的起因是，1993年，美国环保署根据国会1990年《清洁空气法》修正案制定的“汽油规则”，要求自1995年1月1日起在美国销售的汽油必须符合新的清洁度标准。在美国污染严重地区只允许销售法定清洁汽油(精炼汽油)，在其余地区销售的常规汽油不得低于1990年所售汽油的清洁度。关于1990年清洁度标准的确定，分为两种情况：在1990年营业6个月以上的国内供应商可自行确定本企业的标准，而国外供应商和在1990年营业不足6个月的国内供应商必须执行法定标准。美国的这一政策公布后，遭到了作为美国重要的国外汽油供应商委内瑞拉的反对，认为该政策违反了世界贸易组织的规则，严重损害了委内瑞拉的经济利益。于是，委内瑞拉便把美国“告到”了世界贸易组织。随后不久，巴西也加入了对美国的申诉。这便是所谓的“WTO第一案”。

问题：如何分析此案例？

评析：在此案中，美国显然违反了世界贸易组织的国民待遇原则。因为它在实施新汽油政策时对进口汽油的化学性能规定了比国产汽油更严格的标准，构成了对国外汽油供应商的歧视。于是，世界贸易组织的争端解决机构裁定美国的汽油政策违反了WTO的国民待遇原则，要求美国修改汽油政策，使其与世界贸易组织的规则相一致。美国接受了裁决，并应委内瑞拉的要求，自1996年5月20日起的15个月内修改其汽油政策。1997年8月19日，美国签署了新的汽油政策，“WTO第一案”也最终得到了圆满解决。

（案例来源：刘力．聚焦WTO：国民待遇与WTO第一案．新浪网．2001年11月6日．）

3. 关税减让原则

关税减让原则是关于缔约国之间通过谈判不断降低进口关税水平的原则。由于进口关税的高低直接影响到各成员国的出口量，尤其是高关税在很大程度上限制了他国商品的进口甚至禁止进口，因此，降低进口关税是真正实现贸易自由化的重要手段。关税减让原则是GATT第一轮开始就确立的基本原则，它一直作为GATT各轮谈判的重要议题。自从1948年GATT生效以来，在关税减让原则的作用下，通过多边贸易谈判，成员国的平均关税逐步大幅度地下降，目前发达国家的平均进口关税已经降至3.8%以下，发展中国家也已经接近10%，有的国家和地区甚至降到了接近零关税。

4. 贸易自由化原则

贸易自由化原则是指通过多边贸易谈判，实质性地削减关税和减少其他贸易壁垒，以扩大成员国之间的货物和服务贸易的原则。由于贸易自由化是WTO的重要理论取向，因此为了实现这一目的，WTO要求其成员尽可能地取消不必要的贸易障碍，开放市场，为货物和服务在国际的流动提供便利。WTO的贸易自由化具体体现在货物贸易和服务贸易两大领域中。在货物贸易领域，该原则主要通过关税减让、减少和约束非关税壁垒等措施来实现；在服务贸易领域，WTO的《服务贸易总协定》要求其成员为其他成员的服务产品和服务提供者提供更多的投资与经营机会，分阶段逐步开放商务、金融、电信、分销、旅游、教育、运输、医疗保健、建筑、环境、娱乐等服务领域。

应用实例

巴西、智利等9国同美国的烟草制品立法问题纠纷

1993年8月10日，美国总统克林顿签署了一项法令，要求国内的卷烟制造商在生产中至少使用75%的本国原料，违反规定的将被罚款；法令还规定了对进口征收国内税、检查费。1993年以前，美国允许烟草加工企业在生产过程中使用41%的进口原料。1992年，巴西、智利、哥伦比亚、加拿大、萨尔瓦多、危地马拉、泰国、津巴布韦向美国出口的烟草达到91 000吨，总价值为53亿美元。现在，根据新的法令，美国卷烟制造商使用进口原料的比例由41%下降到25%以下。因此，法令的实施将大大影响这些国家对美国的烟草出口。1993年12月，巴西、智利等8国向GATT提出申诉，认为美国关于烟草制品的立法违反了GATT第3条第五款，即“缔约方不得建立或维持某种对产品的混合、加工或使用须符合特定数量或比例的国内数量限制条例，直接或间接要求条例规定的某一产品的特定数量或比例必须由国内来源供应缔约方。也不应采用其他与本条第一款规定的原则有抵触的办法来实施国内数量限制条例”。

1994年1月25日，专家组成立。1994年2月，阿根廷也加入申诉。1994年9月，专家组提交调查报告，认为美国政府的法令实际上是内部数量限制措施，不符合GATT第3条的规定。1994年10月4日，DSB(WTO争端解决机构)通过专家组报告，巴西、智利等9国胜诉。

问题：如何分析此案例?

评析：在本案中，美国通过国内立法强制提出卷烟制造商使用国产原料的比例，这相当于以立法形式限制进口卷烟原料的市场准入，这明显地违背了WTO的贸易自由化原则。而且，进口卷烟原料和国产卷烟原料具有不平等的市场机会，进口卷烟原料的市场准入机会低于国产卷烟原料，这也违背了WTO的国民待遇原则。巴西、智利等9国在本案中的胜诉是必然的。

(案例来源:http: //www.du8.com)

5. 允许正当保护的原则

WTO在鼓励世贸组织成员贸易自由化的同时，也允许WTO成员作出正当的保护。正当保护原则是指WTO允许其成员根据经济发展阶段的不同，依据货物和服务产业竞争能力的差距，考虑可持续发展的需要，维护本国国民安全和健康的要求，可以通过谈判作正当的保护。正当保护具体表现在如下几方面：①发展中国家保护程度高于发达国家。②WTO成员可以根据本身产业和服务业的竞争力的差距，设置不同的关税税率，对新兴产业(幼稚产业)的保护程度可以高于已经发展起来的产业；服务业没有作出承诺的服务部门，不适用国民待遇。③加识产权要加强保护。与货物和服务贸易不同，根据《与贸易有关的知识产权协定》，世贸组织要求所有成员都必须达到知识产权保护最低标准。④WTO成员为了做到可持续发展，可限制某些国内短缺的物资出口；为了保护本国国民的健康和安全，可对进口产品设置技术、安全和质量标准，对达不到标准和规格的产品不许进口。

6. 透明度原则

透明度原则是指，成员方应公布所制定和实施的贸易措施及其变化情况(如修改、增

补或废除等)，不公布的不得实施，同时还应将这些贸易措施及其变化情况通知 WTO。成员方所参加的有关影响国际贸易政策的国际协议，也在公布和通知之列。公布有关贸易措施，是 WTO 成员最基本的义务之一。如果不公布有关贸易措施，成员方就很难保证提供稳定的、可预见的贸易环境，其他成员就难以监督其履行 WTO 义务的情况，WTO 的一系列协议也难以得到充分、有效的实施。WTO 要求，成员方应承担公布和公开有关贸易措施及其变化情况的义务。公布的具体内容包括以下几方面：①产品的海关分类和海关估价等海关事务；②对产品征收的关税税率、国内税税率和其他费用；③对产品进出口所设立的禁止或限制等措施；④对进出口支付转账所设立的禁止或限制等措施；⑤影响进出口产品的销售、分销、运输、保险、仓储、检验、展览、加工与国内产品混合使用或其他用途的要求；⑥有关服务贸易的法律、法规、政策和措施；⑦有关知识产权的法律、法规、司法判决和行政裁定，以及与 WTO 成员签署的其他影响国际贸易政策的协议等。关于公布的时间，WTO 规定，成员方应迅速公布和公开有关贸易的法律、法规、政策、措施、司法判决和行政裁定，最迟应在生效之时公布或公开，使 WTO 其他成员和贸易商及时得以知晓。在公布之前不得提前采取措施，如提高进口产品的关税税率或其他费用，对进口产品或进口产品的支付转账实施新的限制或禁止措施等。此外，还承担应其他成员要求提供有关信息和咨询的义务。

11.2 WTO 货物贸易法

11.2.1 《1994 年关贸总协定》介绍

自《1947 年关贸总协定》临时生效以来，在 1948—1994 年这 47 年间，该协定被多次更新和补充，并增加了一些解释性说明。尤其是在乌拉圭回合谈判中通过的一系列谅解协议从多方面补充和更新了 GATT 条款，经过这次更新后的 GATT 文本被称为《1994 年关贸总协定》(《1994 年 GATT》，又称 GATT 1994)。GATT 1994 是 GATT 1947 以及此后形成的所有解释性说明、谅解、加入议定书、关税减让表的总和。此外，由于 WTO 的成立，WTO 正式取代了 GATT，使得《临时适用议定书》被取消，因此 GATT 1994 中不包括作为 GATT 1947 组成部分的《临时适用议定书》。

11.2.2 多边货物贸易协议

1.《农业协议》

《农业协议》是 WTO 负责实施管理的货物贸易协议中一个极其重要的协议，它是 GATT 1994 基本原则和规则在国际农产品贸易领域的具体应用。该协议的主要目标是促进农产品贸易的改革，其宗旨是通过非关税措施关税化及降低关税的规定来削减农产品的贸易壁垒，由此来促进农产品贸易自由化的实现。《农业协议》分为 13 个部分，共 21 个条款和 5 个附件，其内容主要包括扩大农产品市场开放、削减农产品生产补贴和削减农产品出口补贴等。

2.《实施卫生与植物卫生措施协议》

《实施卫生与植物卫生措施协议》是 GATT 乌拉圭回合达成的一个新协议，是由 1947 年 GATT 第 20 条引申和发展而来的，而且与《农业协议》关系密切。其宗旨是通过该协议“指导卫生与植物卫生措施的制定、采用和实施，从而将其对贸易的消极影响降低到最小程度”。该协议由 14 个条款和 3 个附件组成，其主要内容包括含义、应遵守的规则、发展中成员所享有的特殊和差别待遇，卫生与植物卫生措施委员会的职能、争端解决等。

3.《纺织品与服装协议》

《纺织品与服装协议》是由 GATT 时期签署的一系列协议演变而来，这些协议包括《短期棉纺织品协议》、《长期棉纺织品贸易协议》和《多种纤维协议》。在广大发展中成员的努力下，GATT 乌拉圭回合最终达成了取代 1994 年 12 月到期的《多种纤维协议》的《纺织品与服装协议》。该协议的宗旨是使纺织品与服装贸易最终纳入 GATT 的框架，最终取消纺织品与服装贸易中的配额限制，实现贸易自由化。该协议实际上也是一个阶段性的协议，即它的生效是有期限的，从 1995 年 1 月 1 日到 2004 年 12 月 31 日为止。《纺织品与服装协议》由 9 个条款和 1 个附件组成，主要内容包括适用产品范围、分阶段取消配额限制、过渡性保障措施、非法转口的处理和纺织品监督机构等。

4.《技术贸易壁垒协议》

《技术贸易壁垒协议》最初是在 GATT 东京回合签署的只对签字国生效的协议。乌拉圭回合对该协议进行了修改和完善后，最终成为 WTO 负责实施管理的一个多边协议。该协议的宗旨和目的包括以下几方面内容：①消除不合理的技术性措施，减少国际贸易壁垒；②通过制定多边规则指导成员制定、采用和实施被允许采取的技术性措施，努力保证这些措施不成为任意或不合理的歧视，造成不必要的国际贸易障碍；③鼓励采用国际标准和合格评定程序，提高生产效率和便利国际贸易。该协议由 15 个条款和 3 个附件组成，主要内容包括制定、采用和实施技术性措施应遵守的规则；技术法规、标准和合格评定程序；通报、评议、咨询和审议制度等。

5.《与贸易有关的投资措施协议》

由于某些投资措施具有限制和扭曲贸易的情况，因此，在乌拉圭回合谈判上达成了《与贸易有关的投资措施协议》，适用于与货物贸易有关的投资措施。该协议规定，WTO 成员在实施与贸易有关的投资措施时，不得违背 GATT 1994 的国民待遇和一般性取消数量限制原则及相关的权利和义务。该协议由 9 个条款和 1 个附件组成，主要内容包括基本原则、禁止使用的与贸易有关的投资措施、具体义务、例外条款、发展中成员待遇、透明度要求、争端解决和管理执行机构等。

6.《反倾销协议》

《反倾销协议》全称为《关于实施 GATT 1994 第 6 条的协议》，该协议是 GATT 乌拉圭回合在继承了GATT 1947第6条以及东京回合《反倾销守则》的相关内容的基础上对反倾销措施的实施程序与条件限制作进一步规范和完善后获得全体成员的通过的。其目的在于为倾销和反倾销确定统一的国际标准，约束WTO各成员方的行为，以保证反倾销措施的公正实施。该协议共分三大部分，由18个条款和2个附件组成。其内容主要包括：实施反倾销措施的基本要件、反倾销措施、反倾销税的征收和价格承诺等。

7.《海关估价协议》

GATT乌拉圭回合达成的《海关估价协议》全称为《关于实施GATT 1994第7条的协议》。该协议的宗旨是要建立一个公平、统一和中性的海关对货物估计的制度，以防止使用任意或不切实际的完税价格造成对正常贸易的抑制。该协议共分4个部分，由24个条款和3个附件组成。其主要内容包括适用范围、海关估价方法、对海关估价决定的复议、发展中成员的特殊和差别待遇、成立海关估价委员会和争端解决等。

8.《装运前检验协议》

鉴于进口方通过专业机构对出口产品进行装运前检验的这种国际贸易惯例有时会增加贸易商的成本、导致交货迟延，甚至干涉买卖双方交易的正常进行，GATT乌拉圭回合把装运前检验列为谈判的重要议题，并达成了适用于WTO全体成员的《装运前检验协议》。该协议的目的是在保留装运前检验做法的前提下，规范进口方政府装运前检验的做法，令其不得造成不必要的迟延或不公平的待遇，最终使装运前检验实体的经营及与装运前检验相关的法律、法规具有透明度和迅速、有效、公正地解决出口商和装运前检验实体之间的争端。该协议适用于由各成员方政府通过政府授权或政府合约的方式，指定检验机构在出口方境内对进口产品的质量、数量、价格以及产品的海关分类等进行的所有装运前检验活动。该协议由9个条款组成，内容主要包括适用范围、进口方和出口方的义务、检验机构与出口商之间争端的解决等。

9.《原产地规则协议》

货物的原产地，是指某一特定产品的原产国或地区，即货物的生产来源地。由于各国执行的原产地规则差别较大，对不同种类的产品适用的规则不同。如有些国家以产品最后“实质性改变”的国家作为原产地，有的以产品增加价值最大的国家为原产地，甚至对原产于不同国家和地区的商品给予不同的待遇，这就导致各国原产地规则的不正当运用，也形成了不公正的贸易歧视，阻碍了国际贸易的正常发展。为此，GATT乌拉圭回合谈判达成了适用于WTO全体成员的《原产地规则协议》。其宗旨就是在保留原产地规则的基础上，通过公正的、透明的、可预知的、稳定的和无歧视的方式制定原产地规则，建立一个协商机构及工作程序，迅速地、有效地和公正地解决在原产地规则实施过程中发生的争端。该协议共分4个部分，由9个条款和2个附件组成，其内容主要包括适用范围、原产地规则的协调、实施纪律和机构设置等。

10.《进口许可程序协议》

进口许可是用以实施进口许可制度的行政程序，该制度要求进口商向有关行政机关提交申请或其他文件，作为货物进入进口国关税领土的先决条件。该制度原本是为了维护正常贸易秩序的，但有时却构成了非关税壁垒措施，使出口成员难以适应，进而妨碍了国际贸易的正常开展。在GATT东京回合曾达成了《进口许可程序守则》，但因参加国有限，未能发挥较大作用。后来终于在GATT乌拉圭回合经过修改后达成了适用于WTO全体成员的《进口许可程序协议》。该协议的宗旨是在保留进口许可证的基础上，期望简化国际贸易中使用的行政程序及其做法，使之具有透明度，并保证公平、公正地实施和管理此类程序和做法。该协议由序言和8个条款组成，其内容主要包括一般规则、自动进口许可制度、非自动进口许可制度、通知和审议等。

11.3 WTO服务贸易法

11.3.1 服务贸易壁垒和服务贸易总协定的产生

1. 服务贸易壁垒

服务贸易壁垒是指一国政府对外国服务提供者的服务或者销售所设置的各种限制规定和措施。服务贸易壁垒旨在保护本国服务业的市场、扶持本国服务部门的发展以及抵御外来意识形态的侵入等。根据服务贸易壁垒限制的内容的不同，可将其分为产品移动壁垒、人员移动壁垒、资本移动壁垒、开业权壁垒、垄断壁垒和政府补贴壁垒等，显然它们是分别针对与国外提供服务有关的产品、人员、资本和生产经营权等设置的壁垒。

2. 服务贸易总协定的产生、内容及宗旨

由于过去发达国家拥有服务贸易的优势，各种服务贸易壁垒主要对发达国家服务贸易的发展和扩张构成了抑制作用，因此在发达国家尤其是美国和欧盟的推动下，服务贸易规则谈判在GATT乌拉圭回合被列为主要议题。后来，经过发达国家和发展中国家的艰苦谈判，最终达成了服务贸易总协定(General Agreement on Trade in Services，以下简称GATS)。服务贸易由此被正式纳入了多边贸易体制的管辖范围，GATS也就成为世界上第一个调整国际服务贸易的多边性、具有法律强制力的规则。

GATS由6个部分32个条款及8个附件组成，它规定了服务贸易的一般原则、义务及各成员的具体承诺等，其具体内容主要包括管辖范围、一般义务和纪律、具体承诺、逐步自由化、机构条款和最后条款。由于GATS的正文部分明显地表现出了框架性协定的特点，它目前还缺乏有关的具体义务和规则。就目前而言，较为具体的服务贸易规则主要体现在它的8个附件当中。它们分别是《关于第2条例外的附件》、《关于本协定中提供服务的自然人流动的附件》、《关于空运服务的附件》、《关于金融服务的附件》、《关于金融服务的第二附件》、《关于电信服务的附件》、《关于基础电信谈判的附件》和《关于海运服务谈判的附件》。随着多边谈判的进行，相信更多的具体义务和规则会在以后签订的相关协议中逐步有所规定与完善。

GATS的宗旨是在透明和逐步自由化的条件下不断扩大服务贸易，并借此促进所有贸易伙伴的经济增长，尤其是促进发展中国家服务贸易的发展。

11.2.2 GATS对服务贸易的界定

GATS将服务分为12个部门，分别是商务服务，通信服务，建筑和相关工程服务，分销服务，教育服务，环境服务，金融服务，健康服务，旅游服务，娱乐、文化和体育服务，运输服务，其他服务。这12个部门又进一步细分为160多个分部门。根据提供服务的方式，GATS界定了服务贸易的范围，包括跨境交付、境外消费、商业存在和自然人流动4种。

1. 跨境交付

跨境交付(cross－border supply)，是指服务的提供者自一成员领土向任何其他成员领土提供服务。例如，在美国的律师为中国的客户提供法律咨询服务。这种类型的服务提供者和消费者均在各自领土，不发生跨国流动，跨越国境的是服务产品本身。

2. 境外消费

境外消费(consumption abroad)，是指一成员的消费者到另一成员领土内接受服务提供者提供的服务。例如，一成员的消费者到另一成员领土内留学、旅游、就医、观看比赛等。

3. 商业存在

商业存在(commercial presence)，是指一成员的服务提供者在另一成员领土内设立商业机构或者专业机构，通过这些机构为后者领土内的消费者提供服务。例如，一成员的银行、保险公司或零售公司到另一成员领土内开设分行或分公司，提供金融、保险和零售服务。目前，在国际服务贸易中，商业存在的比重最大，因此它也是4种服务方式中最为重要的一种方式。

4. 自然人流动

自然人流动(movement of personnel)，是指一成员的服务提供者以自然人的身份进入另一成员方的领土内提供服务。例如，具有某成员方国籍的律师或教授，到另一成员方设立的律师事务所或学校工作，为当地人直接提供法律咨询服务或教育服务。

11.2.3 GATS规定的成员义务

GATS框架设立的义务可以分为两种类别：①一般性义务，适用于服务部门；②有条件的义务，适用于国别减让表中的具体承诺范围内的部门。

1. 一般性义务

1）最惠国待遇与例外

最惠国待遇原则不仅是货物贸易的原则，同时也是服务贸易的重要原则之一。最惠国待遇在服务贸易中适用于服务的提供者及提供的服务产品。GATS 的第 2 条对最惠国待遇原则做了如下规定："WTO 各成员应立即和无条件地给予任何其他成员的服务和服务提供者不低于其给予其他国家相同的服务和服务提供者的待遇。"最惠国待遇义务可以在一定条件下得到豁免，即 GATS 规定了其成员可以在 10 年的过渡期内维持与最惠国待遇不符的措施。而且，在 GATS 中还有一个特别的部分，即关于最惠国待遇例外的清单，它列明了各成员方分别在哪些服务领域暂时不适用非歧视原则中的最惠国待遇原则。各成员方的具体承诺同样是 GATS 的重要组成部分。

2）保持透明度

GATS 第 3 条 2 款要求每一个成员必须将影响国际服务贸易的所有法律、法规、行政命令、其他决定、规则以及惯例、参加的所有有关或影响服务贸易的其他条约，在其生效前予以公布，而且至少每年应当将新的管理规定通知 WTO 服务贸易理事会。同时，GATS 第 3 条 3 款还要求每一个成员建立一个或多个咨询点，以便于其他成员通过这些咨询点得到对其感兴趣的服务部门产生影响的法律和规定的情况。

3）增加发展中国家的参与

为了帮助发展中国家中成员的服务提供者，GATS 第 4 条命名为"发展中国家的更多参与"，GATS 第 4 条 2 款呼吁发达国家成员和在可能限度内的其他成员，应在《WTO 协定》生效之日起 2 年内建立联系点，以便利发展中国家的服务提供者获得与其自身市场有关的信息，这些信息包括服务提供的商业和技术方面的情况，专业资格登记、承认和获得以及服务技术的可获得性。

4）对提供服务所需资格的相互承认

由于提供服务的外国企业和个人通常需要取得在某成员国允许营业的证书、许可或其他授权，而各国对于学历和工作经历的要求又有很大区别，因此外国服务提供者往往难以获得相关资格的授权。为了解决这一问题，GATS 第 7 条 1 款规定，在遵守第 3 条要求的前提下，一成员可承认在特定国家已获得的教育或经历、已满足的要求或已给予的许可或证明。此类可通过协调或其他方式实现的承认，可依据有关国家的协定或安排，也可自动给予。而且，GATS 还进一步规定这种相互承认的体系应该是开放的，即如果其他成员表明其国内标准和要求与该体系涉及的标准与要求相匹配，应允许其加入。

5）关于垄断、专营服务提供者和其他限制竞争的商业惯例的规则

由于服务业在国内市场上经常会出现垄断，提供服务的专营权也经常会由政府授予一小部分提供者从而排斥其他服务提供者。鉴于上述这些情况，GATS 第 8 条规定了一些措施加以限制，这些措施包括不违反最惠国待遇、不滥用垄断地位以及与该国具体承诺不相当的方式和活动等。一旦出现此种性质的问题，受影响的成员有要求与服务提供者所在地的成员进行双边磋商和向 WTO 申诉的权利，以便取消这种行为。

6）自由化承诺

GATS 为实现具体部门的贸易自由化在 WTO 中进行持续谈判作出了相关规定。此外，GATS 本身还规定新一轮谈判应在《建立 WTO 协定》生效后的 5 年之内开始。虽然对于货物贸易，各成员自由化承诺的方式是通过约束关税和取消在边境实施的限制措施

(如数量限制)实现的，但对于国内服务业的保护则基本上是通过国内规定而不是通过边境措施。

2. 有条件的义务与其他条款

1) 有条件的义务

除上述一般性义务之外，GATS还规定了一些有条件的义务，其目的在于确保各成员的承诺能够更加全面地履行，这些规定主要体现在GATS第6条、第11条和第12条中。对于已作出具体承诺的部门，有条件的义务主要包括以下内容：①确保所有普遍适用的影响服务贸易的国内规定能以合理的、客观的方式实施；②在合理的期限内授予外国服务提供者提供服务所需的许可；③除非发生第12条中设想的情况(如发生严重国际收支平衡和对外财政困难或其威胁)外，一成员不得对与其具体承诺有关的经常项目交易的国际转移和支付实施限制。

2) 其他条款

(1) 定期举行服务贸易自由化谈判。GATS第19条1款规定，为实现本协定的目标，各成员应不迟于《WTO协定》生效之日起5年内开始并在此后定期进行连续的谈判，以期逐步实现更高的自由化水平。具体应重点在服务贸易方面使用补贴和实施保障措施建立规则等方面作进一步谈判。

(2) 例外规定。与收支平衡有关的限制措施。GATS第12条中规定，允许处于严重国际收支或对外财政困难或受到其威胁中的成员，对服务贸易所涉及的支付的转移加以限制，甚至对于已经作出具体承诺的部门的服务贸易采取限制措施。

① 劳动市场一体化安排。为实现劳动市场全面一体化的目标，GATS不排除一成员与另一成员达成双边协议，做出允许双方公民免于工作许可要求的安排。

② 经济一体化安排。GATS允许成员在一些国家或地区之间作出贸易自由化的安排，但前提条件是要涵盖实质性的服务部门并符合所规定的其他一些条件。

③ 一般例外和安全例外条款。同货物贸易一样，GATS不排除成员采取它们认为必要的措施，保护公关道德或维护公共秩序，保护人类、动植物的生命或健康；防止欺骗或欺诈行为、保护与处理和传播有关的个人隐私及保护个人记录和账户的机密性等，但这些措施不得对情形类似的国家造成任意的或不合理的歧视，或构成对服务贸易的变相限制。

11.4 WTO与贸易有关的知识产权法

11.4.1 国际贸易领域知识产权保护问题及TRIPs的产生

1. 国际贸易领域知识产权保护问题

在传统的知识产权国际保护体制下，知识产权的国际保护被认为是世界知识产权组织的管理范围，与其他国际组织，包括国际贸易的相关组织并无较大关联，包括作为当时主管世界货物贸易的关贸总协定(GATT)也几乎很少涉及知识产权保护方面的问题。而传统的知识产权国际保护体制的核心在于加强知识产权的国际保护，并促进其在世界范围的广泛传播，对国际贸易领域的知识产权保护问题也未明显涉及。但是，随着科学技术的进步和国际贸易的发展，技术知识在国际经济贸易中的地位迅速上升，国际贸易的内容和形式日益多样化，不仅技术密集型产品和高科技产品在国际贸易中的比重不断上升，而且在传统有形货物贸易的基础上，出现了服务贸易和技术贸易等新型贸易方式，使得知识产权与国际贸易的关系日益密切，国际技术贸易领域的知识产权保护也日益成为世界性的贸易问题，越来越受到世界各国和整个国际社会的关注。

2.《与贸易有关的知识产权协定》(TRIPs)的产生

随着国际贸易领域中知识产权保护问题的日益突出，人们发现不仅原有的国际贸易规则无法很好地解决国际贸易中涉及的知识产权的保护范围、保护水平和保护措施等问题，而且传统知识产权国际保护体制也无法直接用以解决国际贸易中的日益增多和复杂化的知识产权保护问题。由此可见，改革传统的知识产权国际保护体制已非常必要，以实现国际贸易与知识产权保护的良性互动，最终促进国际技术贸易的快速发展。但是，关于这一问题的看法，一直以来，发达国家和发展中国家之间存在较大分歧。以美国、瑞士等国为代表的发达国家主张，应该将知识产权列入 GATT 多边谈判的议题。以印度、巴西、阿根廷、埃及和南斯拉夫等国为代表的发展中国家则认为，保护知识产权是世界知识产权组织(WIPO)的任务，GATT 的任务应当是把制止假冒商品贸易与广泛的知识产权保护加以区别对待。后来在 1986 年 9 月乌拉圭回合谈判开始以后，双方经过激烈的讨价还价并分别作出一定的妥协和让步，最终在乌拉圭埃斯特角城召开的 GATT 部长级会议上将以美国为首的发达国家所提出的加强知识产权保护的提议列为了乌拉圭回合谈判的重要议题。虽然在谈判之初，双方之间的分歧依然较大，但各方终于在 1989 年 4 月的日内瓦中期评审续会上就知识产权保护谈判的框架达成谅解。1990 年 12 月，谈判进入实质阶段，在经发达国家和发展中国家反复磋商后，乌拉圭回合知识产权谈判小组将由其起草的《知识产权守则(草案)》提交布鲁塞尔部长级会议。1991 年 12 月，时任总干事邓克尔提出了《知识产权协定》最后文本，其中包括《与贸易(包括假冒商品贸易在内)有关的知识产权协定》，后更名为《与贸易有关的知识产权协定》(TRIPs 协定)。该文本最终于 1993 年 12 月 25 日作为一揽子协议的组成部分予以通过，并被正式列为《世界贸易组织协定》附录一的 C 部分。

TRIPs 协定的签署与生效，标志着知识产权的国际保护从传统的以世界知识产权组织(WIPO)为核心的保护体制转变为 WTO 和 WIPO 共同促进和协调世界范围内知识保护的新格局。在这种新的格局下，WIPO 主要致力于全面提高知识产权国际保护的水平，并协调各国间的知识产权保护工作；而 WTO 则主要侧重于 TRIPS 协定的实施。TRIPS 协定第一次把知识产权保护与国际贸易紧密联系起来，强调知识产权保护与国际贸易互为依托、相互促进互动效应，在原有知识产权国际保护的基础上进一步扩大了知识产权的保护范围，增强了知识产权国际保护的力度。这不仅对世界范围内的知识产权保护，尤其是国际贸易领域的知识产权保护产生了积极而深远的影响，而且对国际贸易，尤其是与知识产权有关的有形货物贸易和国际技术贸易的发展起到了很好的促进作用。

11.4.2 TRIPs 的内容、目标与特点

1. TRIPs的内容

TRIPs 共有 7 个部分 73 个条款。主要内容包括一般规则和基本原则，关于知识产权的效力、范围和使用标准，知识产权执法，知识产权的获得、维护及相关当事人之间的程序，争端的防止和解决，过渡安排，机构安排和最后条款等。

2. TRIPs的目标

TRIPs 的序言部分明确了 WTO 成员缔结此协定的目标，具体包括减少对国际贸易的扭曲与阻碍，促进对知识产权在国际范围内更充分和更有效的，确保知识产权的实施和程序本身不对合法贸易构成障碍。

3. TRIPs的特点

与以往的知识产权保护法律相比，TRIPs 具有以下几个特点。

(1) 同时遵循国民待遇原则和最惠国待遇原则。TRIPs 是由 WTO 全体成员缔结的多边协定，因此在所涉及的与贸易有关的知识产权范围内，不仅遵循以往知识产权公约既有的国民待遇原则，还首次规定遵循最惠国待遇原则，这无疑是国际保护知识产权领域的一大进步。

(2) 关注的知识产权集中在贸易领域，加强了对与贸易有关知识产权的保护。TRIPs 关注的主要是知识产权对贸易的影响。对于其他与贸易无关的知识产权，如科学发现权、与民间文学有关的权利、专有技术权等，没有被纳入 TRIPs 的保护范围。而且，与以往的知识产权国际公约相比，TRIPs 在全面地规定与贸易有关的知识产权的保护标准的基础上，对知识产权保护的执法和救济提出了较为严格的要求，而且对知识产权国际争端的解决提供了机制和途径，因此，其保护的广度和深度大大超过以往的有关知识产权保护的国际协定。

(3) 提出了知识产权保护的最低标准。TRIPs 规定，所有成员都必须达到知识产权保护的最低标准，如专利保护期为 20 年，工业品外观设计的保护期限应至少达到 10 年，商标的首次注册及各次续展注册的保护期不得少于 7 年，集成电路布图设计的保护期限不得少于 10 年等。

11.4.3 TRIPs 中的基本原则

1. 国民待遇原则

国民待遇原则是在《巴黎公约》中首次提出的，在 TRIPs 第 3 条中再次得到加强。TRIPs 第 3 条规定，对于知识产权的保护，每个成员方给予其他成员方国民不低于本国国民的优惠待遇，但在《巴黎公约》、《伯尔尼公约》、《罗马公约》及《集成电路知识产权条约》中另有规定的除外。但 TRIPs 同时要求，有关知识产权在司法和行政程序方面的例外，不能对正常贸易构成隐性的限制，也不能与 TRIPs 的义务相抵触。另外，如果 WTO

成员依照TRIPs规定引用《伯尔尼公约》第6条或《罗马公约》第16条，以互惠待遇代替国民待遇原则的，必须依照相关规定在事前通告TRIPs理事会。

2. 最惠国待遇原则

TRIPs第4条规定，在知识产权保护上，一成员提供给任何其他成员国民的任何优惠、利益、特权或豁免，都应立即无条件地给予所有其他成员的国民。TRIPs的最惠国待遇与《1994年关贸总协定》中的一样，也具有无条件、多边性和永久性，但TRIPs的最惠国待遇仅适用于知识产权的保护，而且这个原则在应用时也有很多例外，具体表现在以下几个方面。

(1) 一成员在加入WTO以前已经签订的司法协助和法律实施的双边或多边国际协定中的优惠等例外，即这些协定中提供的优惠、利益、特权或豁免可以适用于签订协定国家或地区，但不适用于WTO的其他成员。

(2) 按照《伯尔尼公约》和《罗马公约》中的选择性条款的规定，某些国家间可以不按国民待遇而是按互惠待遇给予保护。

(3) TRIPs第4条第3款规定，“协定中未加规定的表演者权、录音制品制作者权和传播媒体的权利”不受最惠国待遇原则约束。

(4)《建立WTO协定》生效前已经生效的有关知识产权保护的国际协定中的规定例外。但这些协定必须事前通告TRIPs理事会，且不得对其他成员国民构成任意的或不公平的歧视。

(5) 由WTO主持或监督下所缔结的有关获得和维持知识产权的多边协定中所规定的优惠、利益、特权或豁免权等只能在这些协定的签约国之间生效与适用，不能适用于WTO的所有成员。

3. 权利用尽原则

权利用尽是指知识产权所有人对知识产权一次用完，如经版权人同意将其作品印刷成册并投放市场进行销售后，其他在发行、销售等环节的任何安排，版权人无权过问。知识产权的权利用尽，是存在争议的问题，各国法律对此规定不一。TRIPs对此也未能做出统一规则。TRIPs第6条只是对此作了抽象性的规定，指出：“根据本协定进行争端解决时，在遵守第3条和第4条规定的前提下，不得借助本协定的任何其他条款处理知识产权的权利用尽问题。”

4. 透明度原则

在其他国际知识产权保护公约中并未明确规定透明度原则，是TRIPs首次将其全面引入到知识产权领域的。透明度原则要求，各成员将涉及知识产权的效力、范围、获得、执法和防止滥用的法律法规、司法裁决和行政条例以官方语言加以颁布。同时，各成员还要公布一国与其他政府间签订的有关知识产权的双边、多边或地区间的协定和协议。TRIPs第63条还明确规定，透明度原则由公布义务、通知义务、提供咨询义务以及例外四大要素构成。

11.4.4 保护的知识产权类别与时间

TRIPs列入了与贸易有关的7种知识产权，即版权和相关权利、商标权、地理标识权、工业品外观设计权、专利权、集成电路布图设计权和未披露的信息权(商业秘密)，另外还规定了对许可协议中限制竞争行为的控制。

1. 版权和相关权利

版权是指文学、艺术和科学作品的作者对其创作的文学、艺术和科学作品依法享有的专有权利，包括署名、发表、出版及获得报酬等权利。相关权利是指与对版权作品进行传播有关的权利，包括表演者、录音制品制作者和广播电视组织权利或禁止对其作品复制的权利。一些成员也称相关权利为邻接权。TRIPs协议在对获得版权的条件和权利的内容中，重申了《伯尔尼公约》的原则和规定，即要求WTO成员必须遵守《伯尔尼公约》中要求的版权获得的条件和范围等。TRIPs规定版权的保护期不得少于50年，表演者和录音制品制作者的权利应至少保护50年，广播电视组织的录制、复制权和广播权至少应保护20年。

2. 商标权

商标是商品或服务的生产经营者在其生产或经销的商品或服务上采用的，用于与其他企业的商品或服务相区分的标记或标记组合。这些标记包括文字、图形、字母、数字、三维标志、色彩等。注册商标所有人享有商标的专有权。TRIPs协议对商标权构成的条件尤其是商标注册的条件作出了明确的规定。TRIPs第16条还对于注册商标的权利内容与范围做出了规定，明确指出商标权人应享有防止任何第三方未经许可而在贸易活动中使用与注册商标相同或近似的标记去标示相同或类似的商品或服务，以免造成混淆。TRIPs还规定，服务商标和驰名商标应受到特别的保护，即使是在不同的商品或服务上，也不得使用他人已经注册的驰名商标。TRIPs规定商标的注册可以无限期的续展，而且商标的首次注册及之后各次续展注册的保护期均不得少于7年。

3. 地理标识权

地理标识指用于标示某商品来源于某成员领土内或该领土内某地区或某具体地点，借此显示该商品的特定质量、声誉或其他特定性征主要归因于该地理来源。TRIPs专门对地理标识的保护作了规定，要求各成员对地理标识提供保护，成员的义务主要包括对含有虚假地理标识的商标拒绝注册或宣布注册无效，防止公众对商品的真正来源产生误解或出现不公平竞争。而且，由于对酒类地理标识的保护涉及欧盟等发达国家的重大利益，因此对葡萄酒与白酒的地理标识，TRIPs协议在第23条作了补充规定，对葡萄酒和烈酒地理标识提供了更为严格的保护，即规定成员方应采取措施，防止将葡萄酒和烈酒的专用地理标识，用于来源于其他地方的葡萄酒和烈酒。由于地理标识的地域特殊性，TRIPs并未对地理标识权的保护期限作出明确规定，但指出各成员对在起源国不受保护或已停止保护或在该国中已废止的地理标识无义务保护。

4. 工业品外观设计权

工业品外观设计是指对产品的形状、图案、色彩或者其结合所作出的独创性的、富有美感并适宜在工业上应用的新颖设计。TRIPs 第 25 条规定，对独立创作的、具有新颖性或原创性的工业品外观设计，全体成员均应提供保护。受保护的工业品外观设计的所有人有权阻止未经所有权人许可而生产、销售或进口所载或所含受保护设计的复制品。由于纺织品设计具有周期短、数量大、易复制的特点，因此得到特别的重视。TRIPs 规定，对纺织品设计保护设置的条件，特别是费用、审查或公布方面的要求，不得影响这些设计寻求和获得保护的机会。TRIPs 规定工业品外观设计的保护期限不少于 10 年。

5. 专利权

对专利权的保护，TRIPs 规定，一切技术领域中的任何发明，无论是产品发明还是方法发明，只要其具有新颖性、创造性(包括发明性步骤)，并适合于工业应用，均可授予专利。同时，对可以不授予专利的情形，TRIPs 规定，如果某些产品发明或方法发明的商业性开发活动会对公共秩序或道德不利，包括不利于保障人类、动植物生命与健康或对环境造成严重损害的，则成员可拒绝授予专利。另外，对人或动物的诊断、治疗和外科手术方法、除微生物之外的植物和动物，特别是除用微生物和非生物方法生产的主要是用于生物过程生产的动物、植物品种，也可拒绝授予专利权。

专利所有人享有的专有权包括产品和方法两方面：①对于产品，应防止对于未经专利所有人许可的第三方制造、使用、销售，或为上述目的而进口该产品；②对于方法，应防止第三方未经所有人许可而使用该方法的行为，以及使用、销售或为上述目的进口利用该方法直接获得的产品。同时，TRIPs 又规定，各成员的法律可以规定，在特殊情况下，允许未经专利持有人授权即可使用(包括政府使用或授权他人使用)某项专利，即强制许可或非自愿许可。但这种使用必须有严格的条件和限制，如授权使用应做到一事一议；并且只有在此前合理的时间内，以合理商业条件要求授权而未成功，才可申请强制许可；授权应给予适当的报酬等。TRIPs 规定专利的保护期应不少于 20 年。

6. 集成电路布图设计权(拓扑图权)

集成电路，又称为集成电路芯片或半导体芯片，是指以半导体材料为基片，将两个以上元件(至少有一个是有源元件)的部分或全部互连集成在基片内部或者表面，以执行某种电子功能的中间产品或最终产品。集成电路的布图设计是指集成电路中的两个以上元件(至少有一个是有源元件)的部分或全部互连的三维配置或图形结构，或者为集成电路的制造而准备的上述三维配置或图形结构。TRIPs 规定，成员方应禁止未经权利持有人许可的下列行为：①为商业目的进口、销售或以其他方式发行受保护的布图设计；②为商业目的进口、销售或以其他方式发行含有受保护的布图设计的集成电路；③为商业目的进口、销售或以其他方式发行含有上述集成电路的物品。TRIPs 规定集成电路布图设计的保护期应不少于 10 年。

7. 对未披露信息的专有权

TRIPs将商业秘密定义为未披露过的信息。未披露信息具有以下3个特征：①属于秘密，即该信息通常不为从事该信息领域工作的人所普遍了解或不易获得；②具有商业价值；③已对该信息采取合理保密措施。TRIPs规定未披露信息的合法拥有者有权防止他人未经许可而以违背诚实商业行为的方式，披露、获得或使用该信息。另外，TRIPs第39条还规定，为获得药品或农药的营销许可而向政府提交的机密数据，也应受到保护，以防止不公平的商业应用。

8. 对许可合同中限制竞争行为的控制

因为国际技术许可合同中的限制竞争行为，可能对贸易具有消极影响，并可能阻碍技术的转让与传播，如强迫性的一揽子许可，所以TRIPs规定成员方可采取适当措施防止或控制这些行为。TRIPs还规定，有关成员可就正在进行的限制竞争行为和诉讼进行磋商，并在控制这些行为方面进行有效合作。

11.5 WTO争端解决机制

WTO的争端解决机制是WTO多边贸易体制的中心支柱，也是WTO对全球经济稳定的最独特的贡献，它使WTO与GATT相比具有了更强的约束力，发挥了更大的作用。而乌拉圭回合达成的《关于争端解决规则与程序的谅解》(DSU)是WTO争端解决机制的主要法律文件。

11.5.1 WTO争端解决机制概述

1. 争端解决制度的建立

世界贸易组织争端解决机制，是由GATT 1947有关条款及其40多年争端解决的实践发展而来的。GATT关于争端解决的规定，主要体现在GATT 1947的第22、23条。第22条规定了缔约方之间进行磋商的权利；第23条规定了提出磋商请求的条件、多边解决争端的主要程序及授权报复等。一般认为，这两条是GATT争端解决机制的主要规则和法律基础。但是，长期以来，GATT的争端解决机制存在着一些严重缺陷，如在时间上，由于没有明确的时限规定，争端解决往往久拖不决；在程序上，由于奉行“协商一致”的原则，被专家组裁定的败诉方可凭借此规则阻止专家组报告的通过。后来由东京回合达成的有少数国家参加的各个守则中则确立了各自的争端解决制度，但只能对二十几个参加国发生效力。在这样的背景下，GATT乌拉圭回合就争端解决的规则进行了谈判，达成了《关于争端解决规则与程序的谅解》(Understanding on Rules and Procedures Governing the Settlement of Disputes，以下简称DSU)，建立了争端解决机制，使得WTO框架下的多边贸易争端解决制度得以建立和统一，WTO总理事会作为负责争端解决的机构，履行成员方之间争端解决的职责。该机制适用于多边贸易体制所管辖的各个领域，并克服了旧机制的缺陷，通过迅速有效地解决成员方之间的贸易争端，使多边贸易协定的遵守和执行得到更大的保障。

2. 争端解决机制的目的和适用范围

争端解决制度建立的目的在于迅速、有效地解决成员间的贸易争端，监督成员履行有关义务，但不因此而增加或削弱成员的权利和义务。

DSU 包括 27 个条款、4 个附件。在 DSU 的第 1 条中规定：WTO 争端解决机制适用于各成员根据 WTO 的各项协定、协议(包括 DSU 本身)所提起的争端。而且 DSU 并不排斥这些协定或协议中特别规则和程序的适用，而且在特别规则与一般规则发生冲突时，特别规则具有优先适用的效力。在 DSU 的附录 2 中列出了所有含有特别规则和程序的协议，如《实施卫生与植物卫生措施协议》、《纺织品与服装协议》、《技术性贸易壁垒协议》、《反倾销协议》、《海关估价协议》、《补贴与反补贴措施协议》、《服务贸易总协定》及有关附件等。

3. 争端类型

1）违反性申诉

违反性申诉是争端的最主要类型。在这种申诉情况下，申诉方必须证明被诉方违反了某些协议或承诺，在确立了存在违反相关协议或承诺条款后，还要推定申诉方的利益受损或丧失，才能对这种争端进行裁定。裁定的结果往往是被诉方废除或修改有关违反性措施。

2）非违反性申诉

对非违反性申诉的审查，无须追究被诉方是否违反了有关协议或承诺的条款，而只须认定被诉方的措施是否使申诉方根据相关协议应该享有的利益受损或丧失。而且申诉方必须证明其根据有关协议应该享有的合理的预期利益及因被诉方措施造成了合理预期利益的减损或丧失。在非违反性申诉的情况下，由于不是被诉方违约所至，因此被诉方没有取消相关措施的义务，但需做出适当补偿。

3）其他情形

其他情形是指关于违反性申诉和非违反性申诉两种类型以外的其他争端类型，但 DSU 对此并没有作出明确规定，而且迄今为止也没有出现过上述两种类型以外的类型的案件。

11.5.2 争端解决程序

世界贸易组织争端解决的基本程序包括磋商、专家组审理、上诉机构审理、裁决的执行及监督等。除基本程序外，在当事各方自愿的情况下，也可采用斡旋、调解和调停及仲裁等方式解决争端。

1. 磋商

磋商是在GATT一开始就已经确定并长期奉行的解决成员之间贸易纠纷的原则和办法，在DSU达成后，DSU对磋商的程序作了更为明确的规定。DSU规定，要求磋商的成员方应首先向争端解决机构、有关理事会和委员会通知其磋商请求。一成员方向另一成员方提出磋商要求后，被要求方应在接到请求后的10日内作出答复。如同意举行磋商，则磋商应在接到请求后30日内开始(紧急情况下10日内)。如果被要求方在接到请求后10日内没有作出反应，或在30日内未进行磋商，则要求进行磋商的成员方可以直接向争端解决机构要求成立专家组。如果磋商已经开始，但在接到磋商请求后的60日内(紧急情况下20日内)未能解决争端，申诉方依然可以请求设立专家组。原则上，磋商情况应当保密，而且不得损害任何一方在争端解决后续程序中的权利。

2. 斡旋、调解、调停

斡旋是指第三方(通常为WTO总干事或专家)促成争端当事方开始谈判或重开谈判的行为。在整个过程中，斡旋人可以提出建议或转达争端一方的建议，但不直接参加当事各方的谈判。调解是指争端各方同意将争端提交给一个由若干人组成的委员会，由该委员会查明事实，提出解决争端的建议，促成当事各方达成和解的争端解决办法。负责调解的委员会通常也不必直接参加当事各方的谈判。调停是指第三方以调停人的身份主持或参加谈判，提出谈判的基本解决方案，调和、折中争端当事各方的意见，不断缩小分歧，最终促使争端当事各方达成协议的争端解决办法。斡旋、调解与调停这一程序可由争端当事各方自愿选择，并非强制性程序，且该程序通常秘密进行，不受时间限制，即可在各方同意的情况下随时开始或终止。一旦斡旋、调解和调停被终止，申诉方即可请求成立专家小组。但是，如果斡旋、调解或调停在被诉方收到磋商请求后的60天内已经开始，则申诉方只能在60天届满后请求设立专家组。不过，在专家小组审理期间，在各方同意的情况下仍可继续进行斡旋、调解和调停。

3. 仲裁

除斡旋、调解、调停可以作为促成当事各方达成和解、快速解决争端的方式外，DSU第25条还规定，仲裁可以作为争端解决的另一种方式。如果争端当事方同意以仲裁方式解决，则可在共同指定仲裁员并议定相应的程序后，由仲裁员审理当事方提出的争端。仲裁员可以由总干事任命，可以是个人，也可以是一个小组。与GATT不同的是，除审理争端外，仲裁还可用于争端解决的不同阶段的其他目的，如裁定执行的合理期限、评估报复水平是否适当等，以此协助争端解决和裁定的顺利执行。

4. 专家小组审理争端

在被诉方不同意磋商或对磋商请求不予理会，或磋商虽已开始但在申诉方提出请求日起60天内未能解决争端时，申诉可申请成立专家小组，启动争端解决机构程序。除非争端解决机构一致决定不成立专家小组，成立专家小组的申请应被列入争端解决机构会议议程，并成立专家小组。专家小组通常由3人组成，特殊情况下，经争端当事各方同意可设立5人专家小组。专家小组原则上应在6个月(紧急情况3个月)，最长不超过9个月内完成相关工作，并提交最后报告。DSU第16条规定，为使各成员有足够时间审议专家小组的最终报告，只有在报告散发给各成员方20天后，争端解决机构方可考虑审议通过该最后报告。对报告有反对意见的成员方，应至少在审议报告会议召开10天前，提交书面反对理由。在最终报告散发给各成员方60天内，除非争端一方提出上诉或争端解决机构一致反对采纳此报告，否则该报告应在争端解决机构会议上予以通过。

5. 上诉审查

上诉机构的设立，是WTO较GATT 1947在解决争端方面的又一个创新，其目的是使当事方有进一步申诉案情的机会，并使WTO更加准确、公正的解决争端。原则上，上诉机构只就专家小组报告涉及的法律问题进行审查，并据此判断专家小组报告结论的正确性。上诉机构可以推翻、修改或撤销专家小组的调查结果和结论，并在60日内(紧急情况应缩短期限)、最长不超过90天内提交上诉机构报告。除非争端解决机构经过协商一致决定不予通过，否则争端解决机构应在上诉机构报告散发后的30天内通过该报告。

6. 争端解决机构裁定和建议的实施

在专家小组及上诉机构的报告一经通过和采纳后，其裁定或建议即对争端各当事各方产生约束力，争端当事方应该无条件地接受。被裁定违反有关协议的一方，应在合理时间内履行争端解决机构的裁定或建议。通常的实施方式是被诉方在合理期限内采取修改或废除被裁定与WTO规则不符的措施。如果被诉方未能在合理期限内执行争端解决机构的裁定或建议，则必须在合理期限届满前与申诉方进行补偿谈判，即要求被诉方在贸易机会、市场准入等方面给予申诉方相当于其所受损失的减让。如被诉方未能做出补偿，申诉方则可请求争端解决机构报复，即中止对被诉方的减让或其他义务。不过，报复措施只能作为临时性的措施，一旦被诉方撤销违反协定或协议的措施或对申诉方所受的利益损害提供了合理的补偿，或争端当事各方达成了相互满意的其他解决方案，报复措施即应终止。

7. 对裁定或建议执行情况的监督

争端解决机构有权利和义务对已通过的裁定或建议的执行情况进行监督。在裁定或建议通过后，WTO的任何成员都可随时向争端解决机构提出与执行有关的问题，以监督裁定或建议的执行情况。而且，通常情况下，在确定了执行的合理期限6个月后，争端解决机构应该将裁定或建议的执行问题列入争端解决机构相关的会议议程进行审议，直至这些问题得到解决。在争端解决机构相关审议会议召开的10日前，有关成员应向争端解决机构提交一份关于执行裁定或建议的书面报告。如果争端解决机构证实被诉方未能履行裁定或建议并拒绝提供补偿，争端解决机构有权予以纠正，以努力促成裁定或建议最终得到执行。在裁定或建议的实施中，DSU还对发展中国家给予了特别考虑和照顾，特别规定发展中成员可以要求违约成员加速执行争端解决机构的裁定或建议。

本章小结

WTO成立于1995年1月1日，其前身GATT是1947年由美国、英国等23个国家解决贸易争端的主要协定。随着WTO取代GATT，WTO管辖的领域也由货物贸易扩展到货物贸易、服务贸易和技术贸易领域。

《建立WTO协定》是WTO的章程性文件，是建立在GATT规则基础上的，其内容包括前言、16条正文和4个附件，这些内容构成了世界贸易组织的整个法律制度，也构成了一揽子的权利义务，对所有的成员都有约束力。在该协定的附件Ⅰ中列出了约束和调节三大领域的货物贸易多边协议、《服务贸易总协定》和《与贸易有关的知识产权协定》。

货物贸易多边协议包括GATT 1994、《农产品协议》、《实施卫生与植物卫生措施协议》、《纺织品与服装协议》、《技术贸易壁垒协议》、《与贸易有关的投资措施协议》、《反倾销协议》、《海关估价协议》、《装运前检验协议》、《原产地规则协议》、《进口许可程序协议》。

《服务贸易总协定》(GATS)由6个部分32个条款及8个附件组成，规定了服务贸易的一般原则、义务及各成员的具体承诺等。GATS界定了服务业的12个领域和国际服务贸易的4种形式，并明确设定了成员应尽的一般性义务和有条件的义务。

《与贸易有关的知识产权协定》(TRIPs)共有7个部分73个条款。TRIPs为成员设定了知识产权保护的目标和底线，其所保护的知识产权包括版权及相关权利、商标权、地理标识权、工业品外观设计权、专利权、集成电路布图设计权、未披露信息专有权。

WTO的争端解决机制是WTO多边贸易体制的中心支柱，也是WTO对全球经济稳定的最独特的贡献，它使WTO与GATT相比具有更强的约束力，发挥了更大的作用。《关于争端解决规则与程序的谅解》(DSU)是WTO争端解决机制的主要法律文件。磋商、仲裁、专家组审理和上诉机构审理是WTO争端解决机制最主要的争端解决和审理途径。

关键术语

世界贸易组织　关贸总协定　GATT 1994　最惠国待遇　国民待遇　服务贸易总协定　TRIPs　争端解决机制　违反性申诉　非违反性申诉　仲裁　判例法　普通法　衡平法

思考与练习题

一、选择题

1. 在关贸总协定的历史上，达成第一个约束非关税贸易壁垒协议是在(　　)期间。

A. 第五回合谈判　　B. 第六回合谈判

C. 东京回合谈判　　D. 第七回合谈判

2. 世界贸易组织的最高决策机构是(　　)。

A. 部长级会议　　B. 总理事会　　C. 部长理事会　　D. 成员国代表大会

3. GATT 1944最惠国待遇原则不适用于(　　)。

A. 进口国采取的影响货物进口的边境措施

B. 进口国采取的影响货物进口的国内税方面的措施

C. 征收进出口关税和国内税的方法

D. 关税同盟和自由贸易区的优惠措施

4. GATT 1944国民待遇原则是指进口国(　　)。

A. 给予外国产品和国民的待遇不得低于本国产品和国民

B. 给予外国国民的待遇不得低于本国国民

C. 给予外国产品的待遇不得低于本国产品

D. 给予某外国产品的待遇不得低于其他进口产品享受的待遇

5. 世界贸易组织的(　　)也是WTO争端解决机构和贸易政策评估机构。

A. 部长级会议　　B. 总理事会　　C. 部长理事会　　D. 秘书处

二、思考题

1. 世界贸易组织的法律文件和组织机构有哪些？

2. 世界贸易组织的基本原则是什么？

3. GATS规定了成员应遵循哪些义务？

4. 简述TRIPS协定的主要内容。

5.《与贸易有关的知识产权协定》在版权和商标权的保护方面有哪些更高水平的要求？

6. 简述国际技术贸易的主要方式及其特点。

7. 世界贸易组织的争端解决程序有哪些？

二、案例分析

1. 柯达攻击富士案。该案发生在富士和柯达是世界上胶卷业的两个霸主之间。在GATT乌拉圭回合，日本对彩色和黑白胶卷的进口关税承诺降到零，即外国产品，如美国柯达进入日本市场已经不存在任何障碍，即在市场准入问题上，柯达已经很难挑剔日本。然而，在日本市场上，柯达每时每刻都在寻找机会击败对手。

那么如何利用WTO规则寻找打败对手的突破点呢？柯达认为，虽然日本并没有违背WTO的某一特别的义务条款，实现了其在GATT历次回合谈判中关于关税减让的承诺。但是，日本政府关于胶卷销售的措施，却使美国因日本在肯尼迪回合、东京回合和乌拉圭回合中所作的关税减让而应带来的好处正在丧失或减损，这一点违背了GATT第23条第1款。具体地说，美国指责日本正在采取限制流通的措施，借此鼓励和促进了日本胶卷市场销售体制从多种商标的大商场销售模式转变到单一商标的专卖店销售模式，从而制约了进口胶卷的销售能力和市场开拓能力。

最终，日本用充分的材料证明了在以往各轮谈判中其专卖销售体制已经存在，证明这一情况应是美国在谈判时完全应该预见到的。因此，WTO专家小组裁决美国在该案中败诉。

问：(1) 请分析此案中美国申诉的理由和败诉的原因是什么？

(2) 你从这则案例中获得了何种启示？

2. 阿根廷和欧共体的农产品出口贸易纠纷。西班牙和葡萄牙加入欧共体后，由于欧共体的共同农业政策，出口农产品到这两个国家比以前困难。1987年初，美国和欧共体通过协商达成协议：作为补救措施，欧共体向美国提供年进口230万吨玉米和高粱的配额，期限为4年。

阿根廷作为主要的农产品出口国，其出口的主要农产品也是玉米和高粱，它要求在欧共体得到与美国同样的待遇。1987年7月8日，阿根廷向GATT申诉，认为欧共体违反了GATT第24条第6款的规定，即在加入关税同盟时寻求提高约束性关税的GATT成员在修改关税减让表时，应与其他成员进行关于补偿性调整的谈判。最后，欧共体和阿根廷达成协议，欧共体向阿根廷提供了和美国相同的配额，同时还增加一些肉类配额。1990年，美欧协议延长，欧阿协议也相应延长。

问：(1) 请分析此案中阿根廷申诉的理由和胜诉的原因是什么？

(2) 此案对我国有何启示？

第12章 国际商事仲裁法

本章教学要点

知识要点	掌握程度	相关知识
国际商事仲裁程序	重点掌握	中国商事仲裁程序
国际商事仲裁协议	熟悉	仲裁与审判
仲裁概述	了解	仲裁类型

导入案例

中国的A公司与美国的B公司因购销合同发生争议，中国国际经济贸易仲裁委员会依法对双方的争议进行了仲裁，并作出裁决。中国A公司拿着裁决书要求美国B公司履行，但是美国B公司说：你们国家的裁决不具有法律效力，应当到美国法院上诉。

问：中国的A公司该怎么办？

12.1 仲裁概述

12.1.1 国际商事仲裁的概念与特征

1. 国际商事仲裁的概念

仲裁，也称为公断，是根据争议当事人事前或事后达成的仲裁协议，自愿将争议提交给仲裁机构，由仲裁机构按照一定程序做出裁决，该裁决是对双方当事人均有约束力的一种解决纠纷的制度。

国际商事仲裁是指在国际商事交往活动中，争议双方根据所达成的协议，自愿将争议提交给仲裁机构，由其按照一定程序规则，根据有关法律或公平、公正、合理原则作出对双方当事人均有约束力的裁决的一种解决纠纷的制度或方法。

2. 国际商事仲裁的特征

1）自愿性

双方当事人在有关国家法律所允许的范围内，自主决定通过仲裁协议将它们之间可能或已经发生的国际商事争议提交仲裁机构解决。仲裁机构或仲裁员进行裁决的管辖权是由双方当事人的仲裁协议所授予的，而不是强制性的法定管辖。当事人可以自主选择仲裁机构、仲裁地点、仲裁员、仲裁程序和适用法律。因此，双方当事人所签订的仲裁协议在国家法律允许的范围内可以对抗国家法院的司法管辖权。

2）约束性

一旦进入仲裁程序，当事人就须遵循有关的程序规则按规定日程进行。仲裁裁决一般是终局的，它和法院的判决一样具有强制执行的效力，对双方当事人都有约束力。如果一方不自动执行裁决，另一方有权向有管辖权的法院提出申请，请求法院承认裁决的效力并强制执行裁决。

3）国际性

如果争议的双方当事人具有不同国籍，或者其营业地或住所地位于不同国家或地区，或者争议的标的或法律关系具有国际因素，并且争议是在商事过程中发生的，则对这种争议的仲裁即属于国际商事仲裁。

4）秘密性

为有效保护当事人的商业秘密、商业信誉，除非当事人双方要求公开外，仲裁庭审理案件一般不公开进行，包括案情不公开，裁决也不公开，开庭时不允许旁听，审理中仲裁庭和仲裁机构不接受任何人采访，这些审理案件的方式都有利于保护当事人的商业秘密，也有利于保持当事人之间既有的商事关系。

12.1.2 国际商事仲裁机构

国际商事仲裁机构是由国际商事关系中的双方当事人自主选择，用以解决当事人之间可能发生或业已发生的国际商事争议的民间性仲裁机构。

1. 国际商事仲裁机构的种类

世界各国处理国际经济贸易争端的仲裁机构，根据组织形式的不同，可将其分为临时仲裁机构和常设仲裁机构两种。

1）临时仲裁机构

临时仲裁，是指根据双方当事人的仲裁协议，在争议发生后由双方当事人依法推荐的仲裁人临时组成仲裁庭，负责按照当事人约定的程序规则审理有关争议，并在审理终结作出裁决后即行解散的仲裁。临时仲裁机构没有固定的组织、规则和人员等，是一种临时性的机构。

因此，凡与仲裁有关的事项，包括仲裁庭的组成人员、仲裁地点、仲裁适用的规则等，都由双方当事人自己选择或制订，也可委托仲裁人选择或制订。临时仲裁的主要优点在于，它具有较大的任意性和灵活性，费用低，手续简便。另外，有些国家特别是第三世界国家目前还没有常设仲裁机构，在这些国家仲裁时，也必须组成临时仲裁机构。但临时仲裁机构已不是仲裁的主要形式。临时仲裁是仲裁历史上仲裁组织的最初表现形式。在19世纪中期常设仲裁机构出现之前，临时仲裁机构一直是唯一的国际商事仲裁机构。

2）常设仲裁机构

常设仲裁机构，是指依国际公约或一国国内法成立的，在某社会团体或社会组织之下设立的，有固定的名称、地址、组织形式、组织章程、仲裁规则和仲裁员名单，并具有完整的办事机构和健全的行政管理制度，用以处理国际商事争议的专门性、永久性仲裁机构。常设仲裁机构设有秘书处，以进行日常工作。具有专门人员负责受理仲裁案件的申请、组织仲裁庭、传递文件证据、确立开庭日期、提供翻译、收取有关仲裁的费用等。此外，还开展仲裁机构间交流、仲裁宣传及仲裁员的培训活动等。

当前，国际常设商事仲裁机构在地域范围方面已经遍及世界上所有国家，在业务范围方面也涉及国际商事法律关系的各个领域。

2. 国际主要常设国际商事仲裁机构

目前，在国际社会上影响较大的主要常设商事仲裁机构有如下几种。

1）国际商会仲裁院

国际商会仲裁院（the Court of Arbitration of International Chamber of Commerce，简称ICC），是国际商会附设的全球性国际商事仲裁机构，成立于1923年，总部设在法国巴黎。中国已于1996年参加国际商会。国际商会仲裁院理事会由40多个国家的成员组成，所有成员均具有法律专长或处理国际商事争端的经验。仲裁院设主席一名，副主席若干人，秘书处由几十个国家的人员组成，其工作由秘书长主持。国际商会仲裁院本身并不审理争议案件，具体的仲裁案件由商会在各国聘任的仲裁员审理。

国际商会仲裁院在国际商会的主持下制定有一套完整的国际商事仲裁程序规则，该规则获得国际社会多数国家的信任，日益为世界各国所广泛采用。国际商会仲裁院现行的仲裁规则是1988年1月1日起生效的规则。根据该规则，当事人请求国际商会仲裁院仲裁时，应向国际商会仲裁院秘书处提交仲裁申请书，秘书处收到申请书的日期，视为仲裁程序开始的日期。秘书处收到仲裁申请后，应将申请书副本和所附文件副本寄送被诉人。被诉人应在收到文件之日起30天内，就提名仲裁员事宜表示意见并提出答辩状。

为了保证仲裁庭的中立性、公正性，仲裁院仲裁规则规定仲裁庭的独任仲裁员和合议制仲裁庭首席仲裁员的国籍，必须不同于争议双方当事人的国籍。根据商会的仲裁规则，当事人提交给该仲裁院的仲裁案件，应视为事实上接受本规则。仲裁裁决实行终局裁决制。当事人在将争议提交国际商会仲裁时，就应视为已承担毫不迟延的执行最终裁决的义务，并在依法可以放弃的范围内放弃任何形式上的上诉权利。

2）伦敦国际仲裁院

英国仲裁历史悠久，英国伦敦国际仲裁院（London Court International Arbitration）成立于1892年，原名为伦敦仲裁院（LCA），1981年起用现名。它是国际上成立最早的常设仲裁机构，现由伦敦市政府、伦敦工商会和女王特许仲裁协会3家共同组成的联合委员会管理。该仲裁院可以受理提交给它的任何性质的国际争议，在国际社会享有很高的声望，特别是在审理国际海事仲裁案件方面更有权威，世界各国的大多数海事案件都提请该院仲裁。仲裁院的日常工作由女王特许协会负责，仲裁协会的会长兼任仲裁院的主席。

自1985年1月1日起，伦敦国际仲裁院开始实施新的仲裁规则，同时，仲裁院允许当事人约定按《联合国国际法贸易委员会仲裁规则》规定的程序仲裁。

争议提交到伦敦国际仲裁院仲裁以后，审理和裁决程序由双方当事人同意选择的仲裁员组成仲裁庭来主持进行。若双方当事人未就仲裁员的选择达成一致协议，则由仲裁院在其仲裁员名单中指定。仲裁院的裁决是终局裁决。仲裁庭的组成可以由独任仲裁员组成，也可以由3名仲裁员组成。所有仲裁员在依据本规则进行仲裁的整个期间，都应完全保持独立、公正。仲裁员可以由当事人指定，也可以由仲裁院指定，但独任仲裁员和首席仲裁员只能由仲裁院指定。

伦敦国际仲裁院的仲裁裁决是终局的，自做出之日起对当事人具有约束力，当事人应履行仲裁裁决确定的义务。裁决做出后，任何一方当事人不得向法院起诉，也不得向其他仲裁机构申请仲裁。

3）瑞典斯德哥尔摩商事仲裁院

瑞典斯德哥尔摩商事仲裁院（the Arbitration Institute of the Stockholm Chamber of Commerce，简称SCC），是隶属于斯德哥尔摩商会下的一个专门处理商事争议的全国性仲裁机构，但在职能上，它又是独立的。主要解决工商和航运方面的争议，成立于1917年，位于瑞典首府斯德哥尔摩。虽然该仲裁院是从属于斯德哥尔摩商会的一个全国性仲裁机构，但它受理世界上任何国家当事人所提交的商事争议，该仲裁院现在已成为当今东西方国家国际商事仲裁的中心。一些国家的国际经济交往，特别是东西方国家之间进行的经济交往大多选择该仲裁院进行仲裁。

瑞典斯德哥尔摩商事仲裁院下设一个由3人组成的理事会，理事会成员由商会执行委员会任命的，任期3年。理事会的理事长由在处理商务方面有经验的法官担任。其余两名理事，一名由开业律师担任，另一名应是商界享有盛誉的人。仲裁院还设有秘书处，由商会雇员一人或若干人组成。秘书处的工作由秘书长主持，秘书长应是一名律师。

瑞典斯德哥尔摩商会仲裁院自1988年1月1日起适用新的仲裁规则。根据该规则，当事人如果要将争议提交给该院进行仲裁，必须向该院提出书面申请，经仲裁院审查，认为有管辖权的，即协助组成仲裁庭。该仲裁院没有固定的仲裁员名单，对仲裁员的国籍和身份也无限制。当事人可以自由选择仲裁员，如果双方当事人未商定仲裁员人数，则仲裁庭人数应为3人。如果双方当事人已商定仲裁员人数，则属独任仲裁员的应由该仲裁院任命。其他情况下，则由当事人各指定人数相同的仲裁员，然后由该仲裁院指定一名仲裁员担任仲裁主席。仲裁地点，可以由当事人约定，当事人没有约定的，一般由该仲裁院决定。

仲裁庭在进行仲裁时，既可以使用该仲裁院的规则，也可使用当事人选定的其他规则。

关于仲裁的法律适用问题，原则上使用当事人选择的实体法；如果当事人未予选择，仲裁庭一般可能使用瑞典的冲突法规则选择实体法，其基本原则是选择与合同联系最密切的国家的法律。

瑞典斯德哥尔摩商会仲裁院的仲裁裁决具有终局效力，裁决做出后，当事人应自动履行仲裁裁决。

4）美国仲裁协会

美国仲裁协会（American Arbitration Association，简称AAA），成立于1926年，总部设在美国纽约，是独立的非营利性民间组织，是美国主要的全国性国际常设仲裁机构。该协会分支机构遍布美国的各主要城市。它受理全美各地以及外国的各种当事人提交的除法律和公共政策禁止仲裁的事项外的任何法律争议。其受案范围十分广泛，是世界上最大的民间仲裁机构之一。

该协会现行的《国际仲裁规则》于1991年3月1日生效。根据该规则规定，仲裁协会受理有关案件后，由依仲裁规则组成的仲裁庭来负责主持具体的仲裁程序，并依双方当事人合意选择的法律对有关案件做出实质性裁决。

一般情况下，仲裁案件都要开庭审理，但当事人约定放弃开庭审理者除外。开庭地点可以由当事人约定，如果当事人不能就此达成一致意见，协会行政管理人员可以初步选定仲裁地点，但仲裁庭有权在组成后60天最后确定。

至于仲裁使用的仲裁规则，协会一般都是按自己的仲裁规则进行仲裁，但同时也接受经当事人双方同意按《联合国国际贸易法委员会仲裁规则》规定的仲裁程序进行仲裁。

该协会受理的国际商事仲裁案件，在裁决上实行终局裁决制。裁决一经做出，对双方当事人即具有约束力，仲裁庭只有在各方当事人同意或法律有规定的情况下，才能公开其裁决。

5）香港国际仲裁中心

香港国际仲裁中心（the Hong Kong International Arbitration Center，简称HKIAC），1985年设立，机构设在我国香港。是一家按香港公司法注册的民间性的非营利公司。该中心虽成立较晚，但借助于香港地理优势很快发展为亚洲领先的国际仲裁中心。中心设理事会为管理机构，理事会由不同国籍资深的商界、律师界及其他各界人士组成。中心的仲裁事务由理事会下属的管理委员会通过中心的秘书处进行管理，秘书长由1名律师担任。中心主要受理国际商事仲裁案件和我国香港地区内的仲裁案件。

该中心无自己的国际商事仲裁规则。实践中，依《联合国国际贸易法委员会仲裁规则》为基础进行操作。当事人有很大的自行约定和设计仲裁程序的自由。

根据该规则，当事人可以约定选择仲裁员，当事人没有约定时，仲裁庭应由3名仲裁员组成，双方当事人各指定1名，再由被指定的两名仲裁员共同推选1名首席仲裁员，也可以由中心指定仲裁员。

当事人可以选择仲裁所适用的实体法，当事人未做选择时，仲裁庭应根据它认为应适用的国际私法规则来决定适用的法律。但仲裁庭应按合同条款进行仲裁，并应考虑到适用于该项交易的贸易惯例。

仲裁庭做出仲裁裁决时，应以书面形式做出，裁决具有终局效力。

6）中国国际经济贸易仲裁委员会

中国国际经济贸易仲裁委员会（China International Economicand Trade Arbitration Commission，简称CIETAC）是以仲裁的方式，独立、公正地解决契约性或非契约性的经济贸易等争议的常设商事仲裁机构。中国国际经济贸易仲裁委员会于1956年4月2日正式成立，最初名为“中国国际贸易促进委员会对外贸易仲裁委员会”，1988年6月21日改用现名。自2000年10月1日起同时启用“中国国际商会仲裁院”名称。中国国际经济贸易仲裁委员会设在北京。仲裁委员会设主任1人，副主任若干人，秘书长1人，副秘书长若干人。仲裁委员会设秘书局，负责其日常事务。仲裁委员会在深圳和上海设有分会。仲裁委员会及其分会是一个统一的整体，适用同一个仲裁规则，并备有统一的仲裁员名册，仲裁员由仲裁委员会从在法律、经济贸易、科学技术等方面具有专门知识和实际经验的中外人士中聘任。

仲裁委员会于1988年、1994年、1995年、1998年、2000年5次修订了其仲裁规则。2000年修订的仲裁规则自2000年10月1日起生效。根据实际情况的需要，中国国际商会(中国国际贸易促进委员会)还可以对仲裁委员会现行的仲裁规则进行修改和补充。

根据该规则，当事人向中国国际经济贸易仲裁委员会申请仲裁时，应提交仲裁申请书，预缴仲裁费。仲裁委员会秘书局(或分会秘书处)收到申请书，经审查认为仲裁申请手续完备，应向被诉人发出仲裁通知，仲裁程序自被诉人收到仲裁通知之日起开始。被诉人应在收到仲裁通知之日起45天内提交答辩状。

当事人可以选择由1名仲裁员独任仲裁，也可以选择3名仲裁员组成仲裁庭。如果双方约定由1名独任仲裁员审理案件，但在被诉人收到仲裁通知之日起20天内未能就独任仲裁员的人选达成一致意见，则由仲裁委员会指定。如果双方当事人约定由3人组成仲裁庭审理案件，先由双方当事人各自在仲裁委员会名册中指定或者委托仲裁委员会主任指定1名仲裁员，然后由仲裁委员会主任指定第3名仲裁员担任首席仲裁员。被诉人未按规定指定或者委托仲裁委员会主任指定仲裁员的，由仲裁委员会主任为被诉人指定1名仲裁员。

在仲裁过程中，当事人希望调解的，仲裁庭可以按照其认为合适的方式进行调解。如果有一方当事人提出终止调解或仲裁庭认为调解不可能成功时，就应停止调解，继续进行仲裁。

仲裁庭应在组庭后的9个月内做出仲裁裁决。但在仲裁庭的要求下，仲裁委员会认为有必要和确有正当理由的，也可以延长该期限。由3名仲裁员组成仲裁庭审理案件时，仲裁裁决依全体仲裁员或多数仲裁员的意见决定，少数仲裁员的意见可以做成记录附卷。仲裁庭不能形成多数意见时，仲裁裁决依首席仲裁员的意见做出。

中国国际经济贸易仲裁委员会的仲裁裁决是终局的，裁决一经做出，对双方当事人具有约束力。任何一方当事人不得向法院起诉，也不得向其他任何仲裁机构提出仲裁。

12.1.3 国际仲裁公约和规则

国际社会经过不懈努力，制定并通过了多个国际公约。主要有全球性的国际公约和区域性的国际公约。

1. 全球性的国际公约

全球性的国际公约主要有1923年的《仲裁条款议定书》、1927年的《关于执行外国仲裁裁决的公约》、1958 年的《关于承认与执行外国仲裁裁决的公约》。《仲裁条款议定书》是最早的全球性国际商事仲裁公约，而《关于执行外国仲裁裁决的公约》是《仲裁条款议定书》的补充。《关于承认与执行外国仲裁裁决的公约》(又称纽约公约)，已在事实上取代了上述两个公约，成为世界上缔约国最多的公约之一。我国于 1987 年 1 月 22 日加入该公约，并在加入时作了“商事保留”和“互惠保留”。“商事保留”是指我国只将公约适用于根据国内法被认为属于商业性质而无论是否属于合同性质的任何法律关系上所产生的分歧。“互惠”是指我国对公约规定的适用仅限于承认和执行我国裁决的缔约方领土上做出的裁决。

2. 区域性的国际公约

区域性的国际公约主要指由一些区域性国际组织主持下所签订的国际商事仲裁公约。主要有《欧洲国际商事仲裁公约》、《美洲国家间关于国际商事仲裁公约》、《美洲国家间关于外国判决和仲裁裁决域外效力的公约》、《阿拉伯国家商事仲裁公约》等。

3. 我国的仲裁立法

我国仲裁立法系统相对完整。1954 年，政务院就通过了我国第一个有关对外贸易仲裁的法规，即《中国国际贸易促进委员会内设立对外贸易仲裁委员会的决定》；1958 年，国务院又通过《中国国际贸易促进委员会内设立海事仲裁委员会的决定》。为了保障社会主义市场经济的健康发展，适应对外开放的需要，1995 年 9 月 1 日我国历史上第一部《仲裁法》生效。该法除详细规定了仲裁程序外，还就仲裁委员会的受案范围、仲裁委员会的地址和分支机构、仲裁委员会的组织、仲裁员名册、仲裁规则的选用、仲裁适用的法律作出了规定。

目前，我国的国际商事仲裁法律制度主要包括中国缔结或参加的国际条约或公约、1995 年 9 月 1 日生效的《中华人民共和国仲裁法》，此外，我国的《民事诉讼法》、《合同法》等法律中均有关于仲裁的规定。总的来说，我国也是世界上重要的国际商事仲裁中心之一。

12.2 国际商事仲裁协议

12.2.1 国际商事仲裁协议的概念和类型

1. 国际商事仲裁协议的概念

国际商事仲裁协议是指进行国际商事交易的双方当事人愿意把他们之间的商事争议提交仲裁的书面的意思表示。国际商事仲裁协议是当事人选择以仲裁方式解决争议的依据，同时也是当事人以合意的形式排除诉讼方式解决争议的意思表示，没有仲裁协议，仲裁机构就不能受理任何一方当事人的仲裁申请。多数国家法律都规定，仲裁协议应采取书面形式。

2. 国际商事仲裁的类型

根据仲裁协议存在的方式不同，可将其分为3种类型。

1）仲裁条款

仲裁条款是指双方当事人在签订的有关国际商事合同中所订立的将可能发生的争议提交仲裁的条款。仲裁条款是仲裁协议的一种最常见和最重要的形式，国际商事合同一般都订有仲裁条款。由于仲裁条款订立于争议发生前，当事人不可能完全预料到今后会发生的争议，所以仲裁条款一般都比较简短，一般都是在合同中约定一旦发生争议，双方当事人同意接受某仲裁机构的仲裁。至于具体的仲裁地点、仲裁程序、仲裁庭的组成、裁决的程序等问题先不做约定。

2）仲裁协议书

所谓仲裁协议书，是指由双方当事人在争议发生之后订立的，表示愿意把已经发生的争议交付仲裁解决的协议，它是独立于主合同的一项独立的协议。无论形式上还是内容上，都是独立的合同。一般来说，仲裁协议书的内容较为详尽，可能是对仲裁条款的补充或修订，也可能是争议发生后双方当事人为解决争议而签订的。国际上一般都倾向于在经济贸易合同中订立仲裁条款作为仲裁机构受理可能发生的争议案件的依据。

3）其他文件中包含的仲裁协议

当事人在从事国际商事活动时，除了订立合同外，还可能在相互之间有信函、电报、电传、传真或其他书面材料。这些文件中如果包含有双方当事人同意将他们之间已经发生或将来可能发生的争议提交仲裁的内容，那么，有关文件即可构成仲裁协议。

12.2.2 国际商事仲裁协议的内容

仲裁协议是仲裁机构受理案件的依据，仲裁协议内容规定得是否完备、明确关系到争议能否及时得到仲裁审理和裁决。世界各国的仲裁法律对于一项有效的仲裁协议应包括的内容，有的有明文规定，有的则没有。大体上包括以下内容。

1. 仲裁事项

仲裁事项是仲裁庭受理案件的依据之一，指双方当事人提交仲裁的争议范围，即双方当事人将何种争议提交给仲裁机构仲裁。仲裁协议首先要明确提交仲裁解决的争议事项，是有关合同的全部争议，还是在一定范围内的争议。当事人只有把订在仲裁协议中的事项提交仲裁时，仲裁机构才予受理，否则，仲裁机构不予受理。

2. 仲裁机构

双方当事人在签订仲裁协议时，应明确约定仲裁事项由哪一个仲裁机构进行仲裁。因为各国常设的国际商事仲裁机构的仲裁规则都规定，除非仲裁协议明确表示将争议交给某一仲裁机构仲裁，否则即使当事人在仲裁协议中表示了愿意将争议提交仲裁的意思，甚至规定了仲裁地点，有关的仲裁机构仍将拒绝受理。为了避免仲裁机构不确定带来的不利后果，当事人在仲裁协议中不但应规定仲裁地点，还应规定具体的仲裁机构。在国际商事仲裁实践中，有两种仲裁机构可供选择，一种是常设性仲裁机构，另一种是临时仲裁庭。

3. 仲裁地点

仲裁地点的选择关系到仲裁所要适用的实体法和程序法。它对整个仲裁具有重要影响，按照各国法律规定，凡是属于程序方面的问题，原则上适用仲裁地法，即在哪个国家仲裁，就适用哪个国家的仲裁法。在签订仲裁协议时，当事人一般都力争在本国进行仲裁，因为当事人熟悉本国的法律和仲裁制度、仲裁机构，也比较信任本国的仲裁机构。

4. 仲裁规则

仲裁规则是当事人双方和仲裁庭在仲裁的整个过程中必须遵循的规则。为确保仲裁程序的顺利进行，当事人在签订仲裁协议时，应明确约定仲裁所应适用的仲裁规则，以便当事人和仲裁员在仲裁时有可遵循的行为准则，使仲裁顺利进行。仲裁规则具体包括仲裁申请的提出、答辩的方式、仲裁员的选定、仲裁庭的组成、仲裁的审理、仲裁裁决的做出及裁决的效力等内容。

5. 仲裁效力

仲裁裁决的效力是指仲裁裁决是否具有终局性的效力，是否允许就该争议再向法院或其他机构上诉。仲裁裁决的效力一般应订明是终局的，对双方均有约束力。目前，世界上大多数国家规定，仲裁庭就有关争议所做出的实质性裁决是终局的，对双方当事人均有约束力，任何一方都不得就该争议再向法院或其他任何机构上诉或采取其他救济措施。但也有少数国家的法律规定，如当事人在仲裁条件中未明确排除法院干预的，经仲裁作出裁决的，如败诉方起诉，法院仍可以受理。

12.2.3 国际商事仲裁协议的法律效力

根据有关仲裁的国际公约和大多数国家仲裁立法的规定，依法签订的仲裁协议具有法律效力，主要表现在以下几个方面。

1. 对当事人的效力

仲裁协议一经合法成立，就对双方当事人直接产生了法律效力。当争议发生时，任何一方当事人都有权将争议提交仲裁，通过仲裁解决争议。如果仲裁协议的一方当事人就协议规定范围内的争议事项向法院提起诉讼，另一方当事人则有权依据仲裁协议要求法院终止司法诉讼程序，将案件发还仲裁解决，如果有关法院不顾有效的仲裁协议而强行判决，那么当事人可以以有效仲裁协议作为拒绝执行判决的抗辩理由。

2. 对仲裁机构和仲裁员的效力

有效的仲裁协议是仲裁机构或仲裁员受理争议案件的依据，仲裁机构和仲裁员的仲裁权来自于当事人的授权，仲裁机构只能审理有仲裁协议的案件，而不能受理没有仲裁协议的案件。如果不存在仲裁协议，或者仲裁协议无效，仲裁机构则无权受理该项争议。同时，仲裁机构的仲裁权受到仲裁协议的严格限制，它只能对当事人在仲裁协议中约定的事项进行仲裁，而对仲裁协议约定范围以外的任何争议都无权仲裁，否则，即使做出裁决对当事人也没有约束力。

3. 对法院的效力

仲裁协议对法院具有排除其司法管辖的效力，任何一方当事人不得随意撤销已成立的仲裁协议，不得就有关仲裁协议中约定的争议事项向法院提起诉讼，法院也不得受理有仲裁协议的争议案件。

4. 对主合同的效力

仲裁条款与主合同发生分离，仲裁条款的效力不因主合同的无效或被撤销而无效，这一点也称为仲裁条款的可分割性，许多国家的仲裁法都对此作了规定。例如，联合国《国际商事仲裁示范法》规定，仲裁条款独立于合同其他条款，仲裁庭作出的合同无效的决定不应在法律上导致仲裁条款的无效。

12.3 国际商事仲裁程序

国际商事仲裁程序是指当事人提请仲裁和仲裁机构进行仲裁所经过的步骤。各国仲裁机构根据双方当事人的仲裁协议接受仲裁申请后，即开始仲裁程序。国际商事仲裁程序主要包括仲裁申请和受理、答辩和反诉、仲裁员的选任、审理、保全、裁决等几个环节。

12.3.1 申请和受理

1. 申请

仲裁申请是指双方当事人根据仲裁协议，请求将争议交付仲裁的意思表示。根据各国法律的规定，当事人申请仲裁，应当向仲裁机构递交仲裁协议及仲裁申请书。仲裁申请书一般包括双方当事人的基本情况、仲裁所依据的仲裁协议、案情和争议要点、仲裁请求和所依据的证据、仲裁机构的名称等。除此之外，申请人还应写明提交申请的日期，并签名、盖章。另外，申请仲裁时，申请人还应预缴仲裁费。

2. 受理

受理，是指当事人向仲裁机构提出仲裁申请后，仲裁机构对此申请经过审查认为符合法定的申请仲裁的条件的，予以接受，并开始组织实施仲裁活动的行为。

各国法律一般规定，仲裁机构受理仲裁申请后，应将仲裁规则和仲裁员名册送达给申请人，将仲裁申请书副本、仲裁规则和仲裁员名册送达给被申请人，以便双方选择仲裁员，组成仲裁庭。

被申请人收到仲裁申请书副本后，按照《仲裁规则》规定应在45天内向仲裁委员会秘书局或其分会秘书处提交答辩书。被申请人未提交答辩书的，不影响仲裁程序的进行。

被申请人如有反驳仲裁请求，有权提出反请求，被申请人应当自收到仲裁通知之日起45天内以书面的形式将反请求提交仲裁委员会。

12.3.2 组成仲裁庭

仲裁庭是指具体负责对某项已交付仲裁的争议事项进行审理，并最终就争议事项做出实质性裁决的组织。

仲裁机构受理仲裁申请后，并不直接仲裁案件，而是组成仲裁庭来仲裁案件。从世界各国关于仲裁的法律和各仲裁机构的仲裁规则的规定来看，仲裁庭有两种形式，即合议制仲裁庭和独任制仲裁庭。某一具体案件的仲裁庭采取什么形式，是当事人自愿选择的。

合议制仲裁庭，是指仲裁庭由3名或3名以上的仲裁员组成的形式；所谓独任制仲裁庭是指仲裁庭由一名仲裁员组成的形式。从仲裁实践来看，由合议制仲裁庭进行仲裁的比较多，独任制仲裁庭一般只适用于一些简单的案件。

仲裁庭的形式确定下来后，就要确定仲裁员。关于仲裁员的选任，各国法律一般采取意思自治原则，即允许当事人选任仲裁员或规定选任仲裁员的方式。只有在当事人未对仲裁员的选任做出约定时，各国的法律或仲裁机构的规则或有关的国际公约才规定以何种方式选任仲裁员。

如果当事人选择由独任仲裁庭进行仲裁，则应由双方当事人共同协商选定仲裁员；如果是选择了合议制仲裁庭进行仲裁，双方当事人应各自选定1名仲裁员，第3名仲裁员则由双方当事人共同选定。

12.3.3 答辩和反诉

1. 答辩

仲裁答辩是指仲裁案件的被申请人针对申请人在仲裁申请书中提出的仲裁请求和所依据的事实和理由进行答复和辩解的行为。答复和辩解的书面文件称为答辩书。

各国立法及各常设仲裁机构的仲裁规则都规定了提交答辩书的时间。例如，我国《仲裁法》规定，被申请人收到仲裁申请书副本后，应当在仲裁规则规定的期限内向仲裁委员会提交答辩书。仲裁委员会收到答辩书后，应当在仲裁规则规定的期限内将答辩书副本送达申请人。根据《仲裁委员会仲裁暂行规则示范文本》和一些仲裁委员会的暂行规则，提交答辩书的时间大都为15天。

被申请人不按期提交答辩书的，意味着自愿放弃了答辩的权利，不影响仲裁程序的进行。

2. 反诉

反诉是指在仲裁程序进行中，被申请人针对原申请人的请求而提出的与之相对抗的反请求，其目的在于抵消申请人的请求或维护自己的有关利益。反诉和答辩一样都是仲裁过程中被申请人用以保障其利益的两种重要手段。

被申请人在仲裁过程中提出反请求的，也必须符合仲裁范围和仲裁事项的要求，一旦被申请人提出了反诉，申请人也有权对反诉进行答辩，这体现了仲裁当事人地位的平等性。

反诉与原来的仲裁请求既有关联性又有相对的独立性。其关联性主要体现在反诉是针对原来的仲裁请求提出的，被申请人提出反诉的主要目的在于抵消或吞并申请人的原仲裁请求，或者使其失去意义。其独立性主要表现为，如果在仲裁裁决做出之前，被申请人提出了反诉，而申请人又撤回了仲裁申请，此时，仲裁程序并不因此而停止或结束，仲裁庭应对反诉做出裁决。

12.3.4 仲裁审理

1. 仲裁审理的概念和方式

仲裁审理是指仲裁庭对争议事项进行全面审查的仲裁活动。在仲裁中，案件的审理有两种形式，即开庭审理和书面审理。两种审理方式各有其长处和不足。开庭审理也就是口头审理，这种方式便于当事人在庭上出示证据、质证和进行口头辩论，有利于仲裁庭准确判断案情，但可能会因此拖延裁决做出的时间，并增加当事人的费用支出。书面审理也称为不开庭审理，这种审理方式有利于及时做出仲裁裁决，有利于当事人节省开支，但由于当事人没有面对面地口头陈述意见的机会，不利于仲裁庭充分了解案情。

目前，在国际商事仲裁中，当事人往往分处于不同的国家，开庭审理比较费力，如果当事人无明确要求时，国际商事仲裁大多以书面审理为主。

2. 仲裁审理的原则

各国关于仲裁审理的原则规定各有不同，但《联合国国际贸易法委员会国际商事仲裁示范法》和几乎所有国家的仲裁立法和所有仲裁机构的仲裁规则中都规定了不公开审理的原则。

不公开审理原则也就是保密原则，仲裁应在保密状态下进行，开庭审理时，不得允许非仲裁参与人旁听，不得允许记者采访报道。仲裁员应当严格保守仲裁秘密，不得向外界透露任何有关仲裁案件的实体和程序情况，包括案情、审理过程、合议庭意见等。

12.3.5 仲裁裁决

仲裁裁决是指仲裁庭对当事人提交的争议事项进行审理后所做出的处理结果。各国立法对裁决的做出、裁决的内容等都进行了规定。

1. 裁决的做出

仲裁裁决的做出应按多数仲裁员的意见做出，这是各国仲裁制度的通例。例如，根据我国仲裁法的规定，由合议制仲裁庭进行仲裁时，应按多数意见做出裁决，少数仲裁员的不同意见可以记入笔录；如果各仲裁员各持一种意见时，应按首席仲裁员的意见做出裁决。

目前，世界各国仲裁法在对裁决应按多数仲裁员的意见做出这一点上是一致的，只是对不能形成多数意见时的处理方法有不同规定，归纳起来有4种情况：①对任何问题的决定必须通过磋商让步或妥协方式取得多数票，如西班牙规定，在没有多数人同意情况下做出的裁决是无效的。②对程序问题的决定，可由首席仲裁员单独做出决定，如《联合国国际贸易法委员会仲裁规则》就是这样规定的。③依从仲裁协议的规定，如《德国民事诉讼法典》中的规定即属此类。④如我国《仲裁法》的规定，很多国家都采用这种做法。例如，《国际商会调解与仲裁规则》的相关规定。

仲裁裁决必须在一定期限内做出。各国对此期限的规定各有不同。《国际商会调解与仲裁规则》规定裁决的期限，要求仲裁员在仲裁程序正式开始后6个月内做出裁决。我国《仲裁法》对此期限未做具体规定，《仲裁委员会仲裁暂行规则示范文本》规定，仲裁应当在仲裁庭组成后4个月之内做出仲裁裁决，有特殊情况需要延长的，由首席仲裁员或独任仲裁员报经仲裁委员会主任批准，可以适当延长。

2. 裁决书的内容

裁决书的内容一般包括以下内容：双方当事人的基本情况，仲裁庭组成情况，仲裁请求，争议事项，裁决结果及裁决理由，裁决日期和地点，仲裁费用的分担等。

3. 仲裁裁决的效力

仲裁裁决一经做出，从何时起开始发生法律效力，大致有两种类型：①自仲裁裁决做出之日起生效。例如，《法国民事诉讼法典》规定，仲裁裁决从其做出之日起对于它决定的争议具有既判力。②自仲裁裁决书通知当事人之日起生效。例如，1987年《瑞士联邦国际私法法规》规定，裁决自通知当事人之日起生效。我国《仲裁法》规定裁决书自做出之日起发生法律效力。

仲裁裁决的效力主要体现为仲裁裁决对当事人有无终局约束力的问题。目前，世界上绝大多数国家规定，仲裁裁决是终局的，任何一方当事人均不得向法院起诉，也不得向仲裁机构提出变更仲裁裁决的请求。当事人应当依照裁决书规定的期限自动履行裁决；裁决书未规定期限的应当立即履行，一方当事人不履行的，另一方当事人可以向法院申请执行。

12.3.6 仲裁裁决的承认与执行

国际商事仲裁裁决的承认与执行，是指法院或其他法定的有权机关承认国际商事仲裁裁决的约束力并予以强制执行的制度。

在国际商事仲裁中，仲裁裁决多由当事人自愿履行，只有在当事人拒不履行仲裁裁决时，才由对方当事人请求有关国家的法院予以强制执行。各国在承认和执行仲裁裁决时，一般都区分国内仲裁裁决和外国仲裁裁决，并采取不同的态度和条件，各国对外国仲裁裁决的承认和执行要求更为严格。

1. 国内仲裁裁决的执行

各国对国内仲裁裁决的承认和执行一般都规定了比较简易的程序，与本国的纯国内商事仲裁的承认和执行几乎一样。一般是由获得有利裁决的一方当事人向有管辖权的法院提出申请，法院收到申请后即对仲裁协议和裁决做出审查，审查合格后，即发布执行该裁决的命令，予以强制执行。

2. 外国仲裁裁决的承认和执行

由于对外国的国际商事仲裁裁决的承认和执行会涉及本国的国家利益和当事人各方的利益，各国对承认和执行外国仲裁机构的仲裁裁决大都做严格限制，其程序也比较复杂，具体要求和做法不一。为了解决各国在承认和执行外国仲裁裁决问题上存在的分歧，从20世纪初开始，国际社会就谋求建立一个统一的、比较完善的承认与执行外国仲裁裁决的根据制度。为此，国际社会先后签署了3个国际公约，即1923年的《日内瓦仲裁条款议定书》、1927年的《关于执行外国仲裁裁决的日内瓦公约》和1958年的《承认和执行外国仲裁裁决的公约》(以下简称《纽约公约》)。目前，《纽约公约》已取代了前两项公约，成为有关承认和执行外国仲裁裁决的一个最全面、最有影响的国际公约。公约的缔结和生效，标志着承认与执行外国仲裁裁决国际制度的形成。我国于1986年正式加入该公约，该公约于1987年4月22日起对我国生效。

《纽约公约》规定：各缔约国应该承认仲裁裁决具有约束力。并且依照裁决需被承认的地方的程序规则予以执行。对承认或执行本公约所适用的仲裁裁决，不应该比对承认和执行本国的仲裁裁决规定有更苛刻的条件或更高的费用。可见，《纽约公约》只是做了一个原则性的规定，在承认和执行外国仲裁裁决的程序方面，具体规定仍依据各缔约国国内法。目前，根据各国的立法，承认和执行外国仲裁裁决的程序规则主要有3种。

1) 将外国裁决作为司法判决

目前，采取这种做法的国家主要有欧洲的意大利、西班牙、葡萄牙、土耳其和东欧一些国家，以及埃及、伊朗、菲律宾、泰国和印度等国家。另外，拉丁美洲的大多数国家也采取这一规则。

采取这一原则的国家对待外国仲裁裁决的态度和方式与对待外国判决的态度与方式一样。在承认和执行外国仲裁裁决前，这些国家一般要求该裁决在其做出地国是可执行的，并要求裁决地国对该裁决予以确认。经确认的裁决由执行地国法院审查后发给执行令，再予以执行。

一些国家要求发给执行令的法院对外国仲裁裁决从形式和实质内容两方面进行全面的审查。另一些国家则仅仅审查外国仲裁裁决是否违反了法院地法的基本原则。总的来说，在这些国家申请承认和执行裁决是比较困难的。

2) 将外国仲裁裁决作为合同之债

适用这一规则的主要是英美法系国家。这些国家把外国仲裁裁决看做是在“普通仲裁”中做出的裁决，执行外国仲裁裁决要由当事人基于外国裁决提起一个普通民事诉讼。这一做法的理论根据是19世纪中期在英美等国盛行的债务学说。该学说认为，当具有合法管辖权的外国法院已判决一方当事人应支付另一方当事人一笔金额后，支付这笔金额就成了一种法律上的债务，可以通过契约债务诉讼使其在本国履行。基于此种理论，在这些国家申请执行外国裁决的唯一途径是通过债权之诉将外国仲裁裁决转为一个新的国内判决，只有这样，裁决才能被执行。

3）将外国裁决视同本国裁决

采用这一规则的国家有法国、德国、比利时和日本等国家。这些国家都把适用于国内仲裁裁决的执行规则扩大到对外国仲裁裁决的执行上。其执行外国仲裁裁决的方式与执行本国仲裁裁决基本相同，即由当事人向执行地国家的法院或其他有执行权的机构提出申请，由其进行审查，审查合格后，发给执行令。然后由该国内法院或有关主管机构按照执行国内仲裁裁决同样的方式和程序予以执行。

3. 拒绝承认和执行外国仲裁裁决的理由

根据《纽约公约》的规定，在以下几种情况下，被请求国有权拒绝承认和执行外国仲裁裁决。

1）仲裁协议无效

根据《纽约公约》的规定，如果仲裁协议的双方当事人，依对其适用的法律为无行为能力，或者依据双方当事人选定适用的法律，或者没有选定的时候，依据裁决做出地国家的法律，该项仲裁协议是无效的。则被请求承认和执行裁决的法院，可根据反对裁决当事人的请求，拒绝承认和执行该项裁决。

2）仲裁过程违反正当程序

根据《纽约公约》的规定，仲裁过程违反正当程序的情况包括未给予当事人适当通知，当事人未能有机会提出申辩，仲裁庭超越权限，仲裁庭组成或仲裁程序不当，裁决不具约束力或已被撤销，争议事项的不可仲裁性。

本章小结

仲裁又称公断，是指双方当事人就某一具体事件发生争议后，自愿共同邀请无直接利害关系的第三者判断是非，居中做出对双方具有拘束力的裁决。仲裁具有涉外性、自愿性、强制性、快速灵活性、一裁终局性等特点。调整国际商事仲裁的法律规范包括国际公约、国内法以及国际商事仲裁示范法和仲裁规则等。

国际商事仲裁协议一般应包括仲裁事项、仲裁地点、仲裁机构、仲裁规则、仲裁裁决的效力等内容。《中国国际经济贸易仲裁委员会仲裁规则》规定的仲裁程序包括仲裁的申请与受理、仲裁的审理、仲裁的裁决以及仲裁裁决的执行。

国际商事仲裁裁决的承认与执行，可分为两种情形：①对本国的国际商事仲裁裁决的承认与执行；②对外国的国际商事仲裁的承认与执行。

关键术语

仲裁　国际商事仲裁　仲裁协议　仲裁庭　反诉

思考与练习题

一、思考题

1. 国际商事仲裁的特点有哪些？
2. 仲裁协议的内容有哪些？
3. 仲裁协议的生效条件有哪些？如何理解仲裁协议的效力？
4. 简述仲裁的程序。
5. 承认和执行外国仲裁裁决的程序规则有哪些？
6. 拒绝承认和执行外国仲裁裁决的理由有哪些？

二、案例分析

1. 中国A进出口公司与日本B公司达成一项出口苹果的合同，合同约定：如果将来发生争议，提交给中国国际贸易仲裁委员会仲裁。后来，双方在履行合同中发生争议，日本B公司向日本大阪市某仲裁机构申请仲裁，该仲裁机构做出了有利于日方的裁决。

问：日本某仲裁机构的裁决是否生效？本案应如何处理？

2. 我国北京市鸿运食品公司与美国某进出口公司签订了一份出口罐头的合同，合同约定：如果双方发生纠纷，由北京市仲裁委员会进行仲裁。后来，在履行合同过程中，双方因产品质量问题发生争议，经协商不能解决，就协议解除了合同，但对以前的争议如何解决，双方仍存在异议，鸿运公司认为，既然合同中约定了仲裁条款，则当然应由北京市仲裁委员会仲裁，美国公司则认为，合同已经解除，合同中的仲裁条款当然也失去效力，所以不应再通过仲裁方式解决，因而向北京市西城区法院提起了诉讼。

问：合同解除后，合同中的仲裁条款是否有效？本案中双方应通过什么方式解决争议？为什么？

参 考 文 献

[1] 周林彬．商法与企业经营[M]．北京：北京大学出版社，2010.
[2] 范建，王建文．商法论．北京：高等教育出版社，2003.
[3] 施米托夫．国际贸易法文选．赵秀文，译．北京：中国大百科全书出版社，1993.
[4] 张文显．法理学(第 2 版)．北京：高等教育出版社，2003.
[5] 董宝琪．国际商法案例教程．北京：中国劳动社会保障出版社，2006.
[6] 沈四宝，王军，焦津洪．国际商法．北京：对外经济贸易大学出版社，2002.
[7] 董安生．新编英国商法．上海：复旦大学出版社，2009.
[8] 冯大同．国际商法．北京：对外经济贸易大学出版社，1991.
[9] 董安生．新编英国商法．上海：复旦大学出版社，2009.
[10] 王玲，郑敏．国际商法．北京：清华大学出版社，2004.
[11] 张士元．企业法(第 2 版)．北京：法律出版社，2007.
[12] 赵旭东．公司法(第 2 版)．北京：高等教育出版社，2006.
[13] 吴薇．国际商法．北京：对外经济贸易大学出版社，2007.
[14] 雷欲春．国际商法．重庆：重庆大学出版社，2008.
[15] 赵志权．国际商法．成都：四川大学出版社，2007.
[16] 吴建斌．国际商法新论．南京：南京大学出版社，2004.
[17] 张圣翠．国际商法．上海：上海财经大学出版社，2003.
[18] 邹建华，谢石松，慕亚平．国际商法．北京：中国金融出版社，2004.
[19] 黄进，徐前权，宋连斌．仲裁法学．北京：中国政法大学出版社，2004.
[20] 徐晓松．公司法学．北京：中国政法大学出版社，2005.
[21] 李俊．美国产品责任法案例选评．北京：对外经济贸易大学出版社，2007.
[22] 杨军．海商法案例教程．北京：北京大学出版社，2004.
[23] 于永芹．票据法案例教程．北京：北京大学出版社，2004.
[24] [美]约翰逊．美国侵权法(注释本)．北京：中国人民大学出版社，2004.
[25] 黄勤男．知识产权学．北京：法律出版社，2005.
[26] 陈晶莹．国际贸易法案例详解．北京：对外经济贸易大学出版社，2004.
[27] 顾百忠．国际商法．北京：北京大学出版社，2010.
[28] 李响．美国产品责任法精义．长沙：湖南人民出版社，2009.